Peter Dudek · Erziehung durch Arbeit

Peter Dudek

Erziehung durch Arbeit

Arbeitslagerbewegung und freiwilliger Arbeitsdienst 1920–1935

Westdeutscher Verlag

Der Westdeutsche Verlag ist ein Unternehmen der Verlagsgruppe Bertelsmann.

Umschlaggestaltung: Horst Dieter Bürkle, Darmstadt
Satz: Grafische Werkstatt Dipl.-Ing. M. Michael Spenner, Berlin
Druck und buchbinderische Verarbeitung: Lengericher Handelsdruckerei, Lengerich
Printed in Germany

ISBN 3-531-11886-2

Inhalt

Abkürzungen

AA	Arbeitsamt
ABI	Archiv des August Bebel-Instituts Berlin
ABk	Archiv Boberhauskreis
Abt.	Abteilung
AD	Arbeitsdienst
a.D.	außer Dienst
ADAC	Allgemeiner Deutscher Automobil-Club
ADGB	Allgemeiner Deutscher Gewerkschaftsbund
AdJB	Archiv der Deutschen Jugendbewegung
AdJB/SALA	Archiv der Deutschen Jugendbewegung/ Sammlung Auslandsarbeit, Land- und Arbeitsdienst
ADLZ	Allgemeine Deutsche Lehrerzeitung
ADP	Arbeitsdienstpflicht
ADwJ	Arbeitsdienst weibliche Jugend
AERH	Archiv der Eugen Rosenstock-Huessy Gesellschaft
AfA-Bund	Allgemeiner freier Angestelltenbund
Alu	Arbeitslosenunterstützung
ATSB	Allgemeiner Turn- und Sportbund
AVAVG	Gesetz über Arbeitsvermittlung und Arbeitslosenversicherung
BA	Bundesarchiv Koblenz
BDM	Bund Deutscher Mädel
BSHG	Bundessozialhilfegesetz
CDU	Christlich-Demokratische Union
DAF	Deutsche Arbeitsfront
DBfA	Deutscher Bund für Arbeitsdienstpflicht
DDP	Deutsche Demokratische Partei
DF	Deutsche Freischar
DFAD	Deutscher Frauenarbeitsdienst
DINTA	Deutsches Institut für technische Arbeitsschulung
DJK	Deutsche Jugendkraft
DLV	Deutscher Lehrerverein
DNVP	Deutsch Nationale Volkspartei
DVFP	Deutsch Völkische Freiheitspartei
DVP	Deutsche Volkspartei

DZA	Deutsches Zentralarchiv (Potsdam)
e.V.	eingetragener Verein
FAD	Freiwilliger Arbeitsdienst
FR	Frankfurter Rundschau
GB	Großdeutscher Jugendbund
HHStA	Hessisches Hauptstaatsarchiv
HJ	Hitler-Jugend
IHK	Industrie- und Handelskammer
Jungdo	Jungdeutscher Orden
k.A.	keine Angaben
KJD	Kommunistische Jugend Deutschlands
KJVD	Kommunistischer Jugendverband Deutschlands
KPD	Kommunistische Partei Deutschlands
Kriu	Krisenunterstützung
KZ	Konzentrationslager
LAA	Landesarbeitsamt
LV	Landesverband
MdL	Mitglied des Landtages
MdR	Mitglied des Reichstages
NS	Nationalsozialismus
NSDAP	Nationalsozialistische Deutsche Arbeiterpartei
NSLB	Nationalsozialistischer Lehrerbund
OB	Oberbürgermeister
PH	Pädagogische Hochschule
RABl.	Reichsarbeitsblatt
RAD	Reichsarbeitsdienst
RADA	Reichsarbeitsgemeinschaft für Deutsche Arbeitsdienstpflicht
RADwJ	Reichsarbeitsdienst weibliche Jugend
RAM	Reichsarbeitsministerium
RDI	Reichsverband der Deutschen Industrie
RGBl.	Reichsgesetzblatt
RGO	Revolutionäre Gewerkschaftsopposition
RJWG	Reichsjugendwohlfahrtsgesetz
RM	Reichsmark
RP	Regierungsprädident
RT	Reichstag
SA	Sturmabteilung
SAJ	Sozialistische Arbeiterjugend
SAPD	Sozialistische Arbeiterpartei Deutschlands
SJ	Schlesische Jungmannschaft
SPD	Sozialdemokratische Partei Deutschlands
SS	Schutzstaffel
taz	Tageszeitung
TH	Technische Hochschule

USPD	Unabhängige Sozialdemokratische Partei Deutschlands
VHS	Volkshochschule
VO	Verordnung
Wolu	Wohlfahrtsunterstützung
WVB	Wandervogel Völkischer Bund
ZK	Zentralkomitee

Vorwort

Die Diagnose von der „Krise der Arbeitsgesellschaft“ und die anhaltenden Ungleichgewichte auf dem Arbeitsmarkt haben Anfang der achtziger Jahre auch die Diskussionen innerhalb der Erziehungswissenschaft beeinflußt. Fragen nach der Zukunft der Bildung und den Möglichkeiten pädagogischer Interventionen zur Abdämpfung der Krise und ihrer subjektiven wie kollektiven Folgen werden neu gestellt. Die Suche nach Alternativen für jene, denen der Arbeitsmarkt keine Ausbildungs- und Beschäftigungsmöglichkeiten bietet, hat dabei zu einer Neubewertung des Selbsthilfepostulats geführt und die Nischen der „Schattenwirtschaft“ mit den Möglichkeiten von Arbeit in einer dualen Ökonomie erweitert. Selbstorganisation und Selbsthilfe als Leitbegriffe einer alternativen, nicht auf den kapitalistischen Arbeitsmarkt konzentrierten Reproduktionsmöglichkeit, finden in der Bundesrepublik gegenwärtig in ca. 40000 Selbsthilfegruppen ihr soziales Substrat. Neben traditionellen Wertmustern konservativer Leistungsethik scheint sich ein postmaterialistischer Sozialprotest zu etablieren, der nicht in Widerspruch zu diesen stehen muß. Vielleicht deuten konservative Vorstellungen einer Gesellschaft, in der Arbeit über eine duale Ökonomie verteilt wird, auf die Ausweitung von unbezahlten oder schlecht bezahlten Arbeitsverhältnissen hin, in denen sinn- und gemeinschaftsstiftende Tätigkeiten im Sozialbereich neue Attraktivität erhalten. Kurz: Postmaterialistische und traditionelle Wertmuster schließen einander nicht aus. Der Appell an Selbsthilfeinitiativen hat Tradition.

Auch in der Weimarer Republik führte die Einsicht in eine tiefgreifende Strukturkrise zu einer verstärkten Suche nach Lebens- und Reproduktionsweisen jenseits arbeitsmarktlicher Bedingtheiten. Eine dieser Suchbewegungen war die Idee des Arbeitsdienstes, seiner erzieherischen Effekte und der daraus resultierenden pädagogischen Aufgaben. Sie sind Gegenstand der folgenden Studie, die damit ein pädagogisches Praxisfeld aufarbeitet, das in der zeitgenössischen Erwerbslosenbildung eine gewichtige Rolle spielte als Instrument staatlicher *und* pädagogischer Bearbeitungsformen der Jugendarbeitslosigkeit. Strukturelle Affinitäten zur gegenwärtigen Situation sind unverkennbar. Sie sollen jedoch nicht strapaziert werden – weder als Menetekel noch als Lösungsangebot zur Abdämpfung der Krisensituation auf dem Arbeitsmarkt.

Für die Unterstützung bei der Quellensuche danke ich den Archivaren des Bundesarchives Koblenz, des Hessischen Hauptstaatsarchives, Herrn Neumann vom Archiv des Boberhauskreises, Herrn Hofmann vom Archiv der Eugen Rosenstock-Huessy Gesellschaft, Herrn Mogge vom Archiv der deutschen Jugendbewegung sowie allen in der Arbeitslagerbewegung Engagierten, mit denen ich korrespondierte. Hilfreiche bildungshistorische Anregungen gab mir Heinz Elmar Tenorth (Frankfurt). Manche erziehungswissenschaftlich relevante Frage läßt die Studie offen. Sie nicht beantwortet oder nicht gestellt zu haben, ist ausschließlich von mir zu verantworten.

Juli 1986

Peter Dudek

1. Zur Einführung

> „Das ewige Symbol der schon losgelassenen und noch nicht wieder gebundenen Jugend ist der Mensch. Durch den Arbeitsdienst wird dieser Mensch vom Schlachtfeld auf die Äcker gerichtet. Die Schwerter werden zu Pflugscharen. Deshalb ist der Arbeitsdienst nicht pädagogisch verfrühbar. Der Geländesport ist die pädagogisierte, d.h. verfrühte Form des Kriegsspieles. Der Arbeitsdienst ist der angemessene Ausdruck der marschierenden Altersstufe."
>
> (Eugen Rosenstock, 1933, S. 114)

> „... es ist Unfug, ein Handeln aus zwingendem Notstande glorifizieren und zu einer spontanen Volksbewegung machen zu wollen."
>
> (Thomas Murner, 1932, S. 425)

Der Begriff der Arbeit nimmt in der Disziplingeschichte der Pädagogik als Erziehungsziel und Erziehungsmittel einen festen Platz ein. Ob im Rahmen der beruflichen Bildung und Ausbildung, des Jugendstrafvollzugs, der Fürsorgeerziehung – „immer" galt Arbeit den Pädagogen und Politikern als erzieherisch wertvoll. Daß ohne Arbeit der systemnotwendige Prozeß der Soziabilisierung und Individuation Jugendlicher hochgradig gefährdet sei, daß politischer und sozialer Desintegration mittels geeigneter Maßnahmen und Institutionen (Arbeitserziehungsanstalten, Arbeitshäuser etc.) begegnet werden müsse, zählte bis Mitte dieses Jahrhunderts zu den basalen Überzeugungen nicht nur der Pädagogik. Je weniger diese jedoch den Begriff der Arbeit inhaltlich und systematisch fundierte, umso schillerndere Etikettierungen erhielt er und umso nachhaltiger wurden seine relationalen Verknüpfungen mit dem Erziehungsbegriff betont. Kaum einer anderen Kategorie kommt bei der Vergesellschaftung der „bürgerlichen Tugenden" (Münch, 1984) eine solche Bedeutung zu wie dem Arbeitsbegriff. Dabei lag das Interesse der Pädagogen stets bei seinen nicht-ökonomischen Aspekten, die Arbeit als ein wesentliches Bildungselement auswiesen.

Umgekehrt galt und gilt Arbeitslosigkeit als ein Indikator für gesellschaftliche Krisenlagen mit systemgefährdenden Auswirkungen. Obwohl z.B. die Forschung politische Apathie und Resignation als die häufigsten Reaktionen auf Arbeitslosigkeit ausweist (Wacker, 1977), gilt im öffentlichen Bewußtsein Arbeitslosigkeit noch immer als eine der unmittelbaren Ursachen für den Aufstieg und die Machtübernahme der NS-Bewegung. Zwar ist die hohe Korrelation zwischen Arbeitslosigkeit und NSDAP-Stimmenanteil im Zeitverlauf unbestritten, doch reicht Arbeitslosigkeit allein zur Erklärung der NSDAP-Wahlerfolge nicht aus (Falter u.a., 1983). Wenn aus heutiger Sicht die einfache Gleichung Arbeitslosigkeit = politische Radikalisierung und damit Destruktion der Demokratie von rechts und links nicht stimmt, so darf nicht unterschlagen werden, daß sie in der Weimarer Republik als Befürchtung oder Hoffnung (auf die politische und soziale Revolution) starke Anziehungskraft besaß.

Erziehung durch Arbeit und zur Arbeit, wie sie sich in den Zielsetzungen der Arbeitslagerbewegung und des Freiwilligen Arbeitsdienstes (FAD) manifestierte, galt bis weit in die Arbeiterbewegung hinein als eine adäquate Reaktionsmöglichkeit auf die rapide ansteigende (Jugend)arbeitslosigkeit in der Endphase der Weimarer Republik. Speziell an das Kriseninstrumentarium FAD hefteten sich über die einzelnen politischen Lager hinweg weitreichende Hoffnungen und Illusionen. Für die Organe der Rechtsverbände, für die Gruppen der bürgerlichen Jugendbewegung, für die freie Volksbildungsbewegung wie Teile der Sozialdemokratie und Gewerkschaften galt der Arbeitsdienst als Hebel für die Umgestaltung der Gesellschaft – sei es im kulturkritischen Sinne einer neuen Volksordnung, im korporativistischen Sinne des Faschismus oder mit sozialistischer Perspektive. Arbeit, Dienst, Lager als Lebensform waren in der Weimarer Republik über die politischen Lager hinweg konsensfähige Begriffe, die zwar divergent ausdeutbar blieben, deren prinzipieller Geltungsanspruch jedoch nur von Minoritäten in Zweifel gezogen wurde. Der Hinweis auf die Massenarbeitslosigkeit ließ manchen Kritiker der Arbeitsdienstpolitik der Notverordnungsregierungen verstummen und erhöhte auf Seiten der Arbeiterbewegung (mit Ausnahme der KPD) die Akzeptanzbereitschaft für die Zusammenfassung Jugendlicher in Arbeitslagern.

Der Nationalsozialismus hat mit der Einführung des Reichsarbeitsdienstes (RAD) ein umfassendes System der Jugendzwangsarbeit geschaffen und das Lager systematisch als neuartigen Teil des gesellschaftlichen Erziehungs- und Vernichtssystems ausgebaut. Das Lager als eine in der Weimarer Republik weit akzeptierte freiwillige Lebensform der bürgerlichen und proletarischen Jugend wird im Dritten Reich obligatorisch zur Inszenierung der Zwangsgemeinschaft, zur Kanalisierung professionsspezifischer Aufstiegsprozesse, zur Aussonderung und Ausgrenzung politisch oppositioneller, rassisch diskriminierter Gruppen. Wer im Sinne des Nationalsozialismus als nicht gemeinschaftsfähig, -willig und -würdig galt, geriet in die Maschen eines umfassenden Lagersystems (Krause-Vilmar, 1984), das – wie die ersten KZ's – von Umerziehungslagern über Arbeitserziehungslager bis hin zu den Vernichtungslagern reichte und in dieser Reihenfolge die voranschreitende kumulative Radikalisierung des NS-Regimes anzeigt (Peukert, 1981). Zwar hat der Nationalsozialismus das System der Lager nicht erfunden, er hat es aber bis hin zu einer industriell perfektionierten Vernichtungsmaschinerie ausgebaut. Damit hat er eine neue Bedeutungskonfiguration geschaffen, die den Begriff des Lagers unweigerlich mit Terror, Zwang und Vernichtung verbindet. Es verwundert deshalb kaum, daß nach 1945 Vorschäge, die auf eine Kasernierung Jugendlicher im Sinne eines Arbeitsdienstes zielten, marginal blieben. Nach der Faschismuserfahrung gilt zumindest in den westlichen Ländern das Lagersystem als Signum totalitär regierter Gesellschaften zur Aussonderung und Bestrafung politisch Oppositioneller. Auch als freiwillige Lebensform Jugendlicher in peer groups oder Verbänden hat das Lager erheblich an Bedeutung verloren bzw. ist so modifiziert worden, daß es mit den strikt reglementierten Lagertypen der Jugendbewegung oder der Wehrverbände nichts gemein hat.

Dennoch legt es die gegenwärtige Massenarbeitslosigkeit nahe, mit jenen pädagogischen Konzepten und staatlichen Interventionen sich zu beschäftigen, die zunächst im Kontext der bürgerlichen Jugendbewegung und der freien Volksbildung unter dem Eindruck steigender Jugendarbeitslosigkeit, zunehmender Verwahrlosung und Radikalisierung Jugendlicher am 5. Juni 1931 in den FAD mündeten und am 26. Juni 1935 zur Einführung der allgemeinen Arbeitsdienstpflicht für alle Jugendlichen zwischen 18 und 25 Jahren führten.

Aber auch aus aktueller sozialpolitischer und sozialpädagogischer Perspektive bietet sich eine bildungshistorische Untersuchung zum FAD an. Denn seit geraumer Zeit wird angesichts steigender Sozialhilfeempfängern verstärkt praktiziert. Die im BSHG (§25, Abs. 1) vorgesehene Möglichkeit, Sozialhilfeempfängern die Hilfe zu entziehen oder zu kürzen, wenn sie der Aufforderung nach „zusätzlicher und gemeinnütziger Arbeit" nicht nachkommen, besitzt unverkennbare Parallelen zum System der produktiven Erwerbslosenfürsorge der Weimarer Republik. Unverkennbar ist die heute wieder zunehmende Tendenz, die Sozialhilfe dazu zu nutzen, Lücken der Arbeitslosenversicherung zu schließen und das Postulat der „Hilfe zur Arbeit" für primär fiskalische Einsparungen zu propagieren (Münder/Birk, 1983).

Je nach lokaler Sozialhilfe-Philosophie wird gegenwärtig das „Pflichtarbeits-Prinzip" unterschiedlich streng praktiziert. So versuchen z. B. die Behörden im hessischen Kreis Limburg-Weilburg, jeden „arbeitsfähigen Sozialhilfeempfänger" heranzuziehen und im osthessischen Bad Hersfeld werden Sozialhilfeempfänger gegen eine Aufwandsentschädigung von monatlich 40 DM zu 40stündiger Pflichtarbeit bestellt. Je mehr Arbeitslose aus der Arbeitslosenversicherung in das Sozialhilfesystem der Gemeinden und Städte abrutschen, umso mehr potentielle Pflichtarbeiter stehen ihnen zur Verfügung. 1984 waren es bundesweit rund 15000. Die im BSHG verankerten Bestimmungen der „Hilfe zur Arbeit" zielten ursprünglich auf jene Gruppe von Menschen, die aufgrund ihrer persönlichen Lebensgeschichte auf Sozialhilfe angewiesen waren und für die es in §19 heißt: „Für Hilfesuchende, die keine Arbeit finden können, sollen nach Möglichkeit Arbeitsgelegenheiten geschaffen werden." Für diese Arbeiten sollte entweder „das übliche Arbeitsentgelt" oder die Sozialhilfe „zuzüglich einer angemessenen Entschädigung für Mehraufwendungen" (§19, Abs. 2) gezahlt werden. Für die in die Sozialhilfe abgerutschten Arbeitslosen wenden die Kommunen seit etwa 1980 zunehmend die zweite Gesetzesmöglichkeit an, die den Sozialhilfeempfängern Aufwandsentschädigungen von durchschnittlich zwischen einer und zwei Mark pro Stunde zubilligt.

Obwohl in Einzelfällen die Gerichte – wie das Verwaltungsgericht Frankfurt an einem Urteil vom Januar 1985 – Kürzungen bei verweigerter Pflichtarbeit als „rechtlich nicht haltbar" einschätzten und obwohl auch der Hessische Städtetag im Mai 1985 „Hinweise zur Beschäftigung von Sozialhilfeempfängern im Rahmen der Hilfe zur Arbeit" beschlossen hat, wonach vorrangig befristete Arbeitsverträge eingerichtet werden sollen, ist das Modell der Aufwandsentschädigungen noch immer herrschende Praxis. Gegenüber der Frankfurter Rundschau sprach der Landrat des ländlichen Kreises Limburg-Weilburg Wuermeling (CDU) von einem

> „‚guten Instrument, um Sozialhilfeemfänger wieder an regelmäßiges Arbeiten zu gewöhnen und solche Antragsteller auszuschließen, die gar nicht arbeiten wollen.' Rund 40 Prozent der Betroffenen, schätzt der Landrat, erledigen die zugeteilte Arbeit ‚mit Müh' und Not', weil sie sonst keine Hilfe bekommen würden. Weitere 40 Prozent seien froh, über die Arbeitschance, ‚weil sie die Sozialhilfe nicht geschenkt bekommen wollen'. Der Rest ziehe seinen Sozialhilfeantrag zurück, wenn der Arbeitseinsatz verlangt werde – in den Augen des Landrats ‚ein gewisser Bereinigungsaspekt'". (FR v. 24. 12. 85, Nr. 298, S. 15)

Zwar wird zur Zeit in einzelnen Modellversuchen nach Alternativen zur Pflichtarbeit gesucht, doch ist das in der Weimarer Republik praktizierte Prinzip auch heute noch das vorherrschende.

Obwohl das Pflichtarbeitsprinzip und der Arbeitsdienstgedanke der Zwischenkriegszeit unterschiedliche Adressaten hatten, sind grundsätzliche Gemeinsamkeiten unübersehbar. Daran sollte an dieser Stelle aus aktuellem Anlaß erinnert werden, auch wenn gegenwärtig die Einführung eines Arbeitsdienstes für Jugendliche ernstlich nicht diskutiert wird.

Die vorliegende Studie rekonstruiert in bildungshistorischer Absicht die Entstehung und den Verlauf der politisch-pädagogisch und volksbildnerisch motivierten Arbeitslagerbewegung und die staatliche Organisierung der Jugendarbeitslosigkeit mittels des Kriseninstrumentariums „FAD". Beide bedingen sich gegenseitig in ihrem Bezug zur allgemeinen Diskussion um die Einführung eines Arbeitsdienstes, in der positiven Bewertung sozialisatorischer und erzieherischer Wirkungen von Arbeits- und Lagererfahrungen und nicht zuletzt – aus der Sicht der Pädagogik – im theoretischen Selbstverständnis und der besonderen Struktur des pädagogischen Denkens in der Weimarer Republik, seiner Professionalisierung und den generell hohen Leistungserwartungen an der Pädagogik, zur Lösung einer als krisenhaft empfundenen Zeit im Sinne eines auf Konfliktreduktion und Gesamtverantwortung angelegten Modells beizutragen. Dabei wird die Arbeitslagerbewegung als eine soziale *Bewegung* innerhalb der pädagogischen Bewegung begriffen, deren Verhältnis zum FAD theoretisch und systematisch als die Transformation einer politisch-pädagogischen Bewegung in ihre Institutionaliserung bestimmt wird. Diese Perspektive nimmt einmal die Selbstdeutungen führender Aktivisten der Arbeitslagerbewegung ernst, zum anderen unterläuft sie die Beschränkungen rein begriffs- und ideologiekritischer Interpretationskonzepte. Sie entgeht damit deren theorieimmanenten Fallen, die über Ideologiekritik vorschnell Kontinuitätsstränge festschreiben, indem sie auf die politische Diskriminierungsfähigkeit fundamentaler Erziehungsziele rekurrieren. Es wird sich erweisen, daß zentrale Zielwerte wie „Arbeit", „Dienst", „Gemeinschaft", „Kameradschaft" keineswegs eindeutig politisch zuordenbar sind. Sie setzen für sich genommen keine begrifflichen Signale im Sinne generalisierbarer Kontinuitätsannahmen, in deren Lichte Reichsarbeitsdienst, Landjahr oder gar Arbeitserziehungslager als die Verlängerung des FAD erscheinen. Überhaupt läßt die Kontinuitätsproblematik sich nicht allgemein über bestimmte politisch-pädagogische Zielwerte bestimmen; auch sagen Kontinuitätsnachweise in bestimmten Sektoren nichts aus über mögliche Diskontinuitäten in anderen Bereichen. Beide Momente – Kontinuität und Diskontinuität – bestimmen aber das Verhältnis des FAD zum Jugendzwangsarbeitssystem im Dritten Reich und seiner Lagererziehung. Wenig luzide ist in diesem Zusammenhang auch der Präfaschismus-Vorwurf an den FAD, der aus der historischen Retrospektive zwar leicht zu konstruieren ist, aber einmal die vielfältige Erziehungsrealität in den Arbeitslagern der Weimarer Republik unterschlägt und zum anderen vergißt, daß deren zentrale Zielwerte im zeitgenössischen Kontext richtungspolitisch nicht eindeutig zuordenbar sind. Besonders das Engagement späterer Widerstandskämpfer (des Kreisauer Kreises) (Roon, 1967, S. 26ff.; S. 55ff.) in der Arbeitslagerbewegung bleibt an dieser Stelle schon ebenso festzuhalten wie der Doppelcharakter des FAD als staatliches Instrumentarium der Erwerbslosenpolitik und – in der zeitgenössischen Selbstdeutung – als „eine neue Form des Arbeitens, ein neues Prinzip der Arbeitsleistung an andere, vor allem aber eine *Bewegung*." (Gräf, 1933, S. 1; ähnlich Sack, 1934, S. 12f.)

Oder anders ausgedrückt: Arbeitslagerbewegung und FAD waren *auch* der Ausdruck eines Protestes gegen die bestehenden sozialen Verhältnisse, eines Protestes, der sich prozeßhaft entwickelte und ausbreitete, aufgeladen mit überbordenden gesellschaftspolitischen Utopien, die dem Arbeitsdienstgedanken kapitalismustranszendierende Funktionen zuwies, sozial getragen von pädagogisch und politisch unterschiedlichen Interessensgruppierungen: Vertretern des Pflichtdienst- und Freiwilligenprinzips, paramilitärischen Kampfverbänden, konfessionellen Verbänden und Sportvereinen, Kommunen und diversen Interessengemeinschaften zur Förderung des Arbeitsdienstgedankens, sozialistischen Jugendgruppen, Gewerkschaften, Parteien und politischen Zirkeln. Andererseits war der FAD ein Instrumentarium der Politik des Sozialabbaus der Notverordnungsregierungen Brüning, Papen, Schleicher – gedacht als „seelische Ablenkung" (Reichsarbeitsminister, Stegerwald) erwerbsloser Jugendlicher mit sozialpädagogischen Implikaten. Nicht unterschätzt werden sollte der generationsspezifische Aspekt, der sich mit dem FAD und der Arbeitslagerbewegung verband. In den Selbstdeutungen ihrer maßgeblichen Aktivisten war sie in erster Linie ein Ausdruck des die Weimarer Republik fragmentierenden Generationskonfliktes, die Suche der jungen Generation nach einer Lösung der als umfassend empfundenen Krise, die als Krise der Jugend parteipolitisch übergreifend diskutiert wurde[1] und spätestens nach dem sensationellen Erfolg der NSDAP bei den Reichstagswahlen vom 14. 9. 1930 sich zu einem Jugendkult[2] verselbständigte, der jenes Gefühl der Nachkriegsgeneration auf den Nenner brachte, das Theodor Heuß 1932 mit den Worten diagnostizierte, die Stellen seien alle besetzt und würden verteidigt „von den Vätern gegen die Söhne" (Heuß, 1965, S. 288). Zwar entstand die spezifische Jugendideologie schon vor 1914, aber keineswegs nur als literarisches Produkt bürgerlicher Intellektueller und Schriftsteller, wie Robert Wohl sie interpretiert (Wohl, 1979). Es gibt vielmehr eine Reihe von Indikatoren, die darauf hindeuten, daß das Hervortreten intergenerativer Spannungen seine tieferen Ursachen in strukturellen sozio-ökonomischen und sozio-politischen Konstellationen des Weimarer Deutschland hatte.[3] Sie sind „verantwortlich“ dafür, daß sich die Nachkriegsgeneration in der Endphase der Weimarer Republik als „lost generation“ fühlte, nicht bereit war, sich mit der Republik zu identifizieren und ihre Aufgabe darin sah, eine grundlegende gesellschaftliche Veränderung herbeizuführen. Die Vision der „Überwindung der Parteien durch die Jugend“ (Schultz-Hencke, 1921) bestimmte den politischen Prozeß in der Endphase der Weimarer Republik wesentlich mit. Arbeitslagerbewegung und FAD waren dabei ein Feld, das dieser Vision konkrete Gestalt zu geben schien. Hier trafen sich so unterschiedliche Überzeugungen wie die des Nationalbolschewisten Harro Schulze-Boysen (1983, S. 23), des jungdeutschen Schriftstellers Peter Martin Lampel, der Sozialisten Hans von Berlepsch (1932) und Kurt Bley (1932) in der emphatischen Einschätzung, die Jugend der Arbeitslagerbewegung sei der soziale Träger für die „neue Einheit“ (Schulze-Boysen), für die „neue Volksordnung“ (Lampel), für die „Erziehung zum sozialistischen Menschen“ (Bley). Lampels Bewertung „Der Freiwillige Arbeitsdienst ist der organisierte Wille der ausgesperrten Jungmannschaft zum Staat“ (Lampel, 1932 a, S. 179)[4] traf in seinem generationsspezifischen Aspekt zentral das Selbstverständnis der Arbeitslagerbewegung und von Teilen der im FAD Engagierten.

Vor dem Hintergrund des spezifischen pädagogischen Denkens der Weimarer Republik soll im folgenden jene angedeutete Ambivalenz von Arbeitslagerbewegung und FAD herausgearbeitet, ihre Selbstdeutung als intergenerative Konfliktstelle ebenso rekonstruiert werden wie die konzeptionellen und praktischen Versuche, staatlicherseits im FAD die Sozialdisziplinierung Jugendlicher mit pädagogischen Mitteln zu organisieren. Auch wenn der Arbeitsdienstgedanke erst 1931 institutionalisiert wurde, sein Denkansatz hat Tradition. „War nicht bereits seit dem 19. Jahrhundert der Begriff der Arbeit so stark zum Bindemittel des aufkommenden Konzepts der Volksgemeinschaft geworden, daß er im Gewand der nationalen Arbeit im Burgfrieden des Ersten Weltkrieges und bei der Gründung der Weimarer Republik Legitimationsfunktionen annahm?“ (Trommler, 1985, S. 21) War nicht der Appell der Mächtigen an das deutsche Volk, sich in gemeinsamer Arbeit zum Wiederaufbau oder zur Krisenbewältigung zusammenzufinden, längst ein politischer Imperativ geworden, der gemeinsam mit der Mythisierung der Jugend im FAD eine ideologisch wirksame Allianz eingegangen war?

Auch die gegenwärtige Krise produziert ein erhöhtes Maß an Gemeinschaftsrhetorik und Politiker fast aller Parteien appellieren an die große solidarische Anstrengung zur Bekämpfung der Arbeitslosigkeit. Solche Appelle sind Ausdruck konservativer Krisenreaktionen, die versuchen, gesellschaftliche Krisen im sozialen Zusammenhalt von Gemeinschaft abzufangen. Aktuell und historisch werden sie begleitet von Aufforderungen nach mehr Selbst- und

Nächstenhilfe. Das von der konservativ-liberalen Regierung propagierte Stichwort der „neuen Subsidiarität" ist so neu nicht. In der zeitgenössischen Selbstbedeutung des Arbeitsdienstes galt dieses vielfach als neues Prinzip des Dienstes, das vom Postulat der „Hilfe zur Selbsthilfe" getragen wird und als Korrektiv mangelnder staatlicher Sozialpolitik wirken sollte. Es liegt auf der Hand, warum Sozialarbeit neben der Volksbildungsbewegung die zweite Teildisziplin der Pädagogik war, die über den Selbsthilfegedanken ihr Engagement für die Arbeitslagerbewegung und den FAD plausibel begründen konnte. Dabei verdeckte das Plädoyer für mehr Eigeninitiative und Selbstverantwortung bei der Lösung der Arbeitslosenproblematik[5] in der Regel die pädagogisch wie politisch negativen Seiten der Arbeitslagerpraxis. Selbsthilfe als sozialpolitische Alternative erwies sich im Prozeß des umfassenden Abbaus staatlicher Sozialleistungen als eine zwar werbewirksame, aber letztlich hilflose Kompensation in einer von der bevorstehenden nationalsozialistischen Machtergreifung bestimmten Phase. Die weithin verbreitete Hoffnung, die „Lager sind Vorposten in dem breiten Niemandsland zwischen alter und neuer Gesellschaftsordnung", wie sie der Bergzabener Regierungsrat Stölzl (1932, S. 221) formulierte, sollte sich in der Lagererziehung des Dritten Reiches allerdings in einer anderen Weise erfüllen als dies die Aktivisten der Arbeitslagerbewegung intendiert hatten. Der Reichsarbeitsdienst für die männliche (1935) und die weibliche (1939) Jugend verstand sich als eine „Erziehungsschule" des Dritten Reiches, die neben Landdienst, Landjahr, Werkhalbjahr zu „Gehorsam, Treue, Kameradschaft" (Stereotyp) erziehen wollte. Der von den Nationalsozialisten verwendete und praktizierte Erziehungsbegriff steht allerdings im Gegensatz zur Tradition der pädagogischen *Ideen*geschichte des Begriffs, sofern sie aufklärerisch und humanistisch fundiert war. Daß der nationalsozialistische Arbeitsdienst ebenso wie andere NS-Formationen sozialisierend und erzieherisch wirkte, darüber kann kein Zweifel bestehen. Solche Wirkungseffekte lassen sich nicht nur bei jenen finden, die in trotziger Gläubigkeit die Erfahrungen ihrer eigenen NS-Sozialisation, deren Ziele und Sozialmoral rechtfertigen und heroisieren; sie scheinen nach 1945 auch umgelenkt worden zu sein in Energien und Mentalitäten des ökonomischen Wiederaufbaus mit seiner Leistungs- und Konsumorientierung.[6]

2. Soziale Bewegung und pädagogisches Denken in der Weimarer Republik

Walter Hornstein sprach kürzlich von der Herausforderung der Pädagogik durch die neuen sozialen Bewegungen, deren Existenz und Intentionen nicht nur bestimmte Grundpositionen „kritischer Erziehungswissenschaft" zu revidieren zwinge, sondern gar die Notwendigkeit eines Paradigmenwechsels anzeige (Hornstein, 1984). Die von den neuen sozialen Bewegungen thematisierten Fragen bedürften auch seitens der Pädagogik einer Antwort, vor allem und in erster Linie erforderten sie „konkrete Forschungs- und Reflexionsaufgaben":

- Kritik des pädagogischen Denkens soweit es einem ungebrochenen Fortschrittsparadigma folgt.
- Analyse und Kritik gegenwärtiger pädagogischer Verhältnisse im Kontext der konkreten geschichtlichen Situation.
- eine Reorientierung der verschiedenen auseinanderdriftenden Teil- und Bereichspädagogiken auf eine „pädagogisch-zentrale Frage" (Hornstein, 1984, S. 165), die der geschichtlichen Lage eher gerecht wird als die Produktion pädagogischer Praxisanleitungen „unter dem Druck gesellschaftlich-politischer Nützlichkeits- und Verwertungsforderungen" (S. 164).

Solche Herausforderungen sind in der Disziplingeschichte der Pädagogik allerdings nicht neu und das Verhältnis von Pädagogik und sozialer Bewegung ist enger als Hornstein dies unterstellt. Im folgenden soll diese These näher erläutert und zugleich ein Interpretationsrahmen entwickelt werden, der die Arbeitsdienstbewegung als soziale Bewegung faßt und ihre erziehungspolitischen Intentionen an die Struktur des zeitgenössischen pädagogischen Denkens bindet. In diesem Sinne sollen nicht nur ideengeschichtliche Gemeinsamkeiten betont werden, sondern es wird gefragt, ab wann und in welchen Teilbereichen, mit welchen Optionen und Intentionen Teile der pädagogischen Disziplin dem Handlungszusammenhang der Arbeitsdienstbewegung zugehörig gezählt werden können. Die Betonung eines Zusammenhanges von pädagogischem Denken und sozialer Bewegung in den ersten Jahrzehnten des 20. Jahrhunderts basiert auf mehreren Prämissen. *Zum einen* wird ein Begriff von sozialer Bewegung unterlegt, der diese nicht normativ auf „progressive" Zielsetzungen einengt[1], sondern offen ist für konservative und antimodernistische Oppositionspotentiale und ideologische Ideensysteme. Sie setzt *zum zweiten* voraus, die zeitgenössische Erziehungs- und Bildungskonzeptionen als Substrate und Verarbeitungsformen sozialhistorischer Veränderungen vor aller ideologiekritischen Destruktion ernstzunehmen.[2] Dies impliziert *drittens,* sich mit den Selbstdeutungen und selbstgesetzten Aufgabenstellungen der zeitgenössischen Pädagogik auseinanderzusetzen, ohne vorab deren Theoriekonzepte zu übernehmen und ihr Erbe gegenüber Kritik zu immunisieren. *Viertens* muß die Verengung auf die geisteswissenschaftliche akademische Pädagogik, ihre Binnenperspektive als alleiniger Bezugspunkt bildungshistorischer Analyse der Weimarer Pädagogik ebenso aufgegeben werden wie die Konzentration auf Bildungssystemgeschichte. Denn die Produktion pädagogischen Wissens löst sich gerade in den ersten Jahrzehnten des Jahrhunderts aus ihrem engen Bezug zum Schulsystem und theoretisch von den Referenzdisziplinen Philosophie und Theologie. In dem Maße wie Erziehung vergesellschaftet wird, expandieren ihre Handlungsfelder und differenzieren sich sektoral aus. Jugendpflege, Sozialpädagogik und Sozialpolitik, Jugendverbandsarbeit, Berufspädagogik und Wohlfahrtspflege, Erwachsenenbildung erweitern das Spektrum pädagogischen Handelns im Prozeß der Spezialisierung und Professionalisierung des pädagogischen Wissens. Die Institutionalisierung der Pädagogik an den Universitäten setzte einen weiteren irreversiblen Prozeß in Gang: Die Trennung zwischen Theorie und Praxis, zwischen Reflexion über Erziehung und Erziehungstätigkeit. Auf die Folgen dieser veränderten gesellschaftlichen Basis pädagogischer Wissensproduktion hat Tenorth hingewiesen.

> „Mit der Einführung der Erziehungswissenschaft, auch in Preußen, wird die in der Gesellschaft verankerte Geltungs- und Prestigehierarchie für pädagogisches Wissen komplettiert; zwischen Alltag und Wissenschaft, zwischen ‚Praxis und Theorie' läßt sich jetzt institutionell gestützt sicher unterscheiden. Damit ist auch die Unterscheidung von pädagogischer Bewegung in ihren Ideen und Konzepten einerseits und akademischer Erziehungswissenschaft und ihren Theorien und Gedanken andererseits irreversibel vorgegeben. Im Selbstbewußtsein der pädagogischen Theoretiker der Zeit ist diese neu erworbene gesellschaftliche Rolle auch eindeutig beansprucht: Sie verstehen ihre Produktion als Theorie ‚pädagogischer Ämter', sie machen einen deutlichen Trennungsstrich zwischen Laien und Experten auch im Bereich des pädagogischen Wissens und sie erwarten – wie bei allen Professionen – von den Laien Vertrauen für ihre Arbeit und ihre Ratschläge." (Tenorth, 1985, S. 58)

Erst diese Trennung ermöglicht die Reflexion und Systematisierung der um die Jahrhundertwende sich etablierenden pädagogischen Bewegung(en) durch die Vertreter der akademischen Erziehungswissenschaft. Wie stark diese auf „die selbstbewußte erzieherische Praxis der Pädagogischen Bewegung" (Blankertz, 1982, S. 261) fußt und ihr erst das Bewußtsein von der Einheit gibt oder ob sie nicht unter Ausgrenzung konkurrierender Erziehungstheorien ihr Selbstverständnis als eine Art Kontrollfunktion versteht, mit der „gegenüber der pädagogischen Bewegung der vermeintlich einzig wahre Anspruch der Erziehung durchgesetzt werden soll" (Tenorth, 1985, S. 62), ist in unserem Zusammenhang weniger von Interesse als der Begriff der pädagogischen Bewegung selbst. Sicher wird man ihn und die Geschichte der pädagogischen Bewegung nicht mehr aus der Binnenperspektive der zeitgenössischen geisteswissenschaftlich-wertphilosophischen Erziehungswissenschaft deuten können, obwohl bis heute einschlägige Monographien (z.B. Röhrs, 1980; Scheibe, 1984) der 1933 erschienenen Darstellung Herman Nohls „Die pädagogische Bewegung in Deutschland" (Nohl, 1935, S. 3-104) folgen. Eingebettet in neuere Theorien „sozialer Bewegung" und bezogen auf das theoretische Selbstverständnis wie die Themen des pädagogischen Denkens der Weimarer Republik könnte der Begriff der pädagogischen Bewegung neue systematische Bedeutung als Interpretationsrahmen für historische Bildungsforschung gewinnen. Er wäre damit einerseits nicht mehr an die zeitgenössische Binnenperspektive, die von ihr gesetzten Zuschreibungen und Deutungsmuster gebunden, könnte andererseits aber diese selbst kritisch reformulieren und in einer Weise bearbeiten, die die Theoriefallen eines pauschalierten Präfaschismus-Verdachts ebenso meidet wie das exculpierende Urteil, die „Grundmotive reformpädagogischer Arbeit standen in völligem Widerspruch zu den Zielen des Faschismus, die auf Militarismus, Rassismus und Nationalismus gerichtet waren." (Röhrs, 1980, S. 328)

Die vorliegende Studie zum Arbeitsdienst in der Weimarer Republik mit ihren Bezügen zum nationalsozialistischen Reichsarbeitsdienst ist im Sinne Tenorths insofern ein Beitrag zur historischen Bildungsforschung als sie „Instanzen und Mechanismen der Konstitution und Ausformung von Identität untersucht" (Tenorth, 1985, S. 12). Hierzu zählen primär „Erziehung" und „Sozialisation", „Erfahrung" und „Lernen" erwerbsloser Jugendlicher in Arbeitslagern seit 1931, aber auch Erziehungskonzeptionen und -entwürfe sozialer Kontrolle und Disziplinierung seit 1920. Beide werden mit dem Begriff „soziale Bewegung" gefaßt.

Begriffsgeschichtlich läßt sich das Konzept „soziale Bewegung" auf Lorenz von Stein zurückführen (vgl. Rammstedt, 1978, S. 27ff.), der unter Bezug auf die von Klassenantagonismen bedrohte bürgerliche Gesellschaft das Proletariat als Träger eines fundamentalen sozialen Wandels identifizierte.[3] Gegenüber dieser Festschreibung hat der Begriff sich erheblich erweitert. In der amerikanischen Soziologie spielt er sowohl in handlungstheoretischen wie systemtheoretischen Konzepten als Spezialfall „kollektiven Verhaltens" eine große Rolle und in Deutschland hat Rudolf Heberle darauf verwiesen, daß er nicht mehr nur für die proletarische Bewegung Anwendung finden könne (Heberle, 1951). Seiner Ansicht nach könnte man von einer sozialen Bewegung dann sprechen, wenn eine soziale Gruppe, eine „gänzlich neue soziale Ordnung" oder eine „neue Kultur" (Heberle, 1967, S. 11) anstrebt. Soziale Bewegung meint einen Prozeß zur Realisierung bestimmter gesellschaftlicher oder politischer Veränderungen, getragen von einer sozialen Gruppe unterhalb der Ebene formaler Institutionalisierung. Damit unterscheidet sie sich von Parteien, Verbänden und Interessensgruppen. Jede soziale Bewegung, die getragen wird von mehr oder weniger heterogenen Gruppen, Individuen und Organisationen, verfügt über ein „Thema" und zielt damit in ihrer Gesamtheit von

Handlungen und Verhaltensweisen auf Veränderung sozialer Strukturen ab. In dieser Spannbreite kann sie sich zwischen Reform und Revolution bewegen und tendiert entsprechend auf Übernahme der Herrschaft oder zur Ausübung von politischem Druck auf die Entscheidungsträger. Das „Thema" einer sozialen Bewegung ist eng verknüpft mit einer bestimmten Krisendefinition, der ein spezifisches Problemverständnis bzw. eine spezielle Weltdeutung zugrundeliegt. Diese wie das Bekenntnis ihrer Anhänger zu ihr und zu ihrem „Thema" ermöglichen zusammen mit dem außerinstitutionellen Charakter sozialer Bewegung eine Abgrenzung gegenüber formalen Organisationen. Zwar schließt der Begriff soziale Bewegung tragende Organisationen und formelle Mitgliedschaft in ihnen nicht aus, doch sind ihre internen Strukturen nicht identisch mit jenen formaler Organisationen. Entsprechend schwierig bleibt es im einzelnen zu beurteilen, wer noch dem Handlungszusammenhang einer sozialen Bewegung angehört, denn ihre relative Strukturschwäche schließt formelle Mitgliedschaft aus. Da die formelle Mitgliederrolle als diskriminative Variable ausscheidet, müssen als Zugehörigkeitskriterium Selbstdefinition und Grad praktischer Partizipation an der Propagierung des „Themas" der Bewegung herangezogen werden. Dennoch bleibt die Frage der Zugehörigkeit zu einer sozialen Bewegung im Einzelfall prinzipiell schwer entscheidbar. Sicherlich kann Rudolf Heberle selbst als Förderer der Volkslagerbewegung in Schleswig-Holstein der Arbeitsdienstbewegung zugerechnet werden; kann dies aber auch Erich Weniger, weil er als Referent in einem „Volkslager" auftrat oder Eduard Spranger, weil er zu Beratungen des Reichsarbeitsministeriums über die Einführung des Arbeitsdienstes hinzugezogen wurde? Zählt der Schriftsteller Peter Martin Lampel zur Arbeitsdienstbewegung, weil er emphatisch über die Arbeitsdienstexperimente verschiedener Gruppierungen ein erfolgreiches Buch schrieb oder Herman Nohl, weil er noch nach 1945 die Idee des Jugendarbeitsdienstes propagierte und vor 1933 die Siedlungsideologie im Osten publizistisch unter seinen Studenten propagierte? Antworten auf diese Frage lassen sich nur im historischen Prozeß geben. Denn nur in dem Maße wie sich die Handlungszusammenhänge einer sozialen Bewegung verfestigen, lassen sich diskriminative Grenzen ziehen und Zuordnungen vornehmen. Die Existenz sozialer Bewegungen verweist auf innovative soziale Kräfte, die sich in den jeweils gegenwärtigen gesellschaftlichen Strukturen und ihren krisenhaften Artikulationsformen nicht verwirklichen können. Unter Absehung der internen soziologischen Theoriedivergenzen wird im folgenden Rammstedts Definition zugrundegelegt:

> „Unter sozialer Bewegung soll ein Prozeß des Protestes gegen bestehende soziale Verhältnisse verstanden werden, ein Prozeß, der bewußt getragen wird von einer an Mitgliedern wachsenden Gruppierung, die nicht formal organisiert zu sein braucht." (Rammstedt, 1978, S. 130)

Diese eher formale Umschreibung wird erst unter Berücksichtigung des historischen Kontextes, der Ziele und Ursachen einer sozialen Bewegung zu einem auch empirisch tragfähigen Arbeitsbegriff. Erläuternd merkt Rammstedt zu seiner Definition weiter an:

- Eine soziale Bewegung ist ein von Individuen getragener Prozeß, die unterscheidbar von Parteien, Vereinen etc., gesamtgesellschaftliche Änderungen intendiert.
- Ihr Ablauf vollzieht sich regelhaft und unter der Voraussetzung konstanter Umweltbedingungen auch irreversibel.
- Eine soziale Bewegung ist ein determinierter Prozeß des Protestes, der in verschiedenen eindeutig identifizierbaren Abschnitten verläuft.
- Eine soziale Bewegung kann sich zum gesamtgesellschaftlichen Prozeß ausweiten. Sie engagiert sich in der Gesellschaft gegen partielle Interessen für das soziale „Ganze". Unter bestimmten Bedingungen kann der Prozeß sich radikalisieren und die soziale Bewegung „drängt nun auf Verwirklichung eines Gesellschaftsentwurfes, dessen Kern eine dem sozialen (harmonischen) Ganzen verpflichtete soziale Struktur hat." (Rammstedt, 1978, S. 132)
- Die soziale Bewegung ist ein Protest gegen bestehende soziale Verhältnisse, die sich vom Wunsch nach Änderung über die Forderung zum militanten Konflikt steigern kann und die ihren Protest zunächst in der Hoffnung öffentlich macht, die Entscheidungsträger der Systems werden darauf reagieren.
- Sie wird von den an ihr beteiligten Individuen bewußt getragen, wobei für diese Motiv und Zweck nicht trennbar sind. Dazu bedarf es zur Verdeutlichung des Ziels nicht permanent kollektiver Aktionen.
- Die soziale Bewegung wird von einer Gruppierung getragen, „vom gemeinsamen Agieren von Individuen aufgrund einer gleichen Situation (in Verfolgung eines gleichen Zweckes und aus gleicher Motivation), das sich durch intermittierendes kollektives Verhalten in der Bewegung strukturiert." (Rammstedt. 1978, S. 133) Seine Funktion ist die Prozeßforcierung der Bewegung.
- Die soziale Bewegung ist personell expansiv angelegt, um ihren Druck auf die Entscheidungsträger des Systems erhöhen zu können.
- Die sie tragende Gruppierung braucht nicht formal organisiert zu sein, d. h. sie kennt nur Zugehörigkeit, aber keine Mitgliedschaften.

Der Verlaufsprozeß einer sozialen Bewegung läßt sich – nach Rammstedt – in drei Phasen differenzieren: die *Krise* als auslösender Faktor, die *Teleologisierung der Krise* und das *Ende der Bewegung,* „zumeist: ihre Institutionalisierung." (Rammstedt, 1978, S. 135)[4]

Soziale Bewegungen verfügen über ein „Thema", das sie expansiv und öffentlich propagieren. Sie müssen deshalb zunächst einen gruppen- und themenbezogenen Öffentlichkeitsraum aufbauen, über Medien wie Bücher, Zeitschriften etc. eine kommunikativ dichte Infrastruktur bereitstellen und versuchen diesen vorerst „nach innen" gerichteten Öffentlichkeitsraum auszuweiten, um ihren „sozialen Gesamtentwurf" (Rammstedt) der gesellschaftlichen Öffentlichkeit in generalisierter und auf Polarisierung angelegter Weise präsent zu machen. In diesem Sinne sind soziale Bewegungen „Ein-Punkt-Bewegungen", die ihr „Thema" als Ursache der Krise und zugleich ihr Allheilmittel, damit als Indiz für gesellschaftliche Grundkonflikte deuten. Das „Thema" der sozialen Bewegung hat in ihrer Entstehungsphase konstitutive Bedeutung und die Attraktivität der thematischen Gesamtheit der Ideen entscheidet über die Expansionsmöglichkeiten der Bewegung. Da sie als bewußte kollektive Reaktion auf gesellschaftliche Problemlagen entsteht, stellt die Ideologie einer Bewegung, also die Produktion von themenzentrierten Deutungsmustern in doppelter Weise einen Interpretationsmodus der angenommenen Kise dar: als mehr oder weniger umfassende Problemdiagnose sowie als wert- und normgebundenes Lösungsangebot. Der durch eine soziale Bewegung konstituierte Handlungszusammenhang ruht also einer spezifischen themenzentrierten Weltdeutung und des Bekenntnisses ihrer Anhänger zu ihr auf.

Neil Smelser, der soziale Bewegungen als Sonderfall kollektiven Verhaltens faßt, betonte neben der Norm- und Wertgebundenheit der Ideologie sozialer Bewegungen deren kontrafaktische Position zu rationalem, Zweck-Mittel-Allokationen beachtenden Handeln.[5] Charakteristisch für kollektives Verhalten sei ein Kurzschluß zwischen allgemeinen und besonderen Komponenten des Handelns.

> „Bei dem Kurzschluß von abstrakten zu konkreten Komponenten des sozialen Handelns überspringen kollektive Episoden viele der Spezifikationen, Zusammenhänge und Kontrollen, die notwendig sind, um die generalisierten Komponenten praktikabel zu machen. Dadurch erhält kollektives Verhalten seine Plumpheit oder Primitivität." (Smelser, 1972, S. 87)

Der Prozeß des Kurzschließens sei gesteuert durch generalisierte und von Irrationalismen durchsetzte Vorstellungen, die für die Angehörigen sozialer Bewegungen einzelne Handlungskomponenten neu definieren. In Smelsers Entstehungstheorie kommt den generalisierten Vorstellungen die Funktion der Selektion möglicher Deutungen von Problemlagen zu. Smelser unterschätzt in seinem teilweise ekklektizistisch anmutenden „value-added-aproach" jedoch die Rolle und Funktion globaler Deutungsmuster im ideologischen Gefüge sozialer Bewegungen, die sich nicht auf generalisierte Vorstellungen reduzieren lassen. Denn soziale Bewegungen greifen existierende Ideen auf und entwickeln sie in häufig emotionaler Präsentation und symbolischen Arrangements fort. Sie sind handlungsbezogene Ideensysteme, deren Geltungsanspruch sich über die Akzeptanz und die Handlungsbereitschaft der sozialen Trägergruppen einer Bewegung reguliert. Folgt man Smelser darin, daß das Auftreten kollektiven Verhaltens Ausdruck „struktureller Anfälligkeit" (Smelser, 1972, S. 36) bestimmter Gesellschaften ist, dann muß gleichzeitig auch betont werden, daß bestimmte Ideologiesysteme mit handlungsstrukturierenden Implikationen selbst Teile der strukturellen Anfälligkeit sind. Ob und in welcher Weise eine soziale Bewegung expandiert, wie schnell sie und ihr „Thema" aus den Peripherien des gesellschaftlichen Systems in seine Zentren vordringen können, hängt neben den vorhandenen „strukturellen Spannungen" (Smelser) wie z.B. Deprivationserfahrungen, Verhaltensunsicherheiten, Konflikten auch von den Reaktionen der Entscheidungsträger des herrschenden Systems ab. Wird eine Bewegung repressiv unterdrückt oder werden ihre Krisendiagnosen ganz bzw. partiell übernommen? Werden ihre Zielvorstellungen gänzlich oder in abgemilderter Form von den Entscheidungsträgern nicht nur übernommen, sondern in praktische Politik umgesetzt? Welche Auswirkungen hat dies für den Verlauf einer sozialen Bewegung? Welche inhaltlichen Anpassungsleistungen und Zieltransformationen kann sie verkraften, ohne den Anspruch eines neuen sozialen Gesamtentwurfes aufzugeben?

Es liegt in der Entwicklungslogik sozialer Bewegungen, daß sie mit ihrer Expansion eine quasi-professionelle Führungsgruppierung ausdifferenziert, deren Aufgabe die öffentliche Propagierung des „Themas" ist, die die internen Interaktionsstrukturen auf Dauer stellt und als Repräsentanten der Bewegung in Verfolgung des Bewegungszweckes auftritt und anerkannt wird. Damit werden Heterogenität und alternative Interpretationen des Bewegungszweckes oder unterschiedliche Einschätzungen des Erfolges der Bewegung nicht ausgeschlossen. Im Gegenteil. Die für soziale Bewegungen charaktistischen horizontalen Interaktions- und Kommunikationsstrukturen fördern die Entstehung konkurrierender Ausdeutungen bei identischer Motivation und Zwecksetzung. Mit der Quasi-Professionalisierung beginnt die Institutionalisierung der Bewegung. Sie verweist darauf, „daß sich die Bewegung als formale Organisation den bekämpften sozialen Strukturen einfügt. Sie bewirkt, daß sich das Verhältnis zwischen Bewegung und Mitglieder formalisiert. Und sie hat zur Folge, daß die Zwecksetzung der Bewegung als realisierbares Ziel aufgegeben wird, sei es, daß dies durch Zieltransformationen verschleiert wird, sei es, daß der Zweck nur noch rhetorisch verfolgt wird. Das Bewegende in der Bewegung stagniert, indem das Bewegende routinisiert, in Symboliken abgedrängt wird, in denen noch einmal die Interaktion als ausschließlicher Mechanismus für die Lösung sozialer Probleme vorgestellt zu sein scheint." (Rammstedt, 1978, S. 168) Die Institutionalisierung einer Bewegung, die nie als einfacher Anpassungsprozeß verstanden werden darf, sondern als ein wechselseitiger Annäherungs- und Interaktionsprozeß zwischen Bewegung und den Entscheidungsträgern des Systems sowie der Öffentlichkeit sich vollzieht, nimmt der Bewegung ihr problemspezifisches Thematisierungsmonopol, kanalisiert ihren Protest in systemfunktionale Bahnen und dämpft die ursprünglichen Zielsetzungen ab oder deutet sie um. Eine besondere Situation entsteht wie im Fall der Arbeitsdienstbewegung in jenem Augenblick, da der Staat selbst die Zielsetzungen der Bewegung übernimmt und eigene Institutionen und Handlungsmöglichkeiten zur Problembearbeitung schafft, damit der sozialen Bewegung Aktivitätsräume bereitstellt. Das ursprüngliche Oppositionspotential wird dann in staatlicher Regie kanalisiert und kontrolliert. Die quasi-professionelle Trägergruppierung der Bewegung übernimmt an mehr oder weniger bedeutsamer Position Verantwortung. Dies erfordert einerseits Anpassungsleistungen an die politisch und institutionell vorgegebenen Rahmenbedingungen, gestattet andererseits aber auch nötige Distanz, um weiterhin die „heilige Ideologie" zu konservieren und gegen die unvollkommene Praxis auszuspielen. Mag aus der Binnenperspektive diese Entwicklung als

Erfolg für die Bewegung gelesen werden, der Handlungszusammenhang durch die Institutionalisierung und damit Formalisierung gefestigt sein, so darf die so vollzogene Funktionsveränderung der Bewegung wie ihrer Ideologie nicht unterschlagen werden. Die mit der Institutionalisierung neu geschaffene Figuration bedeutet das Ende der Bewegung, auch wenn partiell ursprünglich radikale Forderungen weiter eingeklagt oder zentrale Deutungsmuster der Bewegung im neuen Handlungsfeld Legitimationsfunktionen übernehmen, die realiter jedoch zum Teil gravierenden Uminterpretationen und Bedeutungsverschiebungen unterlegen sind. Am Beispiel der Arbeitsdienstbewegung lassen sich diese Mechanismen von Anpassung und Uminterpretation, von Engagement und Einklagen ursprünglicher Forderungen in der Institutionalisierungsphase durch den „Freiwilligen Arbeitsdienst" (FAD) und dessen Übergang in den nationalsozialistischen „Reichsarbeitsdienst" (RAD) exemplarisch studieren.

Im Unterschied zu dem hier skizzierten Begriff von Bewegung entstammt der von der geisteswissenschaftlichen Pädagogik benutzte Bewegungsbegriff vorwiegend geschichtsphilosophischen Theorientraditionen, durch den verschiedene seit der Jahrhundertwende sich entwickelnde pädagogische Strömungen systematisiert und vereinheitlicht werden sollte. Vor allem nahm der von Nohl und Weniger systematisch verwendete Bewegungsbegriff das Selbstverständnis der zeitgenössischen Pädagogen ernst, das, wie Berthold Otto 1912 schrieb, von der Überzeugung getragen wurde: „Selten ist wohl eine so große pädagogische Bewegung durch die Welt gegangen wie seit Beginn dieses Jahrhunderts durch unser deutsches Volk." (Otto, 1912, S. 1) Der damals verwendete Bewegungsbegriff meinte zunächst nichts anderes als handlungsbezogene Innovationen im pädagogischen Feld, Reformen, Erneuerungen und Kritik an den bestehenden pädagogischen Verhältnissen, das Experimentieren mit neuen Zielen und Methoden außerhalb des etablierten Bildungssystems, das sich weit über den Bereich der Schule hinaus erstreckte.

Herman Nohl und Erich Weniger haben Ende der zwanziger und Anfang der dreißiger Jahre versucht, das Phänomen der pädagogischen Bewegung und ihrer Einzelströmungen begrifflich zu fassen und zu systematisieren, wobei offen bleiben muß, ob zu diesem Zeitpunkt die pädagogische Bewegung mit ihrer Emphase der Vorkriegszeit überhaupt noch existierte oder nicht eher als Legende ihrer selbst seminaristisch verwaltet und kultiviert wurde. Als der pädagogischen Bewegung zugehörig gelten danach die pädagogische Volksbewegung (Jugendbewegung/Volkshochschulbewegung), die pädagogische Schulreform (Einheitsschulgedanke/innere Schulreform) und die pädagogische Reformbewegung (Landerziehungsheimbewegung/Arbeitsschulbewegung/Kunsterzieherbewegung) (Nohl, 1949b) sowie die sozialpädagogische Bewegung (Herrmann, 1956). Beide, Weniger wie Nohl, analysieren die pädagogische Bewegung also aus der historischen Retrospektive. Bei Weniger bleibt dabei die Begründung seines Systematisierungsversuches ambivalent. So konstatiert er in seiner Festschrift zum 50. Geburtstag Nohls 1929, daß die pädagogische Bewegung aus ursprünglichen Lebenserfahrungen erwachsen sei, die pädagogische Gesinnung und Entscheidungen verlangen, welche „ihr durch keine Theorie abgenommen werden kann." (Weniger, 1952, S. 57) Diese pädagogische Gesinnung bedürfe keiner theoretischen Begründung, im Gegenteil:

> „Nichts wäre gefährlicher, als sich in die Abhängigkeit von einer Theorie zu begeben, zumal die pädagogische Aufgabe in jedem Augenblick ganze Arbeit verlangt, während die Erkenntnisse der Wissenschaft und ihre Systematik immer unvollendet und bruchstückhaft sind." (ebda.)

Andererseits bedarf die pädagogische Bewegung einer „besonnenen Theorie", da sie nach Weniger in ihrem revolutionären Überschwang und ihrem Erneuerungswillen unsystematisch, chaotisch und voller Ungeduld sich entwikkelt habe. Als geistige Bewegung besitze sie auch die Mittel ihrer eigenen theoretischen Reflexion. Diese müsse die „einheimischen Begriffe" herausarbeiten.

> „Denn das ist nun das Entscheidende, daß an dem Entwicklungsgang der pädagogischen Bewegung nicht nur ihre eigene Theorie abgelesen werden kann, daß vielmehr an ihr die Struktur der Erziehungswirklichkeit überhaupt, die Gesetzlichkeit in den Erziehungsvorgängen schlechthin sichtbar wird." (Weniger, 1952, S. 51)

Die Funktion der Theorie gegenüber der pädagogischen Bewegung besteht nach Weniger darin, ihre Zielsetzungen und Erfahrungen zu systematisieren, sie realistischen Ziel-Mittel-Relationen anzupassen, sie allgemein zugänglich zu machen und vor der semantischen Okkupation durch die „pädagogische Reaktion" abzusichern. Über das Entstehen der pädagogischen Bewegung gibt Weniger nur allgemeine und eher deskriptive Hinweise, die die konkreten institutionellen und politischen Kontexte mit ihren gesellschaftstheoretischen Verweisstrukturen weitgehend vernachlässigen und durch den oben skizzierten Untersuchungsansatz präziser gefaßt werden können. Aber auch er geht von einer Krisensituation als Entstehungsgrund der Bewegung aus. Sie sei allmählich aus zwei Bestandteilen, der innerpädagogischen Reformbewegung und der erzieherisch orientierten Kulturkritik, im gemeinsamen Impuls einer echten Erneuerung zusammengewachsen (S. 67). An anderer Stelle zählt er zu den Wurzeln der pädagogischen Bewegung:

- die Erfahrung unhaltbarer Zustände im (schulischen) Erziehungssystem.
- die Erfahrung einer Kultur-, Bildungs- und Staatskrise.
- die Einflüsse ausländischer Pädagogen wie Ellen Key, Grundtvig oder Dewey.
- die pädagogischen Folgerungen philosophischer Reflexion. (S. 53)

Unter dem Eindruck des Ersten Weltkriegs und der Novemberrevolution sowie der allgemeinen Zusammenbruchserfahrung seien diese Wurzeln erst in ein breiteres revolutionäres Pathos eingemündet. Der Phase der „revolutionären Epoche", in der die Bewegung sich ausbreitet, folgt die Periode der Stabilisierung. Insgesamt sei der Ertrag trotz der uferlosen Literatur doch eher mager gewesen. Dies, so Weniger, konstatierten die pädagogische Reaktion, um die Ziele der Bewegung abzuwehren, die Träger der Bewegung, um das revolutionäre Pathos auf Dauer zu stellen, und die „pädagogische Theorie, die die begriffliche Verwirrung, das bloße revolutionäre Pathos, die Unsicherheit und Widerspruchsfülle der revolutionären Pädagogik tadelt und Ordnung, Sauberkeit, Besinnung und Klarheit fordert. Ihre Argumente werden von der pädagogischen Reaktion benutzt, gelten aber natürlich unabhängig von dieser." (Weniger, 1952, S. 56)[6] Obwohl Weniger das Institutionalisierungsproblem einer Bewegung durchaus gesehen hat, wird es eher beiläufig bzw. retrospektiv von ihm behandelt.[7] Für Weniger repräsentiert die pädagogische Bewegung ein Pathos der „Ursprünglichkeit", mit dem der Kontrast zur aktuellen Krisensituation deutlich werden soll. Dieses Ursprünglichkeitspathos birgt zwar die Gefahr der Sektenbildung in sich, aber als „Mittel des Kulturwandels" seien „Renaissancen und Utopien... echte Formen der Kulturkritik". (Weniger, 1952, S. 66) Aus dem kulturkritischen und lebensphilosophischen Theoriezusammenhang entspringt dann auch Wenigers Definition einer Bewegung. Sie entsteht nicht automatisch als Reaktion auf die Krise, sondern „durch den bewußten Einsatz menschlichen Willens".

> „Bewegungen sind Willensbildungen und Tathandlungen, die aus Zuständen und Verhältnissen etwas machen wollen und zu machen verstehen, sie sind nicht die einfache Folge von Zuständen und Verhältnissen. So kann man auch zu dem Ertrag der pädagogischen Bewegung ja oder nein sagen. Er ist nicht objektiv für jeden möglichen Standpunkt gegeben und einfach hinzunehmen. Man muß sich für die Bewegung, ihre Tendenzen und Willensrichtungen entscheiden, man muß sich ihr willensmäßig zugehörig wissen..." (Weniger, 1952, S. 66)

Tat, Handlungen und Entscheidungen werden hier zu zentralen Beschreibungskategorien für Bewegung herangezogen. Damit unterscheidet Weniger sich von Herman Nohls eher ontologischem Bewegungsbegriff. Diesem sind Bewegungen schlechthin Reaktionen des Lebens auf eine Notsituation. In der Bewegung setzt sich für Nohl Leben in den Gegensatz zu Erstarrtem. Bewegungen sammeln „sich einer Not gegenüber". Nohls Krisendiagnose ist zugleich seine Begründung für das Entstehen der pädagogischen Bewegung und liefert das Verarbeitungsmuster des gesellschaftlichen Prestigeverlustes des Bildungsbürgertums. Der rapide Strukturwandel des Wirtschaftssystems seit 1870 veränderte nicht nur die Bevölkerungs- und Beschäftigungsstruktur nachhaltig; die politische Mobilisierung und Organisierung der Arbeiterbewegung verhalf dieser zu einer politisch gewichtigen Stellung und der SPD bei den Reichstagswahlen 1912 zu den meisten Mandaten. Verwerfungen zwischen einem rückständigen politischen System und dem raschen sozialen Wandel bedingten nicht nur zwangsläufige Entwicklungs- und Strukturkrisen, sondern brachten auch jene spezifische Reaktionsmodi hervor, die im Gewande der Kulturkritik den rapiden Zivilisations- und Modernisierungsprozeß semantisch verarbeiteten. Der durch diese Prozesse ausgelöste Zerfall eines einheitlichen Bildungsideals wird zum Thema des wilhelminischen Bildungsbürgertums, das damit seinen eigenen Bedeutungsverlust reflektiert und im Festhalten am Bildungsbegriff gegen den Leistungsbegriff, des Lebens gegen den

Verstand (nicht Vernunft) der Aufklärung sich über die eigene machtpolitische Bedeutungslosigkeit hinwegtröstet. Adressat der Kritik wird die Aufklärung, die bei Nohl zur Herrschaft des Verstandes reduziert bleibt, um im Namen der Totalität des Lebens dem „Joch der Reflexion" (Nohl) Widerpart zu leisten. Unter Anknüpfung an die geschichtsphilosophische Tradition der „Deutschen Bewegung" entfaltet Nohl seinen Begriff von pädagogischer Bewegung (vgl. auch Finck, 1977), der die Züge bildungsbürgerlicher Problemverarbeitung trägt. Ausgangspunkt ist ihm eine als umfassend und fundamental empfundene Notsituation, die als allgemeine Not des deutschen Volkes interpretiert wird.

> „Die Züge dieser Not in ihrer grausamen konkreten Gestalt bedingen die Reaktion des Lebens, und jede einzelne ideale Wendung in ihr ist gerichtet gegen eine ganz bestimmte reale Schwierigkeit. Hinter der Bewegung des 19. Jahrhunderts steht die neue soziale, sittliche und geistige Not unseres Volkes, die durch die Entwicklung der Industrie, der Großstädte, der Arbeits- und Wohnverhältnisse, aber auch durch die naturwissenschaftliche Aufklärung und die Entwicklung der Spezialwissenschaften über die Seelen hereingebrochen ist. In diesem Prozeß ging der Selbstwert des Subjekts verloren; der Mensch, der nur noch nach seiner Leistungskraft gewürdigt wurde, wurde zur Masse, und alle Bindungen seines sozialen Daseins lösten sich auf." (Nohl, 1949b, S. 3f.)

Die Pädagogik mit ihrer subjektiven Betrachtungsweise und ihrer humanen Bewertung des Menschen, die „ihre eigentliche Kraft aus dem Instinkt für das Lebensrecht der einzelnen Seele nimmt." (ebda), führte diese Entwicklung in eine fundamentale Krise, die sich Nohl zufolge manifestierte in der Fragmentierung zwischen Gebildeten und Ungebildeten. Als Reflexionsinstanz der kulturellen Wirklichkeit schlägt die akademische Pädagogik sich deshalb auf die Seite des Lebens und erweitert durch den qualitativen Wandel der Vergesellschaftsprozesse des Menschen ihre Arbeitsgebiete.

Nohls Theorie der pädagogischen Bewegung ruht einer lebensphilosophischen Begründung auf, die in den jeweiligen historischen Erscheinungsformen eine überzeitliche „Lebenseinheit" als identitätsstiftendes Moment unterstellt. Die „Lebensfrage" an die pädagogische Bewegung bleibt in diesem Verständnis: ob hinter der Aufbruchsstimmung des pädagogischen Wollens „in unserm Volk eine Einheit steht, ob da nur Chaos ist oder doch irgendwie sich um einen Mittelpunkt sammelndes Leben." (Nohl, 1949b, S. 10) Zu den Aufgaben der Theorie zähle es, das Bildungsideal einer Zeit als „lebendige Einheit" hinter den vielfältigen Erscheinungsformen der einzelnen Bewegungen zu entdecken, das „Eigenwesentliche" und damit die Autonomie der Pädagogik herauszuarbeiten. Die Autonomieannahme ist die Voraussetzung für Nohls Theorie der pädagogischen Bewegung. Als Reaktion des Lebens auf die soziale und kulturelle Not wird diese getragen durch das selbständige pädagogische Leben mit seiner polaren Struktur.

> „Immer steht der Selbstwert des Individuums und sein kleines Leben den großen Objektivitäten gegenüber, die sein Opfer und seinen Dienst verlangen, immer handelt es sich um Kräfte, die geweckt werden, um ihre Zusammennahme zu ei-

nem geschlossenen Dasein, immer um Liebe und Autorität als die polaren Bildungsmächte dieser Kräfte." (Nohl, 1949b, S. 220)

Es bleibt Aufgabe der pädagogischen Theorie die bipolare Struktur des pädagogischen Lebens, die Autonomie der Erziehung (vgl. Schiess, 1973), als zeitloses Strukturprinzip in jeder pädagogischen Bewegung zu identifizieren. Entsprechend konstruiert Nohl eine Stufenfolge als Ablaufmodell jeder pädagogischen Bewegung mit dem Anspruch, ein allgemeines Gesetz entdeckt zu haben. Historisch unterscheidet er drei pädagogische Bewegungen

- die der Antike von den Sophisten bis zu Plato
- die des ausgehenden 18. Jahrhunderts
- die des beginnenden 20. Jahrhunderts,

die stets drei verschiedene Phasen durchlaufen mit einem jeweils charakteristischen Leitbegriff.

Die *erste Phase* sei stets die des Gegensatzes zu einer veralteten Bildungsform. Ihr wird das „selbständige, aus eigenen Kräften lebende Individuum entgegengestellt." (Nohl, 1949b, S. 218) Entsprechend heißt ihr Leitbegriff „Persönlichkeit".

Die *zweite Phase* leistet die Vergesellschaftung der subjektorientierten Errungenschaften der ersten Phase. Ihr Leitbegriff heißt „Gemeinschaft". Gemeinschaft bedeutet ihm die „lebendige Beziehung von Mensch zu Mensch. Die allgemeine Formel für beide Phasen heißt: *alle Kräfte wecken und lebendig machen.*"[8] Nur in der Gemeinschaft und durch die Bindung an sie gewinne der Einzelne seinen Halt und seine Orientierung. Hieraus und aus ihrem überzeitlichen Charakter zieht er ihre Rechtfertigung. In sie ist der Mensch hinein geboren, sie überdauert ihn in Familie, Nachbarschaft, Volk. Im Mittelpunkt der sich aus der Kulturkrise abgeleiteten Aufgabe stellt Nohl denn auch Gemeinschaftserziehung.[9] Die *dritte Phase* verlangt nach „Gehalt, Richtung und Bindung der Kräfte" (S. 219). Ihr Leitbegriff ist der des „Dienstes", der „Hingabe an ein Objektives." (vgl. auch Beutler, 1934)

Zwar produziere jede dieser Phasen eine in Zielsetzung und Methode eigene Form von Pädagogik. Der Phasenwechsel hebe aber den Wahrheitsgehalt der einzelnen Formen nicht auf.

> Vielmehr gilt, daß „ihre Wahrheit in der neuen Stufe erhalten bleiben muß: Die Lebendigkeit der Kräfte ist die Voraussetzung wahrer Gemeinschaft und das Leben solcher Gemeinschaft die Voraussetzung jedes echten Dienstes... Die dritte Phase betont die Bindung und die Zusammennahme, die Autorität und die Leistung. Aber damit verschwindet der andere Pol nicht! Und mag Politik und Religion immer bereit sein, ihn zu vergessen, so hat die Erziehung doch die ewige Aufgabe, ihn treu zu bewahren, *denn ihr autonomes Ziel bleibt der Mensch,* und auch wo der Lehrer sein Werk im Volk sieht, gibt es doch für ihn keine wahre Volkwerdung als über die freie Lebendigkeit jedes einzelnen und seine echten Gemeinschaftsgefühle gegen den Nächsten." (Nohl, 1949b, S. 220; Hervorhebung im Org.)

Ob diese dritte Phase wirklich wie Blankertz vermutet (Blankertz, 1982,

S. 271) auf die Erziehungswirklichkeit des Nationalsozialismus gemünzt war, ob also auch in der oben zitierten Einschränkung eine mehr oder weniger offene Warnung vorliegt, sei auch bei der bekannten Distanz Nohls zum Dritten Reich bestritten. Vielmehr ist der Dienstgedanke schon vor 1933 in der pädagogischen Diskussion (etwa der Volksbildungsbewegung und der Sozialpädagogik) eingeführt und breit diskutiert worden. Zum anderen erwächst der Dienstgedanke fast automatisch aus einer kulturkritisch und lebensphilosophisch geprägten Orts- und Aufgabenbestimmung der Pädagogik, die sich auf eine wenig präzise Volksideologie eingelassen hatte.

Überblickt man insgesamt Nohl Bewegungsgesetz, so verwundert es, wie er aus drei Zeitabschnitten, die er zudem eher assoziativ abhandelt, ein allgemeines Gesetz ableitet, historische Realität für den theoretischen Anspruch zurechtstutzt. Der geisteswissenschaftliche Kniefall vor dem allgemeinen naturwissenschaftlichen Gesetzesbegriff erscheint hier als Legitimationsbedarf der akademischen Pädagogik, die damit ihre Theorieproduktion gesetzmäßig und lebensweltlich zugleich zu fundieren sucht. Zum anderen trägt Nohls Konstruktion deutlich professionsspezifische Züge, die dazu dienen, „die Theorie der Pädagogischen Bewegung und ihr Selbstbewußtsein durch ein ‚So-ist-es-immer-schon-gewesen' zu rechtfertigen und zu bestärken..." (Hakkewitz, 1966, S. 152). Letztendlich aber übernimmt die Theorie der pädagogischen Bewegung in der pädagogischen Praxis diskutierte und handlungsinduzierende Leitbegriffe und formuliert sie zu allgemeiner Gesetzmäßigkeit um. Sie setzt damit Orientierungen, Sinnstiftungen und bietet Deutungsmuster an, die legitimierend auf das Wissenschaftssystem wie normierend und kontrollierend auf die pädagogischen Handlungsfelder wirken. Nohls Theorie der pädagogischen Bewegung ist insofern ein Zeugnis des pädagogischen Selbstverständnisses am Vorabend der nationalsozialistischen Machtübernahme. In ihr drückt sich auch das Bestreben nach Kulturerneuerung – frei von „verderblichen" zivilisatorischen Einflüssen – aus, ein Bestreben, das trotz aller Subjektorientierung stets den Anspruch für oder im Namen des Volkes, also der unteren Schichten, zu denen die Vertreter der akademischen Pädagogik kaum Zugang hatten, zu sprechen. Die Bestimmung der Pädagogik in Bewegungen[10] meinte damit kollektive Lernprozesse, die auf die Wiederherstellung vorindustrieller Sozialbeziehungen zielten, angesichts eines als Notstand gekennzeichneten Zustandes der Weimarer Republik sich aber als fortschrittlich präsentieren konnte. In Nohls Deutungsschema befand sich die pädagogische Bewegung seiner Generation Anfang der dreißiger Jahre in der Phase des Dienstes. Diese Diagnose deckt sich völlig mit dem Selbstverständnis auch noch jener Vertreter der Arbeitsdienstbewegung, die sich nur am Rande pädagogischer Begründungen bedienten. Als Nohl seine Theorie der pädagogischen Bewegung schrieb, war die Arbeitsdienstbewegung öffentlich präsentiert, verfügte über eine eigene Infrastruktur, hatte im FAD ein eigenes Praxisfeld und hatte seit längerem Eingang in die erziehungswissenschaftliche Fachliteratur gefunden. Auch wenn der Gedanke des Dienstes und des Dienens gruppenspezifisch unterschiedlich gedeutet wurde, so war er doch im pädagogischen

Diskurs breit konsent. Vor allem Vertreter der sozialpädagogischen Bewegung und der Volksbildungsbewegung, sofern sie in der Arbeitsdienstbewegung[11] aktiv waren, übernahmen den Dienstgedanken als einen ihrer pädagogischen Leitbegriffe. Nohl selbst dürfte die Arbeitslagerbewegung insbesondere unter den Studenten bekannt gewesen sein. Sein Plädoyer für die „nationalpädagogische" Formierung der sozialpädagogischen Energien der Jugend in der Landbewegung und Ostsiedlung formulierte er unter Bezug auf Hans Grimms „Volk ohne Raum" anläßlich einer Tagung der Gilde „Soziale Arbeit" mit dem Pädagogischen Seminar der Universität Göttingen im Juli 1931 im Hause Grimms in Lippoldsberg; dort wurde dem „Wärmetod der Industriewirtschaft" die Alternative der Reagraisierung Deutschlands gegenübergestellt. Nohls Aufgabenbestimmung für die Pädagogik lautete hier: „Änderung der Mentalität unserer Jugend, ein neues Selbstbewußtsein des Landmenschen und eine Steigerung seiner landwirtschaftlichen Ausbildung." (Nohl, 1932a, S. 67) Sein zweiter Osthilfe-Aufsatz geht auf einen Vortrag zurück, den Nohl anläßlich der „Ostmarkenwoche" der Deutschen Studentenschaften im Februar 1932 in Göttingen hielt. Auch hier redet er einer Pädagogik des Dienstes und der Entsagung, einer Volksbildungs- und Siedlungsideologie das Wort, versehen mit der Mahnung an die studentischen Zuhörer, daß „unerbittlich klar sein müsse", daß „hier mit Romantik nicht geholfen ist, daß man arbeiten muß, kämpfen und aushalten, wie damals unsere Jugend im Schützengraben, daß man seine Sache verstehen muß und insbesondere auch die richtige Frau dazu haben, denn sie hat dabei die Hauptlast zu tragen." (Nohl, 1932b, S. 461) Die hier vertretene Mischung aus Pestalozzis Wohnstubenpädagogik mit Fichtes Nationalerziehung und völkisch eingefärbter Siedlermentalität [12] deckt sich mit einem Teil der Vorstellungen der Arbeitsdienstbewegung sofern sie ihren Schwerpunkt auf Siedlungshoffnungen richteten.[13]

In einem ganz anderen Punkte trafen die Vorstellungen der Arbeitsdienstbewegung eine Grundüberzeugung des zeitgenössischen pädagogischen Denkens: in der Überzeugung, nur geschlossene Erziehungsgemeinschaften seien wegen ihrer Wirkungskraft pädagogisch besonders sinnvoll. Nicht zuletzt wurde dieser Gedanke in der Landerziehungsheimbewegung popularisiert. Diese Idee basiert, wie Spranger 1962 kritisch vermerkte, auf dem Glauben, „nur in abgeschlossenen Erziehungsgemeinschaften könne ‚der reine Mensch' hervorgehen." (Spranger, 1962, S. 42) Jene Vertreter des Arbeitsdienstgedankens, die aus dem engeren Disziplinzusammenhang der Pädagogik stammten, konnten in vielfältiger Weise an zentrale Deutungsmuster ihrer Profession anknüpfen. Die pädagogische Kulturkritik war zivilisationskritisch mit Ressentiments gegenüber der Großstadt als Focus von Verwahrlosung und Gefährdung, sie war antihedonistisch eingestellt und favorisierte asketische Erziehungsziele; sie pries das Gemeinschaftserlebnis in verschiedensten Situationen ebenso wie sie einer gewissen Naturidolatrie das Wort redete. Und nicht zuletzt spielte in der Triade von geistiger, körperlicher und sittlicher Erziehung die Handarbeit eine zentrale Rolle. Das soziale Motiv der Handarbeitserfahrung betonte schon Herrmann Lietz:

„Wer nicht im Schweiße seines Angesichts, wenn möglich Schulter an Schulter mit Handarbeitern, körperliche Arbeit zu leisten gelernt hat, dem wird die Mehrzahl seiner Volksgenossen unverständlich bleiben. Das gegenseitige Verständnis und mit ihm der soziale Friede zwischen Handarbeitern und Gebildeten wird nur dann kommen, wenn auch die Kinder der Vornehmen vor keiner Handarbeit zurückschrecken und die Handarbeiter Anteil bekommen an den wahren geistigen Bildungsmitteln der Nation." (Lietz, 1918, S. 34)

Von den Landerziehungsheimen zur Arbeitsdienstpropaganda führt kein direkter Weg. Aber bestimmte Denkformen und Motive der pädagogischen Bewegung ließen sich spielerisch auf die Problematik der erwerbslosen Jugend in der Endphase der Weimarer Republik transferieren. Doch mit jenem Teil der pädagogischen Reformbewegung, die den Arbeitsgedanken zum Schlüsselbegriff machte, nämlich die Arbeitsschulbewegung, hatte der Arbeitsdienst am wenigsten zu tun. Zwar galt hier wie dort unbestritten Arbeit als Erziehungsmittel und Erziehungsziel und die Überzeugung, daß zur Arbeit erzogen werden müßte, war nirgends bestritten. Doch weder mit Kerschensteiners Begriff der Arbeitsschule noch mit Gaudigs Prinzip der „freien geistigen Tätigkeit", weder mit der Idee der Produktionsschule noch mit der der polytechnischen Erziehung kann die Funktion der Arbeit im Arbeitsdienst sinnvoll verglichen werden. In den Lagern des FAD und RAD sollte zwar durch Arbeit erzogen werden, doch blieb die Arbeit in der Regel auf primitive Handarbeit beschränkt. Qualifikation, Berufsförderung oder gar Weiterbildung lagen definitiv nicht im Vorstellungsbereich der Arbeitsdienstaktivisten. Und in der Arbeitsdienstliteratur wird der inhaltlichen Seite der Arbeit wenig Beachtung geschenkt; im Vordergrund stehen ihre funktionalen Leistungen als Mittel der Charaktererziehung und der Aneignung arbeitssozialisatorischer Tugenden. Solche Bestimmungsmomente finden sich auch bei den Vertretern des Arbeitsschulgedankens. Walter Horney schreibt diesbezüglich im „Pädagogischen Lexikon" (Horney u. a., 1970, Sp. 161) unter dem Stichwort „Arbeitserziehung":

„Disziplin, Sachlichkeit, Beherrschung, Selbstkritik, Selbständigkeit und Verantwortlichkeit gehören zur Charakterisierung. Erziehung durch Arbeit schließt darüber hinaus den bewußten Aufbau von Arbeitstugenden ein ... Wo aber Arbeit soziale Pflicht ist, werden auch Arbeitstugenden zu moralischen Tugenden. Das Fehlen von Fleiß und Gründlichkeit wird dagegen immer und mit Recht als charakterlicher Mangel angesehen. Eine Verpflichtung zur Arbeit wird nur schwer von denen anerkannt werden, die sich nicht als Glieder der Gesellschaft fühlen, welche die Arbeitsforderungen stellt. Erziehung zur Arbeit ist immer auch Gemeinschaftserziehung. Sie wird am besten bei Gruppenarbeit und gemeinsamen Vorhaben gelingen, weil hier Arbeit mit ihrer Forderung nach Unterordnung unter die Sache und Einordnung in das Gruppengefüge als soziale Pflicht erlebt werden kann."

In anderem Kontext könnten diese Zeilen als Legitimierung des Arbeitsdienstgedankens gelesen werden. Doch sie beziehen sich auf die Institution Schule und auf Unterricht für 10- bis 13jährige und haben daher einen anderen Stellenwert als innerhalb der Arbeitsdienstdiskussion. Anders stellt sich dann schon die Situation bei den globalen Deutungsmustern der pädagogischen Kulturkritik dar. Sie sind im zeitgenössischen Selbstverständnis wesentlich einfacher auf Zielwerte der Arbeitsdienstbewegung beziehbar. Denn fast zwangsläufig mußten sich aus diesem Selbstverständnis heraus die Fragen aufdrängen: War nicht praktische Hilfe angesichts der „Jugendnot" ureigenste pädagogische Aufgabe? Boten die „Volkslager" nicht alle jene favorisierten pädagogischen Vorzüge wie Ferne von der Großstadt, Kontakte zwischen Jugendlichen verschiedener sozialer Klassen, Gemeinschaftserfahrung, identitätsstiftende Arbeitsaufgaben, Naturverbundenheit, Kameradschaftserlebnisse, das Bewußtsein, im Dienste der Gemeinschaft zu stehen? Bot der Arbeitsdienst nicht die Chance, Jugendliche wieder an ein geordnetes bürgerliches Leben zu binden, ihnen Orientierung und Lebenssinn zu vermitteln? Bot er nicht in der Form der Volkslager den idealen pädagogischen Bezug zur Initiierung wirksamer Erziehungsprozesse? Dies sind Fragen, die sich den zeitgenössischen Pädagogen fast zwangsläufig stellen mußten, besonders jenen, die Helfen zur Professionsaufgabe erklärten und jenen, die „Volk-Bildung" als Ziel verfolgten. Funktionale Fragestellungen waren den Praktikern und den Vertretern der geisteswissenschaftlichen Pädagogik fremd gewesen. In der Idee des Dienens und des Dienstes als „freiwillige Hingabe der ganzen Person an die als höhere Ordnung anerkannte Gemeinschaft" (Gräf, 1933, S. 4) trafen sich die Selbstdeutungen der Arbeitsdienstbewegung mit jenen akademischer Reflexion.[14] Dienen galt hier als neue Lebensform und neue Gesinnung, die den Weg aus der Krisensituation zu weisen schienen, als eine Alternative zu der von konservativen Kräften beklagten „egoistischen Haltung". Welche erziehungspolitische Bedeutung diesem Gedanken vor und nach 1933 zugemessen wurde, läßt sich u. a. daran erkennen, daß nicht nur in der offiziellen Arbeitsdienstpropaganda, sondern auch in fast allen zeitgenössischen juristischen, staatswissenschaftlichen und volkswirtschaftlichen Dissertationen der Erziehungsfunktion des Arbeitsdienstes breiter Raum geschenkt wurde. In besonderem Maße galt dies natürlich für die zwei erziehungswissenschaftlichen Dissertationen von Seipp (1935) bei Gerhard Pfahler und Anna Kallsperger (1939) bei Ernst Krieck sowie für die Arbeit von Petersen (1938) bei Gustav Deuchler in Hamburg.

Für die Nationalsozialisten selbst war die Arbeitsdienstpflicht natürlich eine vorrangige „Erziehungsschule", deren Fernziel „jener neue deutsche Menschentyp des ‚Arbeitsmannes'" (Decker, 1935, S. 12) war, der durch „Treue, Gehorsam, Kameradschaft" sich auszeichne. Diese „neuartige Erziehungsschule" habe neue Erziehungsmethoden zu entwickeln, die nicht theoretisch konstruiert, sondern nur aus der Praxis, aus dem „Erlebnis der Arbeit" gewonnen werden könnten. (Decker, 1937, S. 280) Allerdings konnten die nationalsozialistischen Arbeitsdienstfunktionäre gerade im methodischen und didaktischen Bereich auf das pädagogische Erfahrungswissen im FAD und auf eine Fülle von praxeologisch verfaßter Kompendien, Handbücher und Leitfäden zurückgreifen, die von organisationstechnischen Details über Konzepte politischer Erziehung im Arbeitslager bis hin zu Anleitungen über Tagesgestaltung, Feierrituale und Spielabende reichten. Sie konservierten erfahrungsgesättigtes pädagogisches Wissen, das die Nationalsozialisten nur auf ihre Weltanschauung und ihre politische Symbolik, auf ihre mythischen Deutungsangebote transferieren mußten. Damit wird nicht eine schlichte Kontinuitätsbehauptung zwischen FAD und RAD oder zwischen geisteswissenschaftlicher Pädagogik und NS-Erziehungswissenschaft verbunden. Eher ist zu vermuten, daß die gesellschaftliche Basis *dieser* Wissensproduktion durch die Universitätspädagogik kaum beeinflußt war. Jene Arbeitsdienstbeiträge in der pädagogischen Fachliteratur vor 1933 (z. B. Die Erziehung, Freie Volksbildung, Soziale Praxis) zählen überwiegend zum Genre aufgaben- und zielorientierter Reflexionsanstrengungen. In ihnen macht sich eher der Einfluß der Universitätspädagogik bemerkbar, aber auch das deutliche Bemühen, dem Freiwilligen Arbeitsdienst ein sozialpädagogisches Profil zu geben und seine Legitimität an das Prinzip des Dienstes und damit an die Erziehung „zum Dienst am Ganzen" (Bäuerle, 1932b, S. 405; auch Steltzer, 1932, S. 515) zu binden. Nach diesem Kriterium wurde dem FAD pädagogisch nur dadurch seine Rechtfertigung zugestanden, „daß durch ihn und in ihm der ernsthafte Versuch gemacht wird, dem Gedanken der Volksgemeinschaft und der gemeinsamen Verpflichtung aller gegenüber Volk und Vaterland den Vorrang gegenüber den zersetzenden und auflösenden Kräften zu geben. Die Arbeitsdienste müßten Zellen eines neuen Gemeinschaftsgefühles in einer Zeit des gegenseitigen Hasses und Stätten der Achtung vor der ehrlichen Überzeugung in einer Zeit brutaler Machtpolitik werden ... Der freiwillige Arbeitsdienst ist eine der ganz wenigen Gelegenheiten zu gemeinschaftlichem, volksverantwortlichem Handeln, zur Zusammenfassung der Jugend unter den verpflichtenden Gedanken der Volksverbundenheit und des gemeinsamen deutschen Schicksals." (Bäuerle, 1932a, S. 256) Notwendigerweise abstrahierten solche totalitätsbezogenen Zielsetzungen von der konkreten sozialen Lage erwerbsloser Jugendlicher und erleichterten den Übergang zu Argumentationen, die den Arbeitsdienst zu einer neuen allgemeinen Sozialisationsinstitution mit nationalpädagogischer Aufgabenstellung (Flitner, 1932, S. 429) deklarieren konnten. In der zeitgenössischen pädagogischen Diskussion über den Arbeitsdienst sind unterhalb des Dienstgedankens beide Auffassungen präsent: jene, die im Dienst ein neues Vergesellschaftungsprinzip und ein neues Erziehungsfeld sah und jene, die den FAD als eine zeitlich begrenzte sozialpädagogische Maßnahme für erwerbslose Jugendliche verstand. Zu ersteren zählen neben den sozialen Trägern der Arbeitsdienstbewegung die Vertreter des pädagogischen Establishments, deren Produkte die Fachpublizistik füllten; zu letzteren gehören eher jene Pädagogen, die in ihrer Praxis mit der Betreuung erwerbsloser Jugendlicher befaßt waren sowie jene, die in der Jugendverbandsarbeit engagiert waren und den FAD zunächst aus dem Blickwinkel der Interessen ihrer erwerbslosen Mitglieder wahrnahmen. Daß diese Unterscheidung nicht trennscharf ist, versteht sich von selbst. Dennoch läßt sich die These durch die diversen Stellungnahmen der Jugendverbände zum FAD und die zahlreichen Erfahrungsberichte pädagogischer Praktiker verifizieren. Dies entsprach auch dem Selbstverständnis der geisteswissenschaftlichen Pädagogik. Fritz Blättner hat hier in seiner Auseinandersetzung mit Ernst Kriecks funktionaler Erziehungstheorie pointiert das Selbstverständnis der herrschenden Universitätspädagogik beschrieben:

> Er sah in „der Pädagogik eine sehr notwendige Aufgabe gestaltend-schöpferischen Denkens, das aus Mut und Liebe, aus Verantwortung und Hoffnung die Erziehung der kommenden Menschheit vorbildlich, begeisternd schildern mag, das aber sich sehr zu seinem Nutzen klar machen wird, daß es keine Wissenschaft, keine Erkenntnis, sondern Wirkung auf das Leben will." (Blättner, 1931, S. 290)

Die lebensphilosophische Emphase der geisteswissenschaftlichen Pädagogik war bei aller nötigen Binnendifferenzierung und Akzentsetzung unter den einzelnen Repräsentanten dieser pädagogischen Theorietradition dennoch vorherrschend. Selbstkritische funktionale Fragestellungen blieben ihr weitgehend fremd. Ihre Option war die der Aufgabenorientierung – selbst unter dem Eindruck des beginnenden Nationalsozialismus und in der maßlosen Überschätzung pädagogischer Leistungsfähigkeit, korrespondierend mit der Unterstützung des Totalitätsanspruches der NS-Bewegung in allen Lebensbereichen. Eduard Spranger endete in diesem Sinne seinen „berühmten" „März-Artikel" mit den Sätzen:

> „Nach den begeisterten Tagen des März, die uns das lange gefährdete Bewußtsein wiedergaben, daß wir noch ein Volk sein können, beginne nun die geduldige und treue Arbeit im einzelnen! Sie ist oft hart und schwer, zumal in der eng gewordenen, notdurchfurchten deutschen Welt. Aber auch diese deutsche Erziehungsarbeit sei alles zugleich: Freiwilliger Arbeitsdienst und Arbeitsdienstpflicht, Wehrwille des Leibes und Wehrwille des Geistes, Freiheit und Bindung, Wille zur Macht und Achtung vor Recht, irdisches Bauen und demütiger Gottesdienst." (Spranger, 1933, S. 408)

Noch pointierter heißt es in einer Replik eines ungenannten Autors, nach Rang (1986, S. 47) handelt es sich um Wilhelm Flitner, auf Hans Freyers Artikel „Von der Volksbildung zur politischen Schulung" (1934) in der Zeitschrift „Die Erziehung":

> „Die ängstliche Sonderung einer politischen und einer pädagogischen Haltung war eine *Notstandsmaßnahme*. Hätten die Volksbildungsmänner denn die marxistische These von der Heteronomie alles Erzieherischen annehmen sollen? Hätten sie sich dem diffusen damaligen Staatswillen ganz unterwerfen sollen? Ebensowenig durften sie das, wie sie die liberalistische These von der pädagogischen Autonomie bekennen konnten. *Eine erfüllte Pädagogik konnte sich nicht einer entleerten Politik unterordnen.* Sie konnte nur eine künftige Politik *in der Weise des Erziehers vorwegnehmen.* Sobald Politik das wieder wird, was sie im platonischen und christlichen Sinne sein soll, *sobald und soweit* der Begriff des Politischen wieder erfüllt ist, wird *die Unterordnung der Pädagogik unter die Politik* gerade als der Weg gesehen werden, das Eigentümliche des pädagogischen Wirkens zu entfalten." (S. 109; Hervorhebung im Original)

Solche Deutungen aus den Reihen der geisteswissenschaftlichen Pädagogik treffen sich durchaus mit dem Selbstverständnis von Teilen der Arbeitsdienstbewegung. Die geisteswissenschaftliche Pädagogik blieb damit ein Kind ihrer

Zeit, das seine Unterschätzung des Nationalsozialismus auch mit führenden Vertretern anderer wissenschaftlicher Disziplinen teilte.

Nun läßt sich gegen die These der naiven Aufgabenorientierung einwenden, daß die zeitgenössische Pädagogik mit Nohls zentralem Begriff des „pädagogischen Bezugs“ ein Kriterium entwickelt hat, das für die Geltung der Eigengesetzlichkeit der Erziehung sorgt und die Rechte der Zöglinge mit den gesellschaftlichen Erwartungen abstimmt und pädagogisch-handelnd durch den Erzieher vermittelt. Insofern war die akademische Pädagogik keineswegs gesellschaftsblind und setzte nicht auf Autarkiehoffnungen. Dennoch kann diese Theorie der Bildung, die gesellschaftliche Erwartungen an die Pädagogik durchaus anerkennt, diese nicht mehr kritisch analysieren und zurückweisen. Denn die Autonomie der Pädagogik scheint bei Nohl nicht als perspektivische Festlegung, die aufhebbar ist, eingeführt zu sein, sondern als Form des pädagogischen Wissens mit universalem Geltungsanspruch. Deshalb kann es aus dieser Perspektive nur darauf ankommen, das Kriterium des pädagogischen Bezugs gegenüber den gesellschaftlichen Erwartungen zur Geltung zu bringen. Es bleibt in dieser Situation die Aufgabe der Pädagogik diese Erwartungen verstehend zu deuten und unter Beachtung der „Eigenwesentlichkeit der Erziehung“ die Ansprüche des Gesellschaftssystems in pädagogische Aufgaben zu formulieren. Dabei wird die Ausbalancierung der pädagogischen Grundantinomie, der Vermittlung von objektiven gesellschaftlichen Interessen und subjektiven Erwartungen und Bedürfnissen des einzelnen Zöglings zu einer zentralen Aufgabe der Pädagogik.

Da für Nohl das pädagogische Kriterium in der Einstellung des Erziehers zum subjektiven Leben des Zöglings zu suchen ist, in der Bildungsgemeinschaft zwischen dem Erzieher und dem Zögling, liegt es nahe, daß innerhalb der Arbeitsdienstdiskussion die Pädagogik mit Erwartungen an die Professionalität der Lagerführer (vgl. Kap. 7.3.) aufwartet. Als Hermeneutik der Lebenswelt, als „réflexion-engagée“ (Flitner) suchte sie im Bewußtsein der Unaufhebbarkeit des personenabhängigen pädagogischen Handelns nach einer Lösung des Theorie-Praxis-Problems. Oelkers und Adl-Amini sehen sie hier im Vergleich mit positivistischen und szientistischen Ansätzen „im Recht. Da die entscheidenden Bildungswirkungen erlebnishaft (darum aber nicht unbedingt erlebnis*abhängig*) sind, ist der Erziehungsbereich nur in sehr eingeschränktem Maße technologisch steuerbar.“ (Oelkers/Adl-Amini, 1981, S. 49) Zur erziehungswissenschaftlichen Arbeitsdienstliteratur während des Dritten Reiches offenbaren sich hier Kontinuitäts- wie Diskontinuitätsmomente. Kontinuität besteht in dem Anspruch, aus der Erziehungswirklichkeit selbst Methoden und Erziehungskonzepte zu entwickeln. Nationalsozialistische wissenschaftliche Arbeit, so Will Decker, sei der Versuch, „die Brücke von der Theorie zum Leben (zu) schlagen und die Verbindung der Wissenschaft mit dem Herzschlag unseres ganzen Volkes“ (Decker, 1935, S. 5) herzustellen. Ohne die „Feuertaufe des Erlebens“ sei jede Wissenschaft untauglich. Nach dem lebensphilosophischen Credo „Wer nicht erlebt, der nicht begreift“ verfährt auch Seipp, wenn er zu Beginn seiner Dissertation betont, über den Arbeitsdienst publizieren könne nur der, „der bei hinreichender theoretischer Befähigung über die notwendige praktische Erfahrung verfügt." (Seipp, 1935, S. V) Ähnlich betont Petersen sein Engagement im RAD und vermerkt, die Arbeit sei „nicht das Erzeugnis von angelesenem Buchwissen." (Petersen, 1938, S. 9) Und auch Anna Kallsperger versteht ihre Dissertation als ein Versuch, „aus der Praxis die Grundsätze der nationalsozialistischen Erziehung erstehen zu lassen." (Kallsperger, 1939, S. 6) Und Sack widmet seine Arbeit den „lieben Arbeitslager- und Arbeiterkameraden vom Arbeitslager Königsbrück..., mit denen mich eine ehrenvolle Aufgabe in fünfmonatiger Arbeitsdienstzeit verband" (Sack, 1934, S. 3).

In diesen und zahlreichen anderen Arbeitsdienstbeiträgen nach 1933 werden zwar persönliche Erfahrung und Praxis zur Grundlage wissenschaftlicher Reflexion erklärt, doch argumentieren alle Autoren streng funktional und bezogen auf die Vorgaben der nationalsozialistischen Weltanschauung. Rassenideologie, ansonsten ein Fundament der nationalsozialistischen Erziehungswissenschaft, spielt hier nur eine marginale Rolle. Als hervorstechender Faktor der RAD-Erziehungskonzeptionen muß deren Beharren auf die Erlebnisabhängigkeit der Lagererziehung benannt werden. Erlebnis wird zur conditio sine qua non wirkungseffektiver Erziehung, denn Dienst am Volk könne nicht verstanden, sondern nur über Gemeinschaft und Kameradschaft erlebt werden. Gerade die Überzeugung von der Erlebnisabhängigkeit[15] von Erziehungswirkungen, die in der Regel an die Führerfrage gebunden wurde, ließ die nationalsozialistische Arbeitsdienstliteratur nach der Optimierung der Bedingungen der Möglichkeit effektiver Lagererziehung suchen. Funktionalistische und auf die Optimierung von Wirkungseffekten angelegte Fragestellungen unterscheiden die nationalsozialistischen erziehungswissenschaftlichen Arbeitsdienstpublikationen von jenen im Einfluß geisteswissenschaftlicher Pädagogik stehenden ebenso wie ihre strikte Bindung an die parteioffiziösen Vorgaben der NS-Weltanschauung. Semantisch gleiche Begriffe wie Dienst, Gemeinschaft, Kameradschaft, Disziplin, Gehorsam etc. gewinnen dadurch eine neue Bedeutung und als Teile einer staatlich umfassend organisierten Sozialdisziplinierung Jugendlicher eine neue Qualität. Daß die RAD-Aktivisten dabei auf eine Fülle pädagogischen Wissens und Erfahrungen zurückgreifen und auch personell eine im FAD qualifizierte Führerschicht rekrutieren konnten, bleibt dennoch eine bedenkliche Tatsache.

Bedenklich im engeren Wortsinne bleibt diese Tatsache in zweifacher Hinsicht: wissenschaftstheoretisch und disziplinspezifisch. Wissenschaftstheoretisch ist gegenwärtig strittig, ob und inwieweit pädagogischen Theorien und pädagogischen Denkformen eine politische Unschuldsvermutung angetragen werden darf. Ob bestimmte theoretische Optionen als theoretische Modelle instrumentalisierbar oder widerstandsfähig für oder gegen bestimmte politische Zugriffe sind, bleibt generell ein zentrales ungelöstes Problem der erziehungswissenschaftlichen Historik, das weder durch Analyse des politischen Verhaltens einzelner Theoretiker noch durch einseitige normative Prämissen des Historikers, etwa durch die Bindung an einen sozial und anthropologisch wünschbaren Erziehungsbegriff, einer Klärung zugeführt wird. Tenorth hat kürzlich zurecht darauf verwiesen, daß die Art und Weise wie das Verhältnis von Theorieform und Handlungspraxis bildungshistorisch häufig bearbeitet wird, unüberprüften Wirkungsannahmen und Funktionszuschreibungen aufruht.

> „Theoriegeschichten nehmen zu häufig solche Wirkungsannahmen als gegeben an, ohne sie noch zu untersuchen, und sind dann nicht selten in der Gefahr – wie im Falle der Lehrer – einen geheimen Elitismus zu stützen (als hätten sich die Lehrer wegen der Kathederpädagogik mit dem Nationalsozialismus eingelassen) oder die zu große Wirkung von Philosophien zu unterstellen, als hätte die Philosophie Hegels den Universitätsgelehrten eine Affinität zum Nationalsozialismus einreden können.“ (Tenorth, 1986, S. 12f.)

Gerade in der Übergangsphase der Jahre 1933/34 erlagen nicht nur prominente Pädagogen der Aufbruchsstimmung, die die Machteinsetzung der Nationalsozialisten mit sich brachte.[16] Dies war keineswegs immer eine politische Option für die NS-Bewegung und ihr rassistisches Programm. Eher könnte man in den meisten Fällen von einer Zustimmung ex negativo sprechen, nämlich im Sinne einer Zustimmung zur Destruktion des politischen Systems der Weimarer Republik. Aber ein anderes, disziplinspezifisches Problem scheint in dieser Phase wesentlich stärker durchzuschlagen. Versprach nicht dieses als Erziehungsstaat deklarierte Dritte Reich die Pädagogisierung des gesamten öffentlichen Lebens, versprach es damit nicht eine gesellschaftliche Aufwertung des Nutzens pädagogischen Wissens? Versprach nicht die umfassende staatliche Organisierung von neuen Erziehungsformationen ein reiches Betätigungsfeld für (häufig stellungslose) Pädagogen und die Professionalisierung der pädagogischen Disziplin? Und erleichterte der semantische Gleichklang der ideologischen Muster nicht die Akzeptanz oder Eingliederung selbst noch in der Selbstvergewisserung, andere Motive zu verfolgen? Letztlich traten in der Betonung von Gemeinschaft, Kameradschaft, von Dienst und Bindung antimodernistische Einstellungen hervor, die ihren Ausdruck fanden in der Abwertung der Industriegesellschaft, der Abwehr von Partikularinteressen, der Homogenisierung sozialmoralischer Leitvorstellungen und Wertloyalitäten und der Aufwertung homogener antiurbaner Vergesellschaftungsformen. Zu fragen ist:

Inwieweit bleiben überhaupt pädagogische Zielsetzungen in ihrer Legitimität an Motive ihrer Produzenten gebunden? Oder: Hält die Struktur pädagogischen Wissens nicht generell Wissen über Beeinflussungsmöglichkeiten bereit, die instrumentalisierbar sind für jede Erziehungspolitik? Produziert die Pädagogik nicht jenes Wissen, das sie zum Diener aller Herren macht? Am Beispiel der Arbeitsdienstbewegung lassen sich die Fragen studieren, ohne daß sie an dieser Stelle abschließend beantwortet werden könnten. Was aber gezeigt werden kann, ist die Entstehung der Figuration des RAD aus den Erziehungsphantasien der Arbeitsdienstbewegung vor 1933, ihre Nutzung und interessenpolitische Umdeutung im Sinne der Machtstabilisierung des NS-Regimes. Daß dieser Prozeß permanent Widersprüche zwischen Ideologie und

Ökonomie produzierte ist für das gesamte Dritte Reich ein bekannter Tatbestand. Damit erledigt sich aber das Analyseproblem nicht. Vielmehr gilt es hier einen ersten Schritt zur Einlösung der Analyseherausforderung zu gehen, auf die Tenorth mit dem Hinweis abzielt:

> „Die öffentliche Nutzung und politische Funktionalisierung pädagogischen Wissens, die – häufig ungewollte und kontraintentionale – Hilfestellung der traditionellen Theorie für die neuen Zwecke ist anscheinend schon allein dadurch möglich, daß eine verselbständigte Erziehungsreflexion ein Arsenal an Beeinflussungstechniken bereithält und kontinuierend fortschreibt. An der Erziehungs- und Wissenschaftspolitik des Nationalsozialismus ist nämlich auch zu erkennen, daß dieses Arsenal an pädagogischen Möglichkeiten nicht schon dadurch gebändigt und kontrolliert wird, daß Techniken mit Motiven gekoppelt sind und Erziehungsformen von ihren Erfindern durch gute Absichten legitimiert werden." (Tenorth, 1986, S. 18f.)

Die Arbeitsdienstbewegung nimmt ihren Ausgangspunkt in den unmittelbaren Nachkriegsjahren 1919/20. Ein neues politisches System, eine selbstbewußte Arbeiterbewegung als machtpolitisch bedeutender Faktor, die Folgen des Versailler Vertrages mit den Gebietsverlusten, den Reparationszahlungen und der Reduktion der ehemaligen monarchistischen Reichswehr sowie die instabile ökonomische Situation setzen Prozesse sozialer Deklassierung und Deprivationserfahrungen vor allem bei den ehemaligen Reichswehrangehörigen frei. Hier entstehen die ersten vagen Vorstellungen einer allgemeinen Arbeitsdienstpflicht, die ein neues Arbeitsgebiet zu versprechen scheinen. 1920 führte der ehemalige Verbündete im 1. Weltkrieg, Bulgarien, die allgemeine Arbeitsdienstpflicht ein (Raupach, 1932; Rogosaroff, 1937, S. 242ff.)[17], der zumindest einen symbolischen Stellenwert für die deutsche Arbeitsdienstbewegung hatte. Die ökonomische Krise 1922/23 erhöhte die strukturellen Spannungen der Weimarer Republik noch beträchtlich und nahm der Studentenschaft weitgehend die existenzsichernde Möglichkeit des Werkstudententums. Neben den ehemaligen Reichswehrangehörigen zählen ab 1923/24 bündische Studenten zum sozialen Träger der noch kleinen Arbeitsdienstbewegung. Nach dieser Initiationsphase, während deren die staatlichen Stellen entsprechende Forderungen eher dilatorisch behandelten, kann die Zeit von 1923 bis 1930 als Expansionsphase der Bewegung gelten. Es ist die Zeit, in der die Bewegung sich über programmatische Schriften und Eingaben an den Reichstag und verschiedene Landtage einen Öffentlichkeitsraum schafft (vgl. Kap. 4.2. und 4.3.) und bündische Studenten erste praktische Arbeitsdienstversuche in eigener Verantwortung durchführen (vgl. Kap. 6.1. und 6.4.). Die Schaffung eines Öffentlichkeitsraum vollzieht sich in zwei Richtungen: im Aufbau einer kommunikativen Infrastruktur, die das Zugehörigkeitsgefühl und das Bewußtsein, eine zielvolle Bewegung zu sein, stärkt und im Bemühen, Bündnispartner innerhalb der politischen Parteien und bei den staatlichen Entscheidungsträgern zu finden. Ab 1928 (vgl. Kap. 6.4. und 6.6.) forciert die Bewegung und erfährt eine breite öffentliche Resonanz in der Tagespublizistik wie in der pädagogischen Fachliteratur. Die durch die Wirtschaftskrise ausgelösten Verwerfungen des sozialen Sicherungssystems erhöhen die Chancen einer Bewegung, die längst nicht einheitlich ihre zentrale Forderung nach Arbeitsdienst begründet (vgl. Kap. 4.1.). Dabei spielt das dominante Deutungsmuster der Massenarbeitslosigkeit als Ausdruck eines allgemeinen Kulturverfalls auch noch in jenen Kreisen eine Rolle, die den Arbeitsdienst als Realisierung der „antikapitalistischen Sehnsucht" verstehen. Die bisherigen Ausführungen lassen erkennen, daß die Arbeitslosigkeit in der Weimarer Republik weitaus stärker als heute mit weltanschaulichen Grundsatzfragen wie der nach einer neuen gesellschaftlichen Ordnung verknüpft war. Dies prägte nicht nur die spezifische Angebotsstruktur der Erwerbslosenbildung, sondern begünstigte aus die Ausbreitung der Arbeitslagerbewegung. Mit der staatlichen Einführung des FAD (vgl. Kap. 7) setzt der Prozeß der Institutionalisierung der Bewegung bei gleichzeitiger Expansion ein. Für jene, die am Pflichtprinzip festhalten wird der FAD als ein erster und unzureichender Schritt in die richtige Richtung interpretiert, der aber die Ziele der Bewegung nicht einlösen kann, da er von partikularen Interessen dominiert sei und (wie die fundamentaloppositionellen Gruppen der Bewegung argumentieren) ein Produkt der desolaten Weimarer Republik ist und schon aus diesem Grunde abgelehnt wird. Die Einführung des FAD erweitert die Trägerschaft der Arbeitsdienstbewegung, aber auch die Vielfalt seiner Ausgestaltung. Erst nach der Machtübernahme durch die Nationalsozialisten setzt im Frühjahr 1933 der Prozeß staatlich organisierter Formierung und Zentralisierung ein, der unmittelbar überleitet in das Zwangsarbeitssystem des Dritten Reiches, ohne daß auch in der nationalsozialistischen Interpretation das Selbstverständnis, eine Bewegung zu sein, aufgegeben wird. Die noch in dieser Phase vor allem von der studentischen Trägerschaft der Arbeitsdienstbewegung eingeklagte Autonomie bezog sich nicht auf das „Eigenwesentliche" der Erziehungsrealität in den Lagern, sondern trug starke Züge eines in diesen Kreisen kultivierten Jugendmythos. Allerdings führten die vom NS-Arbeitsdienst geschaffenen Tatsachen zu einer Abkühlung der volkserzieherischen Ambitionen großer Teile der Arbeitslagerbewegung.

3. Zum gegenwärtigen Stand der Forschung

In der wissenschaftlichen Literatur zur Erziehung und Sozialisation Jugendlicher im Dritten Reich wird gelegentlich auf die Funktion des RAD als Sozialisationsinstanz im Sinne einer auf Kriegsvorbereitung determinierten außerschulischen Formationserziehung hingewiesen (Lingelbach, 1970). Weitgehend unbefriedigend bleibt in dieser Funktionszuweisung die Klärung des Verhältnisses des RAD zu den einschlägigen Arbeitsdienstbestrebungen in der Weimarer Republik. Denn im Unterschied zur zeitgenössischen wissenschaftlichen Literatur, die den Arbeitsdienstgedanken und seine Praxis in FAD und RAD als beliebtes Dissertationsthema ausweist, unterblieb seitens der bundesdeutschen Erziehungswissenschaften deren Analyse weitgehend[1]. Der gegenwärtige Forschungsstand ist mehr als mangelhaft, was nicht nur Fehleinschätzungen, sondern auch eklatante Kenntnisdefizite bewirkt. Nach 1945 dominieren Beiträge ehemaliger Aktivisten der Arbeitslagerbewegung, die sämtlich dem Genre der Erinnerungs- und Rechtfertigungsliteratur zuzuordnen sind. Zwar bieten sie aus der Perspektive des Insiders wichtige Detailinformationen, biographisch eingefärbte Erinnerungen, sind jedoch primär von dem strategischen Interesse geleitet, retrospektiv Arbeitslagerbewegung und FAD politisch als antinazistisch und demokratisch zu rechtfertigen. In der Regel fehlt ihnen die analytische Dimension, die die Arbeitslagerbewegung einordnet in das politisch-ökonomische Krisenszenarium der Endphase der Weimarer Republik und über die intentionalen Implikate hinaus deren soziale Funktion in der Ambivalenz von sozialer Bewegung und staatlicher Krisenbewältigung bestimmt. Das liegt nicht zuletzt am sozialen Umfeld, aus dem heraus diese Arbeiten entstanden sind. Für die Aktivisten der Arbeitslagerbewegung gilt nämlich was für die Mitglieder der bürgerlichen Jugendbewegung generell gilt: die lebensgeschichtlich einschneidende Erfahrung garantiert über die oft leidvolle Erfahrung des Dritten Reiches hinaus einen persönlichen Zusammenhalt, der mehr als nur nostalgische Erinnerungsgelegenheiten impliziert. Die meist akademisch vorgebildeten Aktivisten der Arbeitslagerbewegung – hier im Umkreis des Boberhauses (Greiff, 1985; Greiff/Jentsch/Richter, 1970; Neumann/Dehmel, 1963) – haben nach 1945 damit begonnen, ihre eigene Geschichte zu archivieren und aus ihrer Perspektive heraus zu rekonstruieren.[2] Historisch arbeitende Wissenschaftler sehen sich – wie im Bereich zeitgeschichtlicher Forschung häufig – einem Tableau affirmativer Deutungen und dem solipsistischen Argument ausgesetzt, nur jener könne die angeschnittene Thematik angemessen beurteilen, der sie selbst erlebt hätte. Es ist offensichtlich, daß dieses Argument einer Immunisierungsstrategie eher entspringt als dem Interesse nach theoretisch-systematischer Reflexion.

Das für die historische Erziehungswissenschaft zu beklagende Forschungsdefizit entspringt aber weniger der Furcht vor den skizzierten Problemen denn ihrer Verengung auf die akademische Pädagogik, in der Konzentration auf Erziehungstheorien, auf innerdisziplinäre Ausdifferenzierungen, auf berufsständische Professionalisierungsmuster. Bis in die siebziger Jahre hinein dominierte in der historischen Erziehungswissenschaft die Ideengeschichte der Erzieher und nicht die Sozialgeschichte der Erziehung, die Geschichte der Pädagogen und nicht die Sispyhosarbeit einer Pädagogik, die sich im Ausklang des letzten Jahrhunderts anschickte, durch Erziehung einen „neuen Menschen" zu schaffen.

Es mag an dieser historisch verengten Sichtweise liegen, daß für ein erziehungswissenschaftlich so relevantes Thema wie den Arbeitsdienst für Jugendliche in der Bundesrepublik nur drei Dissertationen vorliegen, das Feld weitgehend unbestellt geblieben ist. Henning Köhlers Arbeit, entstanden aus der Forschungstätigkeit des Instituts für Zeitgeschichte, ist eine primär historiographisch angelegte Studie (Köhler, 1967), die nur am Rande auf die pädagogische Begründungsproblematik des FAD als einer sozialpädagogischen Maßnahme für arbeitslose und von Arbeitslosigkeit bedrohte Jugendliche eingeht. Die 1978 von Karl Bühler in Aachen eingereichte Dissertation (Bühler, 1978) zur „Pädagogischen Problematik des Freiwilligen Arbeitsdienstes" profitiert zwar wesentlich von Köhlers Pionierleistung, bleibt jedoch in Anlage und Diktion problematisch. Bühler verfährt weitgehend intentional, interpretiert vorwiegend textimmanent in der deutlichen Absicht, die pädagogisch positiven Aspekte des FAD – nicht zuletzt im Blick auf die gegenwärtige Jugendarbeitslosigkeit – zu extrapolieren. Dabei gerät ihm seine Arbeit teilweise hagiographisch in der Rezeption der Schriften Rosenstocks, Kerschensteiners, Bäuerles, Nohls u. a. und mündet in der problematischen These, daß der „offensichtlich für die staatsbürgerliche Erziehung besonders geeignete Arbeitsdienst ohne Frage gerade in unserem demokratischen Staatswesen eine durchaus mögliche, sogar adäquate außerschulische Erziehungsinstitution sein könnte, insbesondere in Zeiten hoher Jugendarbeitslosigkeit." (Bühler, 1978, S. 205)

Zu einer völlig konträren Einschätzung kommt in einer kürzeren arbeits- und berufspädagogisch motivierten Analyse des FAD Holger Reinisch (1985). Er arbeitet die pädagogische Konzeptualisierung von Erziehung und Arbeit, die den zeitgenössischen Auffassungen der Berufspädagogen zugrundelag, heraus und schätzt dabei den FAD als eine „sicherlich erfolgreiche" sozialpolitische Maßnahme ein, die unter pädagogischen Gesichtspunkten jedoch so nicht eindeutig zu werten sei. Auf der Basis einer grundlegenden Akzeptanz des FAD durch die zeitgenössischen Berufspädagogen rekonstruiert Reinisch zwei unterschiedliche Diskussionsstränge: der eine argumentierte in Richtung des Erhaltes arbeitssozialisatorischer Tugenden, um Leistungsbereitschaft und Arbeitsdisziplin von Jugendlichen zu fördern bzw. zu konservieren. Der zweite Argumentationsstrang setzte seine Option auf die Reagrarisierung Deutschlands durch das Mittel der Siedlung als Weg aus der Arbeitsmarktkrise und Grundvoraussetzung eines starken Staates. Deshalb sollten die männlichen jugendlichen Erwerbslosen einfache handwerkliche Fähigkeiten erlernen und in Gartenarbeit und Kleintierhaltung eingeführt werden, während für die weiblichen jugendlichen Erwerbslosen Schulungsprogramme in Hauswirtschaft zu entwickeln seien.

Ähnlich wie wir in unserer Studie kommt auch Reinisch zu dem Resultat, daß der Zusammenhang von Arbeit und Erziehung im zeitgenössischen pädagogischen Denken vorwiegend formal gefaßt wurde:

> „Arbeit gilt nicht als entscheidendes Moment der selbstbestimmten Entwicklung personaler und sozialer Identität, sondern als Medium im Erziehungsprozeß, dessen Richtung durch Erziehungsziele bestimmt ist, die aus irrationalen gesellschaftspolitischen Vorstellungen oder utilitaristischen Menschenbildern abgeleitet sind. Insofern ist die arbeitspädagogische Diskussion in der Arbeitsmarktkrise am Ende der Weimarer Republik als pädagogischer Irrtum zu kennzeichnen." (Reinisch, 1985, S. 220)

Weder Reinisch noch Bühler untersuchen jedoch die bildungstheoretisch wichtige Frage nach der Produktion und Struktur des pädagogischen Denkens und Wissens, nach den Methoden und ihrem Praxisbezug, die speziell die während des Dritten Reiches verfaßten Dissertationen zum Arbeitsdienst anleiteten. Bühler glaubt sie ignorieren zu können, weil „ihr pädagogischer Ansatz einseitig von der nationalsozialistischen Weltanschauung her bestimmt ist." (Bühler, 1978, S. 3)

1967 reichte Reinhold Schwenk (Jg. 1913), während des Dritten Reiches hauptberuflich im Reichsarbeitsdienst tätig, eine Dissertation bei der philosophischen Fakultät der Universität Köln ein. Sie untersucht, theoretisch wenig reflektiert, aber materialreich, die Entstehung des Führerkorps im Arbeitsdienst und seine Gleichschaltung nach 1933 (Schwenk, 1967). Obwohl Schwenk sich kritisch mit der Arbeitsdienstpolitik der Nationalsozialisten und der vormilitärischen Funktion des RAD auseinandersetzt, bleibt er jedoch stark der Binnenperspektive des Arbeitsdienstes und den Selbstdeutungen seiner Führer verhaftet. Der erziehungswissenschaftliche Ertrag dieser Arbeit, die eher einer Aneinanderreihung von Zitaten als einer methodisch kontrollierten Analyse gleicht, bleibt insgesamt gering. Die eigentliche Leistung Schwenks ist deshalb nicht in der Feststellung der Erziehungsziele und Führungsaufgaben des Führerkorps (S. 113ff.) zu sehen, sondern in der regionalen, berufs- und alterstrukturellen Analyse des Arbeitsdienstführerkorps in Relation zum Dienstgrad zwischen 1933 und 1945. Seine Datenbasis beruht dabei auf Befragungen ehemaliger Arbeitsdienstführer (n = 238) und der Auswertung der noch erhaltenen Personalakten des Arbeitsgaues XXXI (n = 994), der aus Anlaß des Westwallbaues zusammengestellt worden war. Ohne Zweifel bietet die quantitative Auswertung der Personalakten und der Befragung wichtige Einblicke in Sozialstruktur und Berufsmotivation der Führerschaft und stützt über personelle Kontinuität die These, „die Einführung des Reichsarbeitsdienstes stellt keine Zäsur, sondern den letzten Schritt einer in Gang befindlichen Entwicklung dar." (Schwenk, 1967, S. 57). Dennoch bleibt die Studie analytisch eher dürftig. Dies ist nicht zuletzt ein Resultat der impliziten politischen Absicht des Autors, den Arbeitsdienstgedanken trotz der ideologischen Vereinnahmung im paramilitärischen Sinne und trotz mancher „Auswüchse" und „Fälle von Unzulänglichkeit, Anmaßung und Überheblichkeit" (S. III) zu retten. Methodologisch naiv ist Schwenks Glaube, seine weitgehend unkommentierte Zusammenstellung von Zielperspektiven verschiedener in der Arbeitslagerbewegung und im FAD tätiger Gruppen ermögliche es dem Leser „unbeeinflußt selbst zu einem Urteil darüber zu kommen, welcher der aufgeführten Gruppen im Sinne freiheitlich-demokratischer Gesinnung ein Erfolg am meisten zu wünschen gewesen wäre." (S. IV)

Im Unterschied zu Köhler blenden Bühler und Schwenk die Funktion des FAD in der Endphase der Weimarer Republik im Rahmen des Sozialabbaus und der Sozialdisziplinierung Jugendlicher völlig aus. Dagegen stellen zwei DDR-Wissenschaftler gerade diesen Komplex in den Vordergrund ihrer Dissertationen. Wolfgang Schlickers 1968 an der PH Potsdam eingereichte Studie untersucht die Rolle der konservativen und faschistischen Kräfte in der Arbeitsdienstdiskussion während der Weimarer Republik und verweist unter Bezug auf die sozialen Nöte arbeitsloser Jugendlicher und der einschlägigen Praxis der Kommunen im FAD die Bezeichnung „freiwillig" in den Bereich der Ideologie.[3] Ähnlich wie Schlicker (1968; 1971) sieht auch Edith Rasche in ihrer ebenfalls 1968 an der TH Dresden eingereichten Dissertation (Rasche, 1968) im FAD ein Mittel der „chauvinistische(n) und militaristische(n) Erziehung der Jugend" (S. 151) und die Grundlage für das spätere System der Jugendzwangsarbeit im RAD. Im Zentrum ihrer Arbeit steht die in der westdeutschen Literatur völlig vernachlässigte Opposition durch KPD und KJVD gegen den FAD (Rasche, 1968, S. 46ff.; S. 108ff.), wobei sie allerdings unpolitische Resistenzfaktoren Jugendlicher in FAD-Lagern zugunsten der Fundamentalopposition der Kommunisten übersieht und deren Rolle im politischen Tageskampf um den FAD überbewertet. Vor allem aber unterschlägt sie die völlig unrealistische KPD-Frontstellung, die im Duktus der Sozialfaschismusthese die SPD- und ADGB-Führung als treibende Kräfte der Arbeitsdienstpflichtbefürworter attackiert (KJVD, 1931). Beiden Arbeiten dient als Grundlage die These, der FAD sei letztlich ein Produkt der Interessen des deutschen Großkapitals gewesen und die Basis für die Einführung der Jugendzwangsarbeit im Dritten Reich. Nach Schlicker ist es zweifelsfrei, „daß Kreise des Militarismus und Faschismus Hauptträger der Arbeitsdienstbestrebungen in der Weimarer Republik gewesen sind und den Charakter der Arbeitsdienstpolitik jener Zeit wesentlich mitbestimmten." (Schlicker, 1968, S. II) So seien die Arbeitsdienstbestrebungen insgesamt als Ausdruck der verstärkten Rechtsentwicklung in der Weimarer Republik zu werten. „In der Kontinuität der imperialistischen Entwicklung" (S. 107) stehe auch die Arbeitslagerbewegung als unmittelbarer Vorläufer des FAD. Dies einerseits und der beschleunigte Verschmelzungsprozeß zwischen Monopolen und Staat, der dem Kapital entscheidende Mitbestimmungsmöglichkeiten in allen Fragen der Politik und Ökonomie sicherte, ließen angesichts der umfassenden Systemkrise das Interesse an einer Arbeitsdienstpflicht in diesen Kreisen steigen.

> „Unter dem Einfluß vor allem schwerindustrieller Monopolmagnaten stehende Kreise forderten – diesmal im Bunde mit konservativ-nationalistischen Politikern der Bourgeoisie – die schnelle Weiterentwicklung des ‚freiwilligen' Arbeitsdienstes zur Arbeitsdienstpflicht. Aus ähnlichen Kreisen kamen z. B. die Forderungen nach der Einführung der allgemeinen Arbeitsdienstpflicht, welche in der ultrareaktionären ‚Deutschen Zeitung' Ende April 1932 erneut erhoben und mit dem Ziel der ‚Autarkie' ‚begründet' wurden. Allerdings traten auch jetzt nicht nur schwerindustrielle oder mit schwerindustriellen Kreisen verbundene Kräfte für die Arbeitsdienstpflicht ein: Im Gegenteil verbreiterte sich die Front der Befürworter einer allgemeinen Arbeitsdienstpflicht in der Monopolbourgeoisie im Frühjahr 1932." (Schlicker, 1968, S. 277f.)

In Schlickers monopolgruppentheoretischer Argumentation erhält das am 6. 10. 1925 gegründete Deutsche Institut für technische Arbeitsschulung (DINTA) unter Carl Arnhold eine besondere Rolle bei der Propagierung des Gedankens einer allgemeinen Arbeitsdienstpflicht. Das in enger Verbindung mit der rheinland-westfälischen Großindustrie arbeitende berufspädagogische Institut, das sich vor allem um industriekonforme Schulungs- und Lehrprogramme bemühte, propagierte schon frühzeitig durch seinen Präsidenten Carl Arnold die Einführung einer allgemeinen Dienstpflicht. Und seine Ernennung zum Reichskommissar für Arbeitsdienst sei letztlich nur an Rivalitätskämpfen und taktischen Meinungsverschiedenheiten innerhalb der Großbourgeoisie gescheitert. Wegen seiner ideologischen und personellen Nähe zum Finanzkapital sei das DINTA eine der relevantesten Propagandisten des Zwangsarbeitssystems gewesen (Schlicker, 1971), das durch den FAD systematisch vorbereitet wurde.[4]

In der Tat war die Einführung des FAD durch die Brüningsche Notverordnung vom 5. Juni 1931 als staatlich geförderte Fürsorgemaßnahme für erwerbslose Jugendliche eine Art Defensivreaktion gegenüber der wachsenden Zahl der Arbeitsdienstpflichtbefürworter. Für die These der beiden DDR-Wissenschaftler spricht ferner auch die Tatsache, daß die Einführung des FAD stets mit der Option verbunden war, ihn nach entsprechenden Erfahrungen und unter politisch günstigeren Bedingungen zu einer allgemeinen Dienstpflicht auszuweiten (Funcke, 1933, S. 20f.). So hatte der Präsident der Reichsanstalt für Arbeitslosenvermittlung und Arbeitslosenversicherung und Reichskommissar für den freiwilligen Arbeitsdienst, Friedrich Syrup, in einem Gutachten die Möglichkeit einer allgemeinen Dienstpflicht unter der Frage prüfen lassen:

> „Ist die ideologische Grundlage des Arbeitsdienstes, die eine andere als die der früheren Wehrpflicht ist, trotz der Bewegtheit und der politischen Zersplitterung unserer Jugend bereits so stark, daß die praktische Durchführung der Arbeitsdienstpflicht ohne Gefahr schwerer innerer Spannungen unter den Dienstpflichtigen erfolgen kann, daß der Geist der Kameradschaft und der Gemeinschaftsge-

danke in den Arbeitslagern nicht durch widerstrebende Dienstpflichtige, deren Dienstleistung durch staatliche Zwangsmittel gesichert werden muß, beeinträchtigt und der umfassende Sinn des Arbeitsdienstes nicht gestört wird? ... Einen Ansatz zur Arbeitsdienstpflicht wird man in dem vom Reichskanzler angekündigtem Werkjahr des akademischen Nachwuchses, also in der Zwischenschaltung eines praktischen Jahres zwischen der höheren Schule und der Hochschule erblicken können." (Syrup, 1932, S. 382)[5]

Ähnlich wie Rasche und Schlicker sehen auch Bartz/Mor im FAD die faktische Einführung der Zwangsarbeit für einen Teil der Arbeiterjugend und die „Vorwegnahme der ökonomischen und politischen Entrechtung, wie sie der Faschismus in äußerster Zuspitzung für die gesamte Arbeiterklasse mit sich brachte." (Bartz/Mor, 1976, S. 519)

Im Unterschied zur vorgetragenen Kontinuitätsthese zwischen FAD und RAD argumentiert Köhler, für die Entwicklung des FAD bedeutete die NS-Machtergreifung einen scharfen Bruch. Vorgezeichnet war dieser Bruch in der Frontstellung zwischen Arbeitsdienstpflichtbefürwortern und der Idee des FAD als einer auf Freiwilligkeit basierenden sozialpädagogischen Maßnahme. Er sei – so Köhler – eine „echte Alternative" gewesen. Sein Erfolg und seine Stärke „lag in dem, was seine rechtsorientierten, die Arbeitsdienstpflicht fordernden Kritiker am heftigsten ablehnten: in der Vielfalt seiner Erscheinungsformen." (Köhler, 1967, S. 266) Allerdings räumt Köhler auch ein, daß die Existenz des FAD den weiteren Ausbau zur Arbeitsdienstpflicht 1935 zumindest begünstigte. Wird in der westdeutschen Literatur bis heute fast einhellig die skizzierte Bruchthese zwischen FAD und RAD vertreten, so besteht über das Verhältnis von Arbeitslagerbewegung und FAD (funktional gesehen) Konsens. Sowohl marxistische wie nicht-marxistische Autoren arbeiten hier mit einer starken Kontinuitätsthese, die bei unterschiedlicher inhaltlicher Bewertung die Vorbildfunktion der Arbeitslagerbewegung für den FAD betont. Während erstere die Kontinuität imperialistischer Politik von der Arbeitslagerbewegung über den FAD bis zum RAD betonen, sehen letztere im Sinne der Bruchthese in der Arbeitslagerbewegung und im FAD ein Projekt, das sich bewußt und entschieden gegen eine drohende allgemeine Dienstpflicht gestellt hätte. Beide Positionen bleiben in ihrer Apodiktik unbefriedigend und hinterlassen unter erziehungswissenschaftlichen Fragestellungen offene Probleme. Speziell zur Geschichte der Arbeitslagerbewegung liegen nur wenige luzide Beiträge vor. So überrascht es nicht, daß die in der erziehungswissenschaftlichen Literatur zu findenden Bemerkungen zur Arbeitsdienstproblematik von wenig Sachkenntnis zeugen. Hasenclever z. B. datiert völlig unbegründet die Anfänge der Arbeitslagerbewegung in das Jahr 1929 (Hasenclever, 1978, S. 122); ähnlich spricht Olenhusen davon, es hätte „schon ab 1929" Versuche gegeben, „einen Freiwilligen Arbeitsdienst zu erproben." (Olenhusen, 1980, S. 63) Nach Eyferth (1983, S. 103) gründeten gar Kreise der „bürgerlichen und proletarischen Jugendbewegung freiwillige ländliche Arbeitsdienstlager, die freilich 1933 rasch in den vormilitärischen Arbeitsdienst der Nazizeit eingegliedert wurden."

In der einschlägigen Literatur werden dabei gemeinhin der 1924 gegründete und völkisch ausgerichtete „Bund Artam e.V. – Freiwilliger Arbeitsdienst auf dem Lande" (Schlicker, 1970; Kater, 1971; Artam, 1974; Kindt, 1974; Rosenberg, 1977), der besser jedoch der Siedlungsbewegung zuzurechnen wäre, und die „Volkslager" der Schlesischen Jungmannschaft[6] als Vorbild und Vorläufer des FAD interpretiert. Laqueurs These, „aus den Sommerlagern (der Schlesischen Jungmannschaft; P.D.) erwuchs der Gedanke des freiwilligen Arbeitsdienstes" (Laqueur, 1962, S. 159) ist fast einhellig konsent. Ähnlich argumentieren z.B. Hennigsen (1958, S. 100), Raabe (1961, S. 99) bis hin zu Theodor Wilhelm, der sich zu der These versteigt, in den freiwilligen Arbeitslagern hätten sich „am Vorabend des nationalsozialistischen Umbruchs fast alle liberalen Bildungskräfte der Nation wie in einem Bunker (versammelt), um den Nachtangriff abzuwarten." (Wilhelm, 1960, S. 102) Und schon 1934 schrieb Wilhelm Flitner: „Eine der wichtigsten pädagogischen Formen der bündisch beeinflußten Volksbildungsbewegung ist das Arbeitslager für Akademiker, Arbeiter und Bauern gemeinsam. Diese Form ist bereits – im freiwilligen Arbeitsdienst – auf dem Weg, die ganze junge Mannschaft der Nation mitzuformen." (Flitner, 1934, S. 224) Lingelbach nimmt die 1932 sprunghaft steigenden Teilnehmerzahlen beim FAD als Indiz für eine „aus der Jugend selbst spontan entstandene Bewegung..., die gerade im Jahr vor der ‚Machtergreifung' zu einer breiten Volksbewegung angeschwollen war." (Lingelbach, 1970, S. 134) Diese Autonomiethese unterschlägt jedoch die Dialektik von Arbeitslagerbewegung als sozialer Bewegung und FAD als ein staatliches Kriseninstrumentarium mit extrem praktischer und ideologischer Spannbreite, in das diverse politische, volksbildnerische, sozialpädagogische und ordnungstheoretische Partialinteressen einschossen.

Für die freie Volksbildung der Weimarer Republik zählte die Arbeitsdienstfrage zu einer ihrer Grundorientierungen der Erwerbslosenbildung. Denn im arbeitsmarktpolitischen Gesamtkontext kam der Pädagogik die Funktion der Qualifikation der Arbeitskraft, ihrer Wiedereingliederung in den Arbeitsmarkt und der Bewahrung des subjektiven Arbeitsvermögens zu. Berufs- und Sozialpädagogik sowie die freie Volksbildung sahen deshalb in der pädagogischen Betreuung jugendlicher Erwerbsloser eine ihrer spezifischen Aufgaben. Diese Betreuungsfunktion wiesen ihnen nicht nur die Verordnungen zur Einführung des FAD zu; die Verbindungen zwischen freier Volksbildung und Arbeitslagerbewegung waren historisch gewachsen und von Beginn an eng geknüpft. War doch das bildungspolitische Paradigma der „Neuen Richtung" der Erwachsenenbildung (vgl. Picht, 1950; Laack, 1984) an der Idee „Volksbildung durch Volkbildung" orientiert, die den Dualismus von Bürgertum und Arbeiterklasse „bei Wahrung der entwickelten Eigenständigkeit der Kontrahenten als Glieder des Volksganzen" (Dräger, 1984, S. 82) überwinden könne. In der pädagogischen Praxis kristallisierten sich die Arbeitslager für Arbeiter, Bauern und Studenten als eine für die Volksbildungsidee paradigmatische Lebens- und Arbeitsform heraus.

Eine Analyse der Arbeitslagerbewegung und des FAD muß ohne systematische bildungshistorische Fragestellungen unvollständig bleiben. Denn spätestens mit der Erweiterung und Neuordnung des FAD durch die Notverordnung vom 16. Juli 1932 (Reichsgesetzblatt, 1932, Teil I, S. 352ff.) wird er zu einer primär sozialpädagogischen Einrichtung für alle Jugendlichen unter 25 Jahren erweitert. Von anderen Maßnahmen zur Bekämpfung der (Jugend)arbeitslosigkeit (vgl. Bartz/Mor, 1979) unterschied sie sich durch das Delegationsprinzip an Träger der Jugendpflege und -wohlfahrt, an Jugendverbände, Kommunen und Interessenorganisationen zur Förderung des Arbeitsdienstgedankens. Zum anderen waren in der pädagogischen Betreuung und Führerschulung maßgeblich Pädagogen engagiert. Und zum dritten experimentierten schon vor der Einführung des FAD Pädagogen und Gruppen aus der bürgerlichen Jugendbewegung mit volksbildnerisch begründeten Arbeitslagern, die, wie später auch der FAD, deutliche Verweise zur Siedlungsbewegung der den Minderheitennationalismus kultivierenden Grenzlandarbeit besaßen (vgl. Greiff, 1985; Laack, 1932a; Schie, 1932). Kaum ein anderes Thema dominierte die pädagogische Literatur des Jahres 1932 so sehr wie der Freiwillige Arbeitsdienst. Neben zeit- und situationsbedingten Faktoren (Jugendarbeitslosigkeit, Verwahrlosung, politische Radikalisierung) wurde der Lager- und Dienstgedanke aus grundsätzlichen entwicklungspsychologischen und sozialisationstheoretischen Überlegungen gestützt. Für die Institutionen der freien Volksbildung eröffnete der FAD zudem ein breites Aufgabenfeld – von der Führerschulung über die Freizeitbetreuung in fremder Trägerschaft bis hin zur Durchführung selbständiger Maßnahmen (Brödel, 1985). Pädagogischer Bewertungsmaßstab für die FAD-Lager blieb dabei der Idealtyp der Rosenstockschen Lagerpädagogik (vgl. Kapitel 6.3.). In diesem Zusammenhang wäre an Pädagogen wie Eugen Rosenstock, Theodor Bäuerle, Fritz Laack, Eduard Weitsch, Oskar Hammelsbeck, Wilhelm Flitner, Herman Nohl, an Aktivisten der bürgerlichen Jugendbewegung wie Hans Raupach, Hans Dehmel, Georg Keil seitens der Schlesischen Jungmannschaft zu erinnern. Sie alle verbindet mit zahlreichen anderen in der pädagogischen Bewegung Engagierten die Überzeugung, in den Arbeitslagern ein Instrumentarium gefunden zu haben, das eine effektive Alternative zu den entsolidarisierenden und destruktiven Folgen der Erwerbslosigkeit unter Jugendlichen darstellt und eine Art Pilotfunktion in der Suche nach Wegen aus der Krise einnimmt.

Vor diesem Hintergrund wird verständlich, daß Herman Nohl und Helmut Schelsky mit Blick auf die hohe Jugendarbeitslosigkeit in den frühen fünfziger Jahren öffentlich wieder für die Errichtung eines Jugendarbeitsdienstes eintraten, der die Kontrollücke zwischen Schule und Erwachsenenstatus schließen sollte.[7] Zwar sei, wie Nohl einschränkt, der Dienstgedanke durch den Nationalsozialismus mißbraucht worden, wie dieser die Inkarnation des Mißbrauchs aller „absoluten Werte" (Nohl, 1954, S. 449) gewesen sei, doch der Arbeitsdienst hat „der Arbeit den Adel wiedergegeben und hat das Helfenwollen in den Mittelpunkt des gemeinsamen Lebens gestellt." (Nohl, 1949a, S. 298) Seine Begründung der Lagererziehung als geeignete Form „zur Bekämpfung der Not in einer Gesellschaft" (Nohl) gleicht dabei völlig jenen Argumentationsmustern, die auch den pädagogischen Diskurs um den FAD beherrschten, nämlich:

- Arbeit als pädagogische Kategorie und lebensgeschichtlich sinnstiftende Orientierung
- Kameradschaft in der Gemeinschaft des Lagerlebens als pädagogisch hoch zu bewertende Form des Sozialverhaltens
- persönliche Anspruchslosigkeit und der Gedanke des Dienens als gemeinschaftsadäquate Orientierungsmuster
- die ideologische Ausrichtung Jugendlicher auf ihre angebliche Funktion für die Volksgemeinschaft unter Zurückstellung subjektiver Interessen.

Ähnliche pädagogische Überlegungen leiteten auch Helmut Schelsky bei seiner Forderung nach Wiedereinführung eines Jugendarbeitsdienstes. Unter Bezug auf die hohe Arbeitslosigkeit der Nachkriegsjahre schrieb er:

> „Das Arbeitslager, geboren aus den Bedürfnissen einer in geistiger und materieller Bedrängnis lebenden Jugend nach Selbsthilfe und verwirklicht in einer beschränkten Anzahl freiwilliger Lager in einer kleinen, geistig ringenden Teilnehmerschaft unter der Führung echter erzieherischer Persönlichkeiten, ist von hohem pädagogischen Wert und sollte auch in den Lösungen, die wir heute für die Jugendnot und Jugendarbeitslosigkeit schaffen, seinen Platz finden." (Schelsky, 1950, S. 358)

Die Beispiele deuten an, daß die Problematik der Lagerpädagogik im Rahmen der zeitgenössischen Erwerbslosenbildung vielschichtig ist und nicht vorschnell auf den praktizierten Spatenkult des RAD reduziert werden sollte. Bevor Kontinuitäts- oder Diskontinuitätsthesen das Verhältnis von Arbeitslagerbewegung, FAD und RAD festlegen, müssen zumindest einige bildungshistorische und politisch-kulturelle Fragen geklärt werden. Welche erzieherischen Intentionen verfolgte die Lagerpädagogik? Wie wurden sie begründet und in welchem theoretischen und politischen Kontext standen sie? Wer war der Adressat dieser pädagogischen Konzeption und wie sah die pädagogische Praxis innerhalb der Arbeitslager aus? Historisch-systematisch ist das Funktionsverständnis von Pädagogik abzufragen, das die Befürworter der Arbeitslagerbewegung und des FAD leitete, ein Verständnis, das Herman Nohl 1932 fordern ließ, die sozialpädagogische Energie der Jugend müsse angesichts der umfassenden Krisensituation nationalpädagogisch ausgerichtet werden auf die „Lebensfrage der Nation", nämlich die Siedlung im Osten (Nohl, 1932a). Oder anders gefragt: Welches Funktionsverständnis von Pädagogik steht hinter Nohls These:

> „Nichts führt die Menschen so zusammen wie gemeinsame Arbeit, Schweiß und Hunger. Wo diese Arbeitslager als Siedlungshilfe organisiert sind, scheinen sie für den Osten besonders wertvoll werden zu können." (Nohl, 1932b, S. 460)

Weitgehend unbekannt ist beim gegenwärtigen Forschungsstand die Erziehungsrealität in den Arbeitslagern des FAD, das Ausmaß an politisch organisierter und spontaner Opposition und Resistenz gegen diese Form der Organisierung der Jugendarbeitslosigkeit. Offen und erklärungsbedürftig ist auch die

Frage, warum sich im Arbeitslagergedanken die politisch unterschiedlichsten Kräfte treffen konnten, warum über die politischen Lager hinweg zielorientierte Arbeits- und Pflichtvorstellungen, Postulate des Dienens und des Dienstes, also Maxime autoritärer Sozialmoral auf einen breiten Konsens stießen. Damit muß aber auch überdacht werden, ob das von Lingelbach erarbeitete Differenzkriterium zwischen FAD und RAD tragfähig ist. Ist es ein entscheidendes Charakteristikum der *nationalsozialistischen* Arbeitserziehung, daß sie den ganzen Menschen unter Ausschluß seiner Privatsphäre beanspruchte, den „Soldaten der Arbeit" nicht als Privatperson, sondern als Funktionsträger der Gruppe sah? War die in der Arbeitslagerbewegung praktizierte Lagerpädagogik wirklich eine Individualpädagogik, die dem Einzelnen in einem elastischen Tagesablauf zahlreiche Möglichkeiten individueller Selbstentfaltung eröffnete? Und liegt die Differenz zur Erziehungskonzeption des RAD darin, daß dieser die „Möglichkeiten individueller Bewußtseinsbildung radikal aus(schloß)"? (Lingelbach, 1970, S. 142) Ohne die divergenten Begründungskontexte und Handlungsmotivationen zwischen Arbeitslagerbewegung/FAD und RAD zu nivellieren, wird die vorliegende Studie erweisen, daß die Markierungsgrenze nicht so einfach in der Alternative „Primat der Gemeinschaftserziehung" versus „Primat der Individualerziehung" zu finden ist. Eine „rationale Bewältigung des Gemeinschafts-, Arbeits- und Naturerlebnisses durch den einzelnen Jugendlichen selbst" (Lingelbach, 1970, S. 145) hat es weder im FAD noch im RAD gegeben. Und der emphatische Impetus der Arbeitslagerbewegung mit all seinen visionären und an Selbstüberschätzung reichen Überhängen ließ für eine selbstkritische Reflexion ebenso wenig Platz – weder im Erziehungsalltag, noch in der propagandistischen Vermarktung in der zeitgenössischen publizistischen Öffentlichkeit. Ohne die tiefgreifende ökonomische, soziale und politische Krise mit ihrem Massenelend, den Symptomen sozialer Desintegration, der Verwahrlosung von Kindern und Jugendlichen in den Großstädten[8], der Verdichtung der Klassenkampfatmosphäre, der Zunahme politischer und krimineller Militanz wären die überschäumenden Erwartungshaltungen in manchen bürgerlichen Kreisen gegenüber dem FAD jedoch nicht verständlich. Trotz seines geringen Effekts für die Minderung der Arbeitslosigkeit heftete sich an ihn die Hoffnung, „er bewahre die jungen Menschen vor den verderblichen Folgen der Untätigkeit, in seinen Reihen werde der Geist der Gemeinschaft gepflegt und der Wert der Arbeit, vor allem der Handarbeit und der ländlichen Arbeit, bewußt gehalten. So galt er vielfach nicht bloß als eine Notstandsmaßnahme, sondern als eine volkserzieherisch besonders wertvolle Institution." (Vierhaus, 1967, S. 174)[9]

4. Arbeitsdienstdiskussion in der Weimarer Republik

4.1. Typologie der Arbeitsdienstforderungen

In politischer, wirtschaftlicher und sozialer Hinsicht befand sich Deutschland seit dem Ersten Weltkrieg in einer Dauerkrise. So wirkte auch die Krise um 1930 nicht wie z. B. in den USA als ein „Schock", sondern eher als Bestätigung des durch die Phase relativer Stabilisierung 1924-1929 kaum gedämpften Krisenbewußtseins. Je geringer jedoch die Hoffnung auf das Wirken konventioneller konjunktur- und arbeitsmarktpolitischer Maßnahmen war, umso eher stieg die Bereitschaft, Totalversprechen, wie sie die zahllosen Entwürfe zur Einführung einer Arbeitsdienstpflicht implizierten, Glauben zu schenken.

Dabei gab es schon vor dem Ersten Weltkrieg vereinzelte Vorschläge und Plädoyers zur Einführung eines „Volksdienstes" oder „Nährdienstes" (Schwenk, 1967, S. 1) Für die nach 1918 einsetzende Arbeitsdienstdiskussion liegen die Ursachen jedoch in der diffizilen Problemkomplexität der jungen Weimarer Demokratie mit ihren Wirtschaftskrisen und ihrer politischen Instabilität begründet. Dennoch bezogen sich fast alle Arbeitsdienstpropagandisten direkt oder implizit auf das unter Kriegsbedingungen entstandene Gesetz über den Vaterländischen Hilfsdienst vom 5. 12. 1916 (RGBl., 1916, Teil I, S. 1333f.). Das Gesetz, das u. a. auf entsprechende Überlegungen Ludwig Borchardts (1915) zurückgeht, verpflichtete alle männlichen Deutschen vom 17. bis zum 60. Lebensjahr, sofern sie heeresuntauglich waren, zur Pflichtarbeit. Es stellte eine für die Kriegsführung einschneidende Maßnahme dar, die die persönliche Freiheit Vieler beschränkte, die mittel- und unmittelbar für die Kriegsindustrie tätig werden mußten. Die Leitung des „Vaterländischen Hilfsdienstes" oblag dem vom preußischen Kriegsministerium errichteten „Kriegsamtes", das auch eine eigene Frauenarbeitszentrale unterhielt. Ihre Aufgabe war es, Verpflegung, Unterbringung und gesundheitlichen Schutz für die weiblichen Hilfsdienstpflichtigen zu organisieren. (Vgl. Levermann, 1928, S. 20ff.) Eine andere Organisation, die im inneren Zusammenhang mit dem Arbeitsdienstgedanken stand, war die Technische Nothilfe. Sie entstand 1919 als unmittelbare Reaktion auf die Novemberrevolution aus der Garde-Kavallerie-Schützen-Division unter dem Berliner Leutnant der Reserve Lummitzsch. Seine Aufgabe bestand in der Verrichtung von Notstandsarbeiten und Versorgungsmaßnahmen bei Streiks in lebenswichtigen Betrieben. Dazu wurden in zahlreichen Städten Zeitfreiwilligen-Abteilungen aufgestellt, deren Leitung in den Händen des Reichswehrministeriums lag. Durch Kabinettsbeschluß vom 28. 11. 1919 wurde die Technische Nothilfe dem Innenministerium unterstellt. Durch die vom Versailler Vertrag erzwungene Reduzierung der Reichswehr stiegen die Mitgliedszahlen der Nothilfe rapide an. Am 1. Oktober 1920 betrug der Mitgliedstand 133000, am 1. Januar 1922 275000 und am 1. Januar 1928 350000. Die Aufgaben der Nothilfe waren expressis verbis gegen die politischen Aktionen der Arbeiterbewegung gerichtet; sie war letztlich eine staatlich subventionierte Streikbrecherorganisation, deren Mitglieder vorwiegend aus dem Kleinbürgertum stammten (Levermann, 1928, S. 33). Die Funktion der Nothilfe beurteilte Levermann, der in ihr einen Vorläufer der kommenden Arbeitsdienstpflicht sah: „Für den deutschen Staat ist die Technische Nothilfe besonders deshalb von höchster Bedeutung, da sie durch die Sicherstellung der lebenswichtigsten Funktionen eine Grundvoraussetzung für die Aufrechterhaltung der öffentlichen Ruhe und Ordnung schafft. Denn ohne Eisenbahn, Post und Telegraph, gleichbedeutend mit der Unmöglichkeit sich mit ihren im Lande verstreuten Organen zu verständigen und ohne die Möglichkeit den Staatsbürgern die primitivsten Lebensbedürfnisse zu garantieren, könnte doch sicher keine Regierung bestehen, besonders deshalb nicht, weil durch den Friedensvertrag von Versailles alle nennenswerten Machtmittel genommen sind." (Levermann, 1928, S. 45) Die Technische Nothilfe, die später auch aktiv im FAD sich engagierte, hatte 1926 unter ihren Mitgliedern 12% Frauen. Dieses Engagement für „soziale Arbeit" ist nicht zufällig. Es resultiert aus einer bestimmten Tradition der Behandlung der „Frauenfrage".

Auch der Gedanke eines Frauendienstes bzw. einer Frauendienstpflicht war vor 1914 schon Diskussionsgegenstand innerhalb der bürgerlichen Frauenbewegung. Diese Vorschläge, die auch im Zusammenhang mit den sozialen und politischen Emanzipationsanstrengungen fortschrittlicher Frauen zu sehen sind, wurden u. a. von Helene Lange (1913) unterstützt. Sie forderte die Dienstpflicht für alle Stände, für die sozial höher gestellten Schichten, damit sie die Not der Arbeit kennenlernten, für die Unterprivilegierten zur besseren Bildung und Vorbereitung auf den späteren Beruf der Hausfrau. Vor allem sah Lange in der weiblichen Dienstpflicht einen Friedensauftrag, der in Krankenpflege und aller Art organisierter Wohlfahrtsarbeit bestehen sollte. Die Übernahme von Ehrenämtern in der Wohlfahrts- und Armenpflege, der Waisenpflege und Jugendfürsorge war für sie auch ein Mittel durch die Übernahme von sozialen und pädagogischen Pflichten die den Frauen vorenthaltenen politischen Rechte einzuklagen. Speziell die von Helene Lage und Gertrud Bäumer 1893 gegründete Zeitschrift „Die Frau" diskutierte ab 1912 intensiv das Thema Frauendienstpflicht. Allerdings handelte es sich dabei wie Lange nüchtern feststellen mußte, „mehr um eine programmatische als um eine unmittelbar praktische Angelegenheit." (Die Frau, 1915, S. 577) Die Forderung nach einer weiblichen Dienstpflicht, die auch von anderen Frauenrechtlerinnen wie Ida von Kortzfleisch unterstützt wurde, entsprach wesentlich der Interessenslage der bürgerlichen Frauen über die Ausweitung und gesellschaftliche Akzeptanz weiblicher sozialpädagogischer Arbeit neue Berufsfelder sich zu erschließen. Unklar bleibt allerdings, warum dies über eine

Dienst*pflicht* durchgesetzt werden sollte. Dennoch bleibt diese mit der Emanzipationsbewegung der Frauen verbundene Forderung zu beachten, da sich aus diesem Kontext heraus das spätere Engagement etwa Gertrud Bäumers für den weiblichen Arbeitsdienst, wenn auch unter anderen politischen und gesellschaftlichen Rahmenbedingungen, erhellen läßt. Für die Weimarer Arbeitsdienstdiskussion üben diese Vorläufer-Debatten jedoch nur einen sehr geringen Einfluß aus. Auch der nationalsozialistische „Deutsche Frauenarbeitsdienst" und der „Reichsarbeitsdienst für die weibliche Jugend (RADwJ), knüpften nicht – wie Bajohr behauptet (1980, S. 332 und sich selbst widersprechend S. 334) – an diese Diskussion der Vorkriegszeit an. Deren Heterogenität und Spezifik dokumentieren ausführlich Schulz (1925, S. 18ff.) und Marawske-Birkner (1942, S. 23ff.) Dabei kommt Schulz in Anlehnung an Argumente Eduard Sprangers zur Psyche der weiblichen Seele zu dem Schluß:

> „Daraus ergibt sich ein innerer Gegensatz zwischen der Struktur der weiblichen Seele und dem Sachlich-Unpersönlichen, dem Rationalen, dem Regelhaften und Gesetzmäßigen. Es kann nun kein Zweifel bestehen, daß die Organisation einer weiblichen Dienstpflicht alle diese Züge mehr oder weniger tragen würde. Alle die Pädagogen, die als Ziel der Bildung nicht die Herausbildung des allgemeinen Menschheitscharakters, sondern die Idealität der Individualität setzen und die bei der Wahl der Mittel auch die Berücksichtigung der Individualität fordern, sehen in der weiblichen Dienstpflicht eine Bildungsorganisation, deren Struktur der Struktur der zu bildenden Seelen nicht adäquat ist. Sie wünschen besonders für das weibliche Geschlecht statt eines Zwangssystems eine Entwicklung zum Bildungsindividualismus und lehnen aus diesem Grunde die weibliche Dienstpflicht ab." (Schulz, 1925, S. 54f.)

Dagegen bilden sowohl die ökonomische Krisensituation zu Beginn der zwanziger Jahre, die politischen Folgen des militärischen Zusammenbruchs und die Folgen des am 20. 1. 1920 in Kraft getretenen Versailler Vertrages konstante Bezugspunkte der diversen Arbeitsdienstinitiativen und -vorschläge. Vertikal zu einzelnen Argumentationsmustern durchziehen zwei Hintergrundsmotive die Konjunkturen der Arbeitsdienstdiskussion Anfang der zwanziger und Anfang der dreißiger Jahre: der Rekurs auf die Folgelasten des Versailler-Vertrages und die über die Stadt-Land-Problematik aufbrechende Kritik an der raschen Industrialisierung in Gestalt des Siedlungsgedankens. Die hohe Einschätzung, die der Siedlungsgedanke (und manchmal Autarkie- und Reagrarisierungsideen) besaßen, deutet sich in der Beharrlichkeit an, mit der die Arbeitsdienstpropagandisten, den Siedlungsgedanken mit ihrer Ideologie verbanden bis er schließlich in die einschlägigen Verordnungen zum FAD Eingang fand. Mit Ödlandkultivierungen, Flußregulierungen, Kanalbauten und der Intensivierung der Landwirtschaft hoffte man ihm Rahmen der projektierten Dienstpflicht neue Siedlungsmöglichkeiten zu schaffen. Das von der Nationalversammlung am 11. 8. 1919 verabschiedete Reichssiedlungsgesetz kam solchen Vorstellungen insofern entgegen, als Siedlungsmöglichkeit nicht durch Enteignung oder Ankauf junkerlicher Ländereien vorgesehen war und damit auf die Brechung der ökonomischen Macht der Großagrarier zielte, sondern vor allem durch Aufteilung von Staatsdomänen, der Kultivierung von

Öd- und Moorländereien. Auf der Grundlage der ökonomischen Machtverhältnisse mußten jedoch die durch Siedlungspropaganda und Siedlungsbestrebungen geweckten Hoffnungen illusionär bleiben. Weder kam es zu einer nennenswerten Landbereitstellung noch wurden ausreichende Mittel für Siedlungszwecke bereitgestellt.

> „Gerade dieser Entwicklung bedienten sich die Befürworter eines Arbeitsdienstes in steigendem Maße: In ihrer Propaganda wurde der Arbeitsdienst für die ‚billige' Durchführung von Siedlungsarbeiten im großen deklariert. Auf diese Weise wurde in der Folge zwischen den Arbeitsdienstbestrebungen und der Siedlungspolitik auch äußerlich eine Brücke geschlagen." (Schlicker, 1968, S. 7)[1]

Nach einer Übersicht des Statistischen Jahrbuches von 1932 konnten zwischen 1919 und 1931 nur 48218 Neusiedlerstellen mit einer Gesamtfläche von ca. 5000 km^2 geschaffen werden. Und in dem Sektor, auf den die Arbeitsdienstpropaganda große Hoffnung setzte, die Moor- und Ödlandkultivierung, wurden bis 1930 gar nur 266, 84 km^2 neu bewirtschaftet. Die über das Reichssiedlungsgesetz abgestützten Hoffnungen waren demnach weitgehend unrealistisch, was die einschlägigen Aktivisten jedoch nicht daran hinderte, weiterhin Siedlungsprojekte im großen Maßstabe zu planen und zu fordern.

Die Diskussion um die Einführung einer Arbeitsdienstpflicht für Jugendliche setzte im Sommer 1919 unter dem Eindruck des verlorenen Krieges und den Ereignissen der revolutionären Situation des Novembers 1918, des Sturzes der Monarchie und der Errichtung einer bürgerlich-parlamentarischen Republik ein. Träger der Arbeitsdienstpropaganda waren jedoch keineswegs nur politisch unbedeutende Außenseiter und Einzelgänger, die mit ihren zum Teil abenteuerlichen Plänen, Prognosen und Forderungen einer vorindustriellen Ideologie das Wort redeten. Die Ministerialbürokratie des Reichsarbeitsministeriums selbst erarbeitete schon 1919 Pläne, die sich mit der Einführung der Dienstpflicht und der dabei entstehenden Akzeptanzprobleme in der Bevölkerung befaßten. So wurde dem Reichsarbeitsminister Schlicke (SPD) am 1. 11. 1919 ein vertraulicher Plan aus dem Ministerium vorgelegt, der strategische und taktische Schritte zur propagandistischen Verbreitung des Arbeitsdienstgedankens vorschlug, um Widerstände in der Bevölkerung abzubauen und „ferner dem Auslande gegenüber keine machtpolitischen Mißdeutungen des Planes entstehen zu lassen."[2] Der Autor hoffte über die Einbeziehung von Vertretern der Arbeiterjugend, der SPD, der großen Jugendverbände und schließlich prominenter Hochschullehrer und Pädagogen in die Arbeitsdienstpropaganda, zu erwartende Vorbehalte der Bevölkerung einerseits und das Mißtrauen der Siegermächte andererseits abdämpfen zu können. Unter den Hochschullehrern und Pädagogen, die für den Dienstpflichtgedanken zu gewinnen seien, erwähnt die Denkschrift namentlich: Johannes Tews, Berthold Otto, Alice Salomon, Marie Diers, Werner Picht, Rudolf Smend, Rudolf Eucken, Martin Spahn, Max Scheler, Alfred Weber, Franz Oppenheimer, Max Sering, Ernst Troeltsch und Gustav Wyneken.

> „Die Einbeziehung solcher ‚kultureller und wirtschaftspolitischer Zentren' wie der ‚Zentralarbeitsgemeinschaft gewerblicher Arbeitgeber und Arbeitnehmer'..., der

‚Gesellschaft für soziale Reform‘ und der ‚Zentralstellen für Jugendpflege und Volkswohlfahrt‘ war als vierte Stufe bei der Vorbereitung der Arbeitsdienstpflicht gedacht. Hierauf sollte dann als letzte Stufe dieser Vorbereitungen der Einsatz von Parlamentariern der regierenden Weimarer Koalitionsparteien zur Abfassung einer Resolution als Grundlage für einen Gesetzentwurf erfolgen." (Schlicker, 1968, S. 23)

Die Abteilung VI des Reichsarbeitsministeriums bemühte sich in den nächsten Jahren, die einzelnen Initiativen zur Arbeitsdienstpflicht zu koordinieren, ohne daß dabei jedoch – politisch wohl mit der SPD nicht durchsetzbare – konkretere Planungen erfolgten. Erwähnenswert sind diese Überlegungen deshalb, weil sie aus dem Ministerium selbst stammten und darauf angelegt waren, den Arbeitsdienstgedanken von „unten" her wachsen zu lassen. Diese Funktion erfüllte auch die Dienst-Diskussion der zwanziger Jahre. Sie war darauf angelegt, das System der Zwangsarbeit ideologisch zu begründen und propagandistisch zu verbreiten, um sowohl die Akzeptanzbereitschaft der Bevölkerung zu erhöhen als auch den politischen Druck auf die Reichsregierung zu verstärken. Arbeitsdienstexperimente im westeuropäischen Ausland (Raupach, 1956, S. 297f.) und die Einführung der Arbeitsdienstpflicht in dem ehemals mit dem Deutschen Reich verbündeten Agrarstaat Bulgarien 1920 (Raupach, 1932) dürften in dieser Richtung verstärkend gewirkt haben.

Eine Typisierung der einzelnen Argumentationsstrategien der Arbeitsdienstbefürworter seit 1920 muß in einem ersten Schritt unterscheiden zwischen Befürworter des *Pflichtgedankens* und des *Freiwilligkeitsprinzips*. Idealtypisch lassen sich weiter drei unterschiedliche Begründungsmuster für die Einführung eines Arbeitsdienstes identifizieren, die diesen jeweils mit nicht näher konkretisierten „volkserzieherischen" Intentionen verbanden.

Den unmittelbaren Zusammenhang mit der ökonomischen Krise Anfang der zwanziger Jahre stellten jene Protagonisten her, die in der Einführung des Arbeitsdienstes ein Allheilmittel zur Lösung der Arbeitslosenproblematik sahen. Ihr argumentativer Fixpunkt war die Überzeugung, der Staat sei prinzipiell berechtigt, Bürger zu kostenloser Arbeit zu verpflichten. Hierbei sollten die Dienstverpflichteten – wie später im FAD – vorwiegend bei infrastrukturellen Arbeiten eingesetzt werden, die sowohl geringe Kapital- und Materialkosten als auch ein niedriges Qualifikationsniveau erforderten. „Den jungen Deutschen" sollte, wie es in der FAD-Verordnung vom 16. 7. 1932 hieß, Gelegenheit gegeben werden, „zum Nutzen der Gesamtheit in gemeinsamem Dienste ... ernste Arbeit zu leisten und zugleich sich körperlich und geistig-sittlich zu ertüchtigen." (RGBl., 1932, Teil I, S. 352) Die teils skurilen Vorstellungen einer kollektivistischen und staatlich organisierten Krisenlösungsmöglichkeit durch ein Arbeitsdienstsystem[3] erreichten zwar in den zwanziger Jahren öffentliche Resonanz und mündeten in vereinzelte Inititativen im Reichstag, in praktische Politik konnten sie jedoch nicht umgesetzt werden. Zusammenfassend läßt sich mit Köhler feststellen, daß es sich bei diesen Arbeitsdienstkonzepten um eine „typische Vulgärtheorie" handelte, „um einen volkswirtschaftlich-politischen Reflex dilettantischen Charakters auf eine allgemeine Krisensituation, deren Ausmaß bis dahin unvorstellbar war. Der allgemeine Zusammenbruch und die düsteren Zukunftsperspektiven schufen die Voraussetzungen für die Propagierung von Plänen und ‚Theorien', denen bei geordneten Verhältnissen kaum ein stärkeres Interesse entgegengebracht worden wäre ... Fasziniert von der engen Verknüpfung von nationalen und sozialen Motiven mit großen wirtschaftlichen Zielen, die in dem Gedanken der Arbeitsdienstpflicht zum Ausdruck kam, beließen es die Verfechter der Arbeitsdienstpflicht bei der Formulierung ihrer Wunschvorstellungen, ohne konkrete Wege der Realisierbarkeit vorzuschlagen." (Köhler, 1967, S. 24f.)

Neben dem primär ökonomischen Motiv verfolgten die Vertreter der extremen Rechten und der Wehrverbände die Idee der Arbeitsdienstpflicht als Ersatz für die durch den Versailler Vertrag abgeschaffte allgemeine Wehrpflicht und als Betätigungsfeld für die ca. 26000 entlassenen Berufsoffiziere, die große Zahl ehemaliger Angestellter und Beamter der Reichswehr und die aktiven Soldaten, deren berufliche Wiedereingliederung als äußerst schwierig sich erwies. Allen voran waren es der Stahlhelm und später die NSDAP, die einen paramilitärisch organisierten Arbeitsdienst als Wehrpflicht-Ersatz forderten. In ihrem Kampf gegen die Weimarer Republik war die Dienstpflichtforderung der Wehrverbände ein probates Mittel zur Rekrutierung Jugendlicher. Geschickt verstand es die militante Rechte, die Arbeitsdienstpflichtforderung mit ihrer antidemokratischen, gegen die sog. „Novemberverbrecher" und das „Schanddiktat von Versailles" gerichteten fundamentaloppositionellen Propaganda zu verbinden. Damit erwies sich diese Argumentation leicht als Bestandteil einer Ideologie, die die universelle Verfügungsmacht des Staates über den Einzelnen zum Ziel hatte.

Die dritte Gruppe der Befürworter des Arbeitsdienstgedankens argumentierte vorwiegend sozialpädagogisch und volksbildnerisch. Ihnen kam es darauf an, angesichts der ökonomischen Krise und der abgeschafften Wehrpflicht, die Desintegrationserscheinungen Jugendlicher durch gezielte pädagogische Maßnahmen abzufangen. Im Zentrum ihrer Argumentationsstruktur stand die Idee der *Hilfe zur Selbsthilfe* und die Orientierung Jugendlicher auf die Perspektive einer neuen Volksordnung. Gemeinsame Arbeit wurde hier als Ansatz zur Überwindung der sozialen Gegensätze gesehen. Neben der arbeitssozialisatorischen Funktion des Dienstes sollte er die Absorbtion politischen Konfliktpotentials garantieren und damit der politischen Radikalisierung Jugendlicher entgegensteuern, indem man sie aus ihrem sozialen Umfeld riß und einer straffen Lagerordnung unterwarf. So sah es Oskar Hammelsbeck als Aufgabe der Pädagogen in den FAD-Lagern an, „die gesunde Müdigkeit des ausgefüllten Arbeitstages, die vorher als eine der letzten Widerstandskräfte gegen die bindungslosen Verführungen des politischen Alltags noch da waren" (Hammelsbeck, 1933, S. 173) wieder herzustellen (vgl. Bäuerle, 1932b; Schomburg, 1932)

Die getroffene Unterscheidung zwischen ökonomischen, wehrpolitischen und sozialpädagogischen Begründungsstrategien ist idealtypisch, da sie sich in den politischen Legitimationsschriften und der pädagogischen Literatur nach

Tabelle 1 Typologie der Arbeitslager

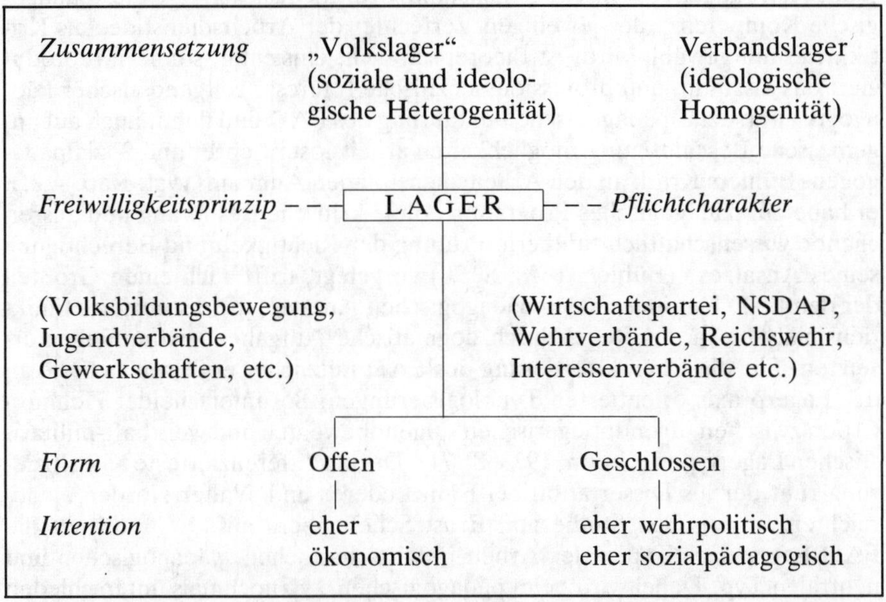

der Einführung des FAD stark vermischen und von Pflichtdienstbefürwortern wie Vertretern des Freiwilligkeitsprinzips mit divergent ausdeutbaren pädagogischen Zielperspektiven wie „Erziehung zur Volksgemeinschaft“ oder „Lösung volkserzieherischer Aufgaben großen Umfangs“ (Grieser, 1932, S. 339) verbunden werden.[4] Es liegt auf der Hand, daß die Träger des Dienstes in der FAD-Praxis solche Ziele je nach ihrem verbandsspezifischen Selbstverständnis auslegten und entsprechend ihre Lager gestalteten. Bezogen auf die hier skizzierten Argumentationsstrategien und die spätere Praxis des FAD läßt sich folgende Typologie der Arbeitslager entwerfen (vgl. Tabelle 1).
Nicht berücksichtigt sind in dieser intentional konstruierten Typologie die Diskrepanzen zwischen Anspruch und Wirklichkeit wie sie gerade die Vertreter der pädagogisch argumentierenden Volkslagerbewegung mit ihrer Option für geschlossene sozial und ideologisch heterogen zusammengesetzte und körperliche und geistige Arbeit integrierende Lager während der FAD-Phase erfahren sollten. Aus ihr geht auch nicht hervor, daß das Plädoyer für einen Freiwilligen Arbeitsdienst bei einigen seiner Befürworter die Einführung einer Dienstpflicht zu einem geeigneteren späteren Zeitpunkt nicht ausschloß.

Bezogen auf die verschiedenen Arbeitsdienstforderungen und die Arbeitsdienstpraxis innerhalb des FAD (vgl. Kap. 9) liegen noch andere Typologisierungsvorschläge vor. So klassifiziert Bühler (1978) in vier Kategorien: wirtschaftserzieherische, militärerzieherische, völkisch-erzieherische und staatsbürgerlich-erzieherische Ansätze. Zwar berücksichtigt diese Unterscheidung die Tatsache, daß alle Arbeitsdienstvorstellungen mit mehr oder weniger diffusen Erziehungsvorstellungen verknüpft waren, verhält sich bei der Analyse jedoch naiv gegenüber ihrem Gegenstand. Warum insbesondere die „pädagogische Kompetenz“ der jeweiligen Verfechter der Arbeitsdienstidee als Kritikkriterium gewählt wird, ist theoretisch nicht einsichtig, sondern reproduziert das disziplin- und professionsspezifische Interesse zeitgenössischer Pädagogik auf (sozial)pädagogische Fundierung des FAD und damit auch auf angemessene Beschäftigungsmöglichkeiten arbeitsloser Lehrer und Sozialpädagogen. Bühlers Kritik an den Arbeitsdienstplänen Aumanns (vgl. Kap. 4.2.), er habe ein pädagogisches Programm „ohne kritische Besinnung und ausreichende wissenschaftlich fundierte Prüfung der Richtigkeit und Berechtigung seines Ansatzes“ (Bühler, 1978, S. 20) vorgelegt, trifft auch einen Großteil der den FAD legitimierenden pädagogischen Ansätze, die distanzierte Funktionsanalysen in der Regel durch dogmatische Aufgabenbestimmungen ersetzten. Für die Charakterisierung des FAD nützlicher erweisen sich die an der Lagerpraxis orientierten Typologisierungen. So unterscheidet Helmuth Croon zwischen jugendpflegerischen, jugendbewegten und wehrhaft-militaristischen Lagertypen (Croon, 1973, S. 71). Die ausdifferenzierteste Klassifizierung ruht der als Dissertation bei Emil Lederer und Walter Norden eingereichten empirischen Studie von Ernst Schellenberg auf. Er unterteilt die FAD-Lager nach Typen der Arbeit in wirtschaftlichen, pädagogischen und neutralen Typ. Dabei wird beim pädagogischen Typ nochmals unterschieden zwischen jugendpflegerischem, jugendbewegtem, kirchlichem, national wehrhaftem und sonstigem Typ (Schellenberg, 1932, S. 29f.) Diese Unterscheidung dürfte der facettenreichen FAD-Praxis wohl am nächsten kommen, bezieht sich jedoch nicht auf die Arbeitsdienstforderungen vor 1931.

4.2. Ideengeschichte des Arbeitsdienstes 1920-1933

Die erzwungene Abschaffung der allgemeinen Wehrpflicht und die Reduzierung der Reichswehr auf ein kleines Berufsheer förderten schon frühzeitig Arbeitsdienstpläne in Kreisen des Offizierskorps. Das praktisch nicht gelöste Problem der beruflichen Wiedereingliederung entlassener Heeresangehöriger verschaffte den Arbeitsdienst- und Siedlungsplänen der Hauptmänner Josef Aumann und Detlev Schmude auch innerhalb der Ministerien hohe Aufmerksamkeit. Als Offizier der Reichswehrbrigade XV in Berlin wurde Aumann am 6. 9. 1919 beauftragt, eine „Arbeitsvermittlungsstelle“ einzurichten, um entlassenen Angehörigen dieser Truppe bei der Beschaffung von Arbeits- und Heimstätten behilflich zu sein.[1] Am 18. 9. 1919 schlug Aumann vor, aus den zu entlassenen Angehörigen jeder Reichswehrbrigade „Arbeitsbataillone“ zu bilden, die zu einem „Freikorps der Arbeit“ ausgebaut und bei der Bekämpfung der ökonomischen Krise eingesetzt werden sollten. Nachdem im November 1919 die organisatorische Verbindung zur Reichswehr gelöst wurde, gründete Aumann als Dachverband der Arbeitsgruppen den „Reichsverband gemeinnütziger Arbeitsgenossenschaften“.

Sie „führten in der Hauptsache Bau- und Erdarbeiten, Bodenmeliorationen, forst- und landwirtschaftliche Saisonarbeiten aus, – Tätigkeiten also, die in der Hauptsache von ungelernten Arbeitern verrichtet werden konnten und daher für ehemalige Soldaten ohne Berufsausbildung besonders geeignet waren." (Köhler, 1967, S. 19)

Im folgenden Jahr erweiterte Aumann diese sozialpolitischen Maßnahmen für berufslose ehemalige Reichswehrangehörige systematisch zum Gedanken einer allgemeinen Arbeitsdienstpflicht, die er in seinen Schriften auch als „Nährdienstpflicht", „Wirtschaftsdienstpflicht", „Volksdienstpflicht" und „Kulturdienstpflicht" bezeichnete. Neben einer breiten publizistischen Werbung für den Dienstpflichtgedanken, die ihm die wohlwollende Unterstützung des Reichsinnenministeriums (BA R 43/2085, S. 23) und des Außenministers im Kabinett Fehrenbach Dr. Simons einbrachte, gründete er am 1. Juli 1920 die „Arbeitswehr", ein Verein, der sich die Propagandierung der Arbeitsdienstidee und die Einführung einer einjährigen Dienstpflicht bis zum Jahre 1926 zum Ziel gesetzt hatte (Bühler, 1978, S. 17). In ihrem Programm[2] werden die Sicherung von „Ruhe und Ordnung", die Erziehung der Jugend zur Volksgemeinschaft und zu körperlicher Ertüchtigung als besonders dringliche Aufgaben bezeichnet. In pädagogischer Zielsetzung entwickelte er ein dreiteiliges Ausbildungsprogramm „geistiger, körperlicher und wirtschaftlicher Erziehung"[3], das in Zusammenarbeit mit Volkshochschulen, Bildungsanstalten und Kultusministerien konkretisiert werden sollte. Aumanns Pläne blieben zwar ohne praktische Wirkungen. Dennoch nahm seine „Arbeitswehr" bei der Verbreitung und Koordinierung der Arbeitsdienstpropaganda eine entscheidende Rolle ein. Aumann verfügte nicht nur über gute Kontakte zu den entsprechenden Ministerien und dem „Reichsverband der Deutschen Industrie". Er konnte auch in der Zeitschrift der „Vereinigung der Deutschen Arbeitgeberverbände" (Der Arbeitgeber v. 15. 9. 1920) für die Ziele seiner Arbeitswehr werben. Schlickers Analyse des Briefwechsel, den Aumann mit dem Vorstandsmitglied des „Reichsverbandes der Deutschen Industrie" Ernst von Borsig führte, ergab, daß die Arbeitgeberverbände die Einführung einer Dienstpflicht zwar grundsätzlich begrüßten, diese wegen der ungesicherten finanziellen und politischen Randbedingungen aber nicht aktiv betrieben. Enttäuscht über das mangelnde Engagement der Arbeitgeber schrieb Aumann an von Borsig am 3. 11. 1921:

„Leider hat Ihre liebenswürdige Stellungnahme zu diesem Problem im Reichsverband der deutschen Industrie und in der Vereinigung der Arbeitgeberverbände keinen fruchtbaren Boden gefunden, so daß der Verein nicht in eine größere Propagandatätigkeit eintreten konnte."[4]

Die eigentliche Wirkung Aumanns und seiner Arbeitswehr lag darin, daß seine Ideen Anfang der zwanziger Jahre von anderen Verbänden und Einzelpersonen aufgenommen und mit Verschärfung der wirtschaftlichen Situation zunehmend popularisiert wurde.

So warb z. B. der Merseburger Bezirksjugendpfleger Karl Hemprich ab 1923 mit seiner Zeitung „Das Arbeitsdienstjahr. Merseburger Blätter für Jugendführung und Jugendtat"[5] für die Einführung der Dienstpflicht. Schon am 5. 4. 1923 hatten die „Vereinigten Vaterländischen Verbände Deutschlands" die Aufhebung der Tariflöhne, des Achtstundentages und die Wiedereinführung des „Vaterländischen Hilfsdienstes" als Ersatz für die Wehrpflicht[6] gefordert. In einem Flugblatt vom 3. 1. 1924 konkretisierte die Hamburger Gruppe der Vaterländischen Verbände deren Dienstpflichtpläne:[7]

> „Die tägliche Arbeitszeit soll grundsätzlich sechs Stunden nicht überschreiten; die übrige Zeit des Tages ist mit Turnen, Sport, Unterricht und Vorträgen auszufüllen. Der Unterricht hat sich vor allem mit Fragen der Heimat und des Volkstums, der Volksgesundheit, Siedlung und Auswanderung zu befassen... Alle Arbeitsdienstpflichtigen werden gleichmäßig bekleidet, verpflegt, untergebracht und gelöhnt. Jede Vergünstigung ist ausgeschlossen... Nur gediente Arbeitsdienstpflichtige, Kriegsbeschädigte und Reichswehrangehörige haben Anspruch auf Zuweisung von Ländereien, Siedlungen und Heimstätten, die durch das Arbeitsdienstpflichtgesetz geschaffen sind."

Erklärtes Ziel eines Dienstes müsse sein, „die Arbeitsdienstpflichtigen geistig zu heben und körperlich zu kräftigen, die Klassengegensätze zu mildern" und das allgemeine Lebensniveau zu heben. Ähnliche Zielsetzungen vertraten in Hamburg nicht nur die Mitglieder des Bahrenfelder Zeitfreiwilligenkorps unter dem Jungdeutschen Adolfo Bundies, sondern auch der am 13. März 1924 gegründete „Bund für Arbeitsdienstpflicht". Er konnte nicht zuletzt deshalb in Hamburg entstehen, da hier der Arbeitsdienstgedanke von Kreisen des alten Mittelstandes und Gruppen der bürgerlichen Jugendbewegung ebenso vertreten wurde wie von den rechtsstehenden Verbänden. So forderte z. B. der Vorsitzende der Bismarck-Jugend, der Jugendorganisation der DNVP, auf deren Parteitag am 1. 4. 1924 in Hamburg die Einführung einer Arbeitsdienstpflicht (Soziale Praxis, 1925, Sp. 512f.). Geleitet wurde der DBfA von Wilhelm Sood; seit November 1924 gab er die „Deutsche Monatsschrift für Arbeitsdienstpflicht" unter der Schriftleitung des Hauptmann a. D. Johannes Rothe und des Gerichtsreferendars Hans-Martin Henningsen heraus. An exponierter Stelle engagierte sich für den Bund auch der Privatdozent der Universität Hamburg Dr. Paul Hoffmann. Der als überparteilich konstituierte Bund setzte sich in seiner Satzung[8] zum Ziel, den „volkstümlichen Boden (zu) schaffen für die reichsgesetzliche Einführung des pflichtmäßigen Arbeitsdienstjahres der deutschen Jugend beiderlei Geschlechts und jeglichen Standes." Gefordert wurde die Arbeitsdienstpflicht für alle 18- bis 25jährigen. Der Bund erlangte zwar keine größere Breitenwirkung; seine vorwiegend mit pädagogischen Argumenten vorgetragene Dienstpflichtforderung, die sich aus Krisendiagnosen der Jugendsituation legitimierte, kann aber als typisch gelten für die Deutungsmuster der Arbeitsdienstpropagandisten. Angeprangert wird das „Leben der Genußsucht und Verantwortungslosigkeit", gepaart mit antiurbanen und zivilisationskritischen Untertönen, die zu Felde ziehen gegen Vergnügungsstätten, Tanzdielen und Rummelplätze, die beherrscht seien „von Ausländern und Schiebern". Der Nachkriegsgeneration, so das allgemeine Lamento, sei „der Sinn für Anstand, Ordnung, Pünktlichkeit, Zucht, Sparsamkeit" verlorengegangen.

„Mit dem Wegfall der allgemeinen Wehrpflicht ist für die Jugendlichen zugleich die Hauptmöglichkeit zur festen Disziplinierung, zur Weckung des Sinnes eigener Verantwortlichkeit und Ordnung verloren... So ist es begreiflich, daß der Ruf nach einem allgemeinen freiwilligen Dienstjahr der Jugend immer stärker und eindringlicher wird: nicht zu kriegerischen, sondern zu friedlichen Kulturaufgaben; nicht zu stumpfem Drill, sondern zur Aufrüttelung der Geister, zur Pflege und Förderung aller guten Kräfte im Menschen."[9]

Die Bemühungen des Bundes, durch die Arbeitsdienstpflicht mit Bezug auf den Artikel 122 Abs. 1 der Reichsverfassung „die Jugend gegen sittliche, geistige und körperliche Verwahrlosung zu schützen", schloß auch den Gedanken der Frauendienstpflicht ein. Auch hier stand wie generell, „die ethische Vorbereitung der Bevölkerung auf die Ehrenpflicht zum Dienst" im Vordergrund der Propaganda.[10]

Die Frage nach der Breitenwirkung des Bundes kann nur mit Vorsicht beantwortet werden. Skepsis ist gegenüber dem 2. Halbjahresbericht 1924 angebracht, wenn der Vorstand darin mitteilt, insgesamt 292 Vereine hätten ihre „Symphatie und Mitarbeit bereits zugesagt bzw. sind uns angeschlossen."[11] Andererseits führte die massive Propagandatätigkeit zu örtlichen Irritationen. Angeregt durch solche Verunsicherungen fragte der Deutsche Städtetag nach, welche Kommunen dem DBfA beigetreten wären. Mit Schreiben vom 1. 8. 1924 antwortete der Bund daraufhin, es handele sich um die Magistrate von Allenstein und Glogau, das Fürsorgeamt von Gleiwitz und die Bezirksämter von Dachau und Brückenau.[12]

Auch im Zusammenhang mit der bayerischen Kahr-Lossow-Diktatur des Herbstes 1923 spielte die Arbeitsdienstpflicht eine Rolle. Im November ließ der Generalkommissar von Kahr entsprechende Vorbereitungen treffen und übermittelte am 8. 2. 1924 dem bayerischen Innenministerium einen ausgearbeiteten Gesetzentwurf.[13] Die Arbeitsdienstpflicht sollte danach einen „wirksamen Beitrag zur Entlastung des Arbeitsmarktes" leisten und männliche Jugendliche für 12 Monate, weibliche für 6 Monate zwangsverpflichten. Auch hier verbanden sich ökonomische mit pädagogischen Argumenten, wenn Kahr in der Dienstpflicht die Möglichkeit sah, „die heranwachsende Jugend nunmehr... zur Einordnung in das Staatsleben zu erziehen."

Eine nachhaltigere Rolle als die bislang erwähnten Propagandisten spielte der „Jungdeutsche Orden" (Jungdo) des ehemaligen Reichswehrhauptmanns und Gründers der Kasseler Zeitfreiwilligen-Kompanie Artur Mahraun, der sich zu einem der bedeutendsten FAD-Trägerverbände entwickeln sollte. Dieser aus dem sozialen und politischen Milieu der Freikorps und paramilitärischen Kampfbünde entstandene Orden verfügte 1921 schon über ca. 70000 Mitglieder und eine gut funktionierende organisatorische und publizistische Infrastruktur. In seiner 1924 erschienenen Schrift „Über die Einführung der allgemeinen gleichen Arbeitsdienstpflicht", die 1927 in das „Jungdeutsche Manifest" eingearbeitet wurde, werden in utopischer Weise Arbeitsdienst,

Reagrarisierungs- und Siedlungspläne (besonders im deutschen Osten) aufeinander bezogen. Der „Freiheitskrieg der Arbeit“ (Mahraun, 1924, S. 6) sollte als Ersatz der allgemeinen Wehrpflicht und als Schule der Staats- und Gemeinschaftsgesinnung organisiert werden, um durch eine neue sittliche Haltung, „das alte urdeutsche Reichsgesetz: Gemeiner Nutzen geht vor sonderlichen Nutzen“ (S. 7) zur Geltung zu bringen. Zunehmend sollte der Arbeitsdienst sich selbst reproduzieren mit eigenen Industrien und einer „Bank für Arbeitsdienstpflicht“ als Verrechnungsstelle für die Leistungen des Staates. Eine eigene Währung, die „Arbeitsmark“, sollte die vom Arbeitsdienst erzeugten Werte sichern helfen, in ferner Zukunft die Leistungen der Sozialversicherung aus dem Ertrag des Arbeitsdienstes kommen. Mahrauns utopische Vorstellungen eines letztlich reagrarisierten und autarken Deutschen Reiches, in dem der Arbeitsdienst in der „inneren Kolonisation“ vor allem an den Ostgrenzen als „Damm gegen die polnische Welle“[14] eingesetzt werden sollte, überschätzten bei weitem die Möglichkeiten einer landwirtschaftlichen Nutzung des Brachlandes, seine Größenordnung sowie die damit verbundenen Folgen für eine umfassende Strukturreform des Wirtschaftssystems. Auch zur Hebung der Einsatzbereitschaft sah Mahraun einige Maßnahmen wie z. B. die Ausstellung eines Abschlußzeugnisses vor. In erster Linie sollte jedoch die im Arbeitsdienst herrschende Kameradschaft den Arbeitseifer heben. Denn:

„Es ist eine Eigenschaft des Deutschen als rassisches Merkmal, daß seine Kräfte zum Schaffen und zur Hingabe sich dann heben, wenn er in einer Gemeinschaft eingelebt ist.“ (Mahraun, 1924, S. 18)

Es entsprach dabei durchaus der sozialen Verortung des Jungdo[15] und seiner Herkunft aus den Kampfbünden der frühen zwanziger Jahre, daß Mahraun für die Führung und Verwaltung des künftigen Zwangsarbeitssystems abgebaute Beamte, ehemalige Offiziere und Versorgungsanwärter des ehemaligen Heeres vorsah. Der Versuch des Jungdo, 1924 über ein Volksbegehren die Arbeitsdienstpflicht einzuführen, scheiterte kläglich. Zwar ging die Zahl der gesammelten Unterschriften angeblich in die Millionen, die Weiterführung scheiterte jedoch, wie der Mahraun-Biograph Johannes Hille schrieb, „teils an formalen Bestimmungen der Gesetze, teils an der schwachen Finanzkraft des Ordens, vor allem jedoch daran, daß im Volke mit dem vorübergehenden Schwinden der Arbeitslosigkeit auch das Interesse für die Arbeitsdienstpflicht verflog. Beispiele des Freiwilligen Arbeitsdienstes, wie sie Artur Mahraun in seinen Reden angedeutet hatte, waren nicht durchzuführen.“ (Hille, 1933, S. 36) Im Gegensatz zu Hille ist allerdings zu betonen, daß der Jungdo prinzipiell zu den Befürwortern des Pflichtdienstprinzips zählte, das er nach dem gescheiterten Experiment „Staatspartei“ 1930 (Jones, 1977; Hornung, 1958, S. 96f.) und der einsetzenden Wirtschaftskrise erneut aufnahm, propagierte und praktizierte. Noch vor der offiziellen Einführung des FAD hatte der Jungdo unter Leitung seines sächsischen Führers Max Lasse in der Nähe von Bautzen seine erste Arbeitsdienstmaßnahme geplant und im August 1931 mit 150 Mann begonnen (Hille, 1933, S. 76f.). Mahraun selbst griff seine Pläne des Jahres 1924 wieder auf und erneuerte sie 1932 in seinem utopischen Entwurf „Der Große Plan. Der Weg aus dem Chaos von Staat und Wirtschaft" (Mahraun, 1932). Der eigentliche Kern, ein Vierpunkteprogramm, sah vor:

1. die Schaffung von 1 Million neuer Bauernhöfe mit 4 Millionen Beschäftigten, davon 3 Millionen bisheriger Arbeitsloser und 1 Million bisheriger Landarbeiter;
2. die Errichtung neuer Arbeitsplätze in Handwerk, Gewerbe, Handel, die 500000 Arbeitslosen eine Stellung verschaffen;
3. die Einführung der „Volksdienstpflicht", die mit zweijähriger Dauer den Arbeitsmarkt um etwa 80000 Jugendliche entlasten sollte;[16]
4. durch Siedlung und entsprechende steuerliche Maßnahmen die Ankurbelung der gesamten Wirtschaft von unten. (Mahraun, 1932, S. 25ff.);

Die im „großen Plan" entwickelten einzelnen Maßnahmen sollten sich zu einer grundlegenden wirtschaftlichen Strukturreform ergänzen:

> „Lösung aus der allzu starken Exportverstrickung in die Weltwirtschaft, Schaffung eines gesunden Gleichgewichts zwischen Industrie und Landwirtschaft, west-östlicher Bevölkerungsausgleich, Bauernsiedlungen im Osten, Aufbau eines kräftigen Binnenmarktes und Ankurbelung der Gesamtwirtschaft ... Die Industrialisierung des Ostens erhöhte die Rentabilität der Bauernsiedlungen und schuf die Grundlage für größeren Absatz." (Hornung, 1958, S. 115)

Obwohl der Jungdo und sein Führer nie ein Hehl daraus machten, daß sie im FAD nur eine unzureichende Vorstufe der allgemeinen Dienstpflicht sahen und entsprechend die Politik der Notverordnungsregierungen kritisierten, nutzten sie extensiv die durch den FAD geschaffenen Möglichkeiten. Euphorisch beschreibt Hille den Übergang Mahrauns von der Propaganda zur Tat:

> „Hatte er einst gegen Polen und Spartakisten militärische Freikorps aufgestellt, so prägte er jetzt die zündende Parole, „Freikorps der Arbeit" zu bilden. Während noch die amtlichen Instanzen darüber berieten, ob es nun wirklich mit dem Freiwilligen Arbeitsdienst versucht werden solle, formierten sich schon die ersten jungdeutschen Freikorps der Arbeit, um so bald wie möglich ihren Dienst anzutreten." (Hille, 1933, S. 75f.)

Von August 1931 bis Mai 1933 führte der Jungdo insgesamt 452 Arbeitsdienstmaßnahmen durch, die über die von ihm gegründete „Jungdeutsche Siedlungs-GmbH" sich vor allem – im Rahmen der Osthilfe – auf die Schaffung landwirtschaftlicher Siedlerstellen konzentrierten. Im Sommer 1931 organisierten der Jungdo und seine Suborganisationen zahlreiche Kundgebungen, auf denen der beschleunigte Aufbau des FAD und die großzügige Bereitstellung von billigem Siedlungsland gefordert wurden. Entsprechende Resolutionen sandten z.B. die Teilnehmer von „Landnehmer-Kundgebungen" am 16. und 17. Juni sowie am 10. Juli 1931 an das Reichsarbeitsministerium (Schlikker, 1968, S. 209). Die enge Verbindung von FAD und Siedlungspropaganda wurde durch eine entsprechende „Kann-Bestimmung" der 2. Notverordnung bestärkt, nach der interessierten Arbeitsdienstteilnehmern pro Arbeitstag 1,50 RM für Siedlungskosten gutgeschrieben werden konnte. Dieser unbedeutende Betrag gab illusionären Hoffnungen wie sie Mahraun und seine Anhänger propagierten neue Nahrung. Historisch plazierte Mahraun dabei seine „jungdeutsche Landnehmerbewegung" in die Tradition der mittelalterlichen Ostkolonisation: „Wie einst Heinrich der Löwe in diesem Niedersachsenlande seine Sachsen in die grünen Heiden des Ostens führte und ihnen dort eine neue Heimat schuf, genauso muß heute dem deutschen Volk die Möglichkeit gegeben werden, den Boden zu erfassen..." (Der Jungdeutsche v. 6. 9. 1931).

Unabhängig von den währungstechnischen Problemen, denn Mahrauns Pläne standen und fielen mit der Idee der „Bank für Arbeitsdienstpflicht", und der Frage wie ein kultur- und siedlungspolitisch orientierter Arbeitsdienst zugleich ökonomisch rentabel arbeiten solle, bleibt das bei Mahraun nicht thematisierte Grundproblem, wie ein das privatkapitalistische Wirtschaftssystem nicht tangierender Arbeitsdienst dessen systembedingte Krisendynamik aufheben könne.

Ähnliche Vorstellungen wie Mahraun und der Jungdo vertraten auch Krueger-Allerheiligen (1924) und Schwechten (1924). Beide sahen die Lösung der Wirtschaftskrise in einer zweijährigen Dienstzeit für alle Jugendlichen bis zu 20 Jahren, wobei Krueger-Allerheiligen durch eine Arbeitsannahmepflicht für ältere Arbeitslose und der Möglichkeit einer freiwilligen Meldung zum Arbeitsdienst zusätzliche Instrumentarien erfand. Bei beiden sollte der Einsatz der Arbeitskräfte im Siedlungswesen, der Land- und Forstwirtschaft und im Tagebergbau der Kohle- und Eisenindustrie erfolgen. Illusorisch müssen auch die Pläne des ehemaligen sächsischen Staatsministers Walter Wilhelm bezeichnet werden, nach denen etwa zwei bis drei Millionen Jugendliche bis zu 20 Jahren in dem angeblich ausdehnungsfähigen Bereich des Verkehrswesens arbeiten sollten, um der so entlasteten Wirtschaft neue marktwirtschaftliche Impulse zu geben (Wilhelm, 1925). Offensichtlich unter dem Eindruck seiner FAD-Erfahrungen, die Wilhelm im „Arbeitsdienst Sachsen e. V." machte, revidierte er 1931 seine an mittelständischen Industrieinteressen gebundenen Utopien und reduzierte die Arbeitsdienstfrage auf die Lösung der Arbeitslosenproblematik (Wilhelm, 1931). Die Liste jener, die den Arbeitsdienst oder die Dienstpflicht als Lösung des Arbeitslosenproblems und der Wirtschaftskrise ansahen, ließe sich für die frühen zwanziger Jahre beliebig verlängern, ohne daß dadurch neue Argumente oder Begründungen zu Tage gefördert werden könnten. Abgesehen von autorenspezifischen Besonderheiten (oder wenn man will: Skurilitäten) setzen alle diese Autoren sich souverän über die außen- und wirtschaftspolitischen Problemkonstellationen der jungen Weimarer Republik hinweg, negieren die Realisierungsschwierigkeiten einer allgemeinen Dienstpflicht zugunsten einer detailliert ausgemalten Sozialutopie, ausgeschmückter technischer, organisatorischer und finanzieller Details, deren Fundament meist nur im unbedingten Glauben der Autoren an ihre Idee bestand. Dennoch gewann die Arbeitsdienstdiskussion als Dauerdiskurs eine gewisse politische Bedeutung, indem das Thema, ohne sich zu verschleißen, bis in die Zeit der Weltwirtschaftskrise hinübergerettet werden konnte.

In die lange Reihe der Arbeitsdienstpropagandisten der Nachkriegszeit fällt auch die Initiative des späteren RAD-Führers Konstantin Hierl. Als

Oberst im Reichswehrministerium legte er am 18. 11. 1923 dem Generaloberst von Seeckt, in dem er den künftigen „nationalen Diktator“ erblickte, eine Denkschrift über die „Einführung der allgemeinen Arbeitspflicht für Jugendliche“ (auch Hierl, 1954, S. 180f.) vor, die jedoch auf keinerlei Resonanz stieß.[17] Inhaltlich und vom Niveau unterscheidet die Schrift sich kaum von anderen zeitgenössischen Elaboraten. Primär wird der Arbeitsdienst als Ersatz für die abgeschaffte Wehrpflicht gefordert; weiter sollten in ihm volkserzieherische Werte vermittelt werden und die Lager selbst „Muster des zukünftigen deutschen Staates“ darstellen, der die „Versöhnung von Kopf- und Handarbeitern“ und die „Überwindung des marxistischen Klassenkampfgesetzes“ in diesem „nationalen Erziehungsexperiment“ zum Ziel hatte. Die wehrpolitische Grundkonzeption, die Hierl in dieser Denkschrift vertrat und die er in den dreißiger Jahren in zahlreichen Vorträgen und Veröffentlichungen (vgl. Hierl, 1932; auch Lingelbach, 1970, S. 132ff.) vermengt mit erzieherischen und sozialpädagogischen Zielsetzungen wiederholte, bildete faktisch das ideologische Gerüst für den späteren RAD. Daß die Arbeitsdienstpflicht die Einführung der allgemeinen Wehrpflicht erleichtern und beschleunigen sollte, hat Hierl in einem geheimen Vortrag vor Hitler und den Gauleitern der NSDAP im Winter 1931 betont (ebda.). Darüber täuschen auch seine nach 1945 erschienenen Rechtfertigungsschriften nicht hinweg, in denen er – sich noch immer als Urheber der Arbeitsdienstidee präsentierend – den RAD umdefinierte in „ein Arbeitsinstrument und ein Friedensinstrument“, als eine „völlig unabhängige Einrichtung, ebenso unabhängig wie die Wehrmacht, unabhängiger als das Beamtentum und schließlich sogar als die Wehrmacht.“[18] Hierl, der nach seinem Ausscheiden aus der Reichswehr 1925 sich zunächst Ludendorffs Tannenberg-Bund und dann der NSDAP zuwandte, wurde 1930 von Hitler zum „Beauftragten des Führers für den Arbeitsdienst der NSDAP“ ernannt. Als Leiter der Organisationsabteilung II in der Reichsleitung der NSDAP konnten Hierl und seine Mitarbeiter organisatorisch und ideologisch den nationalsozialistischen Arbeitsdienst vorbereiten. Dabei wurde der spätere RAD bewußt als eine neue Formation der nationalsozialistischen Erziehungspolitik geplant, der sich in seinem Selbstverständnis vom FAD abhebt. In einem Aufruf zum 1. Mai 1933 machte Hierl deutlich: Der Arbeitsdienst „soll weit mehr sein als nur eine vorübergehende Aushilfe zur Bekämpfung der Arbeitslosigkeit. Der Arbeitsdienst darf nicht nur eine Angelegenheit der besitzlosen Arbeitslosen sein, sondern muß Ehrendienst der ganzen deutschen Jugend an Volk und Vaterland werden.“ (Hierl, 1934, S. 13) Ausgangspunkt der nationalsozialistischen Arbeitsdienstbestrebungen war zu keinem Zeitpunkt die Situation oder die Interessen Jugendlicher, sondern die fiktiv angenommenen Bedürfnisse des „deutschen Volkes“. Denn es bedarf des „selbstlosen Einsatzes seiner Jugend zu seiner Wiedererhebung“ (ebda.). Der semantische Gleichklang mit den Zielwerten anderer Teile der Arbeitsdienstbewegung darf nicht darüber hinwegtäuschen, daß diese in Relation zu den Grundvorstellungen der nationalsozialistischen Weltanschauung stehen. Sie gibt ihnen die ideologische und pragmatische Spezifik, die den späteren RAD vom FAD unterscheidet. Dies gilt speziell auch für das ideologische Konstrukt des „deutschen Sozialismus“, dessen sich die NS-Arbeitsdienstvertreter bis 1934 ebenso bediente wie Teile der HJ-Führung und die SA (vgl. Dudek, 1987). So wie Baldur von Schirach in seinen Propagandareden der Jahre 1933/34 den Sozialismusbegriff auf das Symbol der einheitlichen Uniform reduzierte, so tat Hierl dies mit den Begriffen „Dienst“ und „Arbeitsehre“, die Verpflichtung seien „für alle Arbeiter vom Straßenkehrer bis zum höchsten Staatsbeamten.“ (Hierl)

Entsprechend heißt es in dem erwähnten Mai-Aufruf von 1933:

> „Die Arbeitsdienstpflicht soll vor allem die *große Erziehungsschule* zum deutschen Sozialismus, d. h. zur deutschen Volksgemeinschaft *schaffen. Es gibt kein besseres Mittel, die soziale Zerklüftung, den Klassenhaß und den Klassenhochmut zu überwinden, als wenn der Sohn des Fabrikdirektors und der junge Fabrikarbeiter, der junge Akademiker und der Bauernknecht im gleichen Rock bei gleicher Kost den gleichen Dienst tun als Ehrendienst für das ihnen allen gemeinsame Volk und Vaterland.*“ (Hierl, 1934, S. 14; Hervorhebung im Original)

Wie andere Untergliederungen der NS-Bewegung reduzierten auch ihre Arbeitsdienstpropagandisten den Sozialismus zur Kleiderfrage und definierten die politische Gleichheitsforderung als demokratisches Prinzip um zur Gleichheit aller in der Unterwerfung unter die Imperative des nationalsozialistischen Herrschaftssystems.

Für die Einrichtung der allgemeinen Arbeitsdienstpflicht bedeutsamer als Hierls mehr propagandistische Ausführungen haben sich jedoch die präzisen organisatorischen, ideologischen und technischen Überlegungen Helmut Stellrechts (1933; 1934) erwiesen, der die von der NSDAP politisch verfolgte Arbeitsdienstpflicht unter dem Eindruck der bevorstehenden Machtübernahme in detaillierten Plänen vorbereitete. In seinem Vorwort schrieb Herrmann Göring in Stellrechts Anfang 1933 erschienenen Studie, die innerhalb eines Jahres 5 Auflagen erlebte:

> „Der Arbeitsdienst ist eine Säule des zukünftigen deutschen Staates. Er ist höchster Ausdruck eines deutschen Sozialismus. Eine Erziehungsschule ohne gleichen. Für unser Jahrhundert wohl noch wichtiger als die des Heeres. Hier wird sich der Typ des neuen deutschen Menschen bilden... Hier marschieren die ersten Kompanien der Armee der deutschen Freiheit, die den deutschen Boden fähig machen, wieder das Brot für alle Deutschen zu tragen. Von hier aus wandelt sich die Not der Städte durch das wieder neuen Lebensraum bietende Land.“

Den Wert der Studie für die NSDAP dokumentiert Hierl in seiner Einführung als er schrieb:

> „Mag auch in manchen Einzelheiten die weitere Entwicklung der Anschauungen und praktische Erfahrung noch zu Änderungen führen, die Grundauffassung über Sinn und Zweck des Arbeitsdienstes und die Grundlinie seiner Gestaltung liegen für die NSDAP fest, so wie sie in dem Buch niedergelegt sind. Die gründliche Durcharbeitung des Problems bis in alle Einzelheiten, von der das Buch Zeugnis gibt, ermöglicht es der NSDAP, bei Übernahme der verantwortlichen staatlichen Leitung des Arbeitsdienstes den bisherigen Zustand des Experimentierens zu beenden und an seine Stelle ohne Verzug zielklares Handeln treten zu lassen.“

Hatte Hierl bereits 1930 in seinem Vortrag vor Hitler den Dreischritt von Schulpflicht, Wehrpflicht und Arbeitspflicht betont und den Arbeitsdienst als eine „Erziehungsanstalt" herausgehoben, die dem „Staat ein Arbeiterheer" liefert, so konkretisiert Stellrecht die ideologische Begründung im Sinne einer Instrumentalisierung der Arbeitsdienstpflicht für die Ziele des Dritten Reiches. Schon Hierl wies 1930 auf diese Instrumentalisierung hin als er vor Hitler ausführte: Das Arbeiterheer

> „ist ein Mittel der Staatsleitung, um große Arbeiten, die weitgesteckten staatspolitischen und kulturellen Zielen dienen, durchzuführen. Dieses Arbeiterheer ist weiterhin ein Mittel zu staatspolitischer Erziehung im Sinne des Nationalsozialismus, eine Erziehungsanstalt, in der die Arbeiter der Stirn und Faust zusammengeschweißt werden." (zit. n. Hase, 1940, S. 29)

Stellrecht bewegt sich im Rahmen dieser ideologischen Vorgaben, erweitert und differenziert sie jedoch um einige wesentliche Aspekte. Besonderen Wert legt der damalige „Fachbearbeiter der NSDAP" und spätere Organisationsleiter des Arbeitsdienstes im RAM[19] auf die Begründung der Erziehungsarbeit im Arbeitsdienst, die die angeblich sozialistische Grundintention des Dienstgedankens in den Mittelpunkt zu stellen habe. Vier grundlegende Erziehungsaufgaben sieht Stellrecht in der Arbeitsdienstpflicht bewältigbar:

- dem Arbeiter und seiner Arbeit müsse „eine neue Ehre" gegeben werden.
- „Der deutsche Arbeiter muß vor seine geschichtliche Aufgabe gestellt werden." (1933, S. 7) Sie liege in der Realisierung des idealistisch-sozialistischen Grundsatzes „Gemeinnutz geht vor Eigennutz".
- Der Arbeitsdienst müsse als Mittel fungieren, um das Denken der Bevölkerung „vom Boden, vom Acker aus" gegen Verstädterung und Entwurzelung zu stärken.
- Die Erziehung zur Kameradschaft, die wesentlich gemeinschaftsbildende Funktionen hätte und ein „Gefühl von ungeheurer erzieherischer Bedeutung" (1933, S. 11) auslöse.

Stellrecht widmet sich in seiner Schrift ausführlich den Inhalten des „staatspolitischen Unterrichts", der Ausbildung und Rolle der Führerschaft und der volkswirtschaftlichen Bedeutung des künftigen Arbeitszwangssystems. Auf sie braucht an dieser Stelle nicht eingegangen werden.[20] Charakteristisch für die Position der NSDAP in der Arbeitsdienstdiskussion war die weitgehende Mißachtung der realen Arbeitslosigkeit. Sie spielte in den Arbeitsdienstplänen der Nationalsozialisten keine herausragende Rolle wie generell die Arbeitsdienstpflicht in der Propaganda der NSDAP vor 1933 nicht jenen Stellenwert erlangte, den Hierl und seine Mitarbeiter ihm zumaßen. Strenggenommen war Hierl zu jener Zeit „Beauftragter des Führers" für einen Bereich, den es nicht gab. So verlegte er seine Tätigkeit auf die ideologische Begründung der Dienstpflicht im künftigen Dritten Reich, die sich von den Entwürfen und Plänen anderer Dienstpflichtbefürworter allenfalls durch ihren dezidiert antisemitischen Gehalt unterschied. Da der Arbeitsdienst als Ehrendienst am deutschen Volk verstanden wurde, war es für ihn klar, daß Juden von ihm ausgeschlossen werden sollten. Denn nicht zuletzt war der RAD gedacht als Veranstaltung, die gegen die „jüdische Auffassung" vom Fluch der Arbeit die „arische" vom Adel der Arbeit setzen sollte. Jede öffentliche Verächtlichmachung des Arbeitsdienstes, so plante Hierl schon 1932, sollte nicht unter drei Monaten Gefängnis und als Anstiftung zur Sabotage prinzipiell mit Zuchthaus bestraft werden (Hierl, 1932, S. 20).

Mit der Einführung des FAD verlief die Politik der NSDAP dreigleisig. Wie andere Maßnahmen der Reichsregierung lehnte sie auch den FAD entschieden ab. Andererseits entwickelten Hierl und seine Mitarbeiter Stellrecht und Decker „eigene" Konzeptionen und Pläne zur Durchführung der Dienstpflicht und zum dritten benutzte sie „neutrale" Vereine zur Durchführung von Arbeitslagern. So wurde in Berlin zur Tarnung am 15. 10. 1931 der „Verein zur Umschulung freiwilliger Arbeitskräfte"[21] gegründet, der mit seinen Suborganisationen – teils unter regional verschiedener Bezeichnung – bis Frühjahr 1933 für die NSDAP sich im FAD betätigte. Diese wie die Lager der nationalsozialistisch geführten „Deutschen Studentenschaft" dienten zur Sammlung entsprechender Erfahrung und zur Vorbildung eines geeigneten Führerstammes (vgl. Kap. 6.6.). Schon der Anlaß der Gründung des „Vereins zur Umschulung" weist auf diese Absicht hin. Das Treffen in Tschetschnow bei Frankfurt/O, an dem u. a. Will Decker (MdR), Hermann Kretschmann, von Brandis und Martin Eisenbeck teilnahmen, diente der Ausbildung für höhere Führer des künftigen Arbeitsdienstes. Die dort gesammelten Erfahrungen bildeten nach Hauenstein (1934, S. 25) „später eine wesentliche Grundlage des nationalsozialistischen Arbeitsdienstes". Zur Sammlung weiterer Erfahrungen gründete der Verein ein Umschulungslager in Hammerstein, das zwar im Februar 1932 von der Regierung aufgelöst, einen Monat später jedoch wieder in Betrieb genommen wurde. Dieses Lager ging auf die Initiative des Oberleutnant a. D. und Feme-Mörder Paul Schulz zurück, der die Rolle eines Art Verbindungsmannes zur Reichsleitung der NSDAP spielte. Dennoch blieb das Engagement der NSDAP im Arbeitsdienst vor 1933 eher gering. Im September 1932 lagen Meldungen über NSDAP-Lager nur aus Niederschlesien, Danzig, Pommern und Bochum vor. Die Gründe, warum gerade die mit jugendlichen Arbeitslosen zur Massenorganisation und eigentlichen Jugendabteilung der NSDAP angewachsene SA diesen Arbeitsdienstplänen ablehnend gegenüberstand, gehen aus einer internen Umfrage der Obersten SA-Führung vom September 1932 hervor.

> „Den parteieigenen Arbeitsdienst, dessen Voraustrupps in den Gauleitungen gerade installiert wurden, empfand die SA großenteils als Konkurrenz. Die Oberste SA-Führung hatte auch vorsorglich verfügt, daß alle SA-Führer, die sich zur Teilnahme in NS-Arbeitslagern meldeten, aus dem SA-Führerkorps auszuscheiden hatten. Am erstrebenswertesten erschien es den meisten SA-Führern, den Arbeitsdienst in eigener Regie der SA durchzuführen." (Benz, 1968, S. 331)

Für eine Mitarbeit im staatlich geförderten FAD waren sich die meisten „politischen Soldaten" der SA zu schade. Für die „storm-troopers" der Partei hatte der „Kampf um die Straße“ gegen „marxistischen Terror und bürgerliche Feigheit“ absolute Priorität.

Unbeschadet dieser parteiinternen Auseinandersetzungen und Konkurrenzen arbeiteten Hierl und seine Untergebenen an der detaillierten Planung zur reibungslosen Durchführung der Arbeitsdienstpflicht, in der zunächst die Arbeiten von Schöpke und Wilhelm einen beträchtlichen Stellenwert fanden und in der nationalsozialistischen Publizistik entsprechend positiv gewürdigt wurden. Dennoch waren diesen Bemühungen noch enge Grenzen gesetzt. Auch der Versuch der im Mai 1932 gebildeten nationalsozialistischen Landesregierung in Anhalt unter Ministerpräsident Freyberg und NSDAP-Gauleiter Löper, ab Juli 1932 unter staatlicher Regie einen Arbeitsdienst zu organisieren, stieß letztlich trotz aller politischen Euphorie auf finanzielle und politische Grenzen. Zur Einrichtung einer 215 Mann starken Stammabteilung wurde der erste staatliche Arbeitsdienst mit 250000 RM finanziert. Nach einem entsprechenden Aufruf des Anhaltischen Staatsministeriums vom 30. Juni 1932, in dem „Reichsangehörige im Alter von 19 bis 32 Jahren“, die gesund, möglichst unverheiratet seien und über militärische und technische Vorkenntnisse verfügten, gesucht wurden, gingen über 2000 Bewerbungen ein (Anhaltisches Staatsministerium, 1935, S. 8). Im Schloß Großkühnau in der Nähe von Dessau bezog die erste Stammabteilung am 11. Juli 1932 ihr Quartier, die anläßlich einer Hitlerkundgebung am 23. 7. 1932 erstmals öffentlich unter ihrem Führer Major a. D. Lancelle aufmarschierte. (vgl. auch Krüger, 1935, S. 131ff.)

Am 1. September 1933 existierten 8 Abteilungen mit insgesamt 1203 Beschäftigten. Gerade der Anhaltische Arbeitsdienst (vgl. auch Vogelsang, 1966) machte aber auch deutlich, daß der Realisierung der Dienstpflicht mehr Hindernisse im Wege standen als die Befürworter dies gewöhnlich wahrhaben wollten. Trotz der Mittel des FAD und landesstaatlicher Zuschüsse stieß die Erweiterung des Dienstes Ende 1932 an ihre Grenzen. So räumt der regierungsoffizielle Bericht des Jahres 1935 ein:

> „Denn einer weiteren Ausdehnung des Arbeitsdienstes setzten einerseits die begrenzten Mittel des Staatshaushaltes, andererseits der damals noch nicht überwundene Widerstand aus den Kreisen der marxistischen und zum Teil aber auch der bürgerlichen Parteien ein Hemmnis entgegen. Auch führte ein Vorstoß der Anhaltischen Regierung, der damals im Reichsrat unternommen ward, um die notwendigen gesetzgeberischen und finanziellen Grundlagen für den weiteren Ausbau des Arbeitsdienstes zu schaffen, bei der jedem Fortschritt abholden Einstellung der damaligen Machthaber zu keinem sofortigen Ergebnis.“ (Anhaltisches Staatsministerium, 1935, S. 16)

Allerdings sollte der Arbeitsdienst in Anhalt ein Vorgeschmack im Kleinen davon geben, was es für die Nationalsozialisten hieß, ihn „als ein unübertreffliches Mittel der Volkserziehung“ (a. a. O., S. 6) einzusetzen. Die Schaffung einer rigiden, auf militärischen Ordnungsprinzipien basierenden Führer-Gefolgschafts-Hierarchie mit einheitlicher Uniform, eigenen Rangabzeichen und

Symbolen, politischer Schulung und die Schaffung erzieherisch wirksamer Arrangements, die Integration durch hohe Ansprüche an das Engagement der Lagerteilnehmer garantieren sollte. Funktional gesehen war der Anhaltische Arbeitsdienst ein Pilotprojekt für den späteren Reichsarbeitsdienst unter den Rahmenbedingungen des FAD. Sein Ziel war die Totalpolitisierung des Lagerlebens, die jede Sportveranstaltung noch als politische Tat deutete.

Ähnlich wie in Anhalt versuchten Hierl und seine Mitarbeiter seit Sommer 1932 auch in anderen Länder, in denen die NSDAP an der Landesregierung beteiligt war, einen staatlichen Arbeitsdienst aufzubauen. So wurde nach dem Wahlsieg der NSDAP vom 29. 5. 1932 in Oldenburg in Ahlhorn eine Lehr- und Stammabteilung von 150 Mann aufgestellt, die als spätere Führer für die projektierte Arbeitsdienstpflicht gedacht war. In gleicher Weise wie in Anhalt verfuhr auch der NSDAP-Ministerpräsident von Mecklenburg-Schwerin, Granzow, der in der ersten Erklärung der Landesregierung vom 14. 7. 1932 die Einführung der Arbeitsdienstpflicht ankündigte. Auch in Thüringen wurde nach Eintritt der NSDAP-Aktivisten Sauckel, Wächtler und Marschler in die Landesregierung am 26. 8. 1932 „versucht, den FAD unter staatlicher Regie zu zentralisieren und die Pluralität der Dienstträger zugunsten der NSDAP und des Stahlhelm auszuschalten. Unter der Verantwortung des „Volksbildungsministers“ Fritz Wächtler wurde im Dezember 1932 in Egendorf ein Arbeitsdienstlager für Junglehrer durchgeführt, an dem 20 Schulamtsbewerber und 10 Studienreferendare teilnahmen. Wächtler, der selbst vor den arbeitslosen Junglehrern „dieses Lagers auftrat, ließ keinen Zweifel an den Zielen, die mit dem hier begonnenen faschistischen Junglehrerarbeitsdienst angestrebt wurden: ‚Die Opferbereitschaft, Liebe zur Heimat und den Gemeinschaftssinn wieder zu erwecken, sei höchstens Erziehungsziel, das den Lehrern zu vermitteln, sei Zweck des Lehrer-Arbeitsdienstlagers...‘ „ (Schlikker, 1968, S. 413). In allen diesen Ländern, in denen die Nationalsozialisten an der Regierung beteiligt waren, versuchten sie die übrigen Dienstträger zurückzudrängen oder in zentralen, von der NSDAP kontrollierten Arbeitsgemeinschaften einzubinden. Beschwerden, u. a. des Stahlhelms, beim FAD-Reichskommissar hatten offensichtlich wenig Erfolg. In einem Bericht des thüringischen Stahlhelm-Führers Major a. D. Bock an das Bundesamt des Stahlhelm vom 5. 12. 1932 heißt es: „Der Stahlhelm begegnet im FAD in Thüringen immer größeren Schwierigkeiten durch den Landesarbeitsdienst, der... eine nationalsozialistische Einrichtung darstellt. Zuerst hat der Landesarbeitsdienst durch den Landrat von Eisenach den Stahlhelm aus der Maßnahme Oberweid verdrängt, dann hat er dasselbe in Butterstädt und Untermaßfeld versucht (vergeblich, weil ich die Absicht rechtzeitig erfuhr) und jetzt beginnt dasselbe mit der Auma-Regulierung.“ (zit. n. Schlicker, 1968, S. 414) Überall hatten die von der NSDAP kontrollierten Lehr- und Stammlager die Funktion, einen geschulten Führerstamm für die Arbeitsdienstpflicht auszubilden.

Obwohl Hierl und seine Mitarbeiter in den vier Ländern den staatlichen Arbeitsdienst zentralistisch „von oben“ durchsetzten, bediente sich auch die

NS-Propaganda dem Muster, die Arbeitsdienstidee werde von einer sozialen Bewegung getragen. So konstatierte Stellrecht, daß die Dienstpflicht „sich nie notverordnen“ (1933, S. 1) ließe, sondern aus dem „innersten Bewußtsein“ des Volkes entspringen müsse.

> „Der Arbeitsdienst ist eine Bewegung! ... Er ist eine Bewegung, entsprungen denselben Wurzeln wie der Nationalsozialismus und deshalb ein Teil von ihm, ein Glied eines größeren Körpers, das das gleiche Blut durchpulst, mit ihm verbunden auf Gedeih und Verderb.“ (Stellrecht, 1934, S. 11)

Wie andere Gruppen für sich und vor ihm versucht Stellrecht hier, den Nationalsozialisten ein Exklusivrecht an der Arbeitsdienstidee zu sichern und sie auf die Ziele der NSDAP festzuschreiben. Da eine Bewegung „wie jedes Leben“ einem Impuls entspringe, dessen Ursprung nicht erklärt wird, gälte es, diesen „mystischen Impuls“, „das Feuer der Bewegung“ zu erhalten und neu zu entfachen. Denn Stellrecht sieht 1933 den Impuls der Bewegung verflachen. Nur wenn von unten her „die kämpferische Haltung des Kolonisten“ in der Bewegung bewahrt bliebe, könne der Arbeitsdienst sein großes Kampfziel, „die deutsche Brotfreiheit“, verwirklichen. Angesichts der detaillierten Pläne zur Einführung der Arbeitsdienstpflicht überrascht jenes populistische Argument ebenso wie das Eingeständnis, es wäre „der Tod“ der Idee, „den Arbeitsdienst mit einem Gesetz für Arbeitsdienstpflicht zu beginnen. Dies wäre dem ähnlich, wenn man den Nationalsozialismus hätte durch ein Reichsgesetz einführen wollen.“ (Stellrecht, 1934, S. 18)[22]

Eine solche Position mag sich vor dem totalen Machtanspruch der Nationalsozialisten bestenfalls als Propagandalüge ausnehmen. Sie verweist aber andererseits auf die relative Eigendynamik, die die Arbeitslagerbewegung Anfang der dreißiger Jahre gegenüber parteipolitischen Einbindungen gewonnen hatte und zugleich auf den utopischen Impuls, den die Aktivisten dieser „Ein-Punkt-Bewegung“ mit dem Arbeitsdienst verbanden.

Ein typischer Vertreter des „Ein-Punkt-Denkens“, der in der Arbeitsdienstpflicht das Allheilmittel für alle politischen und wirtschaftlichen Probleme sah, war auch der böhmische Studienprofessor Karl Schöpke, der 1930 mit seinem Buch „Deutsches Arbeitsdienstjahr statt Arbeitslosenwirrwarr!“ erhebliche Resonanz in rechtsextremen Kreisen erlangte und in mehreren Arbeitsdienstvereinen an führender Stelle tätig war. Schöpke, zeitweise auch in der Führung des Bundes Artam aktiv, gründete nach der Trennung von den Artamanen am 27. 9.1925 in Pommern das „Landwerk“, das faktisch gleiche Ziele wie die Artamanen verfolgte (vgl. Kater, 1971). Finanziell unterstützt wurde das Landwerk vom Landbund-Großagrarier Freiherr von Wangenheim/Kleinspiegel, der die ersten „Umschulungslehrgänge“ für die Landwirtschaft im Winter 1925/26 ermöglichte. Nach dem Grundsatz: „Dem deutschen Lande die besten deutschen Menschen“ organisierte Schöpke z. T. mit dem Reichslandbund Fortbildungsveranstaltungen für Siedlungswillige.[23]

Im Kontex der Reagrarisierungsideologie des Landwerkes muß sein optimistischer und naiver Entwurf eines „Arbeitsdienstjahres“ gelesen werden, ein Projektentwurf, dessen Realisierung er „in einem neuen, im dritten

Reich“ unter einem „deutschen Diktator“ (Schöpke, 1930, S. 76) erhoffte. Das Buch selbst ist in zwei Teile gegliedert: dem Nachweis der Notwendigkeit einer Arbeitsdienstpflicht und den Vorschlägen ihrer Realisierung. Dabei geht Schöpke über mögliche Einwände seiner Vorschläge großzügig hinweg, vertraut dem „gesunden Menschenverstand“, will „dem tief kranken Volke ein leuchtendes Ziel und eine große Aufgabe weisen“ (S. 4). Auch die Krisendiagnosen weichen nicht von den gängigen Klischees ab. Beschworen wird die seelische Not der Erwerbslosen in den Großstädten, Verwahrlosung, Kriminalität, die Zerrüttung der Familien, der „Fleischwolf der wirtschaftlichen Not“ (S. 23), der „katastrophale Geburtenrückgang“ (S. 43) und das (unvermeidliche) Schreckbild vom „Weib auf der schiefen Ebene der Erwerbslosigkeit“ (S. 40ff.), das Milieu der Massage-Salons, der Prostitution, des „Zersetzungsprozesses an der weiblichen Anständigkeit und Reinheit“, der „restlose(n) Zersetzung des sexuellen Verantwortungsbewußtseins, welche ohnehin seit etwa 1870 im deutschen Volke einsetzt und seit 1918 rasende Fortschritte gemacht hat.“ (S. 42f.) „Die feste Grundlage eines kameradschaftlichen Ehrgefühls“ bildet gegen solche Krisendiagnosen den utopischen Part eines Gemäldes, das Hoffnungsglaube an die Stelle Argumentationsfähigkeit setzt, bewußt sich abgrenzt von der Anstrengung „langjähriger wissenschaftlicher Vorarbeit“ (S. 4), stattdessen stolz bekennt, das Buch „in wenigen Wochen zu Papier gebracht“ zu haben. Auch hier findet man die „Erziehung zum deutschen Menschen“ als das letzte und höchste Ziel des Arbeitsdienstes. Ähnlich wie in den nationalsozialistischen Konzeptionen entwirft auch Schöpke ein Sample von Erziehungsmitteln, die den Zusammenhalt der einzelnen Arbeitsgruppen während des Dienstjahres garantieren und seine Erziehungswirksamkeit erhöhen sollen. Im Einzelnen schlägt er vor:

- die Fixierung fester Ordnungen.
- eine auf prägende Erlebnisse basierende Grund- und Sonderschulung, die eine „feste Grundlage eines kameradschaftlichen Ehrgefühls“ (S. 175) abgibt. Ritualfeiern sollen die Wirksamkeit der Arbeitsdiensterlebnisse steigern.
- Gruppenführer müssen die Funktion eines Bindemittels übernehmen.
- regelmäßige Besuche der obersten AD-Führer bei den Arbeitsgruppen sollen „neue Anregungen, neues Leben in die Gruppen bringen“ (S. 176).
- Arbeitsdienstschulungen für die Betriebsleiter der Träger der Arbeit, um sie an den „Geist des Arbeitsdienstes“ heranzuführen.
- ein eigener Rundfunk des Arbeitsdienstes.
- eine eigene Zeitung des Arbeitsdienstes. Beide sollen integrations- und identitätsstiftend wirken.

Identitätsstiftung und Stärkung des „Wir-Gefühls“ sind Erziehungsziele, die Schöpke rassisch auslegt. Wie in der Weimarer Rechten üblich bemüht auch Schöpke mit verschwörungstheoretischen Argumenten mächtige Feinde, die aus dem deutschen Volk und seiner Kultur eine „Mulatten- und Mestizen-Zivilisation“ machen wollten. „Demgegenüber muß die Reinhaltung und Reingestaltung des deutschen Wesens und Blutes, welches ja ohnehin genug Mischungsbestandteile enthält, ein Ziel sein, in welches bewußt und unbewußt jeder Deutsche hineinwächst." (S. 181) Auch hier bleibt wie an anderen Stellen Schöpke den Nachweis schuldig, was die Arbeitsdienstpflicht mit der „Reinhaltung des deutschen Wesens" zu tun hat, während über die möglichen Schwierigkeiten einer Arbeitsdienstpflicht großzügig hinweggegangen wird.[24]

Von den zahlreichen Interessenorganisationen zur Einführung der Arbeitsdienstpflicht[25] sei an dieser Stelle der am 4. November 1930 gegründete „überparteiliche" „Volksbund für Arbeitsdienst" erwähnt. Er ging auf eine Initiative des damaligen Präsidenten des Landgemeindetages Dr. Günter Gereke zurück, der im September 1930 mit Gleichgesinnten ein „Kuratorium für Arbeitsdienst" bildete. Ziel des Bundes, der sich ab August 1932 „Reichsbund für Arbeitsdienst" nannte, war die Einführung der allgemeinen Arbeitsdienstpflicht. Jedoch nahm er im Vergleich zu anderen fundamentaloppositionellen Interessenorganisationen gegenüber dem Projekt „FAD" eine elastische Haltung ein. Als Mitglieder oder in Kooperation angeschlossen waren dem Bund Einzelpersonen, Vereine und Verbände. Vermutlich war es die personelle Struktur der Führungsspitze, die ihm die Teilnahme an den Vorbereitungsgesprächen zur Einführung des FAD im Reichsarbeitsministerium ermöglichte. Betrachtet man den Kern der Aktivisten, so kann der Bund als ein Auffangbecken stellungsloser Offiziere bezeichnet werden, die im Arbeitsdienst für sich neue Berufsmöglichkeiten sahen. Dennoch darf der politisch-strategische Aspekt, den der Bund mit seiner Propagierung der Arbeitsdienstpflicht verfolgte, nicht unterschätzt werden. Besonders ab Mitte 1932 begann sich ein deutlicher Rechtstrend durchzusetzen und der Bund schloß seine Ziele kurz mit jenen des Stahlhelm, der Offiziersverbände, des Kyffhäuserbundes und der „Vereinigten Vaterländischen Verbände", ein Trend, der z. B. zu Austritten der besonders aktiven Landesverbände Schlesien und Sachsen führte. In verschiedenen Eingaben an Reichskanzler Papen forderte der „Reichsbund" die beschleunigte Einführung der Arbeitsdienstpflicht und die Säuberung der Arbeitsverwaltung von „marxistisch und international eingestellten Personal"[26] sowie die Eindämmung der FAD-Lager gewerkschaftlicher und sozialistischer Organisationen, die eine „ernste vaterländische Gefahr" darstellten.

Die dominante Figur des „Reichsbundes" war der Generalmajor a. D. Wilhelm Faupel, der im Frühjahr 1931 den Vorsitz von Gereke übernahm.[27] Faupel, ehemaliger Reichswehroffizier und Teilnehmer am Kapp-Putsch, war 1921 bis 1930 als Militärberater in Argentinien und Generalinspekteur der peruanischen Armee tätig; 1934 wurde er Präsident des Ibero-Amerikanischen Instituts und von Anfang 1936 bis August 1937 war er Geschäftsführer und anschließend Botschafter des Deutschen Reiches bei der Franco-Regierung in Salamanca. Als seine beiden Stellvertreter fungierten zunächst Dr. Herbert Schmeidler, Hauptmann a. D., Freikorpsoffizier und während des Dritten Reiches als Generalarbeitsführer enger Mitarbeiter Konstantin Hierls, sowie Dr. Heinz Dähnhardt, Führer des „Jungnationalen Bundes", 1927 bis 1932

Mitglied des Vorstandes des Reichsausschusses der Deutschen Jugendverbände, engagiert in der Volksbildungsarbeit des evangelischen Johannesstiftes in Berlin-Spandau und Herausgeber mehrerer „volkskonservativer" Zeitschriften. Sie wurden im Spätsommer 1932 abgelöst durch den Stahlhelm-Führer und Major a.D. Walther Wiese, Mitglied im Kyffhäuserbund und im Reichsverband deutscher Offiziere, der im Dritten Reich als SS-Standartenführer im Stabe des SS-Hauptamtes für die Kolonialpropaganda tätig war. Auch die weitere Zusammensetzung der Führungsgremien des Volksbundes dokumentiert seine Einflußmöglichkeiten in der Arbeitsdienstfrage. Dem „Ehrenpräsidium" gehörten u.a. an: Hilmar Freiherr von der Bussche-Haddenhausen, Unterstaatssekretär im Kaiserreich, Walther von Keudell (DNVP) ehemaliger Innenminister im vierten Kabinett Marx, der Führer der „Orgesch" Georg Escherich, der Vorsitzende des Deutschen Landkreistages, Dr. Adolf von Achenbach, der Hamburger Kaufmann Roderich Schlubach. Zum „Bundesausschuß" zählten u.a. Rudolf Böhmer, Karl Schöpke, Walter Wilhelm, Prof. Dr. Pütz, MdR, vom Jungdeutschen Orden, Fritz Irwahn vom „Deutschnationalen Handlungsgehilfenverband", der Großindustrielle Erich Lübbert[28] (vgl. Dudek/Jaschke, 1984, S. 228), aber auch Dr. von Viebahn von der Evangelisch-Sozialen Schule Berlin-Spandau und der in der Volkslagerbewegung stark engagierte Landrat Theodor Steltzer (vgl. Kap. 6.4.). Zum Bundesausschuß zählte auch der Artamanenführer Wilhelm Rödiger, der als Gründer der Zeitschrift „Deutscher Arbeitsdienst für Volk und Heimat" (1. 6. 1931), die später die offizielle Zeitung der NSDAP wurde, Verbindungen zu anderen rechtsextremen Arbeitsdienstorganisationen hielt. Über die Sozialstruktur der Bundesmitgliedschaft sowie den ihm angeschlossenen Vereinen und Verbänden existieren keine aussagekräftigen Quellen. Nach Schlikker sollen die Dresdner Bank, das Kalisyndikat, die Deutsche Landkraftführerschule (Schlicker, 1968), S. 265) sowie zahlreiche lokale und regionale Untergliederungen militärischer Traditionsverbände (Der Arbeitsdienst Nr. 3/1933) dem Bund kooperativ angeschlossen gewesen sein.

Den sächsischen LV leitete der ehemalige Freikorpsführer und Nationalsozialist Heinz Oskar Hauenstein, Führer der „Sturmabteilung Heinz" und berüchtigter Leiter von Mordkommandos im sog. oberschlesischen „Grenzschutz". Seit Frühjahr 1932 war er dann als „Organisationsleiter des Arbeitsdienstes im Freistaat Sachsen" und in Kooperation mit der Volkslagerbewegung [29] an entscheidender Stelle für den Ausbau des FAD tätig. Obwohl gerade Hauenstein sich des Wohlwollens der regionalen Arbeitsadminstration erfreute, stieß bei den Reichsbehörden die Aktivität des Reichsbundes auf einige Skepsis. So wandte sich Reichskommissar Syrup am 9. 11. 1932 vor dem Kabinett nachdrücklich gegen „eine allzu intensive Mitwirkung und maßgebliche Einmischung der speziell für den freiwilligen Arbeitsdienst gegründeten Verbände" (BA R 43 I, Bd. 1458) – eine deutliche Spitze gegen die Vorstöße Faupels zur Einführung der Dienstpflicht wie Köhler (1967, S. 161) zu Recht vermerkt. Auch der später zur Widerstandsgruppe Witzleben zählende Stahlhelm-Führer Friedrich Wilhelm Heinz zählt in seiner Arbeitsdienst-Studie den

„Volksbund“ um Faupel zu den radikalen Kräften, die auf eine rasche Einführung der Arbeitsdienstpflicht drängten (Heinz, 1933, S. 131f.).

Ideologisch verband die Bundesführung ihre Pflichtdienstpropaganda mit wehrpolitischen Argumenten. Der Arbeitsdienst sei ein geeignetes Mittel, ohne außenpolitische Komplikationen die allgemeine Wehrpflicht vorzubereiten und zugleich den Kolonialgedanken zu reaktivieren (Der Arbeitsdienst, Nr. 8/1932). Trotz weitgehender Zielidentität mit den Arbeitsdienstplänen des Stahlhelm und der NSDAP, die auch Faupels Teilnahme am Treffen der sog. „nationalen Verbände“ in Bad Harzburg im Oktober 1931 unterstreicht, hatte der Reichsbund über den Weg der Einführung der Dienstpflicht eigene Vorstellungen. Der FAD galt ihm hier als geeignetes Experimentierfeld und als Möglichkeit, qualifiziertes Stammpersonal heranzuziehen. Vor zu optimistischen Vorstellungen warnend, schrieb Faupel im Frühjahr 1932:

> „Freihalten müssen wir uns andererseits vor der optimistischen Auffassung, als könnten wir eine Million junger Männer oder diese noch verstärkt um eine Million Mädchen, in wenigen Monaten zu organisierter nützlicher Arbeit ansetzen. Das sind Schreibtischutopien, die der Wirklichkeit nicht standhalten werden. Wohl aber sind wir in der Lage, mit einem Jahre Anlaufzeit 500000 junge Arbeitsdienstpflichtige so zusammenzufassen, unterzubringen, zu gliedern und zu wirtschaftlich nutzbringender Tätigkeit anzusetzen, daß Rückschläge vermieden werden. Viel Zeit haben wir nicht mehr zu verlieren, sonst ist auch das zu spät.“ (Der Arbeitsdienst, Nr. 2/1932)

In erster Linie war der „Reichsbund“ eine Lobby-Organisation für die Arbeitsdienstpflicht, ohne jemals in der Praxis des FAD Bedeutung zu haben.

Nicht zu verwechseln ist der Bund deshalb mit dem gleichnamigen „Volksbund für Arbeitsdienst in Bayern“ e. V., der am 30. Juli 1931 in München gegründet wurde und in Verbindung mit Gemeinden und kommunalen Genossenschaften als Träger des Dienstes im FAD tätig war. Ziel dieses Bundes, der als Reaktion auf die Zweite Notverordnung der Brüning-Regierung u. a. vom Generalsekretär des Bayerischen Christlichen Bauernvereins und MdL Hundhammer und dem Münchner Stadtschularzt Fürst gegründet wurde, war es, den FAD „auf überparteilicher, unabhängiger, wirtschaftlich politisch neutraler Grundlage zu fördern und durchzuführen und die Zusammenarbeit aller das gleiche Ziel erstrebenden Kreise zu sichern.“ (Kaufmann, 1932, S. 111) Zwar kritisierte auch dieser Bund den FAD als unzureichend und Vorstufe einer allgemeinen „Volksdienstpflicht“, jedoch engagierte er sich tatkräftig in Zusammenarbeit mit kommunalen Trägern im FAD. Angeschlossen waren dem auf Bayern konzentrierten Bund Einzelpersonen, juristische Personen, öffentlich-rechtliche Körperschaften, Genossenschaften und Gemeinden. Besonderen Wert legte der Bund auf die körperliche Arbeit. Freizeitgestaltung und „geistige Bildung“ traten deutlich zurück. Knapp empfiehlt er deshalb für seine Lager, daß „neben der Arbeitsdisziplin Turnen, Leibesübungen, Sport und Spiel ausgeübt wird, sowie daß durch Vorträge über Gesundheitslehre, Arbeitskunde, christliche deutsche Weltanschauung, Staatsbürgerkunde und vaterländische Geschichte geistige Schulung gepflegt wird.“ (Kaufmann,

1932, S. 63) Durch eine entsprechende Aufstellung des Landesgeschäftsführers Karl Kaufmann lassen sich über angeschlossene Vereine und Gemeinden, ferner über die sozialstrukturelle Zusammensetzung seiner Führungsgremien detaillierte Angaben machen. Diese können schon deshalb nicht repräsentativ für die Arbeitsdienstbewegung sein, da von anderen Organisationen in der Regel verläßliche Daten fehlen. Dennoch scheint an der Zusammensetzung des Volksbundes und seiner assoziierten Institutionen ein Trend ablesbar zu sein, der typisch für die Institutionalisierungsphase der Bewegung sein dürfte, nämlich der Trend zur „Verstaatlichung" der Bewegung, die an dem starken Engagement der Kommunen im FAD konstatierbar wird. So hatte der Volksbund in 112 Gemeinden und Städten Bezirksgruppen errichtet, deren Verbindungsleute fast ausschließlich in der kommunalen Verwaltung tätig waren; mit 39 Genossenschaften und Gemeinden hatte er bis Mai 1932 gemeinsame FAD-Maßnahmen durchgeführt, ihm angeschlossen waren der bayerische Landesverband des Stahlhelm, der Münchner Bezirksverein der Vaterländischen Verbände und der bayerische Kriegerbund. Über das sozialstrukturelle Profil der Verbindungsleute der Bezirksgruppen gibt Tabelle 2 (Seite 79) Auskunft.
Die Tatsache, daß etwa 75% der Kontaktpersonen des Volksbundes im Bereich der kommunalen Verwaltung tätig waren, ist aus der Rechtsform des FAD unmittelbar einsichtig erklärbar. Als Interessenorganisation zur Durchführung von Arbeitsdienstmaßnahmen war der Bund geradezu auf gute Verbindungen zu den Kommunen als Träger der Arbeit angewiesen. Wie setzte sich die Führungsschicht des Volksbundes personell zusammen? Die Tabelle 3 (Seite 80) schlüsselt die 44 Mitglieder des Landesausschusses nach der Nennung ihres Hauptberufes auf.
Auch das Bild der Führungsschicht des Volksbundes zeigt einen ähnlichen Befund, nämlich die Dominanz des gehobenen öffentlichen Dienstes. Dabei handelte es sich in der Regel um Personen der Arbeitsverwaltung, in kleineren Orten um Stadträte oder Bürgermeister. Arbeiter, kleinere Angestellte fehlen hier ebenso wie Jugendvertreter und Studenten. Mit nur 3 Mitgliedern sind auch die Frauen im Landesausschuß deutlich unterrepräsentiert. 5 seiner Mitglieder sind zudem Verbandsfunktionäre (z. B. Rotes Kreuz, Bauernverband, ADAC, Siedlerverband, Bayerischer Städtebund). Somit repräsentierte der Volksbund auch personell seine Interessensgebundenheit, denn die Mehrheit seines Landesausschusses war durch die besondere Rechtsgestalt des FAD (vgl. Kap. 7) quasi professionell mit der Arbeitsdienstproblematik konfrontiert – zumeist in der Funktion des Trägers der Arbeit.

Sowohl vom „Reichsbund" Faupels und noch mehr von dem wenig politisierten „Volksbund" in Bayern, aber auch vom Hierl-Plan der NSDAP unterscheidet sich die Arbeitsdienstpropaganda und Lagerpraxis des „Stahlhelm. Bund der Frontsoldaten". Dessen eindeutig paramilitärischer Einschlag suchte aktiven Wehrsport und aktiven Arbeitsdienst zu verbinden. Obwohl der Stahlhelm ein Vertreter der Arbeitsdienstpflicht war, engagierte er sich -

Tabelle 2 Verbindungsleute der Bezirksgruppen des Volksbundes

Alter Mittelstand	
(Bauern/Handwerker etc.)	1
Neuer Mittelstand	
Angestellte	1
Ingenieure/Techniker/Publizisten/Rechtsanwälte etc.	4
Öffentlicher Dienst (Beamte)	
einfach	6
gehoben	56
Bildungsbürgertum	
Professoren/Lehrer/Pfarrer	9
Politiker	
Minister a. D.	—
MdL	1
MdR	—
Kommunalpolitiker (Stadtrat/Bürgermeister)	17
Offiziere a. D.	4
Selbständige	3
Gremien	
(z. B. Vorstand des Bezirksamtes)	5
Ohne Angaben	5

ähnlich wie der Jungdeutsche Orden und im Unterschied zur NSDAP von Beginn an im FAD. Die erste intensive Beschäftigung mit der Arbeitsdienstproblematik fand 1926 in einer Artikelserie in der Bundeszeitschrift „Der Stahlhelm" statt.[30] Der Höhepunkt dieser Serie war ein Gesetzentwurf vom 11. 7. 1926, in dem der Bund in 14 Punkten seine Dienstpflichtpläne zusammenfaßte. Danach sollte jeder fähige männliche Staatsbürger zu einer 1 1/2 bis 2jährigen „aktiven Arbeitsdienstpflicht" herangezogen werden, nach deren Ableistung er erst die politischen Staatsbürgerrechte bekommen sollte. Danach sollte jeder einer fünfjährigen Reservepflicht („inaktive Arbeitsdienstpflicht") unterworfen werden, um im Notfall den eigens zu schaffenden Zentralbehörden des Arbeitsdienstes jederzeit zur Verfügung zu stehen. Die Führer sollten Reichsbeamte sein, die Arbeiten durch einen gesetzlich festgelegten „Reichs-Wirtschaftsplan" verteilt werden. Punkt 9 und 10 des Entwurfes sahen vor:

> „Die Unterbringung hat möglichst abteilungsweise in Kasernen, Baracken, Arbeitslagern usw. zu erfolgen. Die Arbeitsdienstpflichtigen sind in der Freizeit kör-

Tabelle 3 Mitglieder des Landesausschusses des Volksbundes

Alter Mittelstand	
(Bauern/Handwerker etc.)	1
Neuer Mittelstand	
Angestellte	—
Ingenieure/Techniker/Publizisten/Rechtsanwälte etc.	7
Öffentlicher Dienst (Beamte)	
einfach	1
gehoben	14
Bildungsbürgertum	
Professoren/Lehrer/Pfarrer	2
Politiker	
Minister a. D.	2
MdL	3
MdR	1
Kommunalpolitiker (Stadtrat/Bürgermeister)	5
Offiziere a. D.	6
Selbständige	—
Ohne Angaben	2

perlich zu ertüchtigen und geistig im Sinne eines vertieften deutschen Nationalbewußtseins zu schulen." (Der Stahlhelm Nr. 28/1926; vgl. auch Freising, 1937, S. 24ff.)

Rein sprachlich knüpft der Stahlhelm in dem Entwurf an sein militaristisches Selbstverständnis. So überrascht es nicht, daß er in späterer Zeit in seiner Propaganda und Lagerpraxis stets einen engen Zusammenhang zwischen Arbeitsdienst und Wehrpflicht herstellte. Allerdings war die geforderte Arbeitsdienstpflicht nicht als Ersatz, sondern als Vorbereitungsmaßnahme für die Wehrpflicht gedacht.

Bis 1932 nahm die Arbeitsdienstdiskussion in der Politik des Bundes jedoch nur eine untergeordnete Rolle ein, obwohl vereinzelt immer wieder entsprechende Forderungen erhoben wurden. So kam der Stahlhelm-Landesverband Baden-Württemberg in einer Denkschrift vom 10. März 1931 zu dem Ergebnis, die Gründe für eine Arbeitsdienstpflicht lägen vor allem auf

wirtschaftlichem Gebiet und „zum noch wesentlicheren Teil auf dem Gebiete der Erziehung und des Jugendschutzes. Hier ist zunächst festzustellen, daß sich in der Jugend heute ein immer bedenklicherer Mangel an Gemeingeist, Verantwortungsgefühl und Opfersinn bemerkbar macht, dessen Ursprung in erster Linie in der Zerstörung staatlicher, kirchlicher und familiärer Autorität zu suchen ist... In mancher Hinsicht muß hier wohl auch der Übersteigerung des Sozialversicherungsgedankens die Schuld gegeben werden, welche die Selbstverantwortlichkeit des Einzelnen oft bedauerlich schwächt. Die Folge muß eine Lockerung des Gefühls für Unter- und Einordnung sein, um so mehr, als der natürliche Ausgleich der allgemeinen Wehrpflicht fehlt."[31]

Die verstärkte Hinwendung zu Wehrsport und Arbeitsdienst erfolgte erst nach der tiefen Krise des Bundes, die die Kandidatur ihres Bundesführers Theodor Duesterberg für die DNVP zur Reichspräsidentenwahl am 13. 3. 1932 auslöste. Mit blamablen 6,8% ging Duesterberg hinter Thälmann (13,2%), Hitler (30,1%) und Hindenburg (49,6%) aus der Wahl hervor. Der seit längerem schwelende Streit zwischen „Politikern" und „Soldaten" im Stahlhelm-Vorstand wurde daraufhin zugunsten letzterer entschieden. (Berghahn, 1966, S. 223ff.) Konsequenz war die proklamierte Lösung der Bindungen mit politischen Parteien, der Rückzug aus der Tagespolitik und die Konzentration auf Wehrsport und Freiwilligen Arbeitsdienst. Der Bund, der sich stets als eine Art Reservearmee der Reichswehr verstand, mobilisierte nun seine Mitglieder mit dem Ehrgeiz, die führende Stellung innerhalb der Arbeitsdienstbewegung zu gewinnen. In einem Aufruf der Bundesführung vom 10. 8. 1932 wird „der Arbeitsdienst als ein Weg zu innerer und äußerer Freiheit" bezeichnet. „Auf Grund unseres überparteilichen Frontsoldatengedankens und seiner volkserzieherischen Kraft wissen wir uns gemeinsam mit allen unseren Mitkämpfern nur zu einem verpflichtet: An die Arbeit – Für Deutschlands Befreiung!" (BAR 77/133). Tatsächlich gelang es dem militärisch straff geführten Bund innerhalb kürzester Zeit ein dichtes Netz von FAD-Lagern zu errichten. Am 1. 8. 1932 arbeiteten 10000 Stahlhelmer in 290 Lagern (Heinz, 1933, S. 70) und am 25. 12.1932 meldete die Bundeszeitung 400 Arbeitsvorhaben mit 20000 Teilnehmern.[32]

Maßgeblichen Anteil daran hatte der Führer des Landesverbandes Westmark, der Studienrat Heinrich Mahnken aus Hagen, der auch die Leitung des Stahlhelm-Arbeitsdienstes übernahm und zum Geschäftsführer der am 6. 1. 1933 gegründeten „Reichsarbeitsgemeinschaft der Dienstträgerverbände" avancierte. Mahnken zählte zu der gemäßigt konservativen Fraktion im Stahlhelm, dessen Einfluß „vor allem in einer realistischeren Einschätzung und Verwirklichung der Arbeitsdienstpflicht zum Ausdruck kam." (Köhler, 1967, S. 152) Auch Mahnken war ein entschiedener Befürworter der Dienstpflicht, unterschied sich jedoch von den generalstabsmäßig ausgearbeiteten etatistischen Plänen Hierls in der Überzeugung, die Idee des Dienstes als Pflicht müsse von unten über die Freiwilligkeit langsam wachsen. Nur so wird der Arbeitsdienst „dann seine wirklich sittliche Erziehungsaufgabe an der Nation erfüllen, wenn er noch lange Zeit im Rahmen der Freiwilligkeit immer stärkere Teile der Nation sammelt und erzieht, bis sein Gedanke sich freiwillig im großen Kern der Nation durchsetzt; der dienstunwillige Rest kann und wird dann allerdings dazu erzogen werden." (Der Stahlhelm Nr. 26/1932) Auch Mahnken sah im FAD keine sozialpädagogische Maßnahme, sondern ein systembedingt unzureichendes erziehungspolitisches Instrumentarium, das die staatliche „Erziehung zur Nation" allenfalls vorbereite. Entsprechend kritisierte der

Stahlhelm die verwaltungsmäßige Angliederung des FAD an das Reichsarbeitsministerium und forderte eine eigene Bürokratie für den Arbeitsdienst. In einer von Seldte und Duesterberg am 26. 10 1932 unterzeichneten Eingabe an die Reichsregierung wird die organisatorische Unzulänglichkeit des FAD kritisiert, die mangelnde Professionalität der Führer bemängelt und deren berufliche Sicherstellung gefordert. (Das Junge Deutschland 11/1932) Was die Stahlhelm-Führung konkret unter dem Schlagwort „Erziehung zu Gemeinschaft und Nation“ verstand, erhellt sich aus ihrer Forderung, alle „für Erziehung und größere Aufgaben ungeeigneten Diensttträger“ aus den Arbeitsdienst zu drängen, womit vor allem die gewerkschaftlichen, sozialdemokratischen und katholischen Organisationen gemeint waren (vgl. auch Der Stahlhelm, Nr. 50/1932).

In seiner konsequent republikfeindlichen Haltung sah der Bund die Arbeitslager instrumentell als „wertvolle Kampf- und Schulungsstätten für die junge Führung der werdenden Nation“ (Heinz, 1933, S. 155), als ein Mittel zur Bekämpfung der Weimarer Republik. Der Arbeitsdienst mache die Wehrpflicht nicht überflüssig, sondern er wird als Dienstpflicht „einen Teilabschnitt im großen Gesamtplan der vollkommenen Bereitschaft darstellen, zu der ein kommender Staat die Nation zu erziehen und zu gliedern hat. Der Arbeitsdienst entbindet nicht von der Kampfverpflichtung für diesen Staat.“ (ebda.) Diese deutliche Kampfansage an die erste Republik spiegelt sich auch in den Erziehungszielen, die der Stahlhelm in seinen Arbeitslagern verfolgte. Und im Unterschied zu manch anderen Arbeitsdienstpropagandisten entwikkelte er eine sehr differenzierte Konzeption der Lagerpädagogik, die z. B. von der Volkslagerbewegung (vgl. Kap. 6.3.) die biographische Methode der „Lebensberichte“ übernahm.[33] Die FAD-Lager werden von Heinz als Indiz für die neue Haltung und den neuen „Gestaltungswillen der Jugend“ genommen, einer Jugend, die der politischen Parteien, der Parlamente und der Klassenkampforganisationen überdrüssig sei. Die zentralen Erziehungsziele der Stahlhelmschen Lagerpädagogik, die Heinz in das kaum bewußte Wollen der Jugend umdefiniert, sind:

- „zuchtvolle Gemeinschaft“ als „Werksverbundenheit, Kameradschaftlichkeit, Gefolgschaftsbereitschaft“
- „soldatische Einordnung“ als „Anerkennung der Lager- und Truppenehre, Einheit aus Arbeitertum und Kriegertum, Bestätigung des Gesetzes durch Disziplin und Leistung“
- „nationaler Einsatz“ als „frei- und freudwilliges Opfer für die Gesamtheit“. (Heinz, 1933, S. 150)

Die Realisierung dieser Ziele sieht Heinz von zwei entscheidenden Faktoren abhängig: der Lösung des Führerproblems und einer den Erziehungszielen funktionalen Freizeitgestaltung. Dabei spielt die Arbeit als Erziehungsmittel für den Stahlhelm zwar eine zentrale Rolle, doch sei es Aufgabe des Lagerführers darüber hinaus durch „Lagergesetz“, „Lagersitte“ und „Lagersprache“ die „gemeinschaftsbildenden Kräfte der Werksverbundenheit, der Dienstehre, der Arbeitsdisziplin und der Kameradschaft“ (S. 150f.) zu sichern und zu stabilisieren. In seinen detaillierten Vorschlägen zur Gestaltung der Lagerpraxis legt Heinz besonderen Wert auf die Entwicklung identitätsstiftender Rituale und Stilelemente mit jeweils situativ angepaßtem Arrangement, das für jeden einzelnen Teilnehmer die Lagerpraxis und seine Tätigkeit mit der „politischen, wirtschaftlichen und persönlichen Zukunftsgestaltung“ (S. 154) verbindbar erscheinen läßt. Eine solche Perspektive, die die Notverordnung der Reichsregierung ausnutzte, um mit paramilitärischen Mitteln an der Destruktion der Republik sich zu beteiligen, entsprang aber auch der Verpflichtung des Stahlhelms gegenüber den zahlreichen arbeitslosen Mitgliedern seiner Jugendorganisation. So war die in der Formel „Erziehung zur Nation“ angelegte Konzeption auch ein Instrument, den eigenen Mitgliedern ein Angebot zu machen, das den Mythos der Frontgeneration mit zukunftsträchtiger Aufgabenorientierung verband.

Von der NSDAP unterschied der Stahlhelm sich dabei in der Frage des Tempos der Durchsetzung der Arbeitsdienstpflicht, vom Jungdo in seiner Skepsis gegenüber dessen großangelegten Siedlungsprojekten, von der Volkslagerbewegung durch seine paramilitärische Lagerpraxis und seine zentralistischen Institutionalisierungsvorschläge für die sich ab 1932 ausbreitenden Arbeitsdienstbewegung. Mit allen anderen Arbeitsdienstideologen verband ihn die Überzeugung, der Arbeitsdienst diene „volkserzieherischen“ Zielen.

Aus der Vielzahl der Arbeitsdienstpropagandisten der Weimarer Republik seien abschließend noch zwei Vertreter der Dienstpflicht erwähnt, die der berufspädagogischen Praxis entstammten. Kurt Kutzner, der lange Jahre in der produktiven Erwerbslosenfürsorge und in der Berufsbetreuung Jugendlicher tätig war, forderte 1932 in einem Buch[34] die einjährige allgemeine Arbeitsdienstpflicht für Jugendliche im Alter von 18 bis 23 Jahren, denn die gegenwärtige Not der Jugend zwinge „gebieterisch zur produktiven Arbeitsfürsorge und auch zu erzieherischen Maßnahmen“ (Kutzner, 1932, S. 4). Das bisherige System der Erwerbslosenfürsorge, einschließlich des FAD, sei durch seine Kurzzeitmaßnahmen weitgehend wirkungslos geworden und die beteiligten Jugendlichen verlören schon nach kurzer Zeit die Motivation. Speziell dem FAD mangele es an geeignet qualifiziertem Führerpersonal und wie zahlreiche Arbeitsniederlegungen zeigten, sei auch die erzieherische Wirkung des FAD gering (S. 33). Im Unterschied zu anderen Dienstpflichtbefürwortern setzt Kutzner eindeutig jugendpflegerische Akzente bei seinem Arbeitsdienstplan. Angeschlossen an die Reichsanstalt für Arbeitsvermittlung und Arbeitslosenversicherung und mit geringen Mitteln in weitgehender Selbstversorgung solle die Dienstpflicht primär zur Arbeitsförderung von jährlich 800000 Jugendlichen dienen. Die Arbeitsmaßnahmen dürften weder politisiert werden noch paramilitärische Formen annehmen.

> Vielmehr sollen die Jugendlichen „sich einer geordneten Arbeitsdisziplin unterwerfen lernen. Ihnen muß wieder die Notwendigkeit und der sittliche Wert der Arbeit zum Bewußtsein gebracht werden, der vielen durch die zerrütteten Zustände verlorengegangen ist. Die Erziehung zu geistiger und körperlicher Frische nach ju-

gendpflegerischen Leitsätzen darf dabei allerdings nicht vernachlässigt werden." (Kutzner, 1932, S. 47f.)

Die Arbeitsmöglichkeiten selbst würden nach dem Kriterium der beruflichen Förderung der Dienstpflichtigen ausgesucht werden; entsprechend sollten auch die Arbeitsabteilungen so zusammengestellt werden, daß sie berufliche Förderung und Fortbildung ermöglichten. Arbeitsmarktentlastung, Berufsförderung und Erziehung sind die drei Eckpfeiler seines mit vielfältigen Berechnungen und Prognosen unterlegten Vorschlages, dessen Wirkung nicht nur in der sozialen Integration Jugendlicher, sondern auch in positiven Effekten für die Volkswirtschaft liege. Denn diese Jugendlichen hätten Selbstdisziplin gelernt. Die Arbeitsdienstpflicht sei das Kernstück einer umfassenden Jugendwohlfahrtspflege, mit der der Staat erzieherisch auf seine Bürger einwirken könne.

„Ein großer Teil der Jugendlichen, die heute zum Staat negativ eingestellt sind, werden wieder zu einem positiven Gemeinschaftsleben geformt und gehen nicht im Strudel asozialer Elemente verloren. Der Staat vermindert dadurch die Möglichkeit anarchistischer Zustände und festigt ganz wesentlich seine Autorität." (Kutzner, 1932, S. 97)

Vor dem Hintergrund der arbeitspädagogischen Konzeption des „Deutschen Instituts für technische Arbeitsschulung" (DINTA) (vgl. Kap. 3) forderte auch dessen Leiter Carl Arnold die Arbeitsdienstpflicht. Das DINTA war eine Reaktion des „Vereins Deutscher Eisenhüttenleute" mit seinem Vorsitzenden Albert Vögler auf den Prozeß zunehmender Rationalisierung und Verwissenschaftlichung der Produktion und dessen sozialen und arbeitssozialisatorischen Folgen. Eine der grundlegenden DINTA-Aufgaben war der „Kampf um die Seele unseres Arbeiters" wie Paul Osthold, einer der Mitinitiatoren des Instituts, es in einer Programmschrift formulierte (Bäumer, 1930, S.164). Die vom DINTA organisierten betrieblichen Lehrwerkstätten für Lehrlinge, ungelernte Arbeiter und Facharbeiter waren mehr als nur Qualifikationseinrichtungen. Qualifikation *und* Erziehung mit dem Ziel der „Befriedigung und Befriedung des industriellen Arbeiters" (Bäumer, 1930, S. 146), der Steigerung der Effizienz und Funktionabilität des Industriearbeiters im Rahmen einer arbeitspädagogischen Konzeption galten als der eigentliche Arbeitsauftrag des Instituts. Mit innovativen Methoden des „human engineering"[35] sollten die Identifikation des Arbeiters mit dem Betrieb und sein Gefühl der Gesamtverantwortlichkeit gesteigert, Betriebsgemeinschaft kultiviert, „seelische Energien, die bisher unbeachtet blieben, in den Dienst der Aufgabe" gestellt und „Leistungssteigerung ohne Mehraufwand an Kosten" angestrebt werden. (Bäumer, 1930, S. 65) Die Arbeit des DINTA kann als der damals modernste Versuch gekennzeichnet werden, mit Erkenntnissen der Psychologie und Erziehungswissenschaften ein auf Betriebs- und Arbeitgeberinteressen abgestelltes Konzept von Menschenführung und „Menschenökonomie" (Bäumer) auf der Ebene der betrieblichen Ausbildung zu etablieren. Dabei reflektierte das DINTA auch die wachsende Bedeutung der technischen Intelligenz in der betrieblichen Produktion. In der „Erziehung des Nachwuches für die Wirtschaft", die sich in der Idee der „Werksgemeinschaft" konkretisieren sollte, wurde den Ingenieuren eine „volkserzieherisch" verstandene Mittlerposition zwischen Arbeitern und Unternehmern zugedacht. Bäumer kommt in seiner Analyse der arbeitspädagogischen Konzeption des DINTA zu dem Ergebnis, daß

> „im Zusammenklang der drei Erziehungsfaktoren: Lehrwerkstatt, Werkschule und außerdienstliches Gemeinschaftsleben das wertvollste Moment einer Ausbildung und Erziehung des Industrienachwuchses liegt, einer Erziehung des jungen Arbeiters für die Wirtschaft, die ganz in das Werk verlegt und an das Werk geknüpft ist. Eine Aufspaltung in diese drei Faktoren, wie sie bisher üblich war, in Elternhaus willkürlich neben der Lehrwerkstatt und einer kommunalen Berufsschule wird niemals zu jenem neuen Arbeitertypus des in der Wirtschaft für die Wirtschaft erzogenen Menschen führen, der ‚tüchtig, seines Wertes sich bewußt, auf die Verbesserung seiner Lebensverhältnisse bedacht, aber zu stolz und innerer Hemmungen voll' ist, ‚sich in eine von heimlichen Haß vergiftete Opposition zu seinem Werk treiben zu lassen.'" (Bäumer, 1930, S. 70)

Arnholds Begründung der Arbeitsdienstpflicht knüpft an diese arbeitspädagogische Vorstellung und ihre ideologisch-politische Zielsetzung[36] an. In einem Vortrag, gehalten am 11. 7. 1932 vor der Verbandsversammlung des IHK-Zweckverbandes Bochum, Dortmund, Essen und Münster, macht er den Unterschied zwischen dem FAD als einer zeitweiligen Notstandsmaßnahme und dem „echten Arbeitsdienst" mit dem Schlagwort „Beschäftigung macht schlaff – Dienst macht straff" deutlich (Arnhold, 1932 a, S. 3). Ähnlich wie früher das Militär, müsse nun der Arbeitsdienst die „Grundschulung und -erziehung" übernehmen. Die „wissenschaftliche Arbeitspädagogik" habe dabei erwiesen, „daß es viel weniger darauf ankommt, an welcher Art von Arbeit man seine Kräfte übt und stählt, als vielmehr auf das ‚Wie' des Arbeitens." (a. a. O. S. 4) Die Erfahrungen des DINTA hätten erwiesen, daß vor allem der Ernstcharakter der Arbeiten im Dienst von größter Wichtigkeit sei. Dienstgedanken und das Gefühl der Pflicht fehlten aber dem FAD völlig. Ein echter Arbeitsdienst müsse getragen werden „von freudigem Dienen an der Gesamtheit unseres Volkes" (S. 10), er müsse zur „Ehrenpflicht der Jugend" werden. Zwei Probleme sind für Arnhold konstitutiv für die Realisierung der Arbeitsdienstpflicht. Die Arbeit muß „unter Betonung der Pünktlichkeit, Sauberkeit, Ordnung und Kameradschaftlichkeit nach arbeitspädagogischen Gesichtspunkten gestaltet werden" (S. 14) und die Frage der „Führerauslese, Führerausbildung und -erziehung" (S. 15) muß gelöst werden. Der Lösungsvorschlag ist praktisch die Übertragung der DINTA-Konzeption auf den Arbeitsdienst: Arbeitsschulung, Körper- und Geistesschulung und Ernstarbeiten seien die wesentlichen Bestandteile des Arbeitsdienstjahres. Die für das DINTA typische Technik-Ideologie wird auch von Arnhold argumentativ eingesetzt.

> Arbeit schaffte Gemeinsamkeiten und sei unpolitisch. „Straßen kann man nicht sozialistisch oder faschistisch bauen – Hochöfen nicht katholisch oder evangelisch betreiben. Technisch-wirtschaftliche Dinge stehen außerhalb jeder politischen und weltanschaulichen Diskussion, sie unterstehen allein dem Gesetz von ‚richtig' und ‚falsch'." (S. 26)

Arnhold argumentierte für die Arbeitsdienstpflicht in der Überzeugung, soziale Fragen wie die Arbeitslosigkeit ließen sich nicht sozial, sondern nur wirtschaftlich lösen (Arnhold, 1932b, Sp. 1220), deshalb müsse auch das Projekt „Arbeitsdienstpflicht" nach ökonomischen Grundsätzen und zwar mit wenig Materialverbrauch und viel Arbeitskraft betrieben werden, dürfe sich jedoch nicht zu einem „planwirtschaftlichen Experiment" (Arnhold) auswachsen, das die Interessen der Unternehmer tangiere.

Im Anschluß an Arnholds Ausführungen beschloß die Verbandsversammlung des IHK-Zweckverbandes eine Resolution, in der die aus dem FAD herauswachsende Arbeitsdienstpflicht gefordert wurde und die voll und ganz die Diktion des DINTA stützte. Der von Arnhold propagierte „Arbeitsdienst als Volksdienst" blieb stets an die „Erfahrung und Initiative eines fortschrittlichen Unternehmertums" (Arnhold, 1932b. Sp. 1221) gebunden. Für das DINTA blieb die Arbeitsdienstpflicht letztlich eine Möglichkeit, ihr Konzept einer arbeitspädagogischen „Menschenökonomie" in einem neuen Anwendungsfeld zu erproben.

Überblickt man insgesamt die breite Arbeitsdienstdiskussion und ihre propagandistischen Träger, so bleibt unbeschadet der notwendigen inhaltlichen und strategischen Differenzierungen der Eindruck, daß die Befürworter der Arbeitsdienstpflicht weniger die konkrete Jugendsituation vor Augen hatten, sondern eher aus ihrer eigenen – beruflich düsteren und von sozialer Deklassierung gekennzeichneten – Interessenlage heraus argumentierten. Besonders Anfang der zwanziger Jahre schien ein möglicher Arbeitsdienst neue Berufsperspektiven für die zahlreichen stellungslosen Reichswehrangehörigen und Freikorpsmitglieder zu eröffnen. In jenem Maße, wie Anfang der dreißiger Jahre die politische und wirtschaftliche Instabilität weitere Kreise in den Strudel beruflicher Perspektivlosigkeit zog, verbreitete sich auch die soziale Basis der Arbeitsdienstbefürworter zu einer sozialen Bewegung, die – aus häufig wenig reflektierten „erzieherischen" Gründen – auf die Einführung eines Jugendarbeitsdienstes drängten. Ihre Argumentation gewann dabei in jenem Augenblick an Gewicht, als das System der sozialen Sicherung (vgl. Kap. 5) von den Präsidialkabinetten zur Disposition gestellt und ein von SPD und ADGB gefordertes Arbeitsbeschaffungsprogramm (Schneider, 1975, S. 45ff.) nicht aufgelegt wurde. Historisch-phänomenologisch basieren die hier vorgestellten Arbeitsdienstentwürfe – mit Ausnahme jenes des DINTA – auf einer antimodernistischen Anstrengung gesellschaftspolitischer Komplexitätsreduktion mit deutlicher Stoßrichtung gegen politische System der Weimarer Republik. Wie die spätere Analyse der Theorie und Praxis des Arbeitsdienstes erweisen wird, enthielten ihre erziehungspolitischen Intentionen die Illusion einer möglichen Rekonstruktion vorindustrieller Sozialbeziehungen innerhalb einer komplexen kapitalistischen Industriegesellschaft, die eben jene Sozialbeziehungen gemäß ihrer Verwertungslogik zunehmend vergesellschaftete. Und noch eines scheint allen Dienstpflichtbefürwortern jenseits aller notwendigen Differenzierungen gemein gewesen zu sein: die Überzeugung, wenn auch nicht die Wurzel allen Übels, so doch dessen Allheilmittel im Arbeitsdienst gefunden zu haben.[37]

4.3. Parlamentarische Initiativen zur Einführung des Arbeitsdienstes

Die von Einzelpersonen, Interessensorganisationen und politischen Gruppierungen vorgetragene Arbeitsdienstpropaganda in der Weimarer Republik hatte auch verschiedene parlamentarische Initiativen im Reichstag und im preußischen Landtag zur Folge. Dennoch war die Arbeitsdienstfrage nicht zuletzt aus außenpolitischen Gründen eine delikate Frage. So wurden Anfang der zwanziger Jahre entsprechende Eingaben an das Reichsinnenministerium meist dilatorisch behandelt (Schlicker, 1968, S. 51ff.). Auch verschiedene Eingaben und Petitionen an die Nationalversammlung und den Deutschen Reichstag[1], etwa die zum „Erlaß eines Reichsgesetzes über Arbeitspflicht" oder jene des cand. med. Dehmel aus Derendingen zur „Einführung einer staatlichen Arbeitsdienstpflicht für alle 18- bis 20jährigen Personen" wurden in der Regel an den Petitionsausschuß bzw. den Ausschuß für Volkswirtschaft ohne Behandlung weitergeleitet. Und obwohl auch einige der im Reichstag vertretenen Parteien entsprechende Entschließungen und Gesetzesentwürfe einbrachten, kam es nie zur Einleitung eines offiziellen Gesetzgebungsverfahrens. Zu den prinzipiellen Befürwortern einer Arbeitsdienstpflicht gehören aus dem Weimarer Parteienspektrum NSDAP, DNVP und Wirtschaftspartei. Aber auch Vertreter anderer Parteien sprachen sich für die Einführung eines Pflichtjahres aus.

So forderte schon am 24. 7. 1919 der DVP-Abgeordnete Witthoeft im Zusammenhang mit der Planwirtschafts-Diskussion der Nationalversammlung und unter Berufung auf den im Versailler Vertrag festgelegten Verzicht auf die allgemeine Wehrpflicht eine „Handarbeitspflicht für ein Jahr". „Dadurch würden erreicht soziale Auffassung und Empfindung jedes einzelnen. Diese Eigenschaft würde dadurch gehoben, und für die frühere Erziehung zur Manneszucht und zum strammen Dienst würde ein vollwertiger Ersatz geboten."[2] In seiner Erwiderung lehnte Reichswirtschaftsminister Schmidt (SPD) mit dem Kommentar „Keine Zwangsmaßnahme!" ab. Ein ernstzunehmenderer Versuch zur Arbeitsdienstpflicht kam von der DDP-Fraktion in der Debatte um den Gesetzesentwurf zur „Abschaffung der allgemeinen Wehrpflicht und (der) Regelung der Dauer der Dienstverpflichtung" am 30. 7. 1920.[3] Vorgetragen wurde der Antrag von dem DDP-Abgeordneten Prof. Walter Schükking. In einer fast tumultartigen Sitzung, die der SPD-Abgeordnete Schöpflin mit den Worten charakterisierte, im Reichstag gehe es zu „wie bei einer Kegelgesellschaft, die Geburtstag feiert", begründete Schücking seinen Antrag mit erziehungspolitischen Argumenten. Seine Ausgangsüberlegung war die der erzieherischen Kontrollücke, die die Abschaffung der Wehrpflicht hinterlasse und das politische wie kulturelle Chaos der Monarchie, das der junge Demokratie als Erblast aufgebürdet werde. In deutlicher Distanz zu den militaristischen Tönen seiner Vorredner begründete er den Antrag zur „Einführung eines allgemeinen wirtschaftlichen Dienstjahres für die männliche und weibliche Jugend“.

> „Was wir brauchen, ist Erziehung zur sozialen Gemeinschaft!“
> (Sehr richtig! bei den Deutschen Demokraten.)
> Was wir brauchen, ist ein bewußtes Staatsbürgertum.
> (Erneute Zustimmung bei den Deutschen Demokraten.)
> Dieses bewußte Staatsbürgertum ist um so notwendiger bei den staatlichen Formen der Demokratie, da diese alles auf die Verantwortung des einzelnen Individuums abstellt. Dazu kommen noch wirtschaftliche Gesichtspunkte.“[4]

Der Großstadtjugend müsse das Gefühl der Naturverbundenheit und der Kulturbedeutung in diesem Dienstjahre wieder vermittelt werden, denn die Demokratie bedürfe einer neuen Volkskultur, die die mit der Monarchie verlorenen gegangenen Werte durch „andere Werte höherer Art“ ersetze. Gelänge das pflichtmäßige Dienstjahr zur Einführung, so Schücking, „dann wird der Einfluß der Pädagogen dafür sorgen, daß nicht wieder das alte Beschäftigungsprinzip dort herrschen wird, wie es für die Erfüllung der Dienstzeit in der Armee galt... (Die Jugendlichen; P.D.) sollen ihre redliche Zeit arbeiten, aber in der übrigen Zeit wollen wir sie bilden. Wir wollen in ganz anderem Maße kulturell auf sie einwirken als das früher bei Erfüllung der Wehrpflicht geschah. Sie sollen nicht nur patriotischen Unterricht haben; sie sollen Freude gewinnen lernen an den deutschen Volksliedern, an den deutschen Volkstänzen, an dem Volkstheater. Dieses Dienstjahr könnte gleichzeitig die richtige Volkshochschule werden.“[5] Unter Berufung auf Humboldt und die dänische Volksbildungsbewegung unter Grundtvig visierte Schücking als Erziehungsziel des Dienstjahres die Nivellierung der Unterschiede zwischen Gebildeten und dem eigentlichen Volk an. Für die USPD lehnte der Abgeordnete Wurm diesen erziehungs- und kulturpolitischen Plan kategorisch ab. Gegenwärtig und in der Art, wie das Dienstjahr gefordert wird, lehnte für die SPD-Fraktion der Abgeordnete Schöpflin zwar dessen Einführung auch aus außenpolitischen Gründen ab, machte aber deutlich:

> „Zweifellos werden wir zu irgend etwas kommen müssen, um zu versuchen, durch Organisation schließlich eine Art allgemeiner Pflicht einzuführen... Daß wir etwas haben müssen nach der Seite hin, daß neben der Verbesserung der Schule etwas zur Verbesserung der allgemeinen Erziehung geschehen soll, – jawohl für den Gedanken begeistern wir uns... In diesem Sinne begrüßen wir den Antrag der Herren Demokraten, lehnen ihn aber als ungeeignet im Zeitpunkt für heute ab.“[6]

Zielsetzung wie Kontext verdeutlichen, daß mit dem aus Koalitionsgründen[7] später zurückgezogenen Antrag, nicht jene Form der späteren Arbeitsdienstpflicht gemeint war, die Schlicker (1971, S. 97) in seiner Kontinuitätsthese herausliest. Dagegen stand der Wirtschaftsminister im Kabinett Fehrenbach, Scholz (DVP), den Plänen einer Arbeitsdienstpflicht als Ersatz für die Wehrpflicht ebenso positiv gegenüber wie der Finanzminister Joseph Wirth

(Zentrum), der unter dem Eindruck der Reparationsverpflichtungen eine Dienstpflicht erwägte:[8]

> „Das zweite Mittel für die Reparation ist die Arbeit. Der Gedanke des Dienstjahres ist aufgetaucht... Ich möchte aus finanziellen Gründen heraus bezweifeln, ob wir um die Arbeitspflicht in dieser oder ähnlicher Form herumkommen. Kommt es infolge des Friedensvertrages dazu, so liegt darin eine ungeheure Tragik der Weltgeschichte. Die allgemeine Wehrpflicht ist durch die Bedingungen des Friedensvertrages abgeschafft; die allgemeine Dienstpflicht steht für die Völker Europas vor der Tür."

Ohne Erfolg blieb auch der Antrag der DNVP-Fraktion im preußischen Landtag vom 1. 2. 1924, die daraufhin parteiintern einen besonderen Ausschuß zur Frage der Arbeitsdienstpflicht bildete.[9] Eine Anfrage der DVP-Reichstagsabgeordneten Quaatz, Becker (Hessen), Everling, Luther u. a. vom 7. 3. 1924, die die Regierung aufforderte entsprechende Tendenzen in der Jugendbewegung und gewerblichen Kreisen zu unterstützen[10], lag auf der gleichen Linie wie die über Stresemann an den Reichsarbeitsminister Brauns (Zentrum) geleitete Arbeitsdienst-Eingabe eines Erfurter Industriellen vom 31. 8. 1926. Brauns, der von 1920 bis 1927 in zwölf Kabinetten dieses Amt bekleidete, beschied die Eingabe abschlägig. Seine Argumentation ist deshalb von Interesse, da er 1930/31 als Vorsitzender der sog. Brauns-Kommission mit ähnlicher Begründung maßgeblich an der Einführung des FAD (vgl. Kap. 7) beteiligt war. In seiner Replik betonte er, auf absehbare Zeit sei die Dienstpflicht nicht realisierbar, sie sei ökonomisch ineffektiv, erzieherisch kaum von Wert und werfe zahlreiche arbeitsrechtliche Fragen auf.

> „Die Vorfragen sind eben noch viel zu wenig geklärt. Neben innenpolitischen Voraussetzungen scheint mir eine der wesentlichen auch auf außenpolitischem Gebiet zu liegen. Es würde mir, sehr geehrter Herr Kollege, sehr interessant sein zu erfahren, wie voraussichtlich die am Vertrag von Versailles und an den anschließenden Abmachungen beteiligten Staaten sich dazu stellen würden, wenn früher oder später das Deutsche Reich an die Einführung einer Arbeitsdienstpflicht heranträte..." (zit. n. Schlicker, 1971, S. 100).

Diese Skepsis war, so darf unterstellt werden, keineswegs nur taktisch begründet, sondern kalkulierte realistisch die möglichen außenpolitischen Folgewirkungen (neben den organisatorischen und legitimatorischen Schwierigkeiten) ein. Den Arbeitsdienstideologen blieben solche Überlegungen in der Regel jedoch fremd.

Schon am 9. 2. 1926 forderte die Reichstagsfraktion der Deutschvölkischen Freiheitspartei[11] von der Regierung Luther, einen Gesetzesentwurf zur Einführung der Arbeitsdienstpflicht vorzulegen. Zwei Jahre später, am 16. 11. 1928, brachten die NSDAP-Reichstagsabgeordneten Frick und Willikens[12] einen sprechenden Antrag ein, der bis zum 19. 7. 1930 im Geschäftsgang des RAM verblieb und noch danach als „unerledigt" im 9. Ausschuß des Reichstages verblieb. Die Destabilisierung der politischen und wirtschaftlichen Verhältnisse gaben Anfang der dreißiger Jahren den Dienstpflichtbefürwortern neuen Auftrieb. Ein weiterer Vorstoß für die Arbeitsdienstpflicht stammte von der Wirtschaftspartei. Am 21. 10. 1930 brachte ihre Fraktion einen 24 Punkte umfassenden Gesetzesentwurf[13] ein, der die Arbeitsdienstpflicht für alle männlichen Jugendlichen zwischen 18 und 25 Jahren als „Ehrendienst an Volk und Reich“ forderte. Die Organisation sollte vom RAM in enger Absprache mit den Länderregierungen und in Anlehnung an bestehende Organe der Reichsanstalt für Arbeitsvermittlung und Arbeitslosenversicherung gebildet werden. Das Führerpersonal sollte zunächst von ehemaligen Heeresangehörigen gestellt werden, die die „Erziehung der deutschen Jugend zu freiwilliger Unterordnung gegenüber dem Wohl der Allgemeinheit, zu geregelter Arbeit und Pflichterfüllung“ (§ 1) verantworten sollten. Vorwiegend wurden Erdarbeiten aller Art und „Notstandsarbeiten jeder Art zur Aufrechterhaltung lebenswichtiger Betriebe“ (§ 14) empfohlen. Verstöße gegen die Arbeitsdienstordnung und beharrlicher Ungehorsam sollten mit Gefängnis nicht unter einem Monat bestraft werden.

Eine letzte Initiative vor Einführung des FAD ging von der Fraktion des Christlich-Sozialen Volksdienstes aus. Sie ersuchte am 6. 12. 1930 den Reichstag, bis zum 1. 4. 1931 einen „Gesetzesentwurf über die Einführung eines freiwilligen Arbeitsdienstes“[14] vorzulegen, um damit das ständige Anwachsen der Arbeitslosigkeit einzudämmen.

Alle diese Initiativen führten nicht zu dem von ihren Trägern gewünschten Erfolg. Sie stellten aber zusammen mit der wachsenden Zahl der Befürworter in den Wehrverbänden, den rechten Parteien und den einschlägigen Interessensorganisationen das Thema auf Dauer, betätigten sich parlamentarisch und außerparlamentarisch als Lobbyisten. Obwohl sich in ihren Reihen auch Großindustrielle für die Arbeitsdienstpflicht einsetzten, kann jedoch verallgemeinert von interessensstrategisch begründeten „Arbeitsdienstbestrebungen des deutschen Monopolkapitals“ (Schlicker, 1971) nicht gesprochen werden. Nicht nur die gesamte Bauindustrie fürchtete den Arbeitsdienst als Konkurrenz, Vorbehalte gab es auch in Kreisen der Schwerindustrie. So befürchtete die der Schwerindustrie nahestehende politisch-wirtschaftliche Privatkorrespondenz „Deutsche Führerbriefe“ (Nr. 64) der Arbeitsdienst ziele eher auf eine „Erziehung zum Sozialismus“ hin und fragte besorgt:

> „Glaubt man nicht, daß diese ersten Eindrücke auf den jugendlichen Menschen, diese ersten ökonomischen Erziehungsversuche die geistige Haltung des heranwachsenden Menschen zur Wirtschaftsordnung selbst aufs tiefste beeinflussen werden? Daß die grundsätzliche Zurückstellung aller privatkapitalistischen Gesichtspunkte, die innere Gegensätzlichkeit vom Arbeitsdienst und dem individuellen Erwerbstrieb und schließlich die Erziehung zur Solidarität in eine Erziehung zum Sozialismus und zum Gewerkschaftsgeist einmünden werden?“ (Deutsche Führerbriefe, Nr. 64 v. 19. 8. 1932))

Auch andere Artikel – etwa in der „Deutschen Arbeitgeber-Zeitung“ –, die grundsätzlich oder auf parlamentarische Initiativen zur Arbeitsdienstpflicht reagierend erschienen, argumentieren in dieser Frage – ausgenommen die Selbstdarstellungen der Arbeitsdienstpropagandisten – eher realistisch und zurückhaltend. Realistisch insofern, als der Gedanke zwar „grundsätzlich“ begrüßt, seine Durchführung und Effizienz jedoch skeptisch beurteilt wird. So schreibt Nelissen-Haken z. B. in der Deutschen Arbeitgeber-Zeitung am 16. 11. 1924:

> „Es ist vorauszusehen, daß in großem Umfange der Dienst verweigert werden wird. Der Unmut weiter Volksklassen über diese neue Belastung ihrer persönlichen Freiheit wird durch politische Demagogen in eklatanter Weise gefördert werden. Die Befürworter der Arbeitsdienstpflicht müssen von vornherein mit dem ernsthaften Widerstand weiterer Volkskreise, vorwiegend der proletarischen rechnen." (Nelissen-Haken, 1924)

Da besonders das Tiefbaugewerbe seine Geschäftsinteressen durch den FAD tangiert sah, führte es einen langen Kampf gegen den Arbeitsdienst, dessen erzieherischer Wert u. a. mit dem Argument bezweifelt wurde, weil dort „die jungen Leute zum Sozialismus gebracht werden." (Deutsche Tiefbauzeitung v. 27. 8. 1932, S. 283). Insgesamt reagierte die Industrie in der Arbeitsdienstfrage interessensgemäß. Seine Befürworter aus der Schwerindustrie, der Tuch- und Lederindustrie und die Lieferanten der Arbeitslager betonten sowohl den sozialdisziplinierenden Effekt des Dienstes als auch die mit ihm verbundenen Verdienstmöglichkeiten. Ohne Zweifel jedoch hatte die Position der Arbeitgeber auf die Haltung der DVP, der DDP und der Wirtschaftspartei in der Arbeitsdienstfrage einen gewichtigen Einfluß.

Schlicker, der aus den diversen Beiträgen der Verbandspublizistik eine prinzipielle Strategie „des Großkapitals" zur Einführung der Dienstpflicht herausliest, überschätzt m. E. die Relevanz dieser Publizistik für die politischen und ökonomischen Interessensstrategien der Großindustrie ebenso wie er das Verhältnis von Politik und Ökonomie in der Weimarer Republik kausaldeterministisch in einem Modell interpretiert, dem die Annahme eines unmittelbaren Primats der Ökonomie und seiner politisch kalkulierbaren Durchsetzungsfähigkeit aufruht.

4.4. Arbeitsdienstkritiker vor Einführung des FAD

Die politisch-ideologische Propaganda für den Arbeitsdienst wurde schon frühzeitig in der Publizistik der Gewerkschaftsjugend, der kommunistischen und sozialdemokratischen Jugendverbände kritisiert. Aus der Interessenslage der Arbeiterjugend mag diese Kritik verständlich und leicht nachvollziehbar sein, gleichwohl: nur die Kommunisten behielten ihre fundamentaloppositionelle Haltung gegenüber dem Arbeitsdienstgedanken auch noch in den dreißiger Jahren bei, während die sozialdemokratische SAJ und die Gewerkschaftsjugend zusammen mit SPD und ADGB (vgl. Kap. 8) ihre Haltung gegenüber der Arbeitsdienstfrage 1931/32 zugunsten einer Mitarbeit mit Vorbehalten änderten.

So kritisierte die Gewerkschaftszeitung „Metallarbeiter-Jugend" schon 1924, beim gegenwärtigen Stand der Technik seien die Arbeitspläne zur Ödlandkultivierung und Meliorationen unökonomisch und würden besser durch

Maschinen durchgeführt.[1] Der eigentliche Zweck dieser Pläne sei nicht die Arbeitsbeschaffung für die erwerbslose Jugend, sondern die ideologische Formationserziehung und die Heranziehung von Streikbrechergarden.

> Die Arbeitsdienstpropagandisten „wünschen die Jugend – selbstverständlich vor allem die proletarische, für die anderen werden genügend Löcher zum einschlüpfen gemacht – unter die Fuchtel zu bekommen, um ihr das Hirn zu verkeilen, das Selbstbewußtsein auszutreiben, die revolutionäre Gesinnung abzugewöhnen. Eine so entmannte Jugend läßt sich leicht als Streikbrechergarde verwenden – wenn nicht gar als Hilfstruppe der Soldateska."[2]

In ähnlicher Diktion kritisierte auch das Freigewerkschaftliche Jugendkartell[3] die Arbeitsdienstpläne als „Lohndruck- und Streikbrechermittel" und forderte stattdessen die Erweiterung der produktiven Erwerbslosenfürsorge, den Aufbau von gewerkschaftlich kontrollierten Lehrwerkstätten und die Durchführung des am 14. 6. 1922 vom Reichstag verabschiedeten Reichsjugendwohlfahrtsgesetzes. Schließlich sei, so die Metallarbeiter-Jugend 1926[4], das geforderte „Arbeitsdienstjahr ein Hohn auf die Jugendgesetzgebung". Die Kommunistische Jugend Deutschlands (KJD) sah in den Arbeitsdienstplänen gar eine direkte Kriegsvorbereitung, die Errichtung eines gigantischen „Arbeitszuchthauses": „Arbeitsdienst ist nicht Volksgemeinschaft, sondern Sklaverei und Klassenherrschaft" und sei ein Instrument der „Militarisierung und (des) Drill" der proletarischen Jugend, stellt die KJD 1924 in einer Broschüre fest (KJD, 1924, Teil II). Neben zahlreichen konkreten Forderungen zur Beseitigung der Jugendarbeitslosigkeit, die auf eine bessere Qualifizierung, die Errichtung von Lehrwerkstätten, umfassenden Jugendschutz und Arbeitsbeschaffungsprogramme hinausliefen, verfolgten die Arbeiterjugendverbände als Fernziel die Alternative: „statt Arbeitsdienst Sozialismus". Denn die Arbeitsdienstpläne machten aus dem Recht zur Arbeit einen Arbeitszwang. Da dieser die Arbeiterjugend zu einem Ausbeutungsobjekt degradiere und sie ihrer Klasse entfremde, unterscheide sich der kapitalistische Arbeitszwang von der sozialistischen Arbeitspflicht.[6] Die Kommunisten, die im übrigen stets den Bedrohungsaspekt des Arbeitsdienstes betonten und alle „jungen Arbeiter und Arbeiterinnen gemeinsam mit der erwachsenen Arbeiterschaft" zum Kampf gegen die „Wiedereinführung der Wehrpflicht durch das Arbeitsdienstpflichtjahr"[7] aufriefen, konnten sich hier auf Lenin beziehen. Dieser schrieb 1917 mit Blick auf das Vaterländische Hilfsdienstgesetz:

> „In Deutschland führen die Junker (Gutsbesitzer) und Kapitalisten die allgemeine Arbeitspflicht ein, die dann zwangsläufig zu einem Militärzuchthaus für die Arbeiter wird.
>
> Man nehme aber dieselbe Einrichtung und denke über ihre Bedeutung in einem revolutionär-demokratischen Staat nach. Die allgemeine Arbeitspflicht durch die Sowjets der Arbeiter-, Soldaten- und Bauerndeputierten eingeführt, reguliert und gelenkt, ist *noch kein* Sozialismus, aber *schon kein* Kapitalismus *mehr*. Das ist ein gewaltiger *Schritt* zum Sozialismus, ein derartiger Schritt, daß man – die Erhaltung der vollen Demokratie vorausgesetzt – von diesem Schritt schon nicht mehr ohne eine unerhörte Vergewaltigung der Massen zum Kapitalismus zurückkehren könnte." (Lenin, 1972, S. 371; Hervorhebung im Original)

Obwohl fast alle Arbeitsdienstbefürworter mit „volkserzieherischen" Intentionen operieren und ein möglicher Arbeitsdienst eine umfassende Erziehungs- und Sozialisationsinstanz etablieren würde, hat die Pädagogik in den zwanziger Jahren diese Diskussion faktisch ignoriert. Allein der „Bund Entschiedener Schulreformer" um Paul Oestreich, Siegfried Kawerau, Anna Siemsen, Fritz Karsen u. a. setzte sich 1924 publizistisch und praktisch mit der Arbeitsdienstpflicht auseinander. So rief der Bund zusammen mit dem „Bund der Kriegsdienstgegner" am 3. 6. 1924 in Berlin zu einer öffentlichen Versammlung „Zur Frage der Arbeitsdienstpflicht" auf. Neben Walter Fabian, Paul Oestreich sprachen hier Kurt Hiller über „Grundsätzliches gegen die Arbeitsdienstpflicht", Ernst Thrasolt zu „Arbeitsdienstpflicht und Kriegsdienstverweigerung", Henny Schumacher zu „Die Frau und die Arbeitsdienstpflicht" und Otto Juliusburger zum Thema: „Nicht Arbeitsdienstpflicht, sondern allgemeine Nährpflicht."[8] In einer dort verabschiedeten Resolution werden ganz im Sinne des Bundes (vgl. zur Entwicklung Neuner, 1980; Reintges, 1975) statt der Dienstpflicht „produktive Erziehung" und „ausreichende Schritte im Sinne der ökonomischen und kulturellen Sozialisierung, die allein die Befreiung und Durchbildung jedes Individuums ermöglichen"[9], gefordert. Die in der Resolution erwähnten vier Ablehnungsgründe (Einschränkung der persönlichen Freiheit; „kulturhemmend und reaktionskonsolidierend"; Vergrößerung der Kriegsgefahr; lohnsenkend und Angriff auf das Streikrecht) werden im gleichen Jahr von Walter Fabian (1924) in einer Broschüre systematisiert. Fabian stellt die Argument der Arbeitsdienstbefürworter am Beispiel von Schwechten und Krüger-Allerheiligen unter wirtschaftlichen, politischen, pädagogischen und grundsätzlichen Aspekten in bemerkenswerter Sachlichkeit vor, um sie anschließend vor dem Hintergrund der erziehungs- und schulpolitischen Vorstellungen des Bundes Entschiedener Schulreformer zu destruieren. Im Kern sieht Fabian ähnliche Gefahren wie sie auch die Arbeiterjugendorganisationen vorgetragen haben, begründet sie aber stärker erziehungstheoretisch. Ausgehend von der Überzeugung, das Recht jedes Einzelnen über sich selbst, sei ein Urrecht, das kein Staat und keine Volksgemeinschaft tangieren dürfe, und in radikaldemokratischem Sinne die Freiheit des Individuums verteidigend, schreibt Fabian:

> „Der mit der Arbeitsdienstpflicht notwendig verbundene Zwang ist mit wahrer Erziehung unvereinbar. Niemals werden auf solchem Wege schöpferische Fähigkeiten geweckt werden. Der in Gesetzen niedergelegte Zwang zu bestimmter Arbeit erzieht nicht Freie, sondern Knechte. Er bevorzugt einseitig körperliche Arbeit gegenüber der geistigen. Arbeit wird Zwangsarbeit, Last, unwillig dargebrachtes Opfer. Wer den Kern des Arbeitspflichtgedankens für berechtigt hält, kämpfe für die einzig wahre Realpolitik, die großzügige Sorge um unsere Jugend. Er verlange für heute Ausbau der Fortbildungs-, Berufs- und Volkshochschulen, weitestgehende Durchführung und Verbesserung des Reichsjugendwohlfahrtsgesetzes, Schaffung von Jugendheimen, Verlängerung des Urlaubs für Lehrlinge und jugendliche Arbeiter – für morgen die elastische Arbeits- und Produktionsschule." (Fabian, 1924, S. 20f.)

Jene „Pessimisten und Illusionisten" in den Reihen der Sozialisten, die an eine demokratische Ausformung eines Dienstpflichtgesetzes glaubten, warnte Fabian eindringlich. „Begriffen sie noch nicht Lasalle: Verfassungsfragen sind Machtfragen?! Keine demokratische Klausel könnte die militaristischen und arbeiterfeindlichen Auswirkungen eines solchen Gesetzes aufhalten.“ (Fabian, 1924, S. 23)

Mit ähnlichen Argumenten lehnte auch Paul Oestreich die „Organisierung des Gemeinschaftserlebnisses“ als „Erniedrigungsgewalttat“ ab und faßte die Position des Bundes Entschiedener Schulreformer in der Formel zusammen: „Produktive Erziehung ist von selber Arbeitsdienst.“ (Oestreich, 1924, S. 343) Allerdings war diese ablehnende Haltung von Fabian und Oestreich im politischen Umfeld des Bundes nicht so eindeutig. Zwar hatte der Bund der Kriegsdienstgegner im Januar 1924 in einer Resolution „jede Zwangsarbeit im Kriege als Ersatz für Waffendienst“ abgelehnt, doch für einen „freiwilligen Dienst an der Gemeinschaft“ plädiert, der unter bestimmten Voraussetzungen auch eine Arbeitsdienstpflicht einschließen könne. (Steinitz, 1924, S. 319f.) Ähnlich plädierte in der gleichen Ausgabe der Zeitschrift „Die Neue Erziehung“ Heiner Lotze für die Arbeitsdienstpflicht als Erleichterung der „Umsetzung des Willens zum Opfer in die Tat“ (Lotze, 1924, S. 321) Lotze berief sich dabei auf einen Aufsatz Theodor Bäuerles, in dem dieser geschrieben hatte:

> „Nicht schwächliches Gehenlassen ist Freiheit. Das Recht des Zwanges ist aber nur gegeben, wo der andere noch nicht imstande ist, sich selbst zu zwingen, d.h. frei zu sein. Aller Zwang muß stellvertretendes Handeln aus der noch nicht entwickelten Freiheit des anderen sein. Darum muß aller Zwang die Richtung auf die Freiheit haben. Zwangsmaßnahmen in einem Volk müssen Erziehungsmaßnahmen zur Freiheit sein.“ (zit. n. Lotze, 1924, S. 321)

Die von Bäuerle hier bemühte Argumentationsfigur des Zusammenhangs von Freiheit und Bindung, die Legitimierung von Zwang im Namen der Freiheit war zwar eine charakteristische pädagogische Denkform in der Weimarer Republik, wurde jedoch von den eher politisch argumentierenden Autoren der Arbeitsdienstdiskussion des Bundes nicht akzeptiert. Sie verwiesen auf die Militarisierungsgefahr und die Instrumentalisierung der Arbeitsdienstpläne im Sinne der herrschenden Klasse (Ehlers, 1924, S. 324f.; Schulze-Moering, 1924, S. 327).

Gegen die Autonomievorstellungen der bürgerlichen Jugendbewegung in der Arbeitsdienstfrage (vgl. Kap. 6.6.) wandte Schulze-Moering ein:

> „Es gibt Jugend, die so optimistisch ist, daß sie glaubt, der Staat werde dem Arbeitsdienstheer Selbstverwaltung und Führerwahl zugestehen. Wir wollen uns doch nichts vormachen: dieses Heer von Arbeitsdienstpflichtigen wäre nichts anderes als die erweiterte Reichswehr. Arbeitsdienstpflicht ist ständige Gefahr für Wiedereinführung der Wehrpflicht.“ (Schulze-Moehring, 1924, S. 328)

Dagegen plädierte der Hamburger Jugendführer Alfred Schär für die Verbindung der Siedlungsbewegung mit der Arbeitsdienstpflicht in der Erwartung, hier würde der „Auftakt zur Abschaffung des Bodenmonopols“ (Schär, 1924, S. 323) geschaffen. Im Gegensatz zu der kontrovers geführten Diskussion im

Organ des Bundes Entschiedener Schulreformer war die Haltung der Kommunisten eindeutig.

Seit ihrem XII. Parteitag im Juni 1929 verstärkte die KPD ihre Agitation gegen die Arbeitsdienstpflicht. Sie sah diese Frage in engem Bezug zur Remilitarisierung Deutschlands und zur drohenden Faschisierung. So betonte das Politbüro der KPD in seiner Resolution „Über den Kampf gegen den Faschismus“ vom 4. 6. 1930[10], dieser suche besonders unter den Jungarbeitern und Jungbauern seinen Einfluß zu verstärken. „Das verpflichtet den KJVD unter stärkster Durchführung der von ihm begonnenen Wendung zur Massenpolitik, mit größter Energie die Millionen Jungarbeiter und alle jugendlichen Werktätigen in Stadt und Land gegen den Faschismus in den Kampf zu führen.“ Auf der Grundlage der „Programmerklärung der KPD zur nationalen und sozialen Befreiung des deutschen Volkes“ vom 24. 8. 1930 entwickelte auch der KJVD sein „Kampfprogramm gegen Hungeroffensive und Faschismus“[11], die beide von der verhängnisvollen Sozialfaschismusthese ausgingen und in SPD/SAJ die „soziale Hauptstütze der Bourgeoisie“ sahen, die aktiv zusammen mit der NSDAP die Arbeitsdienstpflicht betrieben. Die Rolle der SAJ wird darin gesehen, die „werktätige Jugend“ vom revolutionären Klassenkampf abzuhalten. „In diesem Sinne machen sie Reklame für das konterrevolutionäre Berufsausbildungsgesetz in neuester Zeit sogar für die Arbeitsdienstpflicht.“[12] Am 15. 1. 1931 verabschiedeten neun Leitungsgremien kommunistischer (Jugend)organisationen einen Aufruf „gegen die Militarisierung und Faschisierung durch die Arbeitsdienstpflicht“. Unter Bezug auf ein entsprechendes Sondierungsgespräch am 12. 1. 1931 im RAM (vgl. Kap. 7) wird die Einführung eines Arbeitsdienstes „der faschistischen Brüning-Regierung“ als Reaktion auf den „Kampfmut und Kampfgeist der Massen der werktätigen Jugend“ interpretiert. Da die Arbeitsdienstpflicht, so der Aufruf, an der revolutionären Arbeiterjugend scheitere, sei der dezentral geplante FAD ein neues Mittel, um diese revolutionäre Kraft zu unterlaufen. Während „SPD und SAJ für faschistischen Jugenddrill“ eintreten, kämpfe der KJVD den „antifaschistischen Kampf gegen die Einführung der Arbeitsdienstpflicht“ als „aktiven Kampf zur Verteidigung der Sowjet-Union.“

> „Im ganzen Lande müssen wir einen Massensturm entfachen, allen Heuchlern, die über Jugendwohlfahrt und Jugendfürsorge faseln, die Maske vom Gesicht reißen. In allen Städten und Provinzen müssen wir in gewaltigen Kundgebungen den Massenprotest organisieren. Alle Jugendorganisationen, von den Nazis bis zur sozialistischen SAJ-Führung, stehen auf der Seite unserer Feinde.“[12]

Mit dieser selbstisolationistischen Position, die der KJVD mit verstärktem Führungsanspruch über die werktätige Jugend verband, vergaben sich die Jungkommunisten die Chance, für die im einzelnen durchaus sinnvollen Arbeitsbeschaffungsforderungen[13] zumindest innerhalb der Jugendorganisationen eine breite konsensfähige Basis zu finden. So verhallten auch ihre Aufrufe zum „Kampf gegen die faschistischen Erziehungsmethoden in den Dintalehrwerkstätten“, zum „Streik gegen Zwangsarbeit und Arbeitsdienstpflicht“ weitgehend folgenlos.[14] Was aus der historischen Retrospektive als zutreffende Warnung, nämlich die Einführung der Arbeitsdienstpflicht, sich ausnimmt, erweist bei näherer Betrachtung als eklatante Fehleinschätzung der politischen Kräfteverhältnisse in der Endphase der Weimarer Republik. In ihr drückt sich zugleich die maßlose Selbstüberschätzung der KPD und des KJVD sowie der Mobilisierungsbereitschaft der Arbeiter aus.

In einer ausführlichen Kritik am Gesetzesentwurf der Wirtschaftspartei (vgl. Kap. 4.3.) heißt es zwar noch durchaus realistisch:

> „Das sind die ersten und praktischen Schritte zur Einführung der Arbeitsdienstpflicht, wie sie seit langer Zeit bereits von allen bürgerlichen Parteien propagiert und vorbereitet wird.
> Heute mit dem Spaten für Graf und Baron,
> Morgen in den Krieg gegen die Sowjetunion!" (KJVD, 1931, S. 5)

In der gleichen Broschüre wird jedoch die „Sozialdemokratie (als) Schrittmacher der Arbeitsdienstpflicht" (S. 9) kritisiert. Die „sozialdemokratisch geführte Preußenregierung (sei) der Einpeitscher, die damit ihr Spießgesellentum des Faschismus für jeden Jugendlichen klar vor Augen führt." (ebd.) Auch hier wird wiederum das Bild einer großen Interessenkoalition „von der SAJ bis zur Hitlerjugend" beschworen, die einen Jugendarbeitsdienst durchsetzen wolle. So stand auch der VI. Reichsjugendtag des KJVD Ostern 1931 in Berlin ganz im Zeichen der Arbeitsdienstdiskussion. Trotz Verbotes kam es in 82 Ortschaften zu Kundgebungen und Demonstrationen, bei denen angeblich über 400 Personen verhaftet wurden.[15] Nach Einführung des FAD, den KPD und KJVD als versteckte Arbeitsdienstpflicht und Instrument „faschistischer Erziehung" ansahen, verstärkten sie mit konkreten Aktionen in einzelnen Lagern ihren Kampf gegen die Militarisierung und Zwangskasernierung der proletarischen Jugend (vgl. Kap. 8.3.). Im Unterschied dazu änderte die SAJ nach Einführung des FAD ihre ablehnende Haltung (vgl. Kap. 8.1.), allerdings nicht – wie die Kommunisten unterstellten – zugunsten des Dienstpflichtgedankens, sondern unter dem Druck der eigenen arbeitslosen Mitglieder im Sinne der Zustimmung zu einer zeitlich befristeten Notstandsmaßnahme. Eine intensivere und kontrovers geführte Diskussion zum Arbeitsdienst setzte in der sozialdemokratischen Publizistik allerdings erst nach der 2. Notverordnung vom 5. 6. 1931 ein.

Innerorganisatorisch war die SAJ zerstritten und durch die Diskussionen um die „Jugendfrage", die auf dem Leipziger Parteitag am 31. 5. 1931 ihren Höhepunkt fanden, weitgehend absorbiert. Zudem traf die Teilnahme einzelner SAJ-Gliederungen an den Lagern der Volkslagerbewegung innerverbandlich auf Kritik (Kap. 6.4.), zumal auch die Gewerkschaftsjugend Anfang 1931 einer möglichen Arbeitsdienstpflicht ablehnend gegenüberstand.[16] Eine ähnliche Position vertrat auch die Arbeitersportjugend, die im Arbeitsdienst einen verdeckten Ersatz für die Wehrpflicht sah, während Jung- und Reichsbanner, „mit weniger Skrupel hinsichtlich des positiven Einsatzes für den Staat und militärähnlichen Umgangsformen behaftet, ... sich nie, weder prinzipiell noch aus ökonomischen Gründen, gegen den FAD ausgesprochen" hatten (Uellenberg, 1981, S. 180). Vor Einführung des FAD konzentrierte sich die sozialdemokratische und gewerkschaftliche Diskussion gegen die diversen Arbeitsdienstpflicht-Plänen und hier war die Position prinzipiell ablehnend. Die im November 1930 von verschiedenen Autoren vorgetragenen Bedenken in der SPD-Zeitschrift „Das Freie Wort" (H 48, S. 25ff.) bilden das argumentative Grundgerüst der Kritiker auch gegen den FAD (vgl. Kap. 8.1.) bis hin zu den bildungs- und arbeitsmarktpolitischen Alternativen und dem Verdacht, „die Propaganda für das Arbeitsdienstjahr wird auch von einigen verirrten Pädagogen gefördert, die über die Verrohung der Jugend klagen und mit Hilfe der Arbeitsdienstpflicht die Gesundung des Volkstums herbeizuführen gedenken." (ebda., S. 28)

Obwohl mit zunehmender Ausweitung der Jugendarbeitslosigkeit ab 1930 die Pädagogik in der Betreuung von Erwerbslosen ein breites Betätigungsfeld fand, das disziplinär durch methodisch-didaktische Konzepte und erfahrungsgesättigte Reflexionen bearbeitet wurde, unterblieb eine Auseinandersetzung mit der Arbeitsdienstfrage vor Einführung des FAD faktisch. Lediglich die Gilde „Soziale Arbeit"[17] nahm sich auf ihrer Schulungswoche Anfang Mai 1931 in Königstein, die unter dem Thema „Der junge Arbeitslose" stand, der Problematik an. Obwohl streng überparteilich und ausschließlich sozialpädagogischer Arbeit verpflichtet, stellten politische Radikalisierung und wachsende Krise auch der Gilde die Aufgabe zur Funktionsbestimmung sozialer Arbeit im Schnittfeld von Politik und Pädagogik. Nach kontroversen Diskussionen, die u. a. durch Vorträge des Volkslageraktivisten Hans Raupach (vgl. Kap. 6.4.; 6.6.) ausgelöst und in einer von Justus Ehrhardt in Königstein geleiteten Arbeitsgemeinschaft „Gilde und Politik" ausgetragen wurden, kam man zu der Überzeugung, „daß sich die Gilde als Gruppe auch in der Arbeit an den jungen Arbeitslosen auf ihre *sozialpädagogische* Arbeit beschränken muß... da es zum Wesen der sozialen Arbeit gehöre, sich immer mit den Schattenseiten des herrschenden Systems auseinanderzusetzen."[18] In einer „ziemlich erregte(n) Aussprache" wurde die „allgemein als stark ideologisch empfundene Idee des volkspolitischen Arbeitslagers" (S. 145) abgelehnt. Gleichermaßen kam man zu der Überzeugung: „Vom sozialpädagogischen Standpunkt ist der Arbeitsdienst als Massenmaßnahme grundsätzlich abzulehnen." (S. 147)

Bruno Klopfer, ebenfalls Gildenmitglied, erläuterte die ablehnende Haltung zum FAD an anderer Stelle (Klopfer, 1931, Sp. 919f.). Für die in der sozialen Arbeit mit proletarischen Großstadtjugendlichen Vertrauten läge es auf der Hand, daß die Anziehungskraft der „wilden Cliquen"[19] stärker sei als eine durch Landarbeit in militärischer Disziplin geschaffene Siedlerperspektive. Der Freiwilligkeit seien durch die Lebenswelt der proletarischen Jugend enge Grenzen gesetzt. Deshalb sei die Frage des Arbeitsdienstes nicht ökonomisch oder politisch, sondern letztlich pädagogisch entscheidbar. Hier lägen aber die wichtigsten sozialpädagogischen Bedenken der Gilde gegen den FAD:

1) Da es unmöglich scheint, die „politisch Linksstehenden und die große Masse der nicht Organisierten freiwillig in den FAD zu bringen", würde

der Staat nur die Aktivitäten „politisch einseitiger und dazu weitgehend staatsfeindlicher Gruppen" finanzieren.

2) Die Zusammenlegung einer großen Zahl durch die Arbeitslosigkeit verwahrloster Jugendlicher berge die Gefahr von Ausschreitungen in sich, „der nur durch Maßnahmen militärischer Disziplin vorgebeugt werden" könne.
3) Gefahr der Desorganisation könne gefördert werden durch die nichttarifliche Bezahlung der pädagogischen Hilfskräfte im FAD.
4) Die Konzentration junger Erwerbsloser in Barackenlagern zerstöre den „systematischen Zusammenhang der örtlichen Hilfsmaßnahmen. Die systematische Erfassung der jungen Arbeitslosen in ihrer Gesamtpersönlichkeit und auf möglichst lange Dauer durch die verschiedenartigsten Maßnahmen erwies sich aber nach den Berichten der Praktiker aus den verschiedensten Gegenden Deutschlands als die einzige wirksame Hilfe."

Aber nach Einführung des FAD war diese ablehnende Haltung innerhalb der Gilde nicht mehr unumstritten. Zwar bezog sich Schindler-Wulff im September 1931 noch positiv auf den Königsteiner Beschluß und die Präzisierung Klopfers (Schindler-Wulff, 1931, S. 277) und sah – ähnlich wie Lotte Lemken (1931) – „keine Hoffnungen auf eine nachhaltige arbeitspädagogische und jugendpflegerische Wirkung des Arbeitsdienstes." Doch Helmut Tormin, einflußreiches Gildenmitglied und seit 1928 Oberregierungsrat beim Landesarbeitsamt Hannover, rückte im Mai 1932 von der Königsteiner Position ab. Alle damals geäußerten Befürchtungen hätten sich nicht bewahrheitet und die Skepsis der Arbeiterorganisationen verrate „einen geringen Instinkt für die Forderung der Zeit." (Tormin, 1932, S. 142) Die Königsteiner Resolution sei nicht nur vor Einführung des FAD und in dessen Unkenntnis verabschiedet worden, sondern auch „nur gegen den nachdrücklichen Widerspruch einer Minderheit in dem Klopferschen Sinne formuliert" (S. 143) worden. Im Unterschied zur damaligen Position dürften die „meisten Praktiker der Jugendpflege" heute im FAD „eins der wertvollsten Hilfsmittel auch der örtlichen pädagogischen Arbeit erblicken, das sich sehr wohl sinnvoll in diese Arbeit eingliedern läßt, ebenso wie schon von jeher die Freizeiten. Eine Gruppe junger Menschen, die längere Zeit die Geschlossenheit, die Disziplin und das Gemeinschaftsleben eines Arbeitslagers kennen gelernt haben, wird sich auch in die örtliche Jugendarbeit ganz anders aktiv eingliedern lassen als die amorphe Masse der durchschnittlichen großstädtischen erwerbslosen Jugendlichen." (Tormin, 1932, S. 143)

Insgesamt blieb in der Frühphase des FAD die Bewertung des pädagogischen Ertrags dieser Maßnahme umstritten. Allerdings blieb die Zahl der Kritiker eine verschwindend kleine Minderheit, während das Gros der Pädagogen angesichts der wachsenden Jugendarbeitslosigkeit mit ihren personell wie gesamtgesellschaftlich destabilisierenden Folgewirkungen im FAD eine pädagogisch sinnvolle und ein breites Betätigungsfeld eröffnende Möglichkeit für Wohlfahrtspfleger, Sozialarbeiter und arbeitslose Junglehrer sah.

5. Zur Lage der erwerbslosen Jugendlichen

5.1. Jugendsituation und Jugendarbeitslosigkeit

Das erste Drittel des 20. Jahrhunderts war die Phase, in der sich historisch erstmals jugendliche Subkulturen ausbildeten, jugendliche Lebenswelt in Folge des raschen sozialen Wandels gravierenden Veränderungen unterlag und als Reaktion darauf die ersten Anfänge moderner Sozialpädagogik entstanden. Die in den frühen zwanziger Jahren praktizierte wissenschaftliche Jugendforschung zentrierte ihre Fragestellungen und Aufmerksamkeitsrichtungen nicht zuletzt auf die Lebenswelt proletarischer Jugendlicher, die in der Wahrnehmung pädagogischer Instanzen zu verwahrlosen drohten, kurz: die proletarischen, von Arbeitslosigkeit, Armut, Kriminalität und politischer Radikalisierung bedrohten Großstadtjugendlichen.[1] Ihnen und der Kontrollücke zwischen Schule und festem Arbeitsplatz galt die besondere Aufmerksamkeit zeitgenössischer Jugendforschung. Das erkenntnistheoretische Interesse an der Lebenswelt proletarischer Jugendlicher war vor allem den Prozessen sozialer Desintegration und dem Ausloten pädagogischer Interventionsmöglichkeiten im Rahmen der Jugendpflege gewidmet.

Die Verrechtlichung der Jugendphase schlägt sich nieder in einer Reihe von Verordnungen und Gesetzen zur Regelung der Fürsorgeerziehung, der Jugendpflege, der Jugendgerichtsbarkeit und des Jugendschutzes. Dies beginnt mit dem Gesetz für die Fürsorgeerziehung Minderjähriger vom 2. 7. 1900, das die Fürsorgeerziehung erstmals aus dem das Existenzminimum sichernden Armenrecht ausgliederte, geht über den Jugendpflegeerlaß des preußischen Kultusministeriums vom 18. 1.1911 bis hin zur Verabschiedung des Reichsjugendwohlfahrtsgesetzes (RJWG) vom 14. 6. 1922. Das am 1. 4. 1924 in Kraft getretene RJWG war ein Kompromiß zwischen unterschiedlichen politischen wie pädagogischen Interessensgruppen um die Organisierung der öffentlichen Jugendhilfe zwischen Elternrecht und freier Jugendhilfe. Es schrieb nicht nur programmatisch das Recht jedes deutschen Kindes auf Erziehung fest, sondern sicherte Eigenständigkeit und Selbständigkeit des Erziehungsbereiches „öffentliche Jugendhilfe" (Zusammenfassung der Jugendpflege und -fürsorge). Zur Realisierung des öffentlich-rechtlichen Anspruches auf Erziehung durch Jugendhilfe war der Aufbau kommunaler Jugendämter vorgesehen. Angesichts der angespannten finanziellen Verhältnisse der Kommunen vollzog sich deren Einrichtung eher schleppend. Danach waren am 31. 3. 1928 im Reich 1251 Jugendämter vorhanden, von denen 30,6% selbständig, 65,7 %Teil des Wohlfahrtsamtes und 3,7% Teil einer anderen Dienststelle waren. Von der Gesamtzahl der Jugendämter waren 23,5% städtische, 63% ländliche und 13,5% sonstige, d.h. Jugendämter kreisangehöriger Kommunen und Gemeindeverbänden. (Hasenclever, 1978, S. 100)[2] Mit der Verabschiedung des RJWG werden erstmals reichseinheitlich Aufgaben und Zuständigkeiten öffentlicher Jugendhilfe festgelegt, die umfassende Fürsorge- und Wohlfahrtsmaßnahmen vom Säuglingsalter bis zur schulentlassenen Jugend beinhalteten. Dennoch war es kein Leistungsgesetz, sondern ein Organisations- und Jugendamtgesetz, das die intakte familiäre Erziehung als den Normalfall voraussetzte und nur in „Notfällen" eingriff. Als einer dieser Notfälle sollte sich die Entwicklung der Jugendarbeitslosigkeit erweisen.

Das zweite für unseren Kontext wichtige Gesetz war das am 16. 7. 1927 verabschiedete Gesetz über Arbeitsvermittlung und Arbeitslosenversicherung (AVAVG) mit der neugeschaffenen Institution der Reichsanstalt. Das AVAVG hatte das bislang geltende Fürsorgeprinzip zugunsten des Versicherungsprinzips abgelöst. Dieses beruhte auf einem dreistufigen Unterstützungssystem, das von der Reichsanstalt autonom geregelt wurde und auf maximal 800000 Hauptunterstützungsberechtigte angelegt war. (Benz, 1968, S. 323) Danach wurde die *Arbeitslosenunterstützung* (Alu) für zunächst 26 Wochen gezahlt und konnte bei großer Arbeitslosigkeit auf 39 Wochen ausgedehnt werden. Erwerbslose, die diese Ansprüche ausgeschöpft hatten, verfielen der *Krisenunterstützung* (Kriu), die aus dem Etat des Reichsarbeitsministers bezahlt wurde. Die Höchstunterstützungsdauer betrug 38 Wochen. Aus der Krisenfürsorge ausgesteuert, mußte für die Dauererwerbslosen dann die *Wohlfahrtsfürsorge* (Wolu) der Gemeinden einspringen.[3] Für jugendliche Erwerbslose waren eine Reihe von Sonderregelungen und Begleitmaßnahmen vorgesehen, die mit wachsender Arbeitslosigkeit verschärft wurden. Denn schon mit Einsetzen der Wirtschaftskrise 1929 erwies sich die Berechnungsgrundlage der Arbeitslosenversicherung als unrealistisch. Allgemein kann man sagen, daß die Jugendlichen in der Arbeitslosenversicherung deutlich benachteiligt waren.

Schon 1923 war die *Pflichtarbeit* gesetzlich eingeführt worden; danach konnte jeder Arbeitslose als Gegenleistung für die Erwerbslosenunterstützung zu gemeinnütziger Arbeit verpflichtet werden. Mit der Begründung in erster Linie Jugendliche vor den demoralisierenden Folgen längerer Arbeitslosigkeit zu schützen, wurden weitgehend Erwerbslose unter 21 Jahren zur Pflichtarbeit herangezogen. (Preller, 1949, S. 368) Das AVAVG übernahm das Prinzip der Pflichtarbeit für Alu-Empfänger unter 21 Jahren. Ältere Arbeitslose wurden erst nach ihrer Aussteuerung in die Kriu zur Arbeit verpflichtet.[4] Durch die Pflichtarbeit wurde kein Arbeitsverhältnis begründet, entsprechend galten hier auch nicht die arbeitsrechtlichen Gesetze wie Vorschriften über Arbeitsschutz, Betriebsrätegesetz und Arbeitsgerichtsgesetz. Zur Arbeit Verpflichtete blieben weiter Unterstützungsempfänger.

Von der Pflichtarbeit muß die Möglichkeit der *Notstandsarbeit* nach § 139 AVAVG unterschieden werden.[5] Als Notstandsarbeiten wurden nur zusätzliche und volkswirtschaftlich wertvolle Arbeiten zugelassen, die von Körperschaften des öffentlichen Rechtes (in der Regel Gemeinden) durchgeführt wurden. Zu Notstandsarbeiten wurden nur Unterstützungsberechtigte herangezogen, denn die Arbeiten wurden durch die Unterstützungsbeiträge finanziert. Im Unterschied zu den Pflichtarbeiten war hier das Beschäftigungsverhältnis sozialversicherungspflichtig und Notstandsarbeiter konnten durch ihre Tätigkeit neue Anwartschaften auf Unterstützung erwerben. Die Grundförderung wurde mit einem Höchstsatz von 3 RM täglich angesetzt, wobei bei volkswirtschaftlich wertvollen Arbeiten noch ein verstärkter Förderungssatz hinzukam. Obwohl die Notstandsarbeiten durch ihren erneuten Anspruch auf Arbeitslosenunterstützung für Erwerbslose attraktiver als die Pflichtarbeit war, scheiterte ihre Ausbreitung an finanziellen Schwierigkeiten. Zudem wurde die Gruppe der Jugendlichen nur selten durch Notstandsarbeiten beschäftigt. Zwar stieg zunächst die Zahl der Notstandsarbeiter von 21308 im Januar 1930 auf 59470 im Juni 1931, sank dann aber wieder auf 10888 im Januar 1932 ab. Am 31. 1. 1931 waren lediglich 0,3% der durch Arbeitslosenversicherung und Krisenfürsorge Unterstützten als Notstandsarbeiter beschäftigt (Broecker, 1932, S. 157) Ende März 1932 betrug die Zahl der Notstandsarbeiter ca. 13750 und hatte sich damit gegenüber dem Vorjahr um 56% verringert. (Vgl. Broecker, 1931, S. 317ff.)

Von 1929 bis 1931 traten im Bereich der Arbeitslosenversicherung Vorschriften in Kraft, die speziell die Lage jugendlicher Erwerbsloser verschärften. Schrittweise wurden Jugendliche aus dem Unterstützungssystem ausgegliedert und familiären Unterhaltsansprüchen zugewiesen, was für viele proletarische Jugendliche den psychischen und ökonomischen Problemdruck erhöhte; denn sie waren die Kinder der Arbeitslosen, die familiär nicht unterstützungsfähig waren (Weiland, 1933). Sie nahmen insofern eine Sonderstellung auf dem Arbeitslosenmarkt ein, sich als billige Arbeitskräfte verdingen zu müssen.

„– Mit der Novelle zum AVAVG vom 12. 10. 1929 wird die Anwartschaft auf Arbeitslosenunterstützung von 26 auf 52 Wochen erhöht und die Wartezeit für Arbeitslose unter 21 Jahren von 7 auf 14 Tage heraufgesetzt.
– Mit der Notverordnung vom 26. 7. 1930 erhielten Arbeitslose unter 17 Jahren keine Arbeitslosenunterstützung mehr, wenn sie unterhaltspflichtige Familienangehörige besitzen.
– Durch die Notverordnung vom 5. 6. 1931 schließlich werden diejenigen Arbeitslosen unter 21 Jahren von der Unterstützung ausgeschlossen, bei denen ein Unterhaltsanspruch an Familienangehörige besteht.“ (Bartz/Mor, 1976, S. 502f.)

Zugleich kürzte diese 2. Notverordnung zur Sicherung von Wirtschaft und Finanzen die Löhne, Gehälter und Renten um 5-8% und führte eine Krisensteuer auf Einkommen und Lohn ein. Mit der Neuordnung der Krisenfürsorge vom 11. 10. 1931 wurden schließlich alle Jugendlichen unter 21 Jahren von der Krisenfürsorge ausgeschlossen. Das Massenelend der frühen dreißiger Jahre zeigt, daß das Instrumentarium der Arbeitslosenversicherung nur bedingt Schutz vor den Folgen der Wirtschaftskrise bot. Denn der Abbau der Leistungen bis zum teilweisen Ausschluß der erwerbslosen Jugendlichen verschärfte den ökonomischen Zwang und erhöhte die Chancen des Staates, andere Formen der Organisierung der Jugendarbeitslosigkeit durchzusetzen. Ab 1930 wurde die Schicht der Dauererwerbslosen direkt durch die schulentlassene Jugend vergrößert, deren Alternative bestenfalls die war, als gelernter Schlosser oder ungelernter Arbeiter stempeln zu gehen.

> 1932 war „die Zahl derer, die vom ersten Tag ihres ‚Eintritts ins Erwerbsleben' an erwerblos waren und vielleicht noch für lange Zeit bleiben, schon erschreckend groß.
> Es ist psychologisch unrichtig, wenn die Radikalisierung der Jungarbeiterschaft in der Hauptsache darauf zurückgeführt wird, daß eben wilde radikale Parolen auf die Jugend mehr Eindruck machen, als auf die Erwachsenen, und daß der Mensch um so hemmungsloser werde, je weniger in seiner augenblicklichen Lage zu verlieren hat. Die Gründe liegen viel tiefer, die Tatsache selbst ist in sehr viel höherem Grade besorgniserregend. Dieser teils wirklich noch ganz jugendlichen, teils schon den Mannesjahren entgegenreifenden Arbeitergeneration fehlt überhaupt eine eigentliche Interessenrichtung und Interessenbindung. Sie sind wirtschaftlich-sozial ohne Standort." (Geiger, 1932, S. 97)

Nach Geiger bedeuteten die jugendlichen Erwerbslosen eine Schwächung des Einflusses der Arbeiterbewegung, da ihnen der Sinn für die Kollektivinteressen und die gewerkschaftlichen Ziele fehle. Sie stehen für ihn deshalb außerhalb der Tradition der Arbeiterbewegung.[6]

Dank der finanziellen Autonomie der Reichsanstalt konnte diese durch die Strategie der Ausgrenzung von Anspruchsberechtigten im Haushaltsjahr 1931 zwar einen Beitragsüberschuß von 24,1 Millionen RM verbuchen, im folgenden Jahr sogar einen Überschuß von 372,8 Millionen RM, doch mit dem folgenreichen Effekt, das Versicherungsprinzip auszuhöhlen und die finanziellen Lasten der Arbeitslosigkeit auf die Gemeinden abzuwälzen. Nach einer Zählung vom 15. 1. 1931 waren 14% aller Empfänger von Arbeitslosenunterstützung Jugendliche unter 21 Jahren gewesen. Der Anteil der Jugendarbeitslosigkeit an der Gesamtarbeitslosigkeit betrug zu diesem Zeitpunkt 15-16%, davon ca. 1/4 Mädchen. (Klopfer, 1931, Sp. 916f.)[7] Schon Ende Juli 1932 betrug der Anteil der jugendlichen Arbeitslosen unter 25 Jahren an der Gesamtarbeitslosigkeit 27%, wobei der Prozentsatz bei den Frauen 38,5% und bei den Männern 24,1% betrug. (Richter, 1933, S. 18)

Die Strategie der Aushöhlung des Versicherungsprinzips wird durch folgende Tabelle 4 eindrucksvoll belegt. Sie dokumentiert die Durchlässigkeit des „sozialen Netzes" zu Lasten der kommunal finanzierten Wohlfahrtsfürsorge.

Noch im März 1933 wurden 52,6% aller Arbeitslosen von der Wohlfahrtsfürsorge unterstützt, zu einem Zeitpunkt, da der Zenit der Arbeitslosigkeit bereits überschritten war. Damit wird eine Entwicklung dokumentiert, vor der die Gemeinden schon bei der Verabschiedung des AVAVG gewarnt hatten. Denn die Verlängerung der Anwartschaften und die Begrenzung der Leistungen auf 26 Wochen sowie die Verweigerung der Unterstützungsleistungen bei Streiks und Aussperrungen (§ 94 AVAVG) gingen notwendigerweise zu La-

Tabelle 4 Arbeitslose und Unterstützungsempfänger

Am 31. 12. 1929	gab es:	2 894 798	Arbeitslose
davon erhielten	59 %	= 1 774 571	Arbeitslosenunterstützung
	7 %	= 210 240	Krisenunterstützung
Am 31. 12. 1930	gab es:	4 383 843	Arbeitslose
davon erhielten	49 %	= 2 165 737	Arbeitslosenunterstützung
	15,2%	= 667 001	Krisenunterstützung
Am 31. 12. 1931	gab es:	5 668 187	Arbeitslose
davon erhielten	29 %	= 1 641 831	Arbeitslosenunterstützung
	26 %	= 1 506 036	Krisenunterstützung
1932* insgesamt	gab es:	5 602 711	Arbeitslose
davon erhielten	23,7%	= 1 086 599	Arbeitslosenunterstützung
	31,6%	= 1 449 002	Krisenunterstützung
	44,7%	= 2 047 532	Wohlfahrtsunterstützung

(*im Jahresdurchschnitt, Statistisches Jahrbuch, 1933, S. 291, 297)

sten der Gemeinden, die auch 1/5 der Krisenunterstützung tragen mußten. Damit verbunden war die völlige Zerrüttung der Gemeindefinanzen, die im Winter 1931/32 vielfach dazu übergehen, Geld- durch Sachleistungen zu ersetzen oder zu ergänzen. „Vor allem Landgemeinden mußten die Wohlfahrtsunterstützung einstellen, kommunale Suppenküchen, Nähstuben, Wärmestuben spielen in den Großstädten wieder eine erhebliche Rolle; ebenso Naturalleistungen wie Heizmaterial, Kleidung und Winterhilfen." (Landwehr, 1983, S. 131)

Neben den Gemeinden waren es die Fürsorgeverbände, die die Unterstützung organisierten. Sie war abhängig von einer Bedürftigkeitsprüfung. Diejenigen, die den entsprechenden Nachweis nicht erbringen konnten, erhielten keine Unterstützung mehr. Mit der Papenschen Notverordnung vom Juli 1932 wurden generell die Unterstützungssätze weiter gesenkt, zum Teil bis zu 50% und erreichten damit ein Niveau, das unter dem des absoluten Existenzminimums lag. So war es für viele Wohlfahrtserwerbslose zum Teil nicht mehr sinnvoll, sich regelmäßig bei den Arbeitsämtern zu melden. Da aber alle Unterstützungsbedürftigen ein Anspruchsrecht auf Fürsorge hatten, entstanden erhebliche Unterschiede zwischen den von den Arbeitsämtern erfaßten und den von den Gemeinden tatsächlich unterstützten Arbeitslosen. So kam es zwangsläufig zu Auseinandersetzungen zwischen der Reichsregierung und den Wohlfahrtsverbänden. Denn die Beihilfe der Reichsregierung für die Wohlfahrtsverbände zu Zahlungen an die Wohlfahrtserwerbslosen basierten auf den Unterlagen der Arbeitsämter. (Bennecke, 1968, S. 155) Wohlfahrtserwerbslose und ihre Familien waren extremster Not ausgesetzt, zumal sie um die Jahreswende 1932/33 den Belastungen immer weniger gewachsen waren.

Die unten skizzierte regionale Verteilung der Arbeitslosigkeit bestätigt in großen Zügen auch die Schwerpunkte der Wohlfahrtserwerbslosen. Neben den Stadtstaaten Hamburg, Bremen und Lübeck lag vor allem Sachsen weit über dem Reichsdurchschnitt. Dort wirkten sich die fehlenden Aufträge für die Werften und die Stillegung zahlreicher Schiffe infolge des Rückgangs des internationalen Handels besonders drastisch aus. Dagegen weisen große Teile Bayerns und Badens, speziell das Land Württemberg, geringe Zahlen von Wohlfahrtserwerbslosen aus. Allein „das Land Sachsen hatte am 31. Dezember 1932 308000 Wohlfahrtserwerbslose. Rechnet man die anderen besonders Hilfsbedürftigen hinzu, so wird die sächsische Landesregierung wohl mit ungefähr 5 Millionen RM gerechnet haben, mit denen sie die Wirtschaft zu beleben hoffte." (Bennecke, 1968, S. 170) In der Gruppe der Wohlfahrtserwerbslosen wiederum waren die Sätze für ledige Unterstützungsbedürftige am niedrigsten. Dennoch befand sich die proletarische Jugend nicht allein in einer materiell hoffnungslosen Situation. Ähnliche Verelendungstendenzen lassen sich auch für die Studentenschaft nachweisen (Kater, 1975; vgl. auch Kap. 6.1.).

Obwohl die Weltwirtschaftskrise alle Zweige der Volkswirtschaft traf, gab es sektoral und regional Unterschiede. Am schwersten wurde das Baugewerbe getroffen, das 1928 noch 2,075 Millionen Beschäftigte 1932 nur noch 775000 Beschäftigte zählte. Im Februar 1932 meldete der Baugewerbsbund, daß 90, 2% seiner Mitglieder entweder arbeitslos seien oder in Kurzarbeit beschäftigt sind.[8] In der Holzindustrie waren 63,8% der gewerkschaftlich Organisierten arbeitslos oder Kurzarbeiter, bei den Metallarbeitern waren es 42,2%.

> „Im Durchschnitt des Jahres 1932 waren im Deutschen Reich von je 1000 Einwohner 90 als arbeitslos gemeldet. Deutlich unter diesem Wert lagen jedoch die Landesarbeitsamtsbezirke Ostpreußen mit 45, Südwestdeutschland mit 59, Pommern mit 60 und Bayern mit 64. Mit Ausnahme Südwestdeutschlands... handelte es sich hier um Bezirke mit einem hohen Anteil der bäuerlichen Bevölkerung, die sich gegenüber der Arbeitslosigkeit als relativ widerstandsfähig erwies. Fühlbar über dem Durchschnittswert lagen hingegen die Landesarbeitsamtsbezirke Rheinland mit 100, Brandenburg, das die Stadt Berlin einschloß, mit 116 und Sachsen mit 137." (Blaich, 1985, S. 61)

Zu den lokalen Schwerpunkten entwickelten sich die großen Industriestädte. In den 50 Städten mit mehr als 100000 Einwohnern lebten 1932 44,3% aller im Reich registrierten Arbeitslosen.

Verfolgt man die Entwicklung der Jugendarbeitslosigkeit, so erhält man in groben Zügen folgendes Bild. Auf das Basis der Daten der Volkszählung von 1925 lebten 1932 im Deutschen Reich ca. 12,1 Millionen Jugendliche zwischen 14 und 25 Jahren.[9] Bezogen auf die männliche Jugend der 18- bis 25jährigen nennt der Präsident der Reichsanstalt Syrup folgende Zahlen (vgl. Tabelle 5). Für die Erfassung erwerbsloser Jugendlicher im FAD bedeutend ist der relativ hohe Organisationsgrad der Jugendlichen. Denn gerade die großen Jugendgruppen wie die konfessionellen und die Sportverbände beschäftigten im FAD vorwiegend ihre eigenen arbeitslosen Mitglieder. Von den 9,1 Millionen Jugendlichen zwischen 14 und 21 Jahren gehörten im Frühjahr 1927 3,6 Millio-

Tabelle 5 *Altersschichten der männlichen deutschen Jugend Anfang 1932**

18 – 19 Jahre	(656)	619
19 – 20 Jahre	(629)	644
20 – 21 Jahre	(624)	611
21 – 22 Jahre	(609)	645
22 – 23 Jahre	(628)	652
23 – 24 Jahre	(614)	656
24 – 25 Jahre	(590)	641

* Werte in Tausend. (Syrup, 1932, S. 382; (Zahlen in Klammern geben die Resultate der Volkszählung von 1925 wieder.)

Tabelle 6 *Mitglieder der Deutschen Jugendverbände unter 21 Jahren*

595 772	evangelischen Verbänden
881 121	katholischen Verbänden
56 239	sozialistischen Verbänden
401 897	berufsständischen Verbänden
4 750	jüdischen Verbänden
44 300	politischen Verbänden
29 755	bündischen Gruppen
1 577 563	Sportverbänden
544 400	sonst. Verbänden

(Kneib, 1974, S. 205 f.)[10]

nen (40%) Jugendverbänden an, die im Reichsausschuß der Deutschen Jugendverbände zusammengeschlossen waren. Von den 4,6 Millionen männlichen Jugendlichen dieser Alterskohorten waren 54%, von den 4,5 Millionen weiblichen Jugendlichen 26% in Jugendverbänden organisiert. Im Frühjahr 1927 zählte der Reichsausschuß der Deutschen Jugendverbände 4135797 Mitglieder unter 21 Jahren. Diese verteilten sich auf verschiedene Verbände (vgl. Tabelle 6).

Nach einer Sondererhebung der Reichsanstalt vom 30. 7. 1932, die alle bei den Arbeitsämtern gemeldeten arbeitslosen männlichen Jugendlichen erfaßte, waren zu diesem Zeitpunkt 1036696 männliche Jugendliche unter 25 Jahren arbeitslos. Auf einzelne Alterskohorten verteilten sich die Zahlen wie in Tabelle 7 angegeben.

Hinter diesen Zahlen verbergen sich die gleichen regionalen Differenzierungen wie bei der Verteilung der Gesamtarbeitslosigkeit.[11] Am höchsten war die Jugendarbeitslosigkeit im Rheinland mit 142644 (23,6%) Fällen, in Sachsen mit 131544 (26,5%) und in Brandenburg mit 126586 (22,2%). Unterdurchschnittlich waren die Zahlen in Ostpreußen mit 11581 (16,7%), in Pommern mit 16751 (19,4%) und Südwestdeutschland mit 55995 (26,7%). Bezogen auf

Tabelle 7

Jugendliche bis zu	– 15 Jahren	10 953
	von 15 – 18 Jahren	68 370
	von 18 – 21 Jahren	339 837
	von 21 – 25 Jahren	617 536
(Syrup, 1932, S. 383)		

Tabelle 8

Altersgruppe	männlich		weiblich		Zusammen
	Grundzahl	v. H.	Grundzahl	v. H.	
bis unter 15 Jahre	10 953	1,1	9 913	2,3	20 866
15 bis unter 18 Jahre	68 370	6,6	60 838	14,5	129 208
18 bis unter 21 Jahre	339 837	32,8	142 313	33,9	482 150
unter 21 Jahre	419 160	40,5	213 064	40,7	632 224
21 bis unter 25 Jahre	617 536	59,5	207 094	49,3	824 630
unter 25 Jahre	1 036 696	100,0	420 158	100,0	1 456 854
(Erhebung der Reichsanstalt v. 30. 7. 1932; Richter, 1933, S. 18)					

das ganze Reich lag der durchschnittliche Anteil der gemeldeten männlichen jugendlichen Arbeitslosen bei 24,1%. Obwohl die Reichsanstalt bemüht war durch entsprechend regionale Schwerpunktsförderungen im Rahmen des FAD auf die Verteilung der Jugendarbeitslosigkeit zu reagieren, scheiterten diese Versuche an mangelnden Arbeitsgelegenheiten. So war es im dichtbesiedelten und hochindustrialisierten Sachsen weitaus schwieriger FAD-Maßnahmen durchzuführen als im ländlichen Ostpreußen oder in Pommern.

Bei der weiblichen Jugend unter 25 Jahren lag der Anteil der Arbeitslosen an der Gesamtarbeitslosigkeit weit höher, nämlich bei 38,5%. Im September 1932 waren rund 400000 Mädchen als arbeitssuchend bei der Reichsanstalt gemeldet (Ehlert, 1932, S. 480). Allerdings ist dabei zu berücksichtigen, daß bei den weiblichen Jugendlichen die Rate der unsichtbaren Arbeitslosigkeit besonders hoch war. Der Vergleich zwischen der Arbeitslosenentwicklung männlicher und weiblicher Jugendlicher zeigt, daß vorwiegend die 18 bis 25jährigen erwerbslos wurden (vgl. Tabelle 8).
Die Arbeitslosigkeit traf alle drei Arbeitslosengruppen gleichermaßen: die schulentlassenen Jugendlichen, die erwerbslosen Lehrlinge und die arbeitslosen Ausgelernten.

Die Berufsberatungsstatistik 1931/32 dokumentiert den Umfang der Berufsnot der schulentlassenen Jugend recht deutlich.

Danach kamen in der Landwirtschaft auf eine offene Stelle 3 Arbeitssuchende, im Gewerbe und im Handel war das Verhältnis jeweils 1 zu 1,7. Ein

Tabelle 9

Beruf	Berufswunsch	Lehrstellen
Maschinenschlosser	7 365	4 626
Autoschlosser	6 684	1 093
Elektroinstallateur	6 637	1 837
Bäcker	9 049	4 732
Fleischer	5 415	1 768
Schuhmacher	5 425	1 175
Friseure	8 087	2 832
Maurer	3 009	518
Kaufm. Angestellte	18 496	8 191

(RABl., II, 1933, s. 208)

Tabelle 10

Gesamtzahl der Arbeitslosen am 31. 1. 1932		5 339 150
Jugendliche: 16,3% (Satz vom 31. 5. 1931)		870 280
Die Zahl der jugendlichen Aluempfänger betrug laut Ausweis der Reichsanstalt zur gleichen Zeit:		247 693
dazu die Woluempfänger		200 000
Jugendliche Unterstützte bis zu 21 Jahren	rund	450 000
Jugendliche ohne jede Unterstützung bis zu 21 Jahren	rund	420 000

(zit. n. Abel, 1935, S. 68)

noch drastischeres Bild zeichnet der Vergleich von Lehrstellenanwärtern und verfügbaren Lehrstellen (vgl. Tabelle 9).

Ein erhebliches Freisetzungspotential gab es in der Gruppe der Ausgelernten. Bis zu 50% wurden mit Beendigung der Lehrzeit entlassen, waren arbeitslos oder suchten Jobs als Gelegenheitsarbeiter. 1931 waren es 80% der Gelernten, die in ungelernten Arbeiten ihr Geld verdienten (Abel, 1935, S. 60) 1931 wurden fast die Hälfte der jugendlichen Erwerbslosen unter 21 Jahren nicht unterstützt. Nach einer Erhebung des preußischen Landkreistages waren 1931 von den 370000 Empfängern von Wohlfahrtsunterstützung 11% Jugendliche unter 21 Jahren. Die Zahl der nicht unterstützten arbeitslosen Jugendlichen berechnete die Studie mit den Daten vor Einführung der Bedürftigkeitsprüfung wie aus Tabelle 10 ersichtlich.

Abel hält die hier angegebenen Werte für zu niedrig geschätzt. Denn berücksichtigt man „die mit der Drosselung des Kreises der jugendlichen Unterstützungsempfänger proportional verlaufene Steigerung der ‚unsichtbaren' Arbeitslosigkeit, so wird man die obige Ziffer eher zu niedrig als zu hoch gegriffen erachten. Es dürfte der Wirklichkeit sehr nahe kommen, wenn man für das Jahr 1932 den jungen Unterstützten ein gleich großes oder noch überlegenes

Tabelle 11 *Richtsätze für Wohlfahrtsunterstützungen (monatl. in RM)*

	1. März 1932			1. Juli 1932		
	I.	II.	III.	I.	II.	III.
Berlin	42,—	35,—	14,—	40,—	35,—	14,—
Hamburg	48,—	38,50	13,—	48,—	38,50	13,—
Köln	42,—	36,—	14,—	40,—	34,—	12,—
München	50,—	40,—	15,—	45,—	38,—	12,—
Frankfurt	44,—	40,—	16,—	44,—	40,—	16,—
Essen	45,—	36,—	14,—	40,—	34,—	13,—
Dortmund	42,50	43,—	15,—	40,—	34,—	13,—
Hannover	44,—	40,—	10,—	40,—	36,—	10,—
Königsberg	46,25	37,—	14,—	42,50	34,—	10,—

I/II: gehobene und allgemeine Fürsorge für Alleinstehende
III: Jugendliche, die im Haushalt ebenfalls unterstützter Eltern wohnen
(zit. n. Abel, 1935, S. 71)

Kontingent Nichtunterstützter gegenüberstellt. Der starke Anstrom der arbeitslosen Jugendlichen zum ‚Freiwilligen Arbeitsdienst' zu Ende des betreffenden Jahres findet in diesen Gegebenheiten auch eine ökonomische Motivierung." (ebda.) Ähnlich wie bei der Entwicklung der Arbeitslosigkeit lassen sich auch für die Wohlfahrtsunterstützten allgemeine Angaben nur mit großen Vorbehalten machen. Zum einen waren die Richtsätze der Unterstützungsleistungen von den finanziellen Möglichkeiten der Kommunen abhängig, zum anderen waren sie auf die individuelle Notlage der Arbeitslosen ausgerichtet. Entsprechend der Fürsorgepflichtverordnung wurden die Leistungen zwischen allgemeiner und gehobener Fürsorge unterschieden. Eine Erhebung des Deutschen Städtetages dokumentiert die Uneinheitlichkeit der Richtsätze (Vgl. Tabelle 11).
Für unterstützte Jugendliche, die im Hause ihrer Eltern wohnten, wurden 1931/32 die Richtsätze so weit gesenkt, daß viele es vorzogen, sich eine eigene Unterkunft zu suchen, um so einen höheren Richtsatz zu erhalten.

Auf die sozialen und gesundheitlichen Folgen der Massenarbeitslosigkeit soll hier nicht näher eingegangen werden. Alle zeitgenössischen jugendkundlichen Untersuchungen über die proletarische Großstadtjugend weisen jedoch auf die schweren familiären Belastungen und Konfliktpotentiale hin (vgl. Kap. 9.2.).

Eine von Armut, Depression, Verwahrlosung und politische Radikalisierung beherrschte Situation der proletarischen Großstadtjugend beschreibt der Herausgeber des Handbuches der Jugendpflege, Kurt Richter. Mit deutlicher Klarheit kommt der Ministerialrat für Jugendpflege und Leibesübungen im Preußischen Ministerium für Wissenschaft, Kunst und Volksbildung zu dem Schluß: „Da das Radikalmittel zur Behebung aller dieser Schwierigkeiten, die Einreihung in den normalen Wirtschaftsprozeß, nur wenig oder gar nicht zur Verfügung steht, muß auf die verschiedensten Weisen versucht werden, dieser

Jugend in etwa zu helfen. Die erste Forderung muß sein, diese Jugend von der Straße wegzubringen." (Richter, 1933, S. 20) Speziell die ungelernten Großstadtjugendlichen waren für die zeitgenössische Jugendforschung ein dankbares Objekt, an dem die These der „degenerierten Volksjugend" (Dehn) demonstriert wurde. Bei allen diesen Krisendiagnosen, die im Detail durchaus aufhellend die Lebenswelt proletarischer Jugendlicher beschreiben können, lautete – ähnlich wie im FAD – die pädagogische Zielformel: Stärkung der geistigen, seelischen und körperlichen Dispositionen proletarischer Großstadtjugend. Die für die Pädagogik daraus abgeleitete gesellschaftspolitische Integrationsleistung erhielt maßgeblich ihre Antriebsmotive aus dem Helfer-Postulat. Der Typik des zeitgenössischen pädagogischen Denkens entsprach es, Sozialdisziplinierung und Individualhilfe zusammenzudenken, um eine Karriere junger Erwerbsloser zu verhindern, die im Bild der Jugendforschung die Stationen durchläuft: materielles Elend, belastende Familienverhältnisse, Erwerbslosigkeit, sittliche und politische Verwahrlosung, Kriminalität.

> Da, wo der Jugendliche "keinen Halt empfindet, wird er haßerfüllt der Gesellschaft mißtrauen, durch die er brotlos und vielfach heimatlos geworden ist. Eine Hemmung nach der anderen fällt, und herausschält sich nur noch der Gedanke: ich will leben!
> Die Einstellung des erwerbslosen Jugendlichen zur Umwelt ist eine egoistische. Höhere Kulturansprüche oder Gemeinschaftssinn stehen ihm fern und, soweit Ansätze davon vorhanden waren, gehen sie unter dem wirtschaftlichen und seelischen Druck zurück. Im Vordergrund seines Denkens steht: Erhaltung des nackten Lebens! Aber oft ist es nicht einmal möglich, die niedrigsten Lebensbedürfnisse zu befriedigen zu können... Der Weg zum jugendlichen Verbrecher steht hier offen." (Gräsing, 1930, S. 45)

Für Gleitze ist die proletarische Großstadtfamilie zerrüttet und erfüllt nicht mehr ihre „sittlichen und moralischen Verpflichtungen". „Sie ist zu einem guten Teil eine wirtschaftliche Interessengemeinschaft." (Gleitze, 1930, S.25) Kompensatorische Funktionen übernehmen deshalb die Freizeitheime für erwerbslose Jugendliche. Die Organisierung und Kontrolle der Freizeit, der Kampf gegen Alkohol- und Nikotingenuß, gegen die Lektüre sog. „Schund- und Schmutzschriften" (Gesetz v. 18. 12. 1926), Maßnahmen zur „körperlicher Ertüchtigung" und „geistigen Schulung" bilden zentrale Aufgabenbereiche der Jugendpflege und -fürsorge. Selbst das unter der Führung von Pädagogen organisierte Wandern proletarischer Jugendlicher gilt als erzieherisch wertvoll und wird abgegrenzt vom nicht kontrollierten Wandern und dem Gruppenstil der „wilden Cliquen". (Gleitze, 1930, S. 30)

Aus diesen und ähnlichen Defizitkatalogen zieht die zeitgenössische Sozialpädagogik ihre Legitimation, über sie entwickelt sie ihre Aufgabenorientierung und ihre Zielsetzungen. Für Heinrich Kautz lagen sie in der Formierung der proletarischen Jugend zum „Arbeitsbürger". „Er ist ein pflichttreuer Arbeiter, ein ruhiger Bürger, ein unbeeinflußbarer Denker, ein sehr brauchbares soziales Bindeglied. Er hat das Problem der Eingliederung beinahe restlos gelöst. Er ist weder ein devoter Mameluck, noch Kriecher, noch rücksichtsloser Streber, noch Putschist. Aktiv beteiligt er sich am sozialen und politischen Leben, allerdings nur in der Kleinarbeit, da aber vertritt er seine Weltanschauung, seinen Posten voll und ganz." (Kautz, 1926, S. 99) Dieser Typ des Arbeitsbürgers ist der „Hoffnungsanker... für erfolgreiche industriepädagogische Unternehmungen." (ebda.)

Da im wirtschafts- und finanzpolitischen Zielkatalog der Regierung Brüning die Sanierung des Haushaltes oberste Priorität besaß, fand die Bekämpfung der Wirtschaftskrise durch staatliche Arbeitsbeschaffung keinen Platz. Die von den Erfahrungen der frühen zwanziger Jahre genährte Inflationsangst blockierte jede Politik einer aktiven Arbeitsbeschaffung und eine Lohnpolitik, die auf Erhalt und Ausbau der Kaufkraft abgestellt war. Für die Organisierung der Jugendarbeitslosigkeit hatte dies einschneidende Konsequenzen. Denn somit wurden Lösungen außerhalb des Beschäftigungssystems gesucht, die zwei Zielsetzungen garantieren sollten: die Erhaltung der Arbeitsfähigkeit der Arbeitslosen und ihre politische Integration. Die Entwertung des Beschäftigungssystems korrespondierte bei diesen Fragen mit der Aufwertung des Bildungssystems, von dem man sich eine zumindest zeitweise Entlastung des Arbeitsmarktes erhoffte.[12] Damit war nicht nur die Chance zur Ausweitung der Arbeitsdienstbewegung gegeben, sondern auch eine Konstellation geschaffen, die es der pädagogischen Disziplin ermöglichte, ein gesellschaftliches Problem in pädagogische Herausforderungen umzudefinieren, den Prozeß pädagogischer Selbstreflexion in Gang zu setzen. So wird disziplinär die Krise der Jugend zum Ausgangspunkt genommen, professionsspezifisch Aufgaben zu bestimmen und die Rolle der Pädagogik bei der Neugestaltung der Zukunft auszuloten. Sequentiell wird die Kategorie der Bildung durch das Pathos des Dienstes und der Arbeit ersetzt.

5.2. Bildungspolitische Strategien zur Bekämpfung der Jugendarbeitslosigkeit

Seitens der pädagogischen Disziplin mußte die Abdämpfung der Folgen der Jugendarbeitslosigkeit als Aufwertung der Leistungsfähigkeit der Pädagogik interpretiert werden. Entsprechend kam es bei der Betreuung erwerbsloser Jugendlicher zu einer Interessenkoalition zwischen politischer Administration und Jugendpflege. Obwohl seit Mitte der zwanziger Jahre seitens des Staates, der Gewerkschaften und Arbeitgeberverbände, anderer Organisationen und der Pädagogik zahlreiche Vorschläge zur Organisierung der Jugendarbeitslosigkeit diskutiert wurden, sind nur wenige Maßnahmen realisiert worden, deren Tragweite zudem nicht genau einschätzbar ist. Im Prinzip waren es drei bildungspolitische Strategien, die das Ausmaß der Jugendarbeitslosigkeit mindern sollten und die der Einführung des FAD zeitlich vorgelagert waren:

- die Verlängerung der allgemeinen Schulpflicht
- die Erweiterung der Berufsschulpflicht

– die berufliche Fortbildungs- und Umschulungsmaßnahmen mit Pflichtcharakter

Gerade die letzte Strategie bot ein weites Betätigungsfeld für die Jugendpflegeverbände, aber auch für Volkshochschulen, um Möglichkeiten und Chancen einer Verbindung von Arbeits- und Freizeitpädagogik experimentell auszuloten.

Die Verlängerung der Schulpflicht war eines der Standardthemen der bildungspolitischen Diskussion der zwanziger Jahre, die insbesondere von den Gewerkschaften und den Vertretern der Arbeitsschulbewegung vertreten wurde. Obwohl über die Einführung eines neunten Pflichtschuljahres mit Konzentration auf Berufsfindung und -vorbereitung eigentlich breiter Konsens herrschte, blieb die Diskussion zunächst folgenlos.

> „Das lag vermutlich weniger an der pädagogischen Kontroverse über die inhaltliche Ausgestaltung und organisatorische Zuordnung eines zusätzlichen Schuljahres; gravierender war die Frage des Zeitpunktes, zu dem das neunte Schuhljahr eingeführt werden sollte, wobei die Vertreter der Wirtschaft die Schulpflichtverlängerung unter Hinweis auf ihre negativen Folgen für den Teilarbeitsmarkt für Jugendliche vorerst ablehnten." (Bartz/Mor, 1979, S. 39)

Es widersprach offensichtlich dem Interesse an billigen Arbeitskräften, einen ganzen Jahrgang ein Jahr lang dem Arbeitsmarkt zu entziehen. Insgesamt war die Frage der Schulpflichtverlängerung eng mit arbeitsmarktpolitischen Erwägungen verbunden. Sie wurde 1931 von der Reichsregierung als „Teil eines umfassenden Programms zur Minderung der Arbeitslosigkeit" deklariert, wie der einflußreiche Berufspädagoge und Ministerialrat Paul Ziertmann schrieb (1931 a, S. 59). Ähnlich plädierte im folgenden Jahr der ADGB, für Jugendliche ohne Lehr- und Arbeitsstelle ein freiwilliges neuntes Schuljahr einzurichten. Auf das die Diskussion beherrschende Spannungsverhältnis von arbeitsmarktpolitischen und pädagogischen Überlegungen macht Ziertmann aufmerksam:

> „Man sieht hier eines der wichtigsten Probleme auftauchen, die mit der Beschulung der arbeitslosen Jugendlichen aufgegeben werden, nämlich die Frage, ob wir unter Berücksichtigung menschlicher und politischer Gründe die Gesamtheit der arbeitslosen Jugendlichen erfassen sollen, oder ob wir unter Berücksichtigung wirtschaftlicher und arbeitsmarktpolitischer Gründe nur so viel Arbeitslose erfassen sollen, wie voraussichtlich gebraucht werden, die Frage also, ob Massenwirkung, Erfassung aller Jugendlichen durch berufliche Bildung, oder aber Gruppenwirkung, Erfassung nur eines Teiles der Jugendlichen... Die Fragen nach dem Verhältnis von allgemeiner und allgemein menschlicher Erziehung und beruflicher Bildung, damit die Frage wie die Organisation im Ganzen und im Einzelnen zu gestalten ist, können zureichend nur beantwortet werden, wenn man sich darüber klar ist, in welchem Verhältnis die arbeitsmarktpolitisch-wirtschaftliche und die erzieherisch-menschliche Seite zueinander stehen sollen." (Ziertmann, 1931 b, S. 95f.)

Zu einer reichseinheitlichen Schulpflichtverlängerung kam es nicht. Lediglich die preußische Regierung führte mit Erlaß vom 14. 2. 1931 ein freiwilliges neuntes Schuljahr ein, dessen Gestaltung jedoch weder allgemeinbildende noch berufsbildende, sondern sozialpädagogische Funktionen besaß.

Der Gedanke einer Erweiterung der Berufsschulpflicht resultiert aus den Erfahrungen der kommunalen und dezentralen Betreuungsmaßnahmen erwerbsloser Jugendlicher in den zwanziger Jahren. In einem Runderlaß des preußischen Ministers für Volkswohlfahrt vom 15. 2. 1924 an die Regierungspräsidenten wurde die Einschulung der schulentlassenen Jugend in Berufs-, Fach- und Fortbildungsschulen gefordert. „Staatliche Stellen können für die erwähnten Aufgaben bei der bekannten Finanznot zurzeit nicht zur Verfügung gestellt werden. Es muß versucht werden, die Gemeinden und Private für diese verantwortungsvollen Aufgaben zu interessieren ...", heißt es in dem Erlaß. (Herrnstadt, 1927, S. 47) Insgesamt wurden in Preußen aus Mitteln der Erwerbslosenfürsorge vom 1. 7. 1926 bis 30. 9. 1927 durch verschiedene Kurse (Werkkurse, allgemeinbildende Kurse, Spiel- und Sportkurse) 34025 arbeitslose Jugendliche unterstützt. Zentral wurde die Erweiterung der Berufsschulpflicht in Preußen erst am 7. 1. 1931 eingeführt. Der Minister für Handel und Gewerbe ordnete in einem Erlaß an, junge Erwerbslose, die berufsschulpflichtig waren oder während der Arbeitslosigkeit keine Fortbildung erfahren hatten, wöchentlich zu einer 18-24stündigen Schulpflicht heranzuziehen. Neben der körperlichen Erziehung sollte der Unterricht vor allem auf beruflich-praktische und staatsbürgerliche Inhalte abgestellt sein. Deutlich dominierten hier politische Integrationsfunktionen gegenüber konkreten berufsspartenspezifischen Qualifikationen. Einbindung statt Ausbildung, Beschäftigung statt Fortbildung standen hinter der Konzeption der Erweiterung der Berufsschulpflicht.

Bereits mit der Einrichtung der Pflichtarbeit in kommunaler Verantwortung waren die rechtlichen Grundlagen für die Verpflichtung jugendlicher Erwerbsloser zur Teilnahme an außerschulischen Bildungsveranstaltungen geschaffen worden. Schon seit 1925 wurden solche Kurse staatlich subventioniert. Sie sollten die psychischen, physischen und politischen Folgen der Jugendarbeitslosigkeit abdämpfen und die Verwertbarkeit der Arbeitskraft garantieren helfen. In Erwerbslosenheimen, Werkstattkursen, in Spiel- und Sportveranstaltungen, bei Besichtigungen, in Vorträgen und Arbeitsgemeinschaften – in Zusammenarbeit mit den Kommunen und Volkshochschulen – wurden hier erwerbslose Jugendliche zur Beschäftigung herangezogen. Häufig waren die materiellen und personellen Bedingungen katastrophal. Lamm schildert am Beispiel eines von ihm geleiteten Berliner Erwerbslosenheims die Alltagsprobleme, die bei der unzureichenden Betreuung der zugewiesenen Jugendlichen entstanden und die permanente Überforderungssituation der pädagogischen Helfer, die abends „das Heim meist in einer Art Erschöpfungszustand" verließen. (Lamm, 1932, S. 80) Das von Lamm dokumentierte große Mißtrauen der Jugendlichen wird auch von dem stellvertretenden Arbeitsamtdirektor aus Potsdam-Nowawes, Nolde, bestätigt, jedoch auf die „schrankenlose Agitation" in den „allgemein bekannten Hetzblättern, die vor den Arbeitsämtern an Arbeitslose verteilt zu werden pflegen" (Nolde, 1931, S. 91) und die von „Zwangsarbeit“ und „Arbeitsdienstpflicht“ sprechen, zurückgeführt.

Mit dem Einsetzen der Weltwirtschaftskrise übernahmen verstärkt Verbände der freien Jugend- und Wohlfahrtspflege Betreuungsmaßnahmen für erwerbslose Jugendliche.[1] Mit den „Richtlinien zur Durchführung beruflicher Bildungsmaßnahmen für Arbeitslose“ vom 17. 9. 1930 legte die Reichsanstalt Regularien für die aus ihrem Haushalt finanzierten beruflichen Fortbildungs- und Umschulungsmaßnahmen vor. Der zugelassene Personenkreis umfaßte Empfänger der Alu und Kriu, Arbeitslose, deren Wartezeit noch nicht abgelaufen war und Jugendliche, die die Voraussetzungen zum Empfang der Alu nicht erfüllten. In der Regel dauerten die Maßnahmen sechs Wochen, in Ausnahmefälle bis maximal drei Monaten. Die von den Arbeitsämtern in enger Koordination mit den Berufs- und Fachschulen durchgeführten Maßnahmen hatten das Ziel, „die Unterbringung der Arbeitslosen in Arbeit zu erleichtern, insbesondere Empfänger von Arbeitslosenunterstützung der Arbeitslosigkeit zu entziehen sowie die Arbeitsbereitschaft der Arbeitslosen zu erproben.“[2] Die Bereitstellung zusätzlicher Mittel und die Zentralisierung der Fortbildungsmaßnahmen durch die Reichsanstalt steigerte sprunghaft ab 1930 die Zahl der Teilnehmer. Im Rechnungsjahr 1931/32 wurden rund 330000 jugendliche Arbeitslose in 11700 acht- bis zehnwöchigen Kursen erfaßt. (Syrup, 1936, S. 74)

Allerdings scheint im Laufe der Zeit der Aspekt der Berufsschulung zugunsten der „Wende zur Produktivität“ (Wiedwald, 1931, S. 512) zurückgedrängt worden zu sein.

Zu den Betreuungsmaßnahmen zählte weiterhin der Einsatz erwerbsloser Jugendlicher in der Landwirtschaft. Hier wurden zwischen 1930 und 1932 jährlich ca. 20000 Jugendliche aus dem Ruhrgebiet auf landwirtschaftliche Güter Ostdeutschlands geschickt. (Syrup, 1936, S. 74) Es waren vor allem evangelische Organisationen, die den Einsatz Jugendlicher in der Landwirtschaft organisierten und eigenständige Umschulungsmaßnahmen junger Industriearbeiter zu Landwirten und Siedlern leiteten. Neben der Evangelisch-Sozialen Schule Berlin-Spandau, die unter ihrem Leiter Dr. Alexander von Viebahn später auch im FAD eine bedeutsame Rolle spielte, betrieb die Innere Mission landwirtschaftliche Arbeitslager und Umschulungsbetriebe: den Sigmarshof bei Bethel (vgl. Stratenwerth, 1932), den landwirtschaftlichen Lehrbetrieb in Rickling (Holstein) und ab 1930 das Landheim Nenningmühle bei Pockau-Lengefeld im Erzgebirge (vgl. Finck, 1931, S. 39ff.). In den landwirtschaftlichen Schulungslagern ging es vor allem um die Anlernung von Hilfskräften, die in den vier- bis sechswöchigen Kursen „in die ländlichen Verhältnisse und das gemeinschaftliche Lagerleben eingeführt werden“ sollten.[3] Die wöchentliche Arbeitszeit betrug 36 Stunden, täglich waren zwei Stunden Unterricht vorgesehen. Nach ähnlichem Muster führte die ev. Schule in Zusammenarbeit mit den evangelischen Arbeitervereinen Brandenburgs und der evangelischen Arbeiterjugend mehrere landwirtschaftliche Arbeitslager durch, die wirtschaftlich autonom waren und in denen die Jugendlichen tariflich entlohnt wurden. Dort arbeiteten die in den Schulungslagern angelernten Jugendlichen.

Zwischen 1925 und 1931 wurden zahlreiche Betreuungsmaßnahmen institutionalisiert, an denen neben den Arbeitsämtern, den Institutionen des Bildungssystems auch Träger der freien Jugend- und Wohlfahrtspflege beteiligt waren. Trotz der Vielfalt der praktizierten Maßnahmen trugen sie im Kern Formen, die im FAD konkrete Gestalt annahmen, nämlich die Kombination von körperlicher Arbeit und politischer Erziehung. Der Anspruch auf berufliche Umschulung und Fortbildung[4] wurde damit weitgehend fallengelassen zugunsten des Prinzips der Erziehung durch Arbeit und zwar von Arbeit, die keine Qualifikation benötigte.

Die sozialpolitischen und jugendpflegerischen Maßnahmen reagieren so auf die Verhaltensmuster und die objektive Situation erwerbsloser, ungelernter und unregelmäßig beschäftigter Jugend. Peukert hat kürzlich in seiner exzellenten Studie über die zeitgenössische Jugendfürsorge den Verhaltenstypus des ungelernten proletarischen Jugendlichen treffend charakterisiert. In ihm verknüpften sich „die objektive Unbeständigkeit des Beschäftigungsangebots in diesem Sektor des Arbeitsmarktes mit einem entsprechend unstetigen, flüchtigen subjektiven Habitus... Eine solche Verhaltensweise war einerseits durchaus funktional, weil sie ein flexibleres, unbefangeneres Reagieren auf die permanente Unsicherheit des Lebenszuschnitts erlaubte. Sie ging einher mit jenem lauten, ungezwungenen, früh lebensklugen Auftreten der Großstadtjugendlichen, das den Pädagogen ein Greuel war... Andererseits zementierte die Unbeständigkeit und Zerfahrenheit vieler ungelernter Jugendlicher, und ihre mangelnde Fähigkeit zur Konzentration, zur Vorausplanung und zur Kalkulation ihre schicksalsmäßige Zuweisung an die fluktuierende Randzone der industriellen Reservearmee." (Peukert, 1986, S. 173)[6]

Konnte 1929 der Berliner evangelische Pfarrer Günther Dehn in seiner Studie über die proletarische Jugend seiner Gemeinde noch schreiben: „Die Tragödie des Ungelernten besteht darin, daß er eben keinen Beruf hat, sondern nur noch Arbeit" (Dehn, 1929, S. 78), so schwand in der Weltwirtschaftskrise selbst diese Perspektive für viele. Bei dem hohen Organisationsgrad der Weimarer Jugend war es fast zwangsläufig, daß der Reichsausschuß der Deutschen Jugendverbände Anfang der dreißiger Jahre seine bildungs- und sozialpolitischen Aktivitäten verstärkte. Obwohl er nur einstimmige Beschlüsse fassen konnte, entwickelte er ein beachtenswertes sozialpolitisches Programm (1925) und schaltete sich regelmäßig in die zeitgenössische sozialpolitische Diskussion ein. Sein Geschäftsführer Herrmann Maaß wurde als Vertreter der Jugend regelmäßig zu den Beratungen von Gesetzesentwürfen herangezogen. Das 1925 aufgelegte Programm sah im einzelnen vor:

„1. Grundsätzliche Ausdehnungen der Schutzbestimmungen für die Lehrlinge und die jugendlichen Arbeiter und Angestellten auf das Alter vom 14. bis zum vollendeten 18. Jahre;
2. drei Wochen bezahlte Ferien für erwerbstätige Jugendliche (einschließlich

Lehrlinge) unter 16 Jahren und zwei Wochen bezahlte Ferien für erwerbstätige Jugendliche (einschließlich) Lehrlinge zwischen 16 und 18 Jahren;
3. Festsetzung einer Arbeitswoche von höchstens 48 Stunden (einschließlich des Fachunterrichts und der Zeit, die für Aufräumungsarbeiten beansprucht werden könnte);
4. Beginn der sonntäglichen Arbeitsruhe am Sonnabendmittag oder Gewährung eines freien Nachmittags in der Woche;
5. Festsetzung ausreichender Arbeitspausen;
6. Verbot der Nachtarbeit für Jugendliche." (Zwerschke, 1963, S. 118)

Durch geschickte Öffentlichkeitsarbeit gelang es dem Reichsausschuß auch andere Organisationen für seine Forderungen zu gewinnen, obwohl interessenbedingt natürlich Arbeitgeberverbände und Handwerkerinnungen mit finanziellen, betriebstechnischen und volkswirtschaftlichen Argumenten dagegen zu Felde zogen. Um seine Forderungen wissenschaftlich zu untermauern, gab der Reichsausschuß sogar eine Untersuchung zur Lage der erwerbstätigen Jugend in Auftrag (Meves, 1929). Die Weltwirtschaftskrise verlagerte die Aktivitäten des Reichsausschusses auf die Bekämpfung der Arbeitslosigkeit und ihre Folgen. So schlug er u. a. vor, „Ortsausschüsse für Erwerbslosenhilfe" zu gründen, denen Arbeitsamt, Jugendamt, Berufsschulbehörde, Arbeitgeber und Gewerkschaften, Wohlfahrts- und Jugendverbände angehören sollten. Als deren Betätigungsfeld war die Koordinierung und Organisation von Freizeit- und Bildungsmaßnahmen, von Veranstaltungen zur beruflichen Fortbildung und die Vermittlung von Arbeitsplätzen und Lehrstellen gedacht. Auch bei den Beratungen zur Einführung des FAD wurde Herrmann Maaß hinzugezogen, der hier zunächst eine ablehnende Haltung bezog (vgl. Kap. 7.1.). Speziell an der Verwirklichung des „Notwerkes der Deutschen Jugend" (vgl. Kap. 7.2.) hatten Maaß und die Geschäftsführung des Reichsausschusses erheblichen Anteil. Dort waren eine Reihe von Forderungen und Vorschlägen realisiert worden, die der Reichsausschuß mit der Deutschen Zentrale für Jugendwohlfahrt und der Reichsarbeitsgemeinschaft für Jugenderholungs- und Heilfürsorge im Januar 1932 in einer Denkschrift dem Reichsinnenministerium übermittelte. Das Notprogramm unter dem Titel „Umbau – nicht Abbau" fordert eine planmäßige Förderung der vorbeugenden Jugendhilfe. Denn trotz der Verabschiedung des RJWG seien die organisatorischen und materiellen Voraussetzungen vielfach nicht gesichert. Angesichts der Massenarbeitslosigkeit könne sich Jugendpflege nicht auf Freizeitgestaltung beschränken, sondern habe „eine umfassendere und zugleich unmittelbar staatspolitische Aufgabe zu erfüllen." Die Denkschrift fordert deshalb eine Ausschöpfung der im RJWG angelegten Möglichkeiten, verstärkte Hilfen für jugendliche Arbeitslose und eine Rücknahme des Sozialabbaus. Dazu sollten in allen Städten und Kommunen Arbeitsgemeinschaften der öffentlichen und freien Träger gebildet werden, die die Hilfe für erwerbslose Jugendliche organisieren. Insgesamt sollten die Hilfsmaßnahmen an die freien Träger delegiert werden, „weil deren Arbeit volkserzieherisch nachhaltiger und pädagogisch wirksamer ist." (Das Junge Deutschland, H. 2/1932, S. 33ff.) Zwar berichtete die Zeitschrift des Reichsausschusses regelmäßig über die Entwicklung des FAD und druckte Stellungnahmen einzelner Verbände nach, doch nahm der FAD bis zum September 1932 eine eher untergeordnete Stellung ein. Erst ab Heft 9 wurde eine eigenständige Rubrik „Freiwilliger Arbeitsdienst" eingerichtet, die zunehmend in das Zentrum der Zeitschrift rückte. Nach der Übernahme durch Baldur von Schirach spielte die Arbeitsdienstfrage in „Das Junge Deutschland" nur noch eine marginale Rolle; der Hinweis auf die Freiwilligkeit entfiel.

Insgesamt lassen sich die skizzierten Maßnahmen als Versuche zusammenfassen, den „Menschen der Unordnung" den Gebrauchswert ihrer Arbeitskraft zu erhalten und sie durch „staatsbürgerliche" Betreuung politisch zu integrieren und ihrer politischen wie gewerkschaftlichen Sozialmilieus zu entziehen. Dabei galt der FAD bei manchen Jugendämtern als wertvolle „Erziehungsmaßnahme für undisziplinierte Jugendliche", um – wie in Königsberg Pr. – „haltlose, lediglich milieugefährdete Mädchen längere Zeit planmäßig in Arbeitserziehung zu erfassen" (Simon, 1932, S. 160) und so präventiv im Vorfeld von Schutzaufsicht und Fürsorgeerziehung sozialpädagogische Interventionen zu etablieren.[7]

Zusammenfassend lassen sich vier Stufen arbeitsmarktpolitisch initiierter Erwerbslosenbildung identifizieren, die in zeitlicher Folge die staatlichen Handlungsprobleme einer Arbeitsmarktpolitik reflektieren (Brödel, 1984, S. 32):

- Fortbildung und Umschulung mit dem Ziel beruflicher Qualifizierung und Eingliederung Erwerbsloser in den Arbeitsmarkt.
- Mit steigender Arbeitslosigkeit Relativierung des Ziels der Reintegration in den Arbeitsmarkt und Betonung arbeitssozialisatorischer Tugenden.
- Suche nach „Alternativen", die Abkoppelungsmöglichkeiten von dem krisenanfälligen Wirtschaftssystem auf dem Gebiet der Siedlung suggerieren. Diese industrieskeptischen Strategien setzen ihre Hoffnungen auf die Stärkung des landwirtschaftlichen Sektors, der Selbstversorgung und damit verbunden auf die Abkühlung des Stadt-Land-Gegensatzes.
- Einführung des FAD als Teil einer Arbeitserziehung, die Beschäftigung jeder beruflichen Qualifizierung den Vorrang gibt. Der FAD setzt auf eine Strategie, die nicht mehr die Reintegration in den Arbeitsmarkt zum Ziel hat, sondern ein Beschäftigungssystem außerhalb arbeits- und tarifrechtlicher Kontrolle etabliert, das eine politische und ideologische Eigendynamik gewinnt.

Abel beurteilt in seiner Dissertation[8] die bildungspolitischen und sozialpädagogischen Maßnahmen zur Betreuung erwerbsloser Jugendlicher eher skeptisch. Der anfängliche pädagogische Optimismus sei nachhaltig erschüttert worden. „Man dachte daran, in der dem jungen Menschen aufgezwungenen Freizeit bestehende und zuweilen recht scharf gegeißelte Bildungslücken auszufüllen und die Jungarbeitslosen zur Beschäftigung mit geistigen Dingen anregen zu können. Besonders durch das letztere Bemühen glaubte man dem

Leben dieser jungen Menschen neuen Inhalt und Zweckfüllung zu vermitteln. Derartige Hoffnungen sind jedoch bezüglich der großen Masse völlig enttäuscht worden.“ (Abel, 1935, S. 178 f.) In der Regel hätten alle sozialpädagogischen Versuche nur jene Gruppe der erwerbslosen Jugend erreicht, die am wenigsten gefährdet waren. Der vorgeschlagene Lösungsversuch, nämlich die Bindung an ernste produktive Arbeitsleistung und das Erlebnis einer Gemeinschaft, findet aber auch bei Abel seine Realisierung im Arbeitsdienst. Nur dort könne auch im Sinne einer Phrophylaxe den „vitalen, sozialen und psychischen Fehlentwicklungen arbeitsloser Jugend“ (Abel, 1935, S. 186) wirksam begegnet werden.

6. Arbeitslager- und Volksbildungsbewegung

6.1. Die Anfänge: Bündische Arbeitslager

Die erste Konjunktur der Arbeitsdienstdiskussion Anfang der zwanziger Jahre ging nicht spurlos an der bürgerlichen Jugendbewegung vorbei. Schon 1924 forderten 20 bündische Gruppen, unter ihnen der Jungdeutschlandbund, der Bund deutscher Ringpfadfinder, der Wandervogel-deutsche Jungenschaft, der Deutsche Hochschulring, die Deutsche Turnerschaft, die Einführung eines Arbeitsdienstjahres. (Der Zwiespruch, Bl. 15/1924, S. 4) Im Dezember 1924 lud dann der Führer des Altwandervogels, Ernst Buske (1894-1930), alle Freischaren und Einzelstudenten des Bundes zu einem Arbeitslager im Frühjahr 1925 ein.

„Zweck: in produktiver, körperlicher und geistiger Arbeit miteinander zu verwachsen und den Gedanken der Arbeitsdienstpflicht auf unsere Weise zu verwirklichen."[1] Diese mit Hans Dehmel offensichtlich abgesprochene Initiative fand vor allem die Zustimmung des damaligen Volksschullehrers und Musikerziehers Georg Götsch (1895-1956), der später maßgeblich an der Gründung der Deutschen Freischar (DF) beteiligt war. Spontan antwortete er Buske in einem Brief.

> „Allgemein: Die Gelegenheit muß dazu benutzt werden, unseren Studenten ein Bild zu geben, daß ihre Führer mit den wirklich tragenden und neuen Kräften der Gegenwart in Verbindung stehen, und daß diese eine wirkliche ‚Hochschule' zu bilden vermögen. Jeden zweiten Abend denke ich mir darum einen Vortrag."[2]

Dieses erste studentische Arbeitslager[3] fand statt vom 17. bis 29. April 1925 in der Heimvolkshochschule Schloß Colborn nahe Hannover. Unter Führung von Buske und Götsch beteiligten sich daran etwa 50 Studenten der Hochschulen Breslau, Danzig, Berlin, Leipzig, München, Greifswald und Marburg, darunter 10 Abiturienten. Der in der Einladung hergestellte Bezug zur damals aktuellen Diskussion um die Einführung einer Arbeitsdienstpflicht sollte allerdings nicht überbewertet werden. Dieses und folgende Lager lassen sich kaum als Versuche zur freiwilligen Realisierung eines Arbeitsdienstes deuten. Ihre Antriebskräfte sind eher in der Situation der Studentenschaft der frühen Weimarer Republik zu suchen, die durch materielle Not und ideelle Verarmung, durch soziale Deklassierungsängste und Entwertung akademischer Qualifikationen bestimmt war. Besonders die Studenten mittlerer und unterer Schichten traf die Verelendung weiter Studentenkreise. Die Überfüllung der akademischen Berufe war dabei nur ein Indikator für eine sich steigernde gesellschaftspolitische Spannung, die in den studentischen Kreisen der bürgerlichen Jugendbewegung als Generationskonflikt gedeutet wurde. Kriegsniederlage, republikanische Verfassung und andauernde Wirtschaftskrise konnten durch die überbordenden Impulse der Jugendbewegung und ihres Jugendkultes in das Verlangen auswuchern, „die ganz bankrotte politische und soziale Ordnung der Erwachsenen umzustoßen." (Jarausch, 1984, S. 141)

Dabei hatten auch die Erfahrungen der jugendbewegten Studenten im 1. Weltkrieg ein bruchloses Anknüpfen an die Ideen des Vorkriegswandervogels nachhaltig erschwert. Die Idee der bündischen Arbeitslager ist hier nur *ein* Experiment bei der Suche nach neuen Sinngebungen.

> „Wir wissen vor allem, daß wir die Jugend eines geschlagenen und tief gedemütigten Volkes sind, das innerpolitisch in stärkster Gärung, dessen sittliche Kraft schwer untergraben ist. Wir wissen auch, daß ebenso wie der Urwandervogel notwendig ‚revolutionär' sein mußte, für uns Aufbau und Bejahung Aufgabe und Bestimmung sind. Da stehen wir wieder bei der bedeutungsvollen Frage: Welches ist diese Aufgabe? Wir wollen Antwort zu geben versuchen, die beiden gerecht werden muß, einmal dem Drang der Jugend zur Aktivität, zum anderen der Tatsache, daß in ihr etwas von dem Geist lebt, der in dem berühmt gewordenen Philosophenwort seinen Ausdruck fand: jede Festlegung ist eine Verneinung."[4]

In solchen Überlegungen und in der materiellen Situation der Studentenschaft sind die Antriebsmotive für die bündischen Arbeitslager eher zu suchen als in den Arbeitsdienstbestrebungen eines Aumann, Hierl oder Mahraun. Vielmehr ging es diesen Studenten um das Experimentieren mit neuen gesellschaftlichen Lebensformen. Dies verband die Kritik an der gesellschaftlichen Isolierung der universitären Ausbildung mit den Erfahrungen des Werkstudententum, dessen Bedeutung nach der Stabilisierung der Reichsmark rapide zurückging. Dabei hatte gerade das Erlanger Programm der Deutschen Studentenschaft von 1921 den Werkstudenten als den neuen Typus des Studenten ausdrücklich begrüßt und in das Zentrum studentischer Selbsthilfe gestellt. Er lebte von der Idee der gemeinsamen Lebenserfahrung von Arbeitern und Studenten, von der Integration der Studenten in den industriellen Produktionsprozeß. „Der Werkstudent ging für eine längere Zeit als Handarbeiter in den Produktionsprozeß, vielfach schrittweise vom ungelernten Arbeiter zum angelernten und gelernten Arbeiter aufsteigend. Er wird in Leistung, Lebensweise und Lebenshaltung ein Industriearbeiter." (Schairer, 1970, S. 395)[5] Für die damalige Zeit waren dies radikale Überlegungen zur Überwindung der Klassenschranken, fühlte sich der deutsche Student im allgemeinen doch als gesellschaftlicher Gegenpol des Handarbeiters. Jedoch erwies sich die Brücke, die das Werkstudententum zur Arbeiterschaft schlagen wollte, als ein zerbrechlicher Steg. Zwar wurden die Sympathien der Studenten hier und da von den Arbeitern, speziell den Gewerkschaften, die sich bereit erklärten dem notleidenden Studenten zur Seite zu stehen, erwidert, doch die Mehrheit der Arbeiter blieb abweisend und sah in den Werkstudenten eine unliebsame Konkurrenz auf dem Arbeitsmarkt. Materielle Not und der – retrospektiv – naiv anmutende Versuch, über das Werkstudententum gesellschaftliche Klassenschranken und Vorurteile abbauen zu können, veranlaßten zwar nationale

Gewerkschaftsführer auf dem Erlanger Studententag 1921 zu der Verpflichtung, 20000 Studenten in die Reihen der Arbeiter aufzunehmen. Aber in der Regel „begegnete der Arbeiter dem Werkstudenten, besonders zu Beginn der Arbeitszeit, mit dem ererbten Mißtrauen des klassenbewußten Proletariers gegenüber dem Reaktionär. Die Proletarier hatten die Rolle der Studenten in den Freikorps nicht vergessen, und so ergaben sich allein aus diesem Grunde politische Meinungsverschiedenheiten während der Arbeitszeit und in den Vesperpausen.“ (Kater, 1975a, S. 39; vgl. auch Kater, 1975b)

Auch wenn die Universität für die Arbeiterschaft eine „Klassenüberhöhungsmaschine“ (Robert Michels) war und strukturell die Bildungsbarrieren ihr gegenüber verfestigte, sorgte die Permanenz des wirtschaftlichen Notstands der Studenten dafür, daß ihr Lebensstandard häufig unter dem vollbeschäftigter Arbeiter lag. Hier konnte auch die studentische Wirtschaftshilfe, die 1921 noch das Werkstudententum als Kernstück des Selbsthilfekonzepts pries, nur wenig Abhilfe schaffen. Zwar stieg der Anteil der Werkstudenten von 9% aller Studierenden in den Sommerferien 1920 auf 14% im SS 1922 und 43% in den Sommerferien. Die unter Inflationsbedingungen kurzfristig florierende Exportwirtschaft steigerte nochmals den Bedarf nach ungelernten und billigen Arbeitskräften, so daß im Sommer 1923 die Höchstquote auf etwa 50% stieg. Die Einführung der Rentenmark im November 1923 beschnitt mit ihren Auswirkungen auf dem Arbeitsmarkt die Möglichkeiten studentischer Werktätigkeit nachhaltig. So schnellte beispielsweise die Zahl arbeitsloser Gewerkschaftsmitglieder von 9,9% im September 1923 auf 28,2% am Jahresende. Die Zahl der unterstützten Kurzarbeiter stieg von 125352 (1. 4. 1923) auf 1795824 am 1. 12. 1923 (Kuczynski, 1982, S. 92). Im Vergleich zum Vorjahr stieg damit der Prozentsatz der Kurzarbeit um 24% auf 26,8%. Zwar waren in den Sommerferien 1924 noch einmal 20% aller Studierenden erwerbstätig, doch der massive Anstieg der Kurzarbeiterzahlen, gekoppelt mit niedrigem Lohnniveau, reduzierte die Erwerbsmöglichkeit für Studenten drastisch. Anfang der zwanziger Jahre erreichte zwischen 20% und 50% aller Studenten nicht das Existenzminimum. Chronische Unterernährung, katastrophale Wohnverhältnisse, hohe Krankheitsraten[6] waren für viele Studenten die Regel. Für sie war die Grenze sozialer Belastbarkeit, noch gefördert durch die „Indifferenz der Gesellschaft“ (Kater), längst erreicht. So mußten im Mai 1923 in Dresden 28,8% des Existenzminimums allein für die Mensa-Verpflegung aufgebracht werden, wobei 39,2% aller Dresdner Studenten das örtliche Existenzminimum nicht erhielten (Kater, 1975a, S. 50). Mit Kater läßt sich allgemein festhalten: Je ärmer der Student von zu Hause aus war, umso eher mußte er seine Laufbahn als Werkstudent bestreiten. Und etwa 2/3 aller in den Inflationsjahren Studierenden war auf Werkarbeit angewiesen.

> „Es ist bezeichnend, daß studentische Stimmen inmitten der generell einsetzenden Prosperität immer wieder darauf hinweisen mußten, mit der äußerlich sichtbaren Abnahme des Werkstudententums sei das Phänomen an sich, als Symptom größter studentischer Notstände, noch keineswegs verschwunden. Durch die optische Verzerrung der studentischen Situation aus der Perspektive des Wohlstandes aber

wurde das Elend der Kommilitonen, die noch immer litten, um ein Vielfaches erhöht, denn nun fehlte die mitleidsvolle Publizität der öffentlichen Meinung." (Kater, 1975a, S. 57)

Da der Lohnsturz, verbunden mit Kurzarbeit, die noch wenig verbliebenen Möglichkeiten studentischer Werkarbeit unrentabel machte[7], sannen freideutsche Studenten nach Kompensationsmöglichkeiten. Die bündischen Arbeitslager eröffneten hier eine Möglichkeit, durch gemeinsame körperliche Arbeit einen Ausgleich zum Studium zu schaffen. Sie dienten aber auch dem profanen Interesse der Kostensenkung.

Mit der für die Anhänger der Arbeitslagerbewegung typischen Emphase schreibt Keil rückblickend 1932:

„Der Zwang zum Broterwerb durch die Hände Arbeit, die Kontrolle unfundierter geistiger Ansprüche durch die handfeste und wortkarge Kritik des werktätigen Menschen, den zum Kameraden sich gemacht zu haben der heimliche Stolz vieler Studierender wurde, der damit verknüpfte Anschauungsunterricht quer durch alle Schichten des Volkes hindurch, alles das schuf einen neuen Studententyp, der mit Abstand dem Leben der Hochschulen gegenüberstand und aus seinen Erlebnissen heraus ihre geistige Stellung im Volk, ihre wissenschaftlichen Inhalte, ihre Methoden mit kritischen Augen ansah. Aus solchem inneren Widerstand wuchs das Bedürfnis nach einer größeren Lebendigkeit des wissenschaftlichen Lebens, als sie in der vielfach zusammenhanglosen, intellektualisierenden Luft, der gesellschaftlichen Isolierung der Hochschulen zu finden war. Von dieser Seite führt der zweite Weg zu den Arbeitslagern. In dem Augenblick, als das Werkstudententum nach der Stabilisierung der Mark an Bedeutung immer stärker zurückging, wurde so sein innerer Wert in eine neue Form weiterentwickelt. Die Werkarbeit konnte nunmehr zum notwendigen Bestandteil einer sinnvollen Lebensform neben der Hochschule für die studentischen Gruppen werden." (Keil, 1932a, S. 5f.)

Die Verrichtung körperlicher Arbeit auf den schon zur Tradition gewordenen Bundeslagern der bürgerlichen Jugendbewegung war tatsächlich ein Novum in ihrer Geschichte. Allerdings bildeten sie kaum das Resultat eines planmäßigen Erziehungsprozesses, wie Bühler (1978, S. 31ff.) dies unterstellt. Sie können eher als Ausdruck studentischer Statusunsicherheit gelesen werden und als ein Versuch, den den Jungenschaften entwachsenen Studenten „ihrer Lebensstufe entsprechend" eine „ihnen gemäße Lebensform" zu bieten (Umbreit, 1932, S.112). Den ersten studentischen Arbeitslagern der Deutschen Freischar fehlte zudem der missionierende Eifer, der die Arbeitslagerbewegung später auszeichnete. Sie waren eng an die Lage ihrer studentischen Adressaten und ihrer konkreten Probleme angelehnt. Vornehmlich drei Motivstränge lassen sich für die frühen studentischen Arbeitslager konstatieren, die sich wechselseitig ergänzen. Zum einen wirkte die Ideologie des Werkstudententum mit seinem Kameradschaftsethos zwischen Arbeitern und Studenten deutlich nach. Hier wirkten die Arbeitslager als bescheidener Ersatz für die faktisch entfallene reale Werkarbeit. Körperlicher Arbeit wurde eine „gesunde, ausgleichende Wirkung gegenüber der einseitigen Geistigkeit des Akademikers" (Keil, 1932a, S. 7) zugeschrieben. Georg Götsch hat dieses Gefühl plastisch in seinem Bericht über das erste Arbeitslager in Colborn geschildert:

„Die Arbeit gab allmählich dem Gang und der Haltung der Einzelnen eine gewisse Schwere; aber sie machte doch sehr froh. Mancher spürte wohl mit zum ersten Male das Glück, sich wirklich ‚nützlich' zu machen, nicht nur seinen Leib aus Gesundheitsgründen zu üben, spürte den wirklichen Gegendruck der dringlichen Welt, ihren zähen Widerstand, aber auch die Freude am sichtbaren Erfolg, etwas fertiggebracht, eine wenn auch noch so winzige Spur ins Anlitz unserer Erde gegraben zu haben. Diese Freude müßte sich der Geistesarbeiter immer wieder verschaffen, sonst verliert seine Gedankenwelt leicht die Erdnähe und Stoffschwere."[8]

Hier deutet sich schon das zweite Motiv der Arbeitslager an, nämlich die studentische Kritik an der Stellung der Hochschule und der Praxisferne der Universitäten. Es war vor allem eine Kritik des wissenschaftlichen Wissens, dessen Produzenten an den Universitäten längst den Kontakt zum „Volk" verloren hätten. Praxisferne, mangelnder Gebrauchswert, einseitige Vergeistigung waren Stichworte für ein Kritikmuster, das sich auf studentischer Seite bis zum heutigen Tage mit wechselnden Bezugspunkten bei den unterschiedlichsten Anlässen entzündet. Deshalb sollten die Arbeitslager eine „wirkliche Hochschule" (Buske) bilden. Von Beginn an schwingt daher das Selbstverständnis ihrer Aktivisten mit, zu den reformorientierten neuen Kräften an den Universitäten zu zählen, die durch körperliche Arbeit kritische Distanz schaffen zu der als unwirklich empfundenen akademischen Wissensproduktion.[9]

Die Hochschulen selbst, so lautete die Diagnose (Keil, 1932a, A. 45ff.), hätten sich dem Volke entfremdet. Eine grundlegende Hochschulreform sei unabdingbar, es sei die dringliche Aufgabe der Studenten, den Kontakt zur Arbeitswelt herzustellen. Die Arbeitslager bildeten in einer von den Studenten vage anvisierten Reformstrategie die Kontrollstellen „für die Volksnähe der Wissenschaften". Die „akademische Frontgeneration", ausgezeichnet durch „Gemeinschaftsgesinnung, Verantwortungsbewußtsein und Kameradschaft", überwand – nach Keil – im Werkstudententum die Klassengegensätze zwischen Arbeitern und Akademikern. Gespeist aus den biographischen Erfahrungen des Fronterlebnisses sei für sie die Fabrikarbeit eine notwendige Ergänzung zum Studium gewesen. Das „volksnahe Leben" der freideutschen Studenten in den Arbeitslagern stellt einen Versuch dar, die Entfremdung zwischen Hochschule und Volk aufzubrechen.

Drittens wurden die Arbeitslager als eine neue Lebensform propagiert. Neben dem pädagogischen Aspekt, der der körperlichen Arbeit abgewonnen wurde, spielen hier allgemeine politische Impulse eine Rolle. So hieß es in der Einladung zu dem Lager in Dassel 1926, es sei die wichtigste Aufgabe, das gegenwärtige chaotische Durcheinander zu steuern, „indem wir jedes menschliche Beieinandersein ordnen und verstaatlichen, indem wir überall Volksordnung üben". Überwunden werden müsse die Gefahr des fruchtlosen Diskutierens und hier hätte die Werkarbeit innerhalb des Lagerlebens ihre wichtige Funktion (Buske, 1927). Nicht zuletzt spielte schon in dieser Phase der generationsspezifische Aspekt eine wichtige Rolle. Die hier erstmals praktizierte Verbindung von körperlicher, geistiger und musischer Arbeit im Rahmen eines geschlossenen Lagers von mehrwöchiger Dauer wurde von den Beteiligten stets als Leistung der „jungen Generation“ im Sinne einer Ergänzung der geistigen Arbeit an der Hochschule verstanden. Erst später wurde der Anspruch über die Leitidee der Volk-Bildung erweitert und mit fast missionarischer Verve propagiert.

In den Jahren 1925 bis 1927 wurden insgesamt vier Arbeitslager von der Deutschen Freischar bzw. dem Alt-Wandervogel durchgeführt. Bereits erwähnt wurde das Lager in der Heimvolkshochschule Colborn 1925. Ihm folgten die jeweils drei Wochen dauernden Lager in Dassel (8. 4.-28. 4. 1926; 144 Teilnehmer), in Herrmannsburg (4. 4.-25. 4. 1927; 83 Teilnehmer) und in Löwenberg (5. 4.-25. 4. 1927; 105 Teilnehmer). Alle Lager zeichnen sich durch die soziale Homogenität der Teilnehmer, nämlich Studenten, aus sowie durch eine einheitliche Tageseinteilung, die vom gemeinsamen Turnen morgens um 5.45 Uhr bis abends zur Nachtruhe um 22.30 Uhr den Tag streng reglementierte. Sechsstündige Arbeit am Vormittag, meist Arbeiten für das jeweilige Heim, Vorträge am Nachmittag und musische Veranstaltungen am Abend füllten den Tag des Lagerlebens aus. Die Vorträge, für die zum Teil prominente Referenten gewonnen werden konnten, „sollten keine Erweiterung der systematischen Ausbildung der Studenten sein, sondern Mitteilungen, Berichte Gedankengänge aus dem Erfahrungskreis von Männern, die denkend im wirklichen Leben stehen. Sie sollten im wesentlichen Hilfe in der Berufsfrage geben, die für die deutschen Studenten heute so brennend ist.“[10]

Das erste Lager in Colborn beispielsweise wurde mit einem Vortrag über „Jugendführer und Berufserzieher“ eröffnet, der die unterschiedlichen Funktionen des Lehrerberufs und der Führung von Jugendgruppen betonte. Der Lehrerberuf in der Staatsschule sei weder ein Berufsideal noch ein „Mannesberuf“. Erziehung müsse in erster Linie Selbsterziehung sein – wie sie in der Jugendbewegung praktiziert würde. Auch Buskes Referat über die Arbeit der Akademischen Freischaren zeugt von dem Versuch der Studenten über eine Art Selbstfindungsprozeß, eine ihrem Alter und Sozialstatus adäquate Lebensform zu praktizieren. Der Jugendkultur, so die Forderung, müsse nun eine „Manneskultur“ folgen, die „das Erlebnis lebendiger Einordnung in ein, sei es auch noch so kleines, Staatsgefüge zu verlieren.“[11] Neben Fritz Klatt (Volkshochschulheim Prerow) referierte in Colborn auch der preußische Kultusminister Becker zum Thema „Staat und Kultur“.

> „Der für die Idee des Staates so begeisterten Jugend wurde hier in 1000 lebendigen Bildern die wirkliche Dynamik eines modernen Staates vor Augen geführt. Es entstand eine plastische Anschauung der inneren Umsetzungen in der Regierungsform seit der Revolution ... Am Montag, nachdem das Ergebnis der Reichspräsidentenwahl bekannt geworden war, fand eine durch keine politische Leidenschaft getrübte Aussprache über die Gründe statt, welche die einen zur Wahl Hindenburgs, die anderen zur Wahl von Marx bewogen hatten. Es ward offenkundig, daß der politische Weg des Bundes durchaus jenseits einer praktisch parteipolitischen Stellungnahme liegt.“[12]

Deutlich läßt sich aus dem Bericht über das Colborn-Lager[13] ablesen, wie eng von den bündischen Studenten der Zusammenhang zwischen ihrem Engagement in der Jugendbewegung und ihrer späteren Berufswahl gesehen wurde. Nicht durch neue politische Maßnahmen sei der gesellschaftlichen Krise wirksam zu begegnen, sondern einzig durch „neue sittliche Menschen, die höhere Anforderungen an sich stellten.“[14] Die Erziehung zum neuen Menschen nun war eine der Grundorientierungen des pädagogischen Denkens der Weimarer Republik, die speziell in der „neuen Richtung“ der Erwachsenenbildung eine zentrale Rolle spielte und Grundlage der engen Kooperation zwischen Volksbildung und Jugendbewegung darstellte.

Mit den Arbeitslagern der Deutschen Freischar 1925 bis 1927 wurde eine neue Form des studentischen Zusammenlebens im Rahmen der bürgerlichen Jugendbewegung etabliert, die sich mit ähnlichen Überlegungen innerhalb der freien Volksbildung traf. Zunächst auf konkrete studentische Problemlagen bezogen, erweiterten sich später Kontext und damit Zielsetzungen der Arbeitslageridee unter dem Eindruck rapide steigender Arbeitslosigkeit und wirtschaftlicher Verelendung. Ursprünglich relevante Aspekte wie jener der Hochschulreform traten in den Hintergrund bzw. wurden aufgegeben. Stattdessen betonten die studentischen Aktivisten die Funktion der Arbeitslager als eine eigenständige Lebensform der gesamten Jugend, die auch dann in der Hand der jungen Generation verbleiben müsse, wenn der unmittelbare Anlaß für die Verbreitung der Bewegung, die Erwerbslosigkeit, wegfalle. Angesichts der gewandelten politischen Machtverhältnisse in der Endphase der Weimarer Republik sollte sich dieser Standpunkt jedoch als wenig realitätshaltig erweisen. Mit der Einführung des FAD gewann die Arbeitslagerbewegung eine Eigendynamik, in die die bündischen Jugendführer nur sehr bedingt kontrollierend eingreifen konnten und die auch die engen Grenzen der Leistungsfähigkeit der Pädagogik aufzeigen sollte.[15]

6.2. Die Schlesische Jungmannschaft und das Boberhaus

Die Idee der von Studenten dominierten bündischen Arbeitslager wäre sicherlich ohne die strategische Rolle der Schlesischen Jungmannschaft und ihrer führenden Aktivisten nicht zu jener sozialen Bewegung angewachsen, die Anfang der dreißiger Jahre ihr Resonanzfeld weit über die bündische Jugend hinaus ausweiten konnte. Bei der Initiierung und Ausweitung der Arbeitslagerbewegung spielt die Schlesische Jungmannschaft (SJ) gleich mehrfach eine Schlüsselrolle. Ihre führenden Aktivisten waren nicht nur maßgeblich an der Gründung der „Deutschen Freischar. Bund der Wandervögel und Pfadfinder“ beteiligt[1], sondern sie stellten mit Hans Dehmel (1896-1985) auch den ersten Bundesführer. Sie war zum anderen eng mit der Arbeit der Volksbildungsbewegung in Schlesien verbunden und kooperierte mit der „Deutschen Schule für Volksforschung und Erwachsenenbildung“, die zu der im Hohenrodter Bund zusammengeschlossenen reformorientierten „Neuen Richtung“ in der Erwachsenenbildung zählte (vgl. Laack, 1984). Nicht zuletzt diese Verbindungen eröffneten den meist studentischen Führers der SJ die Kanäle und die Protektion staatlicher Administration. Vor allem erfreute sich die SJ der wohlwollenden Unterstützung des damaligen preußischen Kulturmunisters Becker. Eine geschickte Werbearbeit sicherte ihr zudem die Unterstützung von mit der Jugendbewegung sympathisierenden Erwachsenen, speziell lokaler und regionaler Honoratioren im niederschlesischen Industriegebiet. Auf ihre Unterstützungsleistung war die SJ anfangs angewiesen. Denn sie sicherte ihr eine gewisse Akzeptanz in der Öffentlichkeit und sicherte ihr finanzielle und politische Möglichkeiten, ohne die die Arbeitslagerbewegung ihre Breitenwirkung hätte nicht entfalten können. Dieser „Ring" sympathisierender Erwachsener, der überwiegend aus dem regionalen Bildungsbürgertum stammte, garantierte der SJ einerseits die von ihr propagierte Autonomie der jungen Generation, setzte sie andererseits der Tendenz der zunehmenden Einflußnahme durch Erwachsene aus. Schon die Anfangsphase der Arbeitslagerbewegung zeigt, daß entgegen dem Selbstverständnis ihrer Aktivisten sie nicht exklusiv ein Unternehmen der jungen Generation war, sondern von Beginn an auf die unterstützende Hilfe Erwachsener angewiesen blieb und diese auch nutzte. Der später ausgetragene Streit um das „Erstgeburtsrecht" der Arbeitslager bestätigt im Grunde nur nochmals die These, daß der Focus der bündischen Arbeitslagerbewegung mit ihrem Idealtyp des Arbeitslagers für „Arbeiter, Bauern und Studenten" ein gemeinsames Projekt von Erwachsenen und Jugendlichen aus der deutschen Bildungsbürgerschicht war, das in einer Neukombination existenter pädagogischer und politischer Argumentationsmuster bestand.

Die Schlesische Jungmannschaft wurde 1922 als ein Zusammenschluß der Führerschaft des Wandervogel – Deutsche Jungenschaft, des Bundes der Neupfadfinder und des Wandervogel V.B. im Anschluß an eine 7-wöchige Siebenbürgenfahrt durch die Fahrtenführer Hans Dehmel, Hans Piechullek (Jg. 1897) und Harry Verbeek (Jg. 1895) gegründet. Sie bestand aus ca. 200 Studenten und Älteren[2], die meist selbst noch in der Ausbildung standen. Neben der Erziehungsarbeit in den Bünden selbst engagierte sich die SJ vor allem in den Fragen des Minderheiten-Nationalismus – mit deutlichem Schwerpunkt Südosteuropa – und wurde über die schlesische Region hinaus bekannt durch „ihren Landhilfedienst im Grenzland, durch ihre sozialpolitische Tätigkeit, durch soziologische Dorftests (‚Dorfwochen') und kulturpädagogische Arbeiten in der Volk-Bildung" (Neumann/Dehmel, 1963, S. 413). Speziell in der Anfangsphase dominierte die sog. Grenzlandarbeit, der Besuch und enge Kontakt mit den in Südosteuropa lebenden Auslandsdeutschen die Aktivitäten der SJ.[3] In der historischen Rückschau faßt Rudolf Jentsch die Antriebsmotive der SJ wie folgt zusammen:

> „Die schon im deutschen Reichsgebiet beginnende und sich im ost- und südosteuropäischen Raum fortsetzende Gemengelage verschiedener Nationalitäten wurde als Ergebnis historischer Entwicklungen hingenommen mit der Folge, daß die Angehörigen der in einen Staatsverband eingeordneten Volksgruppen die ihnen als Staatsbürger obliegenden Pflichten wahrzunehmen hätten. Andererseits sollten ihnen Rechte auf Grund ihrer Volkszugehörigkeit zuerkannt werden. Die Bestrebungen zum Ausbau eines Minderheitenschutzes und zur Entwicklung eines Rech-

tes der Volksgruppen fanden die Unterstützung der führenden Kräfte der ‚Schlesischen Jungmannschaft'." (Greiff/Jentsch/Richter, 1970, S. 22)

Die SJ versuchte mit dieser Position und ihrer Praxis, freundschaftliche und enge Kontakte mit ausländischen Jugendgruppen zu knüpfen, einen Mittelweg zu beschreiten zwischen einer extrem völkischen Position und der völligen Negierung der Problematik ethnischer Minderheiten. Gemessen an dem Spektrum des völkischen Ressentiments war die Position der SJ eher gemäßigt und auf Kooperation und Verständigung angelegt. Erwähnenswert ist diese Grenzland- und Auslandsarbeit in unserem Kontext deshalb, weil ihr wie der Arbeitslagerbewegung ein emphatischer Volksbegriff als letzter Begriff zugrunde liegt, als ein Begriff also, mit dem gearbeitet wird, ohne ihn kritisch zu reflektieren. Der Volksgedanke der SJ bleibt auch in den weiteren Jahren ihrer politisch-pädagogischen Praxis axiomatisch gesetzt.

In einem 1924 verbreiteten Flugblatt definierte die SJ ihre allgemeine Zielvorstellung, die ihr Engagement in der Arbeitslagerbewegung verständlich machen kann:

"Sie will das Gut, das dem deutschen Volke durch die Jugendbewegung geschenkt wurde, weitertragen und pflegen unter Ausschaltung aller der Bestrebungen, die die Jugend zu parteipolitischen oder wirtschaftlichen Sonderzwecken von ihrer eigentlichen Aufgabe abdrängen wollten:

offene, willensstarke Charaktere heranzuziehen, die sich im Mannesalter von Massenpsychosen nicht überraschen lassen, den Körper in seiner Vielseitigkeit zu pflegen, Wehrhaftmachung nicht nur in körperlicher, sondern auch in geistiger Beziehung, den großdeutschen Volksgedanken innerhalb der Jugend zum Durchbruch zu bringen und so auch innerpolitisch einigende Kräfte zu stärken.

Liegt so ihr Ziel abseits von allen Tagesbestrebungen und Parteikämpfen so ist es doch *durchaus politisch* in dem Gestaltungswillen zu einem neuen deutschen Volke und seinem Reich." (Hervorhebung im Original)

Das gleiche Flugblatt endet mit Appell zur ideellen und materiellen Unterstützung an jene „Volks- und Wirtschaftskreise, denen an einer verantwortungsbewußten und tatkräftigen Jugend gelegen ist." Den Aufruf zur Gründung einer informellen „Gesellschaft der älteren Freunde der Schlesischen Jungmannschaft" haben 23 Erstunterzeichner unterschrieben. 15 von ihnen waren promoviert, 7 arbeiteten in pädagogischen Berufen. Den Berufsangaben und Titeln zufolge, so kann man zusammenfassen, handelte es sich um lokale Honoratioren der Umgebung von Löwenberg und Liegnitz, die soziologisch dem Bildungsbürgertum und geistig den Ideen der Jugendbewegung zuzurechnen sind. Die Führerschaft der Jungmannschaft bestand damals aus dem Diplom-Ingenieur Hans Piechulek, dem Vikar Herrmann Preiser, dem Kaufmann Hellmut Priesner und dem Studenten Hans Dehmel, der neben Hans Raupach eine beherrschende Rolle in der Geschichte der SJ und des Boberhauses spielte.[4] Über die soziale Zusammensetzung der SJ insgesamt liegen kaum verläßliche Daten vor. Zumindest läßt sich festhalten, daß die Jungmannschaft mehrheitlich aus männlichen Studenten und Akademikern der Nachkriegsgeneration bestand, die zwischen 1900 und 1910 geboren wurden, ihren Weg zur SJ meist über die schlesische Wandervogelbewegung fanden. Greiff hat kürzlich eine Sammlung von 88 Kurzbiographien von Mitgliedern des SJ-Trägerkreises[5] zusammengestellt – 77 Männer und 11 Frauen, bei denen es sich entweder um Ehefrauen führender Aktivisten (n = 4) und/oder um pädagogische Helferinnen im Boberhaus und im weiblichen FAD handelt. Von den 88 erfaßten Personen sind 72 zwischen 1900 und 1910, 6 zwischen 1911 und 1916, 7 zwischen 1893 und 1899 geboren (k. A. n = 3). Mit Ausnahme von Hans Dehmel und der ersten Gruppe der Lehrer im Boberhaus bestand die Führungsgruppe der SJ ausschließlich aus Angehörigen der Nachkriegsgeneration.

Organisationssoziologisch läßt sich der Kreis um die SJ weiter ausdifferenzieren. Neben der „Schlesischen Jungenschaft im Altwandervogel", die im eigentlichen Sinne die Jugendgruppe bildete, der Schlesischen Jungmannschaft selbst, existierte als studentische Korporation die „Akademische Freischar Breslau" sowie der eingetragene Verein als Grundstückseigentümer des Boberhauses. Dessen Vorsitzender war zunächst Ernst Bargel und später Gerhard Wacke. Als Führer der SJ fungierte zunächst Friedrich Schütze, dem Hans Piechulek, Artur von Machui, Kurt Ballerstedt, Richard Noack und Jürgen Riel folgten. Führer der Schlesischen Jungenschaften waren Walter Greiff, Hans Raupach, Bernhard Lindenau und Gotthard Gambke. Außer den erwähnten Gruppierungen gehörte noch eine Mädchengruppe zur Schlesischen Freischar. Diese organisatorische Binnendifferenzierung wird getragen von einer kleinen Gruppe studentischer Aktivisten, die in allen Gruppen die strategisch wichtigen Positionen inne hatten. Unter ihrer Verantwortung erschienen von April 1925 bis Juni/Juli 1932 die „Berichte der Schlesischen Jungmannschaft", die bis April/Mai 1933 als „Monatsbriefe der Schlesischen Jungmannschaft" fortgeführt wurden. In Zusammenarbeit mit der Volkshochschulstelle des Regierungsbezirks Liegnitz und dem Boberhaus erschien vom Frühjahr 1928 bis Sommer 1930 „Die Volksgruppe. Beiträge zum Schlesischen Volksbildungswerk", gefolgt von „Kurze Nachrichten aus der Volksgruppe".

Die organisatorische Binnendifferenzierung der Schlesischen Freischar garantierte so die Integration verschiedener Alterstufen – von den Älterengruppen über die Jungmannschaft zur Jungenschaft. Diese altersspezifische Differenzierung, die dem „Bund" als Lebensform und häufig auch Gegenmodell zum System des Parlamentarismus zugrunde lag, war innerhalb der bündischen Jugend weit verbreitet. Im „Bund" konnten sich die Erwartungen nach personal-ganzheitlichen Sozialbeziehungen ebenso ausleben wie das Leitbild einer ständisch organisierten Volksgemeinschaft als Alternative zu den funktionalen Organisationsprinzipien der entwickelten Industriegesellschaft (Giesecke, 1981, S. 95).

Prägend für die politische Sozialisation der SJ war neben den Gruppenerfahrungen und -erlebnissen der enge Kontakt zur Universität Breslau und Vertretern der Volksbildungsbewegung. So wurde ihre Hinwendung zur Erwachsenenbildung entscheidend verstärkt durch den dominierenden Einfluß Erwachsener. Durch Eugen Rosenstock[6] z. B., dem Sachberater für das

Volkshochschulwesen an der Universität Breslau und Leiter der industriepädagogischen Gruppe der „Deutschen Schule für Volksforschung und Erwachsenenbildung“, wurden Dehmel und einige seiner Freunde eingeladen zur Teilnehme am 19. Lehrgang für Volksbildner, den der Hohenrodter Bund im Auftrag des Preußischen Kultusministeriums im September 1925 im schlesischen Schreiberhau abhielt.

Ein von Dehmel verfaßter Tagungsbericht vom Oktober 1925 berichtet[7] über die Pläne des Hohenrodter Bundes, in Niederschlesien ein neutrales Volkshochschulheim zu errichten, das grundsätzlich Schülern verschiedener Arbeits- und Weltanschauungsrichtungen offenstehen sollte. Eigene Pläne der SJ, eine Heimschule für Oberschüler in Anlehnung an Gustav Wyneken, Herrmann Lietz und Berthold Otto aufzubauen, wurden daraufhin fallengelassen. Umso stärker wurde unter dem Eindruck des Volk-Bildungs-Ansatzes des Hohenrodter Bundes der Plan zur Errichtung einer Volkshochschule verfolgt.

Bei Großgrundbesitzern, Ärzten, Unternehmern, Rechtsanwälten, Apothekern u. a. sammelten im Wintersemester 1925/26 die in der „Akademischen Freischar“ Breslau organisierten SJ-Mitglieder das Gründungskapital von zehntausend Mark und gewannen so „einen Vorschuß an Vertrauen und von der Regierung weitere Mittel zum Ankauf des von dem prominenten Architekten H. Poelzig für den Apotheker Zwirner in Löwenberg/Schlesien entworfenen Hauses ‚Fichteneck‘, eines eigenwilligen, eindrucksvollen Baues auf der Hügelkante über dem Tal des Bober.“ (Greiff, 1985, S. 13) Trotz des Engagements der bündischen Studenten wäre das Boberhaus ohne die entscheidende Förderung seitens des Regierungspräsidenten in Liegnitz und des preußischen Kultusministeriums wohl nie als neutrales Volkshochschulheim entstanden. Erst der die SJ nach außen abschirmende und protegierende Kreis Erwachsener und sympathisierender Organisationen ermöglichte ihr den Ausbau des Boberhauses und die Erarbeitung eines eigenständigen pädagogischen Profils. Die VHS-Stelle beim Regierungspräsidenten in Liegnitz, die VHS Breslau, die schlesische Musikantengilde, Berufsschulen, der Volksbund für das Deutschtum im Ausland, Jugendbünde bis hin zur Gewerkschafts- und SAJ-Jugend warben um Schüler für die langfristigen Lehrgänge und die Durchführung von Freizeiten im Boberhaus. Artur von Machui (1904-1971) Mitglied der Gründungsgruppe des Hauses und Schwager Adolf Reichweins, würdigte 1928 in der ersten Aufzeichnung über die Gründungsphase eine „Reihe von hohen Regierungsbeamten, die sich bereit fanden, alle Pläne genau zu prüfen, und die in der Lage waren, ihren Inhalt anzuerkennen... Es waren vor manchen anderen die Herren: Minister Professor Dr. Becker, Regierungs-Präsident Dr. Pöschel, Ministerialrat Dr. Richter, Oberbürgermeister Wagner-Breslau, Oberbürgermeister Snay-Görlitz, Oberregierungsrat Dr. v. Erdberg, Oberregierungs- und Schulrat Schütze, Landesrat da Rocha-Schmidt, Landrat Schmiljan, Regierungsrat Matzker, Regierungsrat Dr. Marcus, Regierungsrat v. Stutterheim, Schulrat Dr. Sievers und Magistratsdezernent v. Hörner. Ohne die Unterstützung dieser Männer hätte das ‚Boberhaus' nicht so bald errichtet werden können. Sie haben der Jugend gezeigt, welche große Bedeutung dem Staat heutzutage gegenüber der zerrissenen Volkheit zukommt. Nicht allerdings mehr im Sinne des alten selbstherrlichen Polizeistaates, sondern im Geiste eines modernen selbstlosen Sozialstaates, der seine ganze Gewalt dafür einsetzt, die Kräfte der alten Interessenordnung in den Dienst neu entstehender Volksordnung zu stellen." (Machui, 1928, S. 4)

Als die SJ Ostern 1926 das Boberhaus in eigener materieller und pädagogischer Verantwortung übernahm, schien dies ein Wagnis zu sein. Denn kaum einer ihrer Mitglieder verfügte über ein pädagogisches Konzept bzw. über professionelle Qualifikationen. Bis zu einem gewissen Grade blieben sie daher auf die Unterstützung der freien Volksbildung angewiesen. Ihr Einfluß wird auch in den „Leitgedanken der Boberhausgruppe" von 1928 deutlich. Basierend auf der Krisendiagnose, das deutsche Volk sei bedroht durch „äußere Feinde und innere Zersetzung", übernimmt das bildungstheoretische Paradigma des Hohenrodter Bundes, nämlich der große Wurf einer neuen Volksordnung durch Volk-Bildung, auch für die Boberhausgruppe Leitfunktionen:

> „Helfen können da keine Wunder, Zeichen und großen Führer, sondern nur ruhige Aussprachen und zeitweises Zusammenleben von Männern und Frauen: und zwar aus den verschiedensten Klassen und Bekenntnissen, aus Jugend und Alter, aus dem Reich und aus den deutschen Stammesgebieten in der Fremde. Begegnungen, die an Stätten aufkommen müssen, die durch keine partei- oder bekenntnismäßige Tradition belastet sind. Begegnungen, die durch Menschen eingeleitet werden, die um das gegenwärtige Schicksal der Zerrissenheit wissen, Begegnungen, die aber nicht eine bloße Einmütigkeitspsychose heraufbeschwören, sondern Arbeitsplatz eröffnen, an denen das laufende Band sichtbar wird, an dem wir alle Werkdienst leisten... Aus umsichtigen, tatkräftigen Menschen, die diesen neuen Volksgruppen angehören, kann im Lauf der Jahre und Jahrzehnte einmal ein neuer Stand von Führern und Lehrern der Gesamtheit des Volkes zusammenwachsen: Ein neuer Mittelstand, der mehr und mehr eine berechtigte Stelle zwischen den vielleicht unabschaffbaren kämpfenden Klassen und Bekenntnissen einnimmt und der die hoffnungslose Lage der in Krieg und Nachkrieg verbitterten und zermürbten alten Mittelschicht freudig umgestaltet zum Besten eines neuen wohlgegliederten Volksganzen." (Die Volksgruppe, Frühjahr 1928, S. 2)

Offensichtlich schlagen sich in diesen Leitgedanken Ansprüche und Hoffnungen des um seinen Status besorgten und um Reprofilierung seiner kollektiven Identität bemühten Bildungsbürgertums nieder, über den Ausbau des außerschulischen Erziehungssystems die beanspruchte gesellschaftliche Führungsrolle zu legitimieren und sich selbst als sozialen Träger einer neuen Volksordnung zu definieren.

Von zentraler Bedeutung ist in diesem Zusammenhang die seit 1924 bestehende Kooperation der Freischar-Studenten Breslaus mit Eugen Rosenstock, der sich der durch ihren bündischen Lebensstil und ihre Auslandserfahrungen von den übrigen Studenten unterscheidenden Gruppe intensiv annahm. Über die Anfänge der Zusammenarbeit schreibt der Archivar des Boberhauskreises, Helmut Neumann:

> „1925 kam zwischen dem Professor und der ‚Freischar' eine Art Arbeitsverhältnis zustande. Die Studenten (Ingenieurstudenten der TH, Naturwissenschaftler, Philologen, Juristen u. a.) bildeten unter der Leitung von Rosenstocks nicht bündischem Assistenten Dr. Albert Mirgeler... eine ‚Politische Arbeitsgemeinschaft'. Man beschäftigte sich u. a. mit Fragen wie ‚Einfluß des Mönchswesens auf die westliche Kultur'. Die meisten Teilnehmer waren nicht katholisch. An einer ‚Pädagogischen Arbeitsgemeinschaft' hatten Freischärler wenige Semester vorher unter der Leitung des Uni-Prof. (Philosoph, Pädagoge) Dr. Rudolf Lehmann (geb. 1855) teilgenommen."[8]

Intensiviert wurde die Zusammenarbeit zwischen Rosenstock und der SJ nach der Errichtung des Boberhauses. Beide trafen sich in der ebenso emphatischen wie vagen Idee der gestaltenden Volk-Bildung. Sie zielte darauf ab, jene Bildungselemente zu fördern, die über alle Interessendivergenzen unterschiedlicher sozialer Schichten hinaus zu gemeinsamen Verhaltensweisen in gesellschaftlich relevanten Fragen befähigen sollten. Vor diesem Hintergrund kristallisierten sich drei Arbeitsschwerpunkte des Boberhauses heraus: Intensivierung und Systematisierung der Auslandsarbeit, verbunden mit Großfahrten in fast alle Länder Europas und begleitet mit wissenschaftlichen Studien führender SJ-Mitglieder (Examensarbeiten, Promotionen etc), die damit politisch-pädagogische Aktion und berufliche Qualifikation verbanden.[9] Lehrgänge (zum Teil von viermonatiger Dauer (vgl. Keil, 1978)), die der Idee der gestaltenden Volk-Bildung sich verpflichtet wußten, Arbeitslosenfreizeiten, die Einrichtung von Wohnheimen (Neumann/Dehmel, 1963). Nicht zuletzt waren es die Lager für Arbeiter, Bauern und Studenten 1928, 1929 und 1930, die sozial heterogene Gruppen in abgeschlossener Form zu gemeinsamer körperlicher und geistiger Arbeit zusammenführten, welche dem Boberhaus eine zentrale Bedeutung in der Geschichte der Weimarer Erwachsenenbildung zuwiesen.

Trotz interner Konflikte und des anfangs nicht gelösten Professionalisierungsproblems entwickelte sich das Boberhaus zur größten freien Heimvolkshochschule der Weimarer Republik. Schon im Geschäftsjahr 1929/30 wies das Haus mit rd. 65000 RM das größte Ausgabenvolumen der Heimvolkshochschulen aus, wobei der Anteil der Zuschüsse, Beihilfen und Stipendien an den Einnahmen ca. 30% betrug. Im Jahre 1928/29 betrug die Zahl der Belegtage 14300, 1931/32 immerhin noch 13200, obwohl die staatlichen Zuschüsse infolge der Wirtschaftskrise von 26650 RM auf 7500 RM sanken. Das Engagement des Boberhauses in der Erwerbslosenbildung und speziell im FAD und seine Anerkennung als FAD-Führerschule im Herbst 1932 sicherten das Haus ökonomisch notdürftig ab. Aber am Abbau der hauptamtlichen Belegschaft und der Kürzung ihrer Monatssätze konnte dies nichts ändern (Keil, 1978, S. 118). Eine Bildungsstätte wie das Boberhaus konnte solche Einschränkungen aber schon deshalb auffangen, da es von Beginn an auf das aktivistische Element, d. h. auf die unentgeltliche Mitarbeit seiner Trägergruppe angewiesen war. Und diese gestaltete sich keineswegs problemlos. Denn die SJ war keine politisch homogene Gruppierung und sie besaß als „autonome" Gruppe auch keine starke Verbandslobby – dafür aber umso bessere Kontakte zu „strategischen Personen" der politischen Administration.

Im Spektrum der bürgerlichen Jugendbewegung galten die Studenten der SJ eher als „links" stehend und wurden wegen ihrer auf Verständigung angelegten Auslandsarbeit von nationalistischen Kräften als pazifistisch kritisiert. Walter Greiff erinnert an eine interne Probeabstimmung unter etwa 100 Mitgliedern anläßlich einer der letzten Reichstagswahlen vor 1933; außer drei KPD-Stimmen und einer NSDAP-Stimme votierten alle Anwesenden für Parteien der Weimarer Koalition.[10]

> „Bei den Landtagswahlen neigte man mehr zur SPD, bei den Reichstagswahlen aus außenpolitischen Motiven zur Partei Stresemanns. Diese Vielfalt politischer Ansichten und die positive Einstellung zur Weimarer Republik bedingten die Fähigkeit zur volksbildenden Integration der am Boberhaus mitwirkenden Angehörigen der Jm." (Greiff, 1985, S. 44)

Die Verpflichtung, die die SJ mit der Übernahme des Boberhauses übernommen hatte, konnte sie anfangs kaum erfüllen. Die meisten Mitglieder des Trägerkreises studierten noch oder standen kurz vor ihren Examina. So übernahm 1926/27 Dr. Gerhard Klau (1898-1950), Mitglied der Gründungsgruppe des Boberhauses und Mitglied der Gesellschaft der älteren Freunde der SJ, zunächst die Leitung des Heimes, unterstützt durch die beiden abgeordneten Gymnasiallehrer Ernst Seeliger (1885-1947) und Roman Kapuste (1895-1983). 1927 bis 1930 übernahm dann Hans Dehmel, inzwischen zum Bundesführer der Deutschen Freischar avanciert, die Leitung des Hauses. Für eine demographische Studie zur ländlichen Bevölkerung Schlesiens an der Universität Leipzig ließ Dehmel sich schließlich von der Leitung des Boberhauses freistellen. Sein Nachfolger, Hans Raupach (Jg. 1903) übernahm diese Funktion bis September 1932, dem Zeitpunkt seiner Berufung zum Leiter der „Mittelstelle für Arbeitsdienst in Volkslagern", einer Art Interessenvertretung der „Heimatwerke", d. h. der partei- und verbandspolitisch nicht gebundenen Dienstträger im FAD. Am 1. 1. 1933 wurde Georg Keil zum Leiter des Hauses bestellt. Unter dem zunehmenden Druck der schlesischen NSDAP mußte er jedoch das Amt schon Ende April 1933 wieder niederlegen.[11] Sein erzwungener Rücktritt war das erste offene Anzeichen, daß mit der Machtübernahme der Nationalsozialisten der Handlungsspielraum des Boberhauses erheblich eingeschränkt wurde. Als im Mai 1933 der Reichsverband der Deutschen Volkshochschulen und die Deutsche Schule für Volksforschung und Erwachsenenbildung in der „Hauptstelle für Volkshochschulwesen" zwangsintegriert wurden, wurde das Boberhaus, das in beiden Organisationen Mitglied war, nicht mit übernommen. Damit war es von staatlichen Zuschüssen abgeschnitten und mußte unter eingeschränkten Bedingungen und ständiger politischer Kontrolle aus eigener Kraft versuchen, die Heimvolkshochschule weiterzuführen. Dies geschah seit Juni 1933 unter der Leitung Walter Greiffs in einem sehr konfliktreichen langwierigen Prozeß, der mit der Liquidierung des

Hauses als selbständige Heimvolkshochschule im November 1937 endete. Die einzelnen Stationen dieses Prozesses interessieren hier nicht. Jedenfalls teilte der SS-Sturmbannführer Müller im Auftrag des Gauleiters der NSDAP Schlesien und Oberpräsidenten Wagner Raupach mit Schreiben vom 6. 8. 1937 lapidar mit, Wagner habe die sofortige Liquidierung des Hauses verfügt. In dem Antwortschreiben erklärte Raupach in seiner Funktion als Vorsitzender des Vereins zur „Förderung des Grenzschulheimes Boberhaus" vom 29. 8. 37: „Von der Entscheidung des Herrn Gauleiters aufs höchste betroffen... erkläre ich mich bereit, nun auch die Arbeit des Boberhauses zu liquidieren."

Am 9. 11. 1937 telegraphierte Raupach dann an den Vertreter des Oberpräsidenten in Breslau: „Darüber belehrt, daß Festhalten am Rechtsstandpunkt Widerstand gegen die Staatsgewalt bedeutet, übergabebereit." (zit. n. Greiff u. a., 1970, S. 45) Damit war die staatlicherseits seit längerem betriebene Liquidierung der Heimvolkshochschule erfolgreich durchgesetzt.[12] Offensichtlich wurde nun auch, daß die Politik der SJ, unter allen Umständen den eigenen Besitzstand zu retten, nur begrenzt durchzuhalten war. Als ein besonders gravierender Fehlschlag in dieser Richtung erwies auch der Aufruf der Freischar-Führer Dehmel, Raupach, Bargel, Kügler und Wolff vom 8. 3. 1933. Er richtete sich zugleich an die Mitglieder des Bundes, denen in einem Zusatzschreiben erklärt wurde, der Eintritt in die NSDAP bedeute nicht, „daß wir den Bund als feste Gliederung der NSDAP zuführen wollen: Wir erwarten vielmehr, daß jeder einzelne sich selbständig der Bewegung zur Verfügung stellt. Wer gleich uns seine Zugehörigkeit zur nationalsozialistischen Bewegung durch den Eintritt dokumentiert, der unterstellt sich auch als einzelner der Disziplin der Partei." (AdJb, A 2-22/2) Das Zusatzschreiben war von weiteren 16 Freischar-Führern unterzeichnet, die so ihr Einverständnis mit der Beitrittserklärung dokumentierten. In ihr heißt es:

> „Wir erklären unseren Beitritt in die NSDAP. Überzeugt von der Bedeutung der nationalsozialistischen Bewegung für den Aufbau des Deutschen Volksstaates empfinden wir es als unsere Pflicht, uns Ihrer Parteiorganisation einzuordnen. Bisher haben wir als Führer der ‚Deutschen Freischar' und der ‚Schlesischen Jungmannschaft' die parteipolitische Bindung abgelehnt... Jetzt gibt uns die Entscheidung unseres Volkes für eine Regierung unter nationalsozialistischer Führung die Gewißheit, daß die Zeit für die Verwirklichung der einigen Jungmannschaft eines straff geführten Deutschen Volkes gekommen ist. Wir verbinden damit die Hoffnung, daß die deutsche bündische Jugend sich nach unserem Beispiel dem Gebot der Stunde nicht versagt." (AdJb, A 2-22/2)

Ob dieser Brief wirklich die „offene, demonstrative Selbstgleichschaltung gegenüber den reaktionärsten, chauvinistischsten und aggressivsten Kräften des deutschen Imperialismus" (Schlicker, 1968, S. 111) gewesen ist, ob eine naive, aus verbandspolitischen Interessen[13] entsprungene Überlegung oder aus echter politischer Überzeugung geschrieben wurde, sei hier dahin gestellt. Für jede der Deutungsmöglichkeiten gibt es gute und durch Quellen zu belegende Argumente. Jedenfalls bediente man sich in den Führungskreisen der Deutschen Freischar weiter der Phraseologie von der Jugend als dem „Bauherr des

Dritten Reiches“ (Bargel, 1933); schon eine Woche nach der Beitrittserklärung, die wegen des Mitgliederstops der NSDAP nie realisiert wurde, versicherten der Bundesführer Professor Helmuth Kittel und der Bundeskanzler Dr. Ludwig Kelbetz in einem offenen Brief dem Reichspräsidenten, man stehe „entschlossen und eindeutig“ hinter der neuen Regierung und gelobten, „mit allen unseren Kräften dem Vaterlande und seinen Führern zu dienen.“[14] In der Bundeszeitung fügte Kittel hinzu:

> Unser Bekenntnis zum nationalsozialistischen Staate unter der Führung Adolf Hitlers, wie es seinen praktischen Ausdruck in unserem Eintritt in den ‚Kampfbund für deutsche Kultur‘ findet, hat zur selbstverständlichen Folge, daß jeder, der in der nationalsozialistischen Bewegung keinen Platz hat, auch aus der ‚Deutschen Freischar‘ ausscheidet. Die Gauführer sind für die Durchführung dieses Grundsatzes verantwortlich.“[15]

Karl O. Paetel[16], selbst aus der bündischen Jugend kommend, sah in dem Verhalten der Freischar-Führer „Anlaß eines beschämenden Versagens“ (Paetel, 1963, S. 137). Die Führer der Freischar und der Schlesischen Jungmannschaft haben dagegen nach 1945 argumentiert, sie hätten zu jenem Zeitpunkt das Ausmaß des Terrors der NSDAP nicht überblicken können. Einer solchen Rechtfertigung schwindet die Plausibilität, bedenkt man, daß es sich hier nicht um politisch naive Jugendliche gehandelt hat, sondern um Erwachsene und junge Erwachsene mit hohem akademischen Bildungsgrad. Im übrigen zeigten die politischen Maßnahmen der neuen Machthaber gegen Mitglieder des Boberhaus-Trägerkreises, daß sie die Motive der freiwilligen Selbstgleichschaltung durchaus verstanden. Auch spätere Uminterpretationen der Arbeitslagerbewegung als Vorläufer des RAD (Raupach, 1934)[17] zeugen von einer systematischen Unterschätzung des Totalitätsanspruchs der NSDAP und einer hoffnungslosen Selbstüberschätzung der eigenen Position. Rasch erwies sich, daß die eigentliche Basis des Boberhauses mit der Machtübernahme der Nationalsozialisten zu schwinden begann. Diese Basis war der persönliche Kredit, den strategische Personen des öffentlichen Lebens und der politischen Administration einzelnen Mitgliedern der SJ oder der gesamten Gruppe gegeben hatten. Der Faschismus zerschlug den abschirmenden Ring befreundeter Erwachsener und damit auch eine jener pädagogischer Institutionen, die die Nahtstelle zwischen Erwachsenenbildung und bürgerlichen Jugendbewegung symbolisiert hatte. Freilich war zu diesem Zeitpunkt die Trägergruppe des Boberhauses der Jugendphase längst entwachsen. Manche ihrer Mitglieder fanden im Reichsarbeitsdienst eine berufliche Existenz.

6.3. Das Volkslager – die „didaktische Kategorie der Vorwegnahme“ der neuen Volksordnung

1924 veröffentlichte Eugen Rosenstock seine Schrift „Andragogik“, die eine grundsätzliche Funktionsbestimmung der Erwachsenenbildung beinhaltet. Danach sei Andragogik der Reflex und das Heilmittel nach der ersten Niederlage „des Mannes oder eines Volkes. Sie ist Selbstüberwindung... (und) sie will retten, was zu retten ist.“ (Rosenstock, 1924a, S. 26) Einem solchen Funktionsverständnis von Erwachsenenbildung, das eine umfassende Krisensituation als Stimulus voraussetzt, mußte die damalige dramatische wirtschaftliche Verelendung der niederschlesischen Industrieregion als ein idealer Testfall für die Leistungsfähigkeit der Pädagogik erscheinen.[1]

Für Schlesien bedeutete der Ausgang des Ersten Weltkrieges eine tiefe Sezession. Nach den ursprünglichen Plänen der Pariser Friedenskonferenz sollte Oberschlesien an Polen fallen. Die deutsche Delegation erreichte eine Volksabstimmung über diesen Plan. Sie ergab am 20. März 1921 ein Verhältnis von 60:40 für Deutschland. Während England dazu tendierte, das schlesische Industriegebiet bei Deutschland zu lassen, wollte Frankreich es an Polen geben. Die Polen selbst versuchten durch den sog. Korfanty-Aufstand vollendete Tatsachen zu schaffen und sich des Landes zu bemächtigen. Unter englischer Duldung wurden daraufhin deutsche Grenzschutztruppen organisiert mit großem Zulauf ehemaliger Freikorpskämpfer und bündischer Studenten. Sie eroberten am 23. 5. 1921 den symbolisch wie strategisch wichtigen Annaberg. Der Beschluß des Völkerbundrates fällte am 20. 10. 1921 jedoch die endgültige Entscheidung. Das Abstimmungsgebiet wurde geteilt, die neuen Grenzen verliefen quer durch das dicht besiedelte Industriegebiet. Dabei fielen 92% der Kohlevorkommen und alle Eisenerzgruben, Zink- und Bleihütten an Polen. Es war jenes Gebiet, das den stärksten polnischen Bevölkerungsanteil hatte. Auf beiden Seiten der neuen Grenze blieben fast gleich starke nationale Minderheiten: 258000 deutsche Stimmen im polnischen Teil, 200000 polnische Stimmen im deutschen Teil Oberschlesiens. Das Resultat der Teilung war für den deutschen Teil katastrophal. Eine völlig neue Industrie mußte aufgebaut werden, die großen Städte waren vom Hinterland abgeschnitten, Arbeitslosigkeit und Flüchtlingselend vermehrten die Schwierigkeiten. Die Mehrheit der Bevölkerung lebte in unsäglichem Elend, das Industrierevier Waldenburg, Landeshut und Neurode entwickelte sich zum Armenhaus der Republik.

Alexander Graf Stenbock-Fermor hat in seinen Sozialreportagen über die proletarische Provinz 1931 die Lebensverhältnisse im Waldenburger Industrierevier eindringlich beschrieben.[2] Das Kapitel trägt die bezeichnende Überschrift „Hier wird der Mensch langsam gequält“. 95% der Bevölkerung lebten von der Industrie und dem Dienstleistungsgewerbe. Steinkohlebergbau, Textilindustrie und Porzellanfabrikation stellten die wichtigsten Industriezweige dar. Während die auf Lebensmitteleinfuhr angewiesene Region eine der teuersten im Reiche war, zählten die Bergarbeiter zu den am schlechtesten bezahlten in Deutschland. Nach der Lohnordnung vom 1. 9. 1929 erhielt ein Hauer 6,03 Mark pro Schicht, ein Schlepper gar nur 5,52 Mark. In der Textilindustrie schwankten die Wochenlöhne zwischen 15 und 18 Mark. Zu dem hohen Preis- und niedrigen Lohnniveau kamen die auch für die damalige Zeit katastrophalen Wohnverhältnisse und eine hohe Krankheitsrate. Im gesamten Kreise Waldenburg waren 41% des Wohnraumes Einzimmerwohnungen, 36% Zweizimmerwohnungen, 13% Dreizimmer- und nur 10% Mehrraumwohnungen. Eine zeitgenössische Erhebung kam zu dem Resultat:

„Von den 5854 Schülern und Schülerinnen der hiesigen Volksschulen hatten 929 Kinder keinen Mantel, 5 Kinder kein Hemd, 281 Kinder nur ein Hemd, 1320 nur ein Paar Strümpfe, 3 Kinder keine Strümpfe... 1169 Kinder waren auffallend unterernährt. 1622 Kinder konnten als krank festgestellt werden... Bei 883 Kindern kommen fünf und mehr Personen auf einen einzigen Wohnraum, 2268 Kinder müssen das Bett mit anderen Kindern teilen. 1034 Kinder müssen mit Erwachsenen schlafen. 282 Kinder schlafen überhaupt in keinem Bett, sondern auf der Diele, auf Bänken und Stühlen." (Stenbock-Fermor, 1980, S. 45f.)

Der Zustand der Mehrzahl der Wohnungen war katastrophal, der Lebensraum der Kinder trist und öde.

„Wir gehen durch Straßen, durch lange Reihen grauer Mietskasernen. Die Wände sind aussätzig und kahl, von Schmutz, Ruß und Alter zerfressen. Die Erde ist unterwühlt durch den Bergbau, viele Gebäude werden nur noch durch mächtige eiserne Anker zusammengehalten. Sprünge spalten die Häuserfronten. Manche Schulen und Mietwohnungen sind wegen der Einsturzgefahr geräumt.
In engen Höfen, auf den Schutthalden spielen Kinder, die schon Spuren der Lungenkrankheit auf den Wangen tragen. Sie laufen barfuß oder in Holzpantinen, die unterernährten, ausgemergelten kleinen Körper in Lumpen. Seltsam alt sind ihre Gesichter, Greisengesichter, die Augen wissen alles, sie kennen kein Geheimnis." (Stenbock-Fermor, 1980, S. 41)

Die politisch dominierende Kraft innerhalb der niederschlesischen Arbeiterschaft war die Sozialdemokratie; der KPD gelang es lediglich innerhalb der Arbeiterjugend politischen Einfluß zu gewinnen. Gegenüber der gut organisierten und durch eine lange Tradition etablierten SPD blieb sie jedoch eine marginale Größe. Doch kennzeichnen eher Fatalismus und Resignation das Verhalten der Arbeiter als politisches Engagement und Kampf gegen die krassen Ausbeutungsverhältnisse. „Der niederschlesische Proletarier ist klein und geduckt", beobachtete Stenbock-Fermor, „nur die, die politisch und gewerkschaftlich organisiert sind, die aktiv in den Arbeiterorganisationen und Bünden stehen, wirken lebendig und aufgeweckt." (S. 44f.)

Die konzeptionelle und quantitative Ausweitung der ursprünglich auf die studentische Interessenslage zugeschnittenen Arbeitslager ist ohne die Berücksichtigung dieser regionalen Sonderlage hinreichend nicht verständlich. Der Regionaleffekt ist deshalb in Rechnung zu stellen, weil er den konkreten Anlaß für das Experiment der „Volkslager" lieferte, in das dann andere Überlegungen – etwa zur Hochschulreform und Volksbildung – gleichzeitig miteinflossen. Damit hatte sich in entscheidender Weise der soziale Kontext, in dem die studentischen Lager standen, verändert. In den Überlegungen Rosenstocks standen nicht Autonomie und Selbstfindung der bürgerlichen Jugend im Vordergrund, sondern volksbildnerische Aspekte wie sie zur damaligen Zeit in den reformorientierten Kreisen der Erwachsenenbildner diskutiert wurden. Schon die Entstehungsgeschichte der Volkslager zeigt, daß in ihre

Konzeption Überlegungen einflossen, die schon zuvor in anderen Kontexten diskutiert worden sind.

Den ersten Anstoß lieferte jedoch der spätere Widerstandskämpfer Helmuth James von Moltke, der zu dieser Zeit an der Universität Breslau studierte. Der Initiative und dem sozialen Engagements des gerade 20jährigen „roten Grafen" ist es zu verdanken, daß die katastrophalen Zustände im Waldenburger Bergbaurevier einer breiteren Öffentlichkeit bekannt wurden. Er lud Journalisten zu Rundreisen durch das Gebiet ein (Roon, 1967, S. 30) und setzte sich mit Rosenstock in Verbindung, um gemeinsam nach einer Möglichkeit zur Überwindung der Krisensituation der am stärksten betroffenen Kreise Waldenburg, Landeshut und Neurode zu suchen. Rosenstock berichtete später darüber:

> „1927 kam der junge Graf Moltke voller Erregung über die Not im Waldenburger Bergland zu mir und fragte um Rat. Er steckte voller sozialpolitischer Pläne, gab sich jedoch zufrieden, als wir ihm die Vorbedingungen für ein Gesetzgebungswerk auseinandersetzten: den Aufbruch eines einheitlichen Volkswillens zur Selbsthilfe." (Sappok, 1932/33, S. 4f.)

Überzeugt davon, daß eine wirksame Selbsthilfe nur durch die Zusammenarbeit aller Bevölkerungskreise der Region gelingen könne, trafen sich zur Vorbereitung einer solchen Zusammenarbeit am 14. 9. 1927 bei Moltke in Kreisau Mitglieder der SJ mit Rosenstock und anderen Hochschullehrern. Beschlossen wurde zunächst, zu einer Begegnung interessierter und zur Hilfe bereiter Persönlichkeiten der Umgebung vom 27. bis 30. 10. 1927 in das Boberhaus einzuladen. Die Einladungspraxis für dieses Treffen zeugt nicht nur von psychologischem Geschick der Gruppe, sondern deutet auch ihre Grundvorstellung an. Horst von Einsiedel[3], enger Mitarbeiter Rosenstocks, berichtete hierüber:

> „Der junge Graf M. hatte bei den Behörden und sonstigen ‚maßgebenden' Persönlichkeiten vorgearbeitet. Ich reiste nun primitiv herum, ging zuerst zu den uns als besonders einsichtig und lebendig geschilderten Führern der wirtschaftlichen und kulturellen Organisationen, stellte ihnen unseren Plan vor und fragte den Katholiken, wer denn auf evangelischer Seite, oder den Gewerkschaftssekretär, wer etwa von Industriellen für eine tatkräftige Arbeit in Frage käme und umgekehrt. Wurde uns jemand von mehr als einer gegnerischen Seite genannt, gingen wir zu ihm hin und luden ihn zu dieser Begegnung ein." (Rosenstock/Trotha, 1931, S. 29)

Von den etwa 90 angeschriebenen Personen folgten 68 Frauen und Männer der Einladung: Beamte, Professoren, Unternehmer, katholische und evangelische Geistliche, Landadel, christliche und sozialistische Gewerkschafter, Jugendliche und Lehrer. Resultat dieser Begegnung war die Gründung der „Löwenberger Arbeitsgemeinschaft", die es sich zum Ziel setzte, wissenschaftlich, publizistisch und sozialpädagogisch die Wirtschaftskrise der Region zu bekämpfen. Der Bericht über das Treffen betont zwei grundsätzliche Aufgaben der Arbeitsgemeinschaft: „1. Parteipolitische und persönliche Gegensätze verhindern hier wie überall lebensnotwendige Maßnahmen, die nur durch freiwillige Zusammenarbeit gegnerisch eingestellter Kräfte durchgeführt werden können. 2. Die sozialen Notstände, Abwanderung der besten Arbeitskräfte, Verfall der Werksgesinnung, Verwahrlosung der Jugendlichen können nur durch erzieherische Maßnahmen bekämpft werden."[4]

Deutlich trägt diese Konzeption, die als erste Maßnahme die Vorbereitung eines Arbeitslagers von Studenten, Jungbauern und Jungarbeitern vorsah, die Handschrift Eugen Rosenstocks. Denn in sie flossen seine grundsätzlichen Vorstellungen von „Volk-Bildung", wie sie auch in der „Deutschen Schule für Volksforschung und Erwachsenenbildung" diskutiert wurden. In ihren Reihen dachte man schon seit längerem nach, wie man die rein intellektuellen Formen der Bildungsarbeit überwinden könne zugunsten der Verbindung von praktischer Arbeit und geistiger Reflexion. Speziell Rosenstock, der seit 1925 in engerem Kontakt zum elitären Zirkel des Hohenrodter Bundes stand, brachte in diesen Kreis den Gedanken des sozialen Ausgleichs zwischen den Klassen als die primäre volksbildnerische Aufgabe ein. In einem kulturkritischen und den Vertretern der Reformpädagogik verbundenen Sinne versuchte man in diesem Kreise einerseits pädagogische Autonomie zu reklamieren, andererseits die pädagogische Isolierung zu durchbrechen und das „Volk" zu erreichen.

Eine herausragende Bedeutung kommt hier der ersten Akademie der „Deutschen Schule" vom 14. 3. bis 9. 4. 1927 auf der Comburg zu. Ihr Thema war die „Trennung der Arbeitswelt von den übrigen Lebensbereichen und ihre Folgen"; deutlich trug es die Handschrift von Eugen Rosenstock und Wilhelm Flitner (Laack, 1984, S. 116). *Ein* Resultat dieser Tagung war der Auftrag an Rosenstock, einen Plan für Freizeiten auszuarbeiten, „in denen sich Angehörige verschiedener Hochschulen und Studiengebiete treffen: sie sollen auf ihre Stellung im Volksganzen hingewiesen, auf die Kunst der Kooperation sachlich getrennter Arbeitsbezirke vorbereitet werden." (Flitner, 1927, S. 27) Realisierbar war der Plan nur, so waren sich die Teilnehmer einig, wenn „man die Sorgen und die Zerrissenheit eines bestimmten Landesteiles in den Mittelpunkt rücke. Daher beschloß der Rat der Deutschen Schule im Herbst 1927, das Arbeitslager im Hinblick auf die Notstände im schlesischen Industriegebiet vor allem der Kreise Waldenburg, Landeshut, Neurode zu gestalten." (Rosenstock, 1928, S. 221).[5]

Im Konzept der Löwenberger Arbeitsgemeinschaft war die Arbeitslageridee nur eine von mehreren Maßnahmen, mit denen man der Not im Revier begegnen wollte. Denn auf ihrer Gründungstagung konstituierten sich insgesamt acht Arbeitsausschüsse mit jeweils bereichsspezifischen Zielsetzungen: Siedlungsausschuß, Kinderhortausschuß, Wohlfahrtsausschuß, der Landheimausschuß, der Ausschuß zur Errichtung von Ledigenheimen, ein Ausschuß zur Verbilligung der Lebenshaltung und der Ausschuß für Berufsschulung und Nachwuchserziehung (Wittig, o.J.). Die Volkslager waren also nur ein Ansatzpunkt innerhalb eines ganzen Tableaus sozialpädagogischer und sozialpolitischer Aktivitäten. Durch die breite öffentliche Resonanz auf die Arbeitslager ist diese Tatsache freilich in Vergessenheit geraten.

Dies mag auch daran gelegen haben, daß sich im Arbeitslager-Ansatz am stärksten volksbildnerische und hochschulpädagogische Überlegungen trafen. Zudem kam er Rosenstocks wissenschaftstheoretischen Vorstellungen sehr nahe. Für ihn hatten die Universitäten und Hochschulen schon längst ihre gesellschaftliche Reputation verloren und den Status einer „Fach- und Brotschule“ angenommen, der jeglicher Bildungsgehalt abhanden gekommen sei. Was Reformpädagogik, Jugendbewegung und Volksbildung innovativ auszeichne, nämlich die wirklich „menschliche Begegnung zwischen Lehrer und Schüler“, fehle dringlich im Wissenschaftssystem der Universität. Rosenstocks Bildungs- und Wissenschaftsverständnis beruht basal auf der Überzeugung, wirkliche Bildung könne nur in spannungsgeladenen Situationen stattfinden, in Kontroversen, in der Konfrontation des Gegensätzlichen. Bildung lebt vom Widerspruch und aus der Erkenntnis des Widersprüchlichen. Hier spannt sich für ihn der Bogen zwischen Arbeitslagern und Hochschule.

Wie die modernen Naturwissenschaften ihre Laboratorien und Experimente zur Erkenntnisfindung benötigen, müsse auch die moderne Soziologie ihr Laboratorium haben, wo sie verifizieren kann, was sie erforschen will. Sollen die soziologischen Institute nicht zu Archiven toten Wissens verkümmern, so bedürfen sie ihrer eigenen Laboratorien.

> Diese dürften „nicht rein schulische, nicht zweckgebundene oder vorher berechenbare Vorgänge aufweisen. Andererseits müßte es einen Kreis von Ereignissen, eine Gruppe von Menschen, eine Reihe von zeitlichen Abläufen ohne Gewaltsamkeit auszusondern und zu durchdringen gestatten. Denn Soziologie braucht wie jede Wissenschaft verschärfte Isolierung, um reiner zu beobachten. Im ‚Arbeitslager‘ treten die modernsten Formen ‚reiner‘ Abläufe gesellschaftlicher Prozesse an die Hochschule zum Greifen nahe heran. Denn ‚Freizeiten‘ sind die reinsten Formen der Gruppenbildung wie der Zeitgestaltung... sie schieben sich also als wertvolle Mittelglieder zwischen die praktisch-gestaltende Volkshochschularbeit und die theoretisch-forschende Soziologie.“ (Rosenstock, 1927, S. 18)

Die enge Kooperation Rosenstocks mit dem Boberhaus beruhte eben auch auf dessen Überzeugung, die Universitäten müßten sich verstärkt nach Außen öffnen. Sie benötigen ergänzend Landheime für ihre Studenten, aber auch Stätten für ihre Dozenten, „über die ernstesten Fragen ihrer Forschung wie des Berufs überhaupt nicht sich auseinanderzusetzen, sondern ausdrücklich zusammenzusprechen.“ (Rosenstock, 1927, S. 19) In der Idee der Arbeitslager sah er den Focus zur Realisierung so unterschiedlicher Zielvorstellung. Jedoch ist der Idealtyp der Rosenstockschen Lagerpädagogik hinreichend nicht verständlich ohne die Rekonstruktion seines gesellschaftstheoretischen Denkens und der daraus resultierenden pädagogischen Konzeption.

Innerhalb des Wissenschaftssystems galt Rosenstock stets als „genialer Außenseiter“, als ein Querdenker und für seine Zeit und seine Position als radikaler Kritiker der kapitalistisch organisierten Industriegesellschaft. Theoretisch wie politisch saß er zwischen allen Stühlen, von den einen als Genie gelobt und von den anderen als „Wortjongleur, Schöpfer überraschender Formulierungen, die aber bei logisch exakter Nachprüfung sich als Seifenblase erwiesen“[6] getadelt. Sein Denken war wie das der Mehrheit des Bildungsbürgertums geprägt von dem Schlüsselerlebnis des Ersten Weltkrieges, an dem er als Frontoffizier teilnahm. Die Erfahrungen des Zusammenbruchs des politischen Ordnungsgefüges und die krisenhafte Entwicklung nach 1918 bilden die zentralen Hintergrundmotive und Orientierungsmuster seiner eher situativ und meist wenig systematischen Konzeption von Volk-Bildung. Zentral für diese Konzeption waren seine Deutungen der Entwicklung der kapitalistischen Gesellschaft in Deutschland und des Zustandes der Arbeiterbewegung. An ihr kritisierte er, sie sterbe durch die Angriffe des Kommunismus von links und des Faschismus von rechts und retardiere immer mehr zu einer konservativen, ja reaktionären und formal-demokratischen Masse. Bolschewisten, Faschisten und bürokratische Streber – schreibt Rosenstock 1924 – seien ihre Totengräber.

„Die sogenannte Sozialdemokratie ist durch diesen Blutleerungsvorgang in einer grausamen Lage: die eigenen Funktionäre reißen sich um die Pfründen einer bankerotten Staatsordnung, rauben ihr also den Gedanken und das Element des Opfers. Der Kommunismus übertrumpft sie durch den Radikalismus der Utopie: jene Ausrottung der Bourgeoisie, die in Rußland bei 89 Prozent Analphabeten möglich war, hält er als blutrünstige Vision fest, und raubt damit der Sozialdemokratie das Element und die Kraft der Prophetie. Der Faszismus, in deutscher, völlig seines Geistes beraubter Gestalt Nationalsozialismus benannt, zeigt, wie man erfolgreich – durch Rhizinusöl und durch das ganze Instrumentarium, das der moderne Kino-Film nicht vergebens seit einem Jahrzehnt in die Gehirne hämmert – Gewalt anwendet. Er raubt der Sozialdemokratie damit den Anspruch auf revolutionären Wirklichkeitssinn, auf Ablehnung aller ‚bloßen Ideologie'." (Rosenstock, 1924b, S. 4f.)

Solche Diagnosen waren Anfang der zwanziger Jahre selten und wurden innerhalb der Arbeiterbewegung wohl kaum ernsthaft rezipiert. Daß der Faschismus für die Arbeiterbewegung deshalb so bedrohlich sei, „weil er von den Arbeiterfäusten vorangetragen wird" (ebda.), daß er die „Klassenleidenschaft" durch die „Nationalleidenschaft" und den Judenhaß ersetzt, war 1924 eine Erkenntnis, die trotz des Marsches auf die Feldherrnhalle, kaum Beachtung fand. Einer breiteren Rezeption stand aber auch Rosenstocks oft metaphorische und eigen-artige Begrifflichkeit im Wege, seine häufig apodiktische Diktion, die seine Zielvorstellung im Dunkeln ließ: nämlich der Versuch, angesichts einer als fundamental empfundenen Krisensituation der Gesellschaft politisches und pädagogisches Handeln zu integrieren.

An dieser Stelle muß auf ein generelles Interpretationsproblem der Weimarer Erwachsenenbildung hingewiesen werden, das Rosenstocks Arbeiten in besonderer Weise trifft. Deren zivilisations- und industriekritische Grundposition, die stellenweise in das Plädoyer für agrarische Lebens- und Erwerbsweisen mündete, läßt begriffliche Schnittmengen mit den polemischen Vokabeln der antidemokratischen Denker und deren Deutungsmustern auch dort identifizierbar erscheinen, wo Theoretiker und theoretische Optionen in deutlichem Dissens zu jenen stehen. Erich Weniger hatte schon 1927 auf die begrifflichen Defizite der Erwachsenenbildung und ihre Folgen hingewiesen. Die Ergebnisse des Theoriebildungsprozesses seien nur verständlich, so Weniger, „im Zusammenhang mit der Arbeit, aus der sie hervorgingen, sie setzen ferner Kenntnis der Sprache, in der sie dargeboten wurden, und Einverständnis mit dieser ihrer Sprachform voraus. Da aber liegt gerade die Not für die wissenschaftliche Arbeit an den Fragen der Volksbildung, es gibt noch keine Einigkeit über die ihnen angemessene Sprache." (Weniger, 1927, S. 213)

Rosenstock haben solche Theorieprobleme kaum interessiert. Wichtiger war für ihn die Verbindung von Theorie und Praxis, von Experiment und Reflexion, von praktischer Teilnahme und programmatischer Konturierung der Volksbildungsbewegung. Persönlich mit kritischer Sympathie zur Jugendbewegung stehend, entwickelte er eine pädagogische Konzeption für die Arbeitslager, die sich deutlich von den bündischen Lagern abhob und mit den skurilen Arbeitsdiensttheorien der zwanziger Jahre nichts gemein hatte. Durch die bewußte Öffnung der Lager für Mitglieder aller sozialer Schichten wurde die soziale Homogenität der Studenten und deren Selbstzentrierung aufgebrochen. Hier boten die Pläne der Löwenberger Arbeitsgemeinschaft ein geeignetes Feld, um die innerhalb der „Deutschen Schule" diskutierten Reformstrategien versuchsweise umzusetzen. Denn um den „Zerfall der Volkskraft" (Rosenstock, 1928, S. 222) aufzuhalten, um die „Ordnung des Lebens" wiederherzustellen, müßten die entfremdeten sozialen Klassen und politischen Gruppen miteinander konfrontiert werden. Nicht eine homogene Schülerschaft, „sondern die Verbindung eines disparaten Volkstums" (Rosenstock, 1932a, S. 23) sei das Ziel der modernen Volksbildung.

> „Die von uns geforderte politische Besinnungsschule sieht ihre Hauptaufgabe darin, die Freizeit für den Mann bereitzustellen, in der er mit Volksgenossen anderer Art sich begegne und beide angesichts gemeinsamer Gefahr zur Einkehr, Besinnung und zum Austausch der Gesinnungen sich genötigt sehen. Die deutsche Erwachsenenbildung, die an den Zusammenbruch anknüpft, muß mit Zeiträumen und Wachstumszeiten statt mit Pensen und Examenszielen rechnen. Hier gleicht sie dem Leben, das immer unvorhersehbar ist. Und so bleibt es dabei, wie von je, daß die Schule nur als ein Stück Leben hoffen kann, den Erwachsenen zu bilden." (Rosenstock, 1924a, S. 25)

Die Ausgangsüberlegungen Rosenstocks, die ihm die Arbeitslager so attraktiv machten, waren also andere als die der Freischar-Studenten. Aus der Perspektive der gestaltenden Volksbildung waren die Lager für Arbeiter, Bauern und Studenten gedacht als die didaktische Vorwegnahme einer neuen Volksordnung, soziale Praxisfelder für Volk-Bildung.[7]

Wie waren diese Volkslager konzipiert und was ist unter dem Begriff der Volk-Bildung zu verstehen? Gerhard Priesemann beschrieb 1932 den Tagesablauf eines Arbeitslagers der Schlesischen Jungmannschaft[8]:

> „Drei Wochen leben junge Menschen beider Geschlechter, aller Stände und Berufe irgendwo auf dem Lande beieinander, in gemeinsamer körperlicher und gemeinsamer geistiger Arbeit, Spiel, Sport und Musikverein. Sie suchen sich in Aussprachen, gegenseitigem Kennenlernen und Forschen in allen brennenden Fragen aus der Lebensnot heraus näher zu kommen. Im Lager will man im gegenseitigen Erziehen zu einer Besinnung, zu Achtung vor dem Nächsten gelangen, doch nicht durch allgemeine, friedliche Nivellierung aller Gegensätze. Das Haupterziehungs-

mittel ist die gemeinsame Arbeit. Der geistigen Arbeit gibt ein Rahmenthema den Stoffkreis an. Das äußere Bild mag ein Tagesablauf abrunden: 6.45 Uhr Wecken, Morgenlauf, 7.30 Uhr erstes Frühstück, 8 Uhr Beginn der Arbeit, 9.45 Uhr zweites Frühstück, bis 12.15 Uhr Arbeit, 12.45 Uhr gemeinsames Singen, 13 Uhr Mittagessen, Freizeit bis 15.45 Uhr, Stehkaffee, 16 bis 18 Uhr Arbeitsgemeinschaften, 18.30 Uhr Abendessen, 20 Uhr Abendveranstaltung, 22.30 Uhr Nachtruhe. So gibt das Lager das Leben draußen im Kleinen wieder in seinen ganz charakteristischen Wesenszügen. Darum soll das Lager nicht gefälliger, gemütlicher oder schon irgendwie tendierter Form errichtet sein: das Typische des Lebens soll möglichst gegeneinander klingen." (Priesemann, 1932, S. 112)

Der Text setzt begriffliche Signale, die uns Rosenstocks Denken und seine pädagogische Konzeption entschlüsseln helfen können: *gemeinsame körperliche Arbeit als Erziehungsmittel, soziale Heterogenität der Teilnehmer, Lebensnot und Leben, Anerkennung der weltanschaulichen Gegensätze; Lebensweltbezug, Kooperation statt Konfrontation.* Überhöht wurden diese Vorstellungen durch das Sendungsbewußtsein der gestaltenden Volksbildung, die, wie Werner Picht kritisierte, ihre programmatische Unsicherheit dadurch zu kompensieren suchte, indem sie ihren Schwerpunkt in die Richtung „einer uferlosen Sozialpolitik und Volkspädagogik" verschob (Picht, 1950, S. 201). Genau darauf basierte der Volk-Bildungsansatz, nämlich „Volksaufbau und Volksbildung auszusöhnen" (Rosenstock/Trotha, 1931, S. 7). Jedoch meinte Rosenstock mit Volk-Bildung etwas anderes als die Herstellung einer organologisch oder rassistisch begründeten Volksgemeinschaft wie sie die antidemokratischen Denker der Weimarer Republik propagierten. Über die politisch und sozial segmentierte Gesellschaft war er sich durchaus im Klaren. Die Anerkennung der Klassengegensätze ist ihm ja gerade die Voraussetzung für die Suche nach klassenübergreifenden gemeinsamen Aufgaben und Problemlösungen.

Geleitet wurde er dabei von der Überzeugung: „Die Arbeiterbewegung als Bewegung der Arbeiter ist tot." (Rosenstock, 1924b, S. 27) Der Klassencharakter des Proletariats verewige den Klassenkampf. Das Klassenbewußtsein sei (bei Marx) die

„Scheidewand, die unübersteigbare Mauer zwischen den Menschen verschiedener Klassen. Aber das Bewußtsein ist ja nur die eine Form, in der wir etwas wissen. Die andere Form des Wissens verhält sich gerade umgekehrt. Sie verbindet das Getrennte, sie legt Mauern nieder, sie durchströmt alles nur überhaupt Lebensfähige mit einerlei und einheitlichem Leben. Mit Bewußtsein lockt man keinen Hund vom Ofen. Mit Weisheit regiert man die Welt." (Rosenstock, 1924b, S. 28)

Mit solchen Überlegungen führt Rosenstock in die Arbeitslagerdiskussion und in die Erwerbslosenbildung Vorstellungen ein, die sich innerdisziplinär deutlich abheben etwa von der Gesinnungserziehung der Industriepädagogik eines Heinrich Kautz (Kautz, 1926; 1929). Sein wissenschaftstheoretischer Ansatz, von ihm selbst als „Volkswissenschaft" bezeichnet, entwickelt aus zivilisationskritischer Sicht Perspektiven, die Postulate der modernen Handlungsforschung enthalten. Allem voran gilt dies für die Zurückweisung des Neutralitätsstandpunktes und dem Versuch, die Grenzen zwischen Forscher und Probanden durch ein dialogisches Verhältnis zu überwinden. Orientierungspunkt der Forschung sollte die subjektive Dynamik des menschlichen Lebens sein, die Achtung vor dem Menschen als Untersuchungsobjekt der moralische Imperativ des Forschers, der nicht distanziert voraussetzungslos arbeitet, sondern immer Teil des Volkes sei. Eine solche Position wird nur verständlich, wenn man Rosenstocks Grundimpuls berücksichtigt: die Überwindung der gesellschaftlichen Gegensätze und die Suche nach einer neuen sozialen Ordnung. Damit verzichtet er bewußt auf die von Max Weber geforderte Unterscheidung zwischen Sozialwissenschaft und Sozialpolitik (Jung, 1970, S. 14). Zwar engte Rosenstock seine Vorstellung von „Volkswissenschaft“ nie auf Pädagogik ein, sondern verstand sie allgemein als Wissenschaft von der Reproduktion der menschlichen Gesellschaft. Doch blieb dem Bildungsvorgang bei der „Gestaltung des Volkes“ die entscheidende Funktion zugewiesen.

> „Volkswissenschaft ist Heilkunde am Volk, wie die Medizin Heilkunde am Körper des Einzelnen. Im Heilen hat sie ihr Maß, im menschlichen Volk den lebendigen Leib für ihre Lehre.“ (Rosenstock, 1920, S. 215)

Der eigentliche Adressat seiner „volkswissenschaftlichen“ Konzeption war die Arbeiterklasse. Denn sie sei am stärksten dem Rationalisierungsprozeß und der Entfremdung der industriell organisierten Arbeit ausgesetzt (Rosenstock, 1932a). Dabei bedient sich Rosenstock einer radikalen, wenn auch eigenwilligen Kritik der industriellen Produktionsweise, in der die Gewerkschaften selbst als Bestandteil der bürokratischen Rationalität und der Zurichtung ihrer Mitglieder zu „gefügigen Tagelöhnern des modernen Wirtschaftsmammuts“ bloßgestellt werden.

> „... es sind die Gewerkschaften, die Psychotechnik und Bürokratisierung in den Betrieben fördern. Nirgends eine Auflehnung gegen die Allmacht von Kapital und Technik, nirgends auch nur der Versuch, den Menschen wieder in die Herrschaft über diese Dinge einzusetzen, überall Verwechslung von Mensch und Proletarier, Volk und Masse. Die Vermenschlichung des Proletariers, die Erlösung der Masse zum Volk, die Wiedergutmachung des dem Proletarier an seiner *Menschenwürde* zugefügten Unrechts – von alle dem kann eben in einer reinen Organisation der Arbeitskräfte nicht die Rede sein.“ (Rosenstock, 1924b, S. 39f.)

Obwohl Rosenstock den Entfremdungsbegriff selten verwendete, bezeichnet er doch präzise den Sachverhalt seiner Industriekritik. Entvolklichung zur Masse bezieht sich aus einer solidaristischen Sichtweise heraus auf die kollektive Entfremdung der Arbeiterklasse gegenüber dem „Gesamtvolk“; individuell drücke sich dies aus in der Entfremdung des Arbeiters von seiner Arbeit. So wie die kapitalistische Produktionsweise dem Arbeiter seine Menschenwürde nimmt, so degradiert sie die Arbeiterklasse zur konturlosen Masse. Überlagert werde der Klassenkonflikt durch den Generationskonflikt zwischen Vätern und Söhnen, der den Arbeitervater tragischer als die bürgerlichen Eltern treffe. Denn der Sohn trete ihm als Konkurrent auf dem Arbeitsmarkt entgegen und mache ihm schmerzhaft bewußt, was sein proletarisches Unglück ausmacht: „nicht die schlechte Bezahlung, nicht die Unsicherheit:

sondern die unversöhnliche Gefangenschaft in einem fremden Arbeitsraum und Stundenplan. Denn sie ist es, die seinem Leben die persönliche Farbe raubt..." (Rosenstock, 1924b, S. 52). Aus seiner Kritik der kapitalistischen Produktionsweise zieht Rosenstock den Schluß, die Frage der Arbeitsordnung sei heute zur Volksfrage geworden, „die nur das Volk in allen seinen Teilen" beantworten kann (a.a.O., S. 54). Aus der Krise der Arbeiterbewegung müsse eine Bewegung hervorwachsen, die der Arbeit ihr eigentliches Ziel weise, nämlich lebenslange Sinnstiftung und Selbstverwirklichung zu ermöglichen. Ziel bleibt für ihn die Aufhebung der Fremdbestimmung der Arbeit im Betrieb und die Schaffung eines Gegengewichtes, das dem Arbeiter jenen zur Menschenwürde notwendigen Spielraum verschaffe, den die kapitalistische Arbeitsorganisation ihm derzeit verwehre.

Hier setzt sich der Volk-Bildungsansatz an. Seine pädagogische Funktion ist es, Rahmenbedingungen und Angebote zu schaffen, die dem Arbeiter einen erfüllten Lebenslauf ermöglichen und neue Wurzeln für eine neu zu gestaltende Volksordnung zu setzen (vgl. Jung, 1970, S. 18ff.). Die Aufhebung des individuellen und kollektiven Entfremdungsprozesses, die Rosenstock zeitweise in der Idee einer neuen Form der Betriebsorganisation mit stärkerer Selbstverwaltung und Dezentralisierung in der Verantwortung der Arbeiter realisierbar sah, bleibt die Zielperspektive seines „volkswissenschaftlichen" Ansatzes. In seiner Lagerpädagogik ist sie in der *biographischen Methode* verankert. Die Kenntnis der individuellen Biographie war für ihn eine der Hauptvoraussetzungen zum gegenseitigen Verständnis des Denkens und Handelns der Lagerteilnehmer verschiedener sozialer Herkunft und politischer Weltanschauung. Das wechselseitige Erzählen der eigenen Lebensgeschichte, zu dem sich das Lager jeweils in Arbeitsgruppen von 20 bis 25 Teilnehmern aufteilte, sollte die unterschiedlichen sozialen Lagen der Einzelnen für jeden erfahrbar machen. Intention war dabei nicht die Überwindung, sondern die Erkenntnis und Akzeptanz der Gegensätze. Eingebettet war die biographische Methode in ein Sample verschiedener pädagogischer Ansätze, das unter dem Druck der sozialen und politischen Gegensätze einen Bildungsprozeß initiieren sollte, an dessen Ende die versöhnliche Einsicht steht, in einer Klassengesellschaft „miteinander zu leben" (Rosenstock). Zu diesen Ansätzen zählen innerhalb der Lagerpädagogik:

- die Beurteilung der gemeinsamen Arbeitserfahrungen
- das Erzählen der Lebensläufe
- die Beschäftigung mit unmittelbar drängenden politischen und sozialen Problemen (regionaler Bezug)
- die Morgenvorlesungen der geistigen Leiter der Lager
- das Zusammentreffen der Teilnehmer mit verantwortlichen Persönlichkeiten des öffentlichen Lebens („Führerbegegnung") (Jung, 1970, S. 89) (Vgl. auch die Charakteristik bei Feidel-Mertz, 1977, S. 41).

Neben diesen „Geistesstufen" und der gemeinsamen körperlichen Arbeit war das der Laienbildung entlehnte *Prinzip der Arbeitsgemeinschaft* ein weiteres

Fundament des Idealtyps Rosenstockscher Lagerpädagogik.[9] Die Arbeitsgemeinschaften konstituierten sich analog zu den Themen der Morgenansprachen, die von Rosenstock oder eingeladenen Gästen (unter ihnen z. B. Adolf Reichwein) bestritten wurden. Aber im Unterschied zum Konzept der pädagogischen Gemeinschaft in der Laienbildung basierte das Arbeitsgemeinschaftsprinzip bei Rosenstock auf der Verschränkung von Politik und Pädagogik. Arbeitsgemeinschaft galt hier als eine Lehrform, die in ihrer sozial heterogen zusammengesetzten Teilnehmerschaft nicht den geduldigen Hörer verlangte, der auf die Erweiterung seines Berufswissens seine Interessen abstellte; vielmehr fungiert die Arbeitsgemeinschaft als Sozialform, in der alle Teilnehmer Lernende sind. Die unterschiedlichen Rollen von Lehrer und Schüler verwischen; jeder gilt als Experte seiner eigenen Lebenserfahrungen. Die Arbeitsgemeinschaft klärt und vermittelt die Gegensätze zwischen den Teilnehmern. Alle arbeiten an einer gemeinsam zu lösenden Aufgabe. Das Gespräch wird dabei zur zentralen Scharnierstelle dieser auf Rollenwechsel und -nivellierung angelegten Konzeption.

Deutlich fließen in diese Vorstellungen solidaristische Überlegungen einer Partnerschaft zwischen Kapital und Arbeiterschaft ein, wie sie in der Verrechtlichung der Klassenkämpfe durch das Stinnes-Legien-Abkommen vom 15. 11. 1918 ihren Ausdruck fanden. Die „Zentralarbeitsgemeinschaft der industriellen und gewerblichen Arbeitgeber und Arbeitnehmer Deutschlands" kann als Vorbild des Rosenstockschen Arbeitsgemeinschaftsprinzips gelten. Das Offenlegen politischer und sozialer Gegensätze bei gleichzeitiger Betonung der gemeinsamen Verantwortung für den „Volksaufbau" sind die zentralen Pfeiler dieses Prinzips. Sie ergänzen sich wechselseitig und leben von der Hoffnung, daß die Erfahrungen in den Arbeitsgemeinschaften der Volkslager in die reale Lebenssituation der Teilnehmer zurückwirken. „Im Gespräch", so Rosenstock, „am runden Tisch, zwischen Gegnern, zwischen Gegensätzen" (Picht/Rosenstock, 1926, S. 173) werde wahre Volk-Bildung fruchtbar. Hinter diesem pädagogischen Ethos verbirgt sich ein insgesamt problematisches Gesellschaftsverständnis, das gleichwohl innerhalb des pädagogischen Denkens weit verbreitet war. Adorno hat in einem anderen Zusammenhang 1953 daran kritisiert:

> „Wer glaubt, man könne sich am runden Tisch zusammensetzen und gemeinsam aus gutem Willen herausfinden, was zur Rettung des Menschen, der Innerlichkeit, zur Durchseelung der Organisation oder zugunsten ähnlicher Hoch- und Fernziele zu geschehen habe, verhält sich weltfremd. Er nimmt ein gemeinsames Subjekt der bewußten Gestaltung der Gesellschaft dort an, wo das Wesen gerade in der Abwesenheit eines solchen einstimmigen Subjekts der Vernunft, in der Vorherrschaft der Widersprüche besteht." (Adorno, 1971, S. 84)

Rosenstocks lebensphilosophische Emphase und sein Antirationalismus ließen solche Theorieoptionen nicht zu. Die Vorherrschaft der Widersprüche war für ihn kein strukturelles Thema, sondern die Folge eines zu schnellen Industrialisierungsprozesses. Sie war reversibel und zwar mit politischen und pädagogischen Mitteln. Weitere pädagogische Intention der Arbeitsgemeinschaften war denn auch, durch die gemeinsamen Lagererfahrungen bei den Teilnehmern die Überzeugung wachsen zu lassen,

„daß die Erziehung des Volkes, also besonders des Arbeiternachwuchses, weder in die Hände der Unternehmerschaft noch in die Hände der Gewerkschaft, noch eines einzelnen Werkes geraten dürfe. Diesen Händen komme allein die strenge Fachausbildung und Werkausbildung zu, nicht die Seele des jungen Arbeiters. Diese darf nicht an das Werk gekettet werden; ihr Bereich ist das Volk. Volksgruppen, wie sich ihre eine im Löwenberger Lager sichtbar gemacht hat, sind die *einzig möglichen Organe der Volkserziehung*. Denn sie allein bieten Gewähr, daß die Seeles des jungen Arbeiters nicht versklavt werde, sondern zu männlicher Freiheit in das Volk hinein wachsen und gedeihen könne." (Rosenstock/Trotha, 1931, S. 47f.; Hervorhebung, P.D.)

Pädagogisch gesehen waren die Arbeitslager auch der Versuch, mit Hilfe der Erwachsenenbildung Arbeitern zu einer positiven Gestaltung ihrer Freizeit zu verhelfen, nicht nur als gedachter Ausgleich zur entfremdeten Lohnarbeit, sondern auch mit der Intention, dadurch die Einheit von „Bildung und Leben" zu realisieren. Hinter dieser Überlegung stand die Annahme, daß der Industrialisierungsprozeß naturwüchsige Sozialformen der ständisch-agrarischen Gesellschaft zerstört habe und nun die notwendigen Strukturen für den „seelischen Rückhalt" des Volkes fehlten. Speziell die Arbeiterklasse müsse in das Volk integriert werden; die Arbeitslager hätten hier eine wichtige Funktion zu erfüllen. „Nicht Staatsfrohn, sondern Volkswehr" (Rosenstock, 1929, S. 15), sei ihr Ziel. Für Rosenstock sind sie ein sozialer Focus, an dem Volk-Bildung praktiziert wird; Volkslager in seinem Sinne dienen der „Reproduktion der Volkskraft" (Rosenstock, 1933, S. 114).

Diese Position deckt sich durchaus mit den Grundorientierungen der Weimarer Erwachsenenbildung. Denn diese sah in der Arbeitslosenproblematik ebenfalls einen Sonderfall der generellen Volkszerstörung, die erst innerhalb des großen Wurfes einer neuen Volksordnung zu lösen sei (Brödel, 1985, S. 75).

Der Begriff der Reproduktion spielt nun im Ökonomie- und Gesellschaftsverständnis Rosenstocks eine zentrale Rolle. Systematisch unterscheidet er zwischen einer kurzphasigen Produktion von Gütern und einer zweiten langphasigen Ökonomie, nämlich der Produktion des Produzenten mit dem Ziel der Reproduktion der Produktionsordnung. Erst die Reproduktionssphäre schaffe die Voraussetzungen der Güterproduktion. Sie sei prinzipiell unabhängig von den Marktregulierungsstrategien und Profitinteressen.

„Frieden, gesunde Kinder, ausgebildete Ingenieure, selbstlose Forscher, gewissenhafte Lehrer, unbestechliche Richter, ein zusammenhaltendes Volk – diese Produkte des Reproduktionsprozesses sind Voraussetzungen der Gütererzeugung." (Rosenstock, 1932b, S. 66)

Aus dieser Perspektive heraus erscheint Rosenstock die Krise der Gesellschaft primär als Krise ihrer Reproduktionsordnung. Entsprechend sieht er in der Arbeitslosenproblematik nicht die Krisenförmigkeit kapitalistischer Produktionsverhältnisse, sondern sie gilt ihm als „verstärkten Ausdruck einer Volkskrise" (Rosenstock/Trotha, 1931, S. 148). Arbeitslosigkeit sei nicht lediglich eine wirtschaftliche Katastrophe, sie sei vielmehr Indikator und besitze Symbolwert: Indikator für die Suche des deutschen Volkes nach neuen Lebensformen und Symbolwert für die zunehmende Bedeutung des nicht warenförmig organisierten Reproduktionsbereiches.

> Die Arbeitslosen verkörpern für ihn eine besondere Gruppe. Sie repräsentieren den Eigenwert des Reproduktionsbereiches „gegenüber der Warenwirtschaft. Aber nur diese besondere Verkörperung in Gestalt der Arbeitslosen ist etwas neues... Die Arbeitslosen erzwingen die Wiederentdeckung der Reproduktionssphäre, d.h. das Denken in nicht mehr warenförmigen Zusammenhängen. Ein Mensch, der in der Produktion überflüssig wird, ist deshalb durchaus nicht überflüssig. Das Volk löst vielmehr aus dem unmittelbaren Daseinskampf soundso viel Kräfte heraus, um sie für den mittelbaren Daseinskampf freizubekommen." (Rosenstock/Trotha, 1931, S. 149f.; vgl. auch ders., 1929, 1932c).

Da allein die Reproduktionssphäre die „Volkskraft" sichere, sei der Staat auch berechtigt, von den Arbeitslosen zu verlangen, „daß sie solche Dienste übernehmen, durch die unwirtschaftliche, ‚unrentable', aber für die Reproduktion unerläßliche Dinge geschaffen werden." (Rosenstock, 1932b, S. 67) Für Rosenstock – aber auch die bündische Jugendbewegung – sind dies sowohl die Siedlungsbewegung im Osten und mit ihr die Reorientierung auf das Land wie der Freiwillige Arbeitsdienst. Beide gelten als vorbildhaft für Initiativen im Bereich der Reproduktionsökonomie.

> „Darum heißt es klar zu sehen: Als politisches Problem gehört der Arbeitslose nicht in die Produktionsordnung. Denn diese hat ihn ausgestoßen. Er gehört in die Ordnung der ‚erweiterten Reproduktion'. Damit teilt er die Funktion des Soldaten. Aber der Soldat produziert nicht, sondern er verteidigt unter Einsatz des Lebens die Wiederkehr und die Erhaltung der Produktionsordnung... Aus dem Proleten der industriellen Reservearmee wird der Soldat der Reproduktionsarmee des Volkes." (Rosenstock, 1932b, S. 70)

Abgesehen von der ökonomisch dilettantischen Vorstellung, der Prozeß kapitalistischer Vergesellschaftung sei auf den Bereich fabrikmäßiger Lohnarbeit beschränkt und nehme den Reproduktionsbereich – Rosenstock nennt hier die Bereiche Erziehung, Infrastruktur und Militär – aus, abgesehen auch von der eigenwilligen Umdeutung der Arbeitslosenproblematik aus einer Krisenerscheinung in eine historische Chance zur Reproduktion der Volkskraft, teilt das Rosenstocksche Reproduktionsmodell mit der Weimarer Erwachsenenbildung einen ausgeprägten *Volksmythos*. „Volk" wird zum Ausgangs- und Zielpunkt aller Überlegungen. Es erscheint als Surrogat für Gesellschaft, als ihr naturgegebenes Fundament. Theoretisch erhält „Volk" die Funktion eines letzten Begriffes, realgeschichtlich ist es handelndes Subjekt, ohne das Geschichte nicht möglich wäre. Volk-Bildung bleibt deshalb Ziel und historisch jeweils neu zu bestimmende Aufgabe. Vor diesem gedanklichen Kontext läßt sich auch die Funktion der Pädagogik bestimmen. Pädagogen und Volksbildner sind Arbeiter im Reproduktionsbereich des Volkes. Sie sind Krisenbewältiger, die nicht mehr dem Denken „in warenmäßigen Zusammenhängen" verhaftet sein sollen. Deshalb sind die Volkslager für Rosenstock die Keimzellen der notwendigen Neuordnung, sie sind Foren, die „die Harmonie zwischen Produktion und Reproduktion" (Rosenstock/Trotha, 1931, S. 158) exemplarisch vorleben. Erst die körperliche Arbeit *und* die geistigen Übungen der Arbeitsgemeinschaften „schaffen den Rahmen der Ordnung, in die sich ein leiblich gefährdetes, geistig vernichtetes, seelisch zermürbtes Volkstum hineindrängt, um der Gesetze seines Daseins immer wieder inne zu werden und sich aus ihnen heraus zu erneuern." (Rosenstock/Trotha, 1931, S. 160)

Trotz der exponierten Stellung, die der Volksbegriff im Rosenstockschen Denken einnimmt, bleibt er theoretisch unterbestimmt. Denn einerseits ist ihm „Volk" Quelle der Erkenntnis, andererseits soll es in einem politisch-pädagogischen Bildungsprozeß erst konstituiert werden, ohne daß beide Bedeutungsvarianten auseinandergehalten werden bzw. ihr Verhältnis zu einander theoretisch geklärt würde. Deutlich dominieren jedoch im Rosenstockschen Volksbegriff die sozialen Aspekte. Rassische oder völkische Implikationen, die in einer aggressiven nationalistischen Weise umgedeutet werden könnten, sind bei ihm nicht zu finden. Der Grenzland-Nationalismus und die Deutschtum-Ideologie der bündischen Jugend spielten in seinem Denken keine wesentliche Rolle.

Nun zählte aber der Volksbegriff in der Weimarer Republik zu den politisch trächtigsten aus dem Arsenal der antidemokratischen Denker und ist nur schwer vom Gemeinschaftsbegriff und dem antiliberalen Staatsgedanken zu lösen. Volk wird in diesem Denken zum einzigen Substrat der Geschichte, dessen Bedrohung und Zersetzung durch innere und äußere Feinde es vorzubeugen gelte. Im Unterschied zu Rosenstocks Volksbegriff löst sich bei den antidemokratischen Theoretikern das Individuum als Subjekt auf, es wird seiner Partikularität und damit seinen Individualinteressen entkleidet. Dem Primat der Ganzheit, der dem organologischen Volksbegriff unterliegt, entspricht auch der Gemeinschaftsgedanke als realisierbares Sozialmodell, in dem sich das Individuum in Einheit, Stärke, innerer Geschlossenheit und völkischer Verwurzelung aufhebt. Diese Vorstellung leugnet jegliche gesellschaftlichen Widersprüche und definiert sie als widernatürlich und schädlich. Es ist offensichtlich, daß Rosenstocks Konzeption von Volk-Bildung und seine Lagerpädagogik mit solchen Optionen nicht kompatibel sind. Dennoch blieb die Stilisierung des Volkes zum Leitbegriff und Volk-Bildung zur pädagogischen Grundorientierung politisch hochgradig ausbeutbar. Gerade die im FAD vorherrschende Praxis wird zeigen, wie sehr die Volksbildner an deren sozialer Realität vorbeiargumentierten.

Neben der biographischen Methode, dem Prinzip der Arbeitsgemeinschaft, dem ausgeprägten Volksmythos bildete der *Krisenbezug* ein weiteres Charakteristikum des Idealtyps Rosenstockscher Lagerpädagogik. Ihn teilte die Erwachsenenbildung mit der gesamten Weimarer Pädagogik (vgl. Kap. 2), diente ihr doch die Stilisierung von Krisen und Desintegrationserscheinungen Jugendlicher zur Legitimation für pädagogische Interventionen. Diese sollten dem Menschen nicht nur helfen und ihn „besser" machen. Sie waren stets auch gerichtet auf die Rettung des Volkes und die Orientierung auf den Staat. Freilich blieb diese Orientierung häufig abstrakt, sie galt dem Staat an sich, nicht dem politischen System der Weimarer Republik.[10] Das Sendungsbewußtsein der Volksbildungsbewegung bezog sich zwar auf die Krisensituation der Republik, analysierte diese aber nicht, sondern formulierte sie mit kulturkritischen Argumenten um in metaphorische Chiffren als Prämissen der Theoriebildung. Bilder wie die des „geistig vernichteten, seelisch zermürbten Volkstums" (Rosenstock), „einer Welt zersplitterter und bekämpfender Kräfte" (Bäuerle), Beschwörungen einer verwahrlosten, bindungslosen und radikalisierten Volksjugend – die pädagogische Kehrseite des grassierenden Jugendmythos –, Mißstände, gegen die eine „pädagogische Front" (Laack) errichtet werden muß, bilden den Paradigmenkern jener Erziehungskonzepte, die ihre Mission darin sahen, die Gemeinschaft aus der bedrohenden Notlage durch die Erziehung zum „neuen Menschen" zu befreien. Die damit verbundenen Erwartungen führten naturgemäß zu einem höherem Erziehungsanspruch.

Während die Pädagogen einerseits um die Autonomie ihrer Disziplin stritten, fühlten sie sich andererseits berufen zu Globaldeutungen der geistigen Situation der Zeit. Was Herman Nohl in diesem Sinne als Konsens von Jugendbewegung, Volkshochschulbewegung und pädagogischer Reformbewegung bezeichnete, gilt in prägnanter Weise auch für die Volkslagerbewegung vor der Einführung des FAD: Der gemeinsame Konsens liege im „Bewußtsein von der Not unserer Kultur, der die innere Bindung an ein Ideal fehlt, und ein Wille, diese Not aus einem neuen Menschentum heraus zu beheben, dessen wesentlichster Zug ein neues Gemeinschaftsbewußtsein ist." (Nohl, 1949, S. 139) Hierin erweist sich letztlich auch der idealistische und affirmative Charakter der Volkslagerbewegung. Ähnlich wie die Volksbildungsbewegung ersetzte sie die theoretische Frage nach der Funktion von Erziehung und Erziehungssystemen in einer komplex organisierten kapitalistischen Gesellschaft durch die Frage nach der Funktion des Zustandes dieser Gesellschaft für die Pädagogik. Damit blieb sie aber unfähig, die Funktion des FAD in der Faschisierungsperiode zu analysieren und ihre eigene Position im Rahmen der ihr zugestandenen arbeitsmarktpolitischen Absorptionsfunktion kritisch zu bestimmen. Insgesamt gesehen überschätzten die von der Volksbildung ausgehenden Impulse bei der Errichtung von „Volkslagern" mit erziehungs- und bildungstheoretischen Ansprüchen ihre eigene Leistungsfähigkeit in dem Maße wie sie die realen politischen und ökonomischen Herrschaftsverhältnisse mit ihren sich in der Endphase der Republik dramatisch zuspitzenden Konfliktkonstellationen unterschätzten.

Vergleicht man nun den wissenschaftlichen und pädagogischen Kontext, der den Idealtyp Rosenstockscher Lagerpädagogik beeinflußte, mit den Motiven der in der Arbeitslagerbewegung engagierten Freischar-Studenten, so sind unterschiedliche Akzentuierungen unverkennbar. Das gilt primär für den von ihnen gepflegten Mythos der jungen Generation, dem Rosenstock mit höchstem Mißtrauen begegnete. War sein Adressat in erster Linie die Arbeiterklasse und hier die jugendlichen Arbeiter, so hatte das Selbsterziehungskonzept der bündischen Jugend vor allem die eigenen Mitglieder zum Adressaten. Bezugspunkt war deren Lebensform und die Überwindung ihrer gesellschaftlichen Isolierung. Ihnen galten die Arbeitslager als ein Produkt und ein Recht der jungen Generation, das diese autonom organisiert. Sowohl in der Phase der Verbreitung der Arbeitslagerbewegung als auch in der Phase ihrer Institutionalisierung im FAD spielt der Generationsfaktor bei den Betroffenen eine entscheidende Rolle. Sie reklamieren für sich ein Exklusivrecht an den Zielen der Bewegung und verstehen sich allein als Garanten der Authenzität der Ziele. Beide Aspekte sollten bei dem Zerwürfnis zwischen Rosenstock und Schlesischen Jungmannschaft eine entscheidende Rolle spielen. Einige Teile der Deutschen Freischar gingen dabei soweit, den Volk-Bildungsansatz als der Idee der Arbeitslager aufgesetzt, zu interpretieren. Eine entsprechende Kritik kam z. B. von Helmuth Kittel, dem Führer der Deutschen Freischar (1930-1933), in der Zeitung des Bundes. Den am Idealtyp Rosenstockscher Lagerpädagogik angelehnten Volkslagern wird die Originalität „mit aller Strenge" abgesprochen.[11] Sie seien allenfalls eine soziale Anwendung der bündischen Arbeitslageridee.

> „Der schöpferische Einfall, der das Arbeitslager geboren hat, wird deshalb immer allein mit den Namen Buske, Dehmel, Götsch verbunden sein. Sorgt dafür, daß diese Tatsache sauber zur Geltung kommt. Nur keine falsche Bescheidenheit." (Deutsche Freischar, 1. 1. 1932, Nr. 2)

Mit dieser Kritik wurde der Kern des Volk-Bildungskonzepts empfindsam tangiert. Sie zielt darauf ab, gegen die mit der Verbreitung der Arbeitslagerbewegung zunehmende Ausuferung ihrer Ideologie normative Vorgaben in Erinnerung zu rufen. Sie zeigt jedoch auch, daß die Konkordanz der pädagogischen Gemeinschaften von Jugend- und Volksbildungsbewegung – Bund und Arbeitsgemeinschaft – so überzeugend nicht war, wie dies gemeinhin (z. B. Bühler, 1975, S. 56f.) dargestellt wird (vgl. auch Kap. 6.5.). Die soziale Heterogenität der Arbeitsgemeinschaft war für die Volk-Bildung Prinzip, für die bündische Ideologie der Arbeitslager eher ein Mittel zum Zwecke – eben eine „soziale Anwendung... also etwas sekundäres" wie Kittel dies umriß. Deshalb führte die Deutsche Freischar auch parallel zu den Volkslagern ihre Arbeitslager der bündischen Jugend durch. Thematisch waren diese Lager abgestimmt auf die Interessenslage der studentischen Teilnehmer und dienten u. a. der politischen Schulung der Freischar-Studenten. So lauteten z. B. die Themen des Freischar-Lagers vom 30. 3. bis 20. 4. 1929: „Stellung des Studenten zu seinen Volksgenossen; Die Bedeutung der Tradition; Die Bedeutung von Heimat und Vaterland für die einzelnen Gruppen des Volkes; Neuordnungsversuche in einzelnen Bezirken des volklichen und staatlichen Lebens; ... Jugend als Altersklasse und Generation; ... Möglichkeiten des Einsatzes junger Studenten in der sozialen Fürsorge."[12] In ihrem Zentrum stand – wie es die bündische Ideologie vorsah – die Verbindung von körperlicher und geistiger Arbeit, die Tradition des Werkstudententums.

6.4. *Die Arbeitslager für Arbeiter, Bauern und Studenten 1928-1930*

Die oben entwickelte theoretische Konzeption von Volk-Bildung, die die Praxis der Arbeitslager anleitete, stellt primär die Perspektive der freien Volksbildung in den Vordergrund. Rosenstocks Hinweis, die Arbeitslager in ihrer äußeren Form seien „eine Gabe der Jugendbewegung an die Erwachsenenbildung“ (Rosenstock/Trotha, 1931, S. 5) bekräftigt nochmals diese Position. Daß sie nicht unwidersprochen blieb, ist schon mehrfach angedeutet worden. Im folgenden soll die Praxis jener Arbeitslager näher skizziert werden, die historisch am nächsten dem Idealtyp Rosenstockscher Lagerpädagogik kamen und an denen er selbst teilnahm – als Referent, als Diskutant und Vertreter der Volksbildungsbewegung. Aber noch ein weiteres Faktum rechtfertigt dieses Vorgehen. Die relativ bescheidenen Anfänge des Experimentierfeldes „Volkslager“ erfuhren in der zeitgenössischen pädagogischen Literatur über Gebühr an Resonanz und wurden bis 1933 ein nicht zu hintergehender Bezugspunkt des pädagogischen Diskurses um die Arbeitsdienstdiskussion. Nicht zuletzt ist dieser bias zwischen pädagogischer Praxis und ihrer publizistischen Vermarktung auf eine geschickte Veröffentlichungspolitik des aktivistischen Kerns der SJ und seiner Sympathisanten zurückzuführen. Eine strategische Rolle spielten hier sowohl das Deutsche Studentenwerk wie die Deutsche Schule für Volksforschung und Erwachsenenbildung.

Die Analyse der Praxis der Arbeitslager 1928-1930 im Boberhaus ist dabei als der schwierige und von Widersprüchen nicht freie Versuch zu lesen, den großen Wurf einer neuen Volksordnung im Kleinen experimentell und verallgemeinerbar vorzuleben. Wie dieser Anspruch in die Realität umgesetzt wurde, erhellt die Rekonstruktion der Binnenstruktur der „Volkslager“.

Mit Ausnahme des ersten Lagers (2 Wochen) liefen sie über einen Zeitraum von drei Wochen mit der oben beschriebenen (Kap. 6.3.) Tageseinteilung von geistiger, körperlicher und musischer Tätigkeit, die bedingt durch äußere Umstände von Lager zu Lager unterschiedlich stark gewichtet waren und „funktionierten“. Den Lagern voraus gingen Werbeaktionen der SJ für die Teilnahme von Jungarbeitern, Jungbauern und Studenten vor allem auch der Corps und Burschenschaften. Es zeugt vom Aktivismus der Initiatoren, wenn sie beispielsweise wochenlang per Fahrrad durch die Region fuhren, um im persönlichen Gespräch Teilnehmer für die Lager zu gewinnen.

So nahmen denn 1928 105, ein Jahr später 83 und 1930 96 Jugendliche und junge Erwachsene im Alter zwischen 18 und 30 Jahren an den Lagern im Boberhaus teil (vgl. Tabelle 12). Erstmals 1930 sind auch junge Frauen (n = 29) in der Arbeitslagerbewegung vertreten, ein Novum, das zwar von den Aktivisten der SJ begrüßt wurde, insgesamt jedoch stets umstritten gewesen ist. Die soziale Zusammensetzung der Lager dokumentiert eine der Hauptschwierigkeiten der Werbeaktionen. Es gelang nur in einem bescheidenen Maße junge Bauern der Region für die Idee zu gewinnen. Die auf denLagern vertretenen Studenten stammten meist aus der bündischen Jugend. Ein Einbruch in die

Tabelle 12 *Soziale Zusammensetzung der Lager 1928–1930*

	Arbeiter/ Handwerker	Studenten	Bauern	Andere
1928	46	39	8	12*
1929	31	29	23	—
1930**	32	32	32	—

* Hierbei handelte es sich um 6 Angestellte und 6 Berufspädagogen
** Die Zahlenangaben beziehen sich auf Tendenzangaben („je 1/3“) verschiedener Quellen; eine genaue Aufschlüsselung für das dritte Lager konnte nicht gefunden werden.

Domäne der Burschenschaften gelang in dieser Phase der Bewegung nur sporadisch. Die politisch und organisatorisch geschlossenste Gruppe repräsentierten die Arbeiterjugendlichen. Sie kamen vorwiegend aus den Reihen der SAJ mit durchaus kritischen Vorbehalten gegenüber der studentischen Gruppe um das Boberhaus. Vereinzelt nahmen auch kommunistische Jugendliche an den Lagern teil. Über die soziale Zusammensetzung des dritten Lagers berichtet Fritz Christiansen-Weniger, Professor in Breslau, Teilnehmer an den Arbeitslagern:

> „Es waren etwa je ein Drittel Arbeiter, Bauern und Studenten. Zum erstenmal waren auch Mädchen dabei und zwar 29, davon zwei verheiratet, die übrigen Arbeiterinnen, Landwirtstöchter, Studentinnen, Lehrerinnen, Angestellte. Politisch war die Gliederung eine scharfe. Ungefähr 40 Teilnehmer gehörten der sozialdemokratischen Partei an, während die Bauern zu den verschiedenen Bauernparteien, wie Landbund, Jungbismarck und Stahlhelm und vier auch zur Artamanenbewegung zählten. Von den Studenten waren acht Angehörige der Burschenschaften und die übrigen Mitglieder der Schlesischen Jungmannschaft, der sozialistischen Studentengruppe oder Freistudenten.“ (in: Rosenstock/Trotha, 1931, S. 87)

Jedes der Lager besaß einen thematischen Schwerpunkt mit regionalpolitischer und interessenspolitischer Spezifik. In Anknüpfung an die Vorstellungen der Löwenberger Arbeitsgemeinschaft lauteten die Themen 1928 „Lebensformen in der Industrie“ und 1929 „Entvölkerung Schlesiens“. Das Thema 1930 war auf die Überfüllungsdiskussion der Hochschulen und die Akademikerarbeitslosigkeit abgestellt. Es hieß: „Die Gefährdung der jungen Generation durch die Umschichtung der Berufe“ mit der eingrenzenden Thematik „Die Gefährdung der jungen Akademiker“. Zu diesen Themenschwerpunkten fanden die von Rosenstock täglich gehaltenen Vorlesungen statt, die durch entsprechende Vorträge geladener Referenten ergänzt wurden. Im Anschluß an diese Vorträge konstituierten sich jeweils drei bis vier Arbeitsgemeinschaften, die über mehrere Tage zu speziellen Themen arbeiteten. So kam es auf dem ersten Lager nach Adolf Reichweins Vortrag über „Die Abhängigkeit der deutschen Volkswirtschaft von der Weltwirtschaft“[1] zur Bildung von vier Arbeitsgruppen mit den Themen: „Rußland“, „Amerika“, „Die

Lebensalter im Wirtschaftsleben" und die „Gestaltung der Freizeit" (Rosenstock/Trotha, 1931, S. 37).

Eine für die Außendarstellung der Lager wichtige Funktion nahmen die sog. „Führerbegegnungen" ein. Darunter sind Begegnungen mit Repräsentanten des öffentlichen Lebens zu verstehen, die gegen Ende der Zeit als Gäste das Lager besuchten und sich der Diskussion der Teilnehmer stellten. Intendiert waren diese Diskussionen als bewußte „Gegenüberstellung von junger und alter Generation" (Keil, 1932a, S. 14) und als Situation der Bewährung der Älteren vor einer Jugend, „die so wenig autoritätshörig ist wie die heutige."[2] An diesen Begegnungen nahmen jeweils zwischen 70 und 80 Personen für zwei Tage teil. Ihre Zusammensetzung ist symptomatisch für die breite Resonanz, die die bescheidene pädagogische Praxis der SJ im regionalen Bildungsbürgertum und der politischen Administration besaß. Die „Führerbegegnung" des ersten Lagers, das von der Deutschen Schule für Volksforschung und Erwachsenenbildung mitgetragen und von dem damaligen MdR des Waldenburger Gebietes, Heinrich Brüning, finanziell unterstützt wurde, leitete Robert von Erdberg ein. Von hohen Vertretern des Regierungspräsidiums, Professoren, dem Landrat, dem Präsidenten des Landesarbeitsamtes über Leiter von Volkshochschulen, Guts- und Fabrikbesitzer bis hin zu Gewerkschaftsfunktionären und Bauernverbandsvertretern reicht die Liste der Gäste, die 1928 bis 1930 die „Volkslager" besuchten. Graf York von Wartenburg[3] zählte zu ihnen ebenso wie der religiöse Sozialist Prof. Adolf Löwe wie Fritz Laack vom Hohenrodter Bund oder der spätere Widerstandskämpfer Hans Peters. Die jugendlichen Teilnehmer des ersten Lagers konfrontieren die Gäste mit einem bildungs- und sozialpolitischen Forderungskatalog, der für die damaligen Verhältnisse radikal genannt werden muß. Gefordert werden Erziehungsformen, die umfassende persönliche und sachliche Bildung garantieren sollen; Ausdehnung der Tätigkeiten der Fortbildungsschulen auf alle jugendlichen Arbeiter; Anrechnung der Berufsschulzeit auf die Arbeitszeit und Lohnfortzahlung bei Besuch der Berufsschule; Errichtung von Freizeitheimen für Jugendliche; bildungspolitische Maßnahmen und Fortbildungsmöglichkeiten für arbeitslose Jugendliche; vierwöchigen Urlaub für alle Betriebsarbeiter, um so zeitweise jugendliche Arbeitslose beschäftigen zu können. (Vgl. Rosenstock, 1928, S. 222ff.) Nachdrücklich dringen die Lagerteilnehmer auf das Recht der Selbstverwaltung der jungen Generation. Autonomie war schließlich eines der „Zauberworte" der Arbeitslagerbewegung, mit dem sie die Idee der Arbeitslager als eine Angelegenheit der jungen Generation absichern wollten.

Autonomie im Sinne von Selbstorganisation war aber auch ein Stichwort, das die Organisation des Lagers leitete. Ein gewählter Lagerrat, Sprecher der Arbeitsgemeinschaften, Beteiligung der Teilnehmerschaft an zentralen Fragen der Lagerpraxis zählen zu den fundamentalen Mechanismen von Partizipation und Entscheidungsfindung. Angestrebt wurde eine größtmögliche innere Öffentlichkeit.[4] Den Gegentypus dieses Verständnisses beschrieb Rosenstock mit dem Satz: „Der deutsche Arbeitssoldat im Dienst, der mit dem

Spaten strammsteht, ist ein gedankenloses Bild." (Rosenstock/Trotha, 1931, S. 155). Den Prozeß der Selbstverwaltung beschrieb Keil:

„Das erste Schlesische Lager wurde zunächst geleitet von den anwesenden Älteren, durch deren Bemühungen das Lager zustande gekommen war. Neben sie trat nach den ersten Tagen ein Beirat, der Vertreter umfaßte, die von den Gruppen der Arbeiter, der Bauern, der Studenten gesondert gewählt worden waren. In der letzten Woche ging auch die eigentliche Lagerleitung auf die junge Generation über, indem die Sprecher der einzelnen Gruppen die Verantwortung übernahmen. Sie leisteten auch im Auftrag des Lagers die Vorarbeiten für das nächste und bildeten seine Führung, ergänzt wiederum durch eine gewählte Lagervertretung... Diese Ordnung wiederholte sich auf dem dritten Lager." (Keil, 1932a, S. 66)

Funktional gesehen war das Experiment der Selbstverwaltung und Selbstorganisation daraufhin angelegt, die These von der eigenständigen Lebensform der jungen Generation praktisch werden zu lassen. Weniger ein demokratietheoretischer als ein generationsspezifischer Aspekt stand dabei dem Gedanken der Selbstverwaltung Pate.[5]

In der Konzeption der Lagerpädagogik bildete die gemeinsame körperliche Arbeit das verbindende, gemeinsame Erlebnisse und Kameradschaftsgefühle stiftende Kernstück. Weit mehr als in der Anfangsphase wurde sie intentional aufgewertet. Nicht nur als Gegenpol zur geistigen Arbeit, sondern als für Kameradschaftsbildung und Gemeinschaftsgeist konstitutives Medium, das Arbeitsfreude ebenso weckt wie es soziale Unterschiede abbaut, wurde die drei- bis vierstündige körperliche Arbeit während der Lager in das Zentrum ihres Gelingens plaziert. In kaum einem der zeitgenössischen Berichte fehlt das rührige Bild des friedlich vereinten SA-Mannes und Kommunisten, die zusammen mit Jungbauern des Landbundes und bündischen Studenten Ödland kultivieren oder Meliorationenarbeiten verrichten. In der Praxis der Lager 1928 bis 1930 sah die körperliche Arbeit wesentlich ernüchternder aus. 1928 wurden vorwiegend Renovierungsarbeiten am Boberhaus durchgeführt, Holzhacken, Erd- und Gartenarbeiten verrichtet. Ein Jahr später konnte der drückenden Arbeitslosigkeit wegen praktisch keine Arbeitsmöglichkeit beschafft werden. In der ersten Woche behalf man sich mit gemeinsamen Sportübungen, später erteilte das Boberhaus behelfsmäßig einige Aufträge. Gartenarbeit und Vorbereitungsarbeiten für den geplanten Bau eines Schlafhauses schufen für 2 1/2 Stunden täglich notdürftige Arbeitsmöglichkeiten. Lediglich 1930 gelang es halbwegs, feste Arbeitsmöglichkeiten für die Dauer des Lagers zu schaffen.

„So arbeiteten neben einer Haus- und Gartenkolonne eine beim Holzhacken in Plagwitz, zeitweise zwei landwirtschaftlich in Hohendorf, beim Planieren eines Platzes der Stadt und beim Kiesfahren zum Bauplatz des Schlafhauses. Jede Kolonne hatte ihren Führer, den der Lagerrat bestimmte. Dabei wurde selbstverständlich die berufliche Eignung für die Arbeit besonders berücksichtigt. In Plackwitz führte ein Zimmermann, in Hohendorf ein Bauer, im Garten ein Gärtner." (Rosenstock/Trotha, 1931, S. 91)

Verglichen jedoch mit den Arbeitsprojekten des FAD, die auf konkrete Maßnahmen ausgerichtet waren und zum Teil mehrere Jahre dauerten, müssen die

Arbeitsversuche der Lager für Arbeiter, Bauern und Studenten aufgesetzt und laienhaft wirken. Ihren Zweck erfüllten sie mehr als praktische Versuche der Umsetzung einer politisch-pädagogischen Konzeption. Ein ernsthaftes Arbeitprojekt wurde dagegen nie realisiert. So empfanden offensichtlich auch die Teilnehmer des Lagers 1929 (Rosenstock/Trotha, 1931, S. 59) die angebotenen Beschäftigungsmöglichkeiten als etwas Fremdes und nicht – der Konzeption entsprechend – als Kernelement des Lageraufenthaltes. Insgesamt muß der Faktor „körperliche Arbeit“ für die Lager 1928 bis 1930 als wesentlich unbedeutender angesehen werden als dies die Literatur Glauben machen will. In erster Linie profitierte wohl das Boberhaus selbst von den Arbeitsversuchen.

In anderer Hinsicht waren die Lager mehr erfolgreich, nämlich in der Auseinandersetzung politisch unterschiedlicher Meinungen. Trotz der hohen Teilnehmerzahl von SAJ-Mitgliedern überwog in ihren Reihen Skepsis und Kritik. Langzeitwirkungen dürften die Lagererfahrungen nur bei jener Kerngruppe von Aktivisten gehabt haben, die von Beginn an die Konzeption der Lagerpädagogik trugen. Gerade sie spielten jedoch in der Phase der Ausweitung der Bewegung (vgl. Kap. 6.6.) eine strategisch wichtige Rolle. Rückschlüsse über das Ausmaß der Polarisierung innerhalb der Lager lassen einige Quellen zu. So konnten sich 1929 im Unterschied zum Vorjahr die Teilnehmer auf keine gemeinsame Entschließung einigen, dafür waren „die politischen Unterschiede unter den Teilnehmern zu schroff.“ (Rosenstock/Trotha, 1931, S. 71) Neben den im Boberhaus eingegangenen Einzelkritiken an der Lagerpraxis[6], gab es auch grundsätzliche Skepsis seitens zentraler Gremien der SAJ. Jedoch war die Haltung der SAJ als Organisation zu den Arbeitslagern keineswegs einheitlich.[7] So lehnte der SAJ-Bezirk Mittelschlesien in einer Stellungnahme 1929 (ABk) die Teilnahme an den Lagern mit der Begründung ab, die Lehrer im Boberhaus seien nicht sozialistisch eingestellt und die Studenten betrachteten die Arbeiter nur als Studienobjekte. Dagegen forderte die SAJ-Bezirkskonferenz Niederschlesiens im gleichen Jahr ihren Vorstand auf, seine ablehnende Stellung zu den Löwenberger Lagern aufzugeben. Die Argumentation, die die von 62 Delegierten bei nur 2 Gegenstimmen angenommene Resolution, einschlägt, gleicht völlig jener, mit der SPD und SAJ später ihre Teilnahme an den FAD-Maßnahmen begründeten:

> „Die Mittel für das Boberhaus fließen weiter, ob wir uns an den Arbeitslagern beteiligen oder nicht. Es wäre wahrscheinlich nur erreicht, daß man anstelle sozialistischer Arbeiter sich eben andere Arbeiter aufgabeln würde.“ (Dokument, ABk)

Die Angst der Bezirksleitungen der SAJ, in den Arbeitslager würden ihre Mitglieder bürgerlichen Einflüssen ausgesetzt, konterkarierten die Delegierten mit dem Hinweis, die sozialistischen Arbeiter fühlten sich stets als Fraktion, „die Möglichkeit der Beeinflussung von irgendwelcher Seite her (ist) sehr gering“. (ebda.). Das Selbstbewußtsein der SAJ-Mitglieder dokumentiert auch eine Kritik eines Jenaer Arbeiters, der am Lager 1930 teilnahm. Er betont in seinem Schreiben an die Boberhausleitung, daß trotz der SAJ-Teilnahme an den Lagern die Werbung innerhalb der Arbeiterjugend Vorrang habe. In diesem Zusammenhang äußert er sich auch kritisch zu den gesellschaftspolitischen Vorstellungen der Studenten der SJ:

> Diese Gruppe „kann die Klassenkämpfe der Zeit nicht ertragen, sie möchte – ob bewußt oder unbewußt, ob klar oder unklar gesagt –, daß die verschiedenen Klassen einander näherkommen – und deshalb das Arbeitslager. Man sagt zwar, man wolle keine Verkleisterung, Austragung sondernder Klassengegensätze, man phantasiere nicht von schwammiger ‚Volksgemeinschaft', die ja gar keine Realität sei, man wolle sich ‚menschlich' einander näherkommen, man wolle zeigen, daß man notwendigerweise zusammenarbeiten müsse, damit die Gesellschaft wieder ‚funktionieren' könne. Hier scheint mir die Illusion zu liegen. Glaubt man denn, durch das ‚rein menschliche' Näherkommen einfach den Klassenkampf überflüssig zu machen? Nein, der Klassenkampf ist eine unerbittliche Realität und muß bejaht werden, d. h. als notwendiges Mittel zu seiner Selbstaufhebung. Nicht durch dieses ‚menschliche' Kennenlernen werden gesellschaftliche Probleme gelöst, sondern durch gesellschaftlich organisierten Kampf... Die geistige Grundhaltung dieser Leute, ihr Instinkt (bedingt eben durch ihren sozialen Lebensbereich, ihre Erziehung) will einfach ‚Volksgemeinschaft' im Sinne einer ‚psychologischen' Überbrükkung der Klassengegensätze; man drückt das aus im ‚Willen der Nation' oder ‚zum Ganzen'." (zit. n. Rosenstock/Trotha, 1931, S. 112f.)

Insgesamt gesehen muß festgehalten werden, daß es der Arbeitslagerbewegung schon in diesem frühen Stadium gelang, Teile der SAJ zur Teilnahme zu bewegen. Damit gelang ihr zugleich, die Diskussion über die Arbeitslager als eine Idee der Selbsthilfe der jungen Generation in die Reihen der Sozialdemokratie und Gewerkschaften zu tragen. Wie intensiv darüber innerhalb der SPD vor Einführung des FAD diskutiert wurde, läßt sich nicht mehr rekonstruieren. Die zahlreichen Berichte in der sozialdemokratischen Presse dürften allerdings nur ein verzerrtes Bild der Lage wiedergeben. Zumindest bis Anfang 1932 hat man in der sozialdemokratisch orientierten Arbeiterbewegung die Experimente der Arbeitslagerbewegung kaum Ernst genommen. Sie konzentrierte ihre Aufmerksamkeit eher auf die diversen Arbeitsdienstpflichtpläne rechter Verbände und Parteien und deren Versuche, sie politisch wie publizistisch durchzusetzen.

Quellenmäßig deutlich unterrepräsentiert ist dagegen die Rolle der Frauen in dieser Phase. Zwar nehmen sie ab 1931 regelmäßig an Volkslagern teil, äußern sich jedoch publizistisch kaum über ihr Selbstverständnis und ihre Motive. Lampel berichtet über seine Gespräche mit Lagerteilnehmerinnen im Boberhaus und dokumentiert deren Anspruch als gleichberechtigte Gleichaltrige anerkannt zu werden. Das Lagerleben biete die Möglichkeit, „die Achtung vor der Frau, die im Familienleben selbstverständlich ist" (Lampel, 1932a, S. 262f.), einzuüben; die Präsenz der Frauen sorge dafür, daß die Männer den Arbeitsdienst nicht „einfach in ihre bequem militärische Formen übertragen." (ebda.) Georg Keil sah in der Teilnahme der Frauen „einen starken Fortschritt zu einer größeren Lebensnähe", der sich auf Atmosphäre und Lagersprache vorteilhaft auswirke. (Keil, 1932a, S. 60) Programmatisch hat Lena Locator-Adders (i.e. Hans Richter[!]) die Rolle der Frauen in der

Volkslagerbewegung definiert. Die bisherige Praxis der Arbeitslagerbewegung, in der die Frauen nur die Rolle des untergeordneten Hilfspersonals spielten, aber nicht am Lagerleben beteiligt gewesen seien, müsse beendet werden.

> „Man muß erkennen, daß die Frau ein gleichrangiges, wenn auch andersartiges Element im Volksleben ist wie der Mann. Billigt man ihr diese Eigenschaft zu, dann ist es unverständlich, wie Mädchen und junge Frauen dort ausgeschaltet werden sollen, wo junges Volk zusammenlebt und arbeitet." (Locator-Adders, 1932, S. 170)

Solche Forderungen widersprachen damals nicht nur dem etablierten Frauenbild, sondern auch der ihnen in der bürgerlichen Jugendbewegung zugewiesenen Randstellung. Sie waren auch untypisch für die Praxis des FAD, die stark auf die Organisierung der männlichen Arbeitslosen zugeschnitten war. Andererseits wurde auf Initiativen Magdalena Keils im Umfeld des Boberhauses Ende 1932 ein Mädchenarbeitslager eingerichtet, das bis März 1934 trotz Interventionen des BDM existierte (Keil, M., 1972).

Weitere Frauen- und Mädchenlager im Rahmen der FAD-Förderung folgten um die Jahreswende 1932/33. In Loos bei Sagan waren 40 Mädchen mit Nähen und Waschen für ein benachbartes Männerlager beschäftigt (vgl. Keil, M., 1972), ebenso in Suckau (vgl. Schiöberg, 1932), Pilchowitz und Steinitz. Vom 20. März bis 10. April 1933 fand dann der erste staatliche Führerinnenkurs in der Kreisjugendherberge Trebnitz statt, an dem 41 Frauen aus den verschiedensten Verbänden teilnahmen (Klose-Stiller, 1978, S. 30) – unter ihnen die im Boberhaus engagierten jungen Frauen um Magdalena Keil, Cilly Henschel, Lore Lommel und Hanna Wolf. In einem für den Monatsbrief der SJ verfassten Bericht heißt es zu diesem Lehrgang:

> „Der geistigen Schulung lag ein Schulungsplan zugrunde, der die geschichtliche Entwicklung, die gesetzlichen Bestimmungen, pädagogische und wirtschaftliche Aufgaben des FAD sowie Obst- und Grenzlandprobleme behandelte. Man ist im allgemeinen zu der Überzeugung gekommen, daß die früher übliche Art der Jugendbetreuung im Mädchenarbeitsdienst durch selbständige Mitarbeit der Mädchen an der Ausgestaltung des Lagerlebens ersetzt werden muß. Die Ausgestaltung der Freizeit muß gleichwertig neben der körperlichen und geistigen Arbeit stehen." (Klose-Stiller, 1978, S. 30)

Noch in anderer Hinsicht ist der Beitrag von Locator-Adders bemerkenswert. Erstmals wird hier innerhalb der Arbeitslagerbewegung die sexuelle Frage thematisiert. Männliche Lager in „mönchischer Haltung und Abgeschlossenheit" seien nicht durchzuhalten und die bisherige Praxis, die Beziehungen zum anderen Geschlecht auf die Urlaubszeit zu verlegen, sei unbefriedigend. Daß aber die Gefahr bei Teilnahme von Frauen „im öffentlichen Bewußtsein stärker empfunden wird, ist nur charakteristisch für die kulturlose Gesamthaltung in dieser Frage."[8] Dennoch verbarg sich hinter dieser Position eine konservative Haltung, die die Geschlechterverhältnisse auf „echte Ordnungen" bezog und gegen „alle liberalen und aufklärerischen Ansichten, alle Parolen einer angeblichen Natürlichkeit" polemisierte. Die Kritik an der „Männergesellschaft“ konfligierte nicht mit der Akzeptanz traditioneller Rollenzuweisungen. Worum es ging, war deren Anerkennung als gleichwertige Tätigkeit. In Relation zur männerbündlerischen Praxis der Arbeitslager der rechten Verbände war diese Politik der gleichberechtigten Partizipation geradezu revolutionär. Ähnlich wie der vom Boberhaus und anderen propagierte Volkslageransatz blieb sie innerhalb der FAD-Praxis die Angelegenheit einer verschwindenden Minderheit.

6.5. Der Bruch zwischen Rosenstock und dem Boberhaus

In zweifacher Hinsicht war das Jahr 1930 ein Einschnitt in der Geschichte der Volkslagerbewegung. Das Experiment „Hilfe zur Selbsthilfe“ fand – angeregt durch Teilnehmer an den Löwenberger Lagern 1928-30 – Nachahmer in anderen Teilen des Reiches. Zugleich kam es zum Bruch zwischen der Führungsgruppe der SJ auf der einen, Eugen Rosenstock und sozialdemokratisch orientierten SJ-Mitgliedern auf der anderen Seite.

Wenn hier im Zusammenhang mit der Entwicklungsgeschichte der Volkslagerbewegung auf diesen Konflikt eingegangen wird, so deshalb, weil er als Indiz für strukturelle Problemlagen der Bewegung gedeutet wird. Die in ihnen mitschwingende persönliche, die Integrität einzelner Beteiligter tangierende, Rankküne[1] ist dabei nicht von Interesse. Hervorgehoben werden sollen stattdessen drei konfliktträchtige Bereiche, die der Aktivismus der SJ und der Deutschen Freischar produziert hat:

- das Professionalisierungsproblem
- das Problem der politischen Identität
- das Problem des Generationsdenkens

Alle drei Bereiche zusammen bilden die Hintergrundsfolie, vor der sich die Trennung von Rosenstock vollzog. Sie werden im folgenden kurz skizziert, weil sie auch Einblicke in das Selbstverständnis des aktivistischen Kerns der Volkslagerbewegung geben und deren Verhalten in der Institutionalisierungsphase der Bewegung nachvollziehbar machen.

Als die SJ 1926 das Boberhaus übernahm lag das Durchschnittsalter ihrer Aktivisten bei 23, die Führer der Kriegsgeneration waren um die 30 Jahre alt gewesen. In den ersten Jahren lebte das Haus vom persönlichen Kredit politisch und pädagogisch einflußreicher Erwachsener und der „charismatischen Kraft“ (Raupach) Hans Dehmels als Leiter. Dennoch war die Bilanz nach drei Jahren eher ernüchternd. In einer von Kurt Ballerstedt in Absprache mit Rosenstock, Artur von Machui, Horst von Einsiedel und Carl Dietrich von Trotha verfassten Denkschrift „Zur Lage des Boberhauses“ vom 18. 12. 1929 dokumentierte[2] sich die gruppeninterne Kritik an der bisherigen amateurhaften Lehrpraxis des Hauses vor dem Hintergrund der Frage, wer Nachfolger Dehmels werden sollte. Der persönliche Kredit, so die Denkschrift-Autoren, sei erschöpft und die SJ hätte bislang noch immer nicht ihre Leistungsfähigkeit unter Beweis gestellt. Dem Boberhaus fehle ein professionelles Lehrangebot und ein eindeutiges Profil. „Dehmels wissenschaftliche Qualifikation für eine fachgerechte ‚Volksbildung'" reiche nicht aus, um die Zugriffsversuche der Universität (Breslau, P. D.), der Verwaltung und Volksbildungsbewegung abzuwehren.

> „Damit wird die parteipolitische Mittellage des Hauses gefährdet, vor allem aber wird seine Zwischenstellung zwischen dem rein lehrenden Beruf der Universität und fachgerechten Volksbildung und den politischen Führungsfunktionen der Verbände zerstört. Seine Aufgabe ist es, in geistiger Gemeinschaft mit der Universität, aber in nächster Nähe der Gebiete praktischer Volksführung – Arbeitsverwaltung, Berufsschulung, Sozialarbeit, Siedlung, industrielle Werkspolitik usw. seine Lehre so anzuordnen, daß sie als Anweisung zum praktischen Handeln wirken kann." (S. 3)

Die hier angesprochene Kritik an Dehmels Führungsstil thematisiert nochmals den seit längerem schwelenden Gegensatz zwischen ihm und Rosenstock über das unterschiedliche Rollenverständnis von Lehrer und Führer. Schon 1926 hatte Rosenstock sich in einer scharfen Polemik[3] mit der politischen Phraseologie der Jugendbewegung, ihrem Jugendkult und dem in einer „fast hemmungslosen Vorwirklichkeit oder Spielwirklichkeit" (Rosenstock) praktizierten Führermythos auseinandergesetzt. Die Forderung der Fünfergruppe nach mehr Professionalität des Lehrangebotes war vor diesem Hintergrund auch die Forderung nach mehr Lehrern und weniger Führern. Mit dem Leiterwechsel im Mai 1930 von Dehmel auf die gerade promovierten Raupach (bei Rosenstock) und Keil (bei Julius Landmann) schien eine Konsolidierung des pädagogischen Angebotes der Heimvolkshochschule sich anzudeuten.

Die intern vorgetragene Kritik gewann an politischer Brisanz noch durch einen anderen Vorgang, nämlich den von Buske und Dehmel betriebenen Zusammenschluß der DF mit dem rechtsgerichteten Großdeutschen Jugendbund (GB), der am 4. 5. 1930 erfolgte. Dessen auf Lebenszeit gewählte Führer Admiral a. D. Adolf von Trotha (Jg. 1868[!]) übernahm auch die Führung des neuen Bundes, dem sich Pfingsten 1930 der Jungnationale Bund anschloß. Allerdings schied die DF schon im Oktober des gleichen Jahres aus dem Zusammenschluß wieder aus, da ihre Führer nicht bereit waren, „den Bund mit einem bewußten nationalen Wehrwillen zu erfüllen."[4] Die Fünfergruppe kritisierte den Beitritt vehement als Verletzung des Neutralitätsstandpunktes der SJ und einen mit „faschistischen Methoden" durchgesetzten Rechtsruck.[5] Rosenstock intervenierte deshalb beim Regierungspräsidenten in Liegnitz, der daraufhin offensichtlich ein Verfahren wegen staatsfeindlicher Betätigung gegen die DF einleitete. Denn in einem Brief vom 30. 9. 1930 an den RP Liegnitz schrieb er:

> „. . . höre ich, daß gegen die Deutsche Freischar bei der Regierung in Liegnitz ein Verfahren wegen staatsfeindlicher Betätigung eingeleitet sei . . . Nach dem auch in Ihren Händen befindlichen Protokoll ist die Sitzung nur von Volksbildungsfragen und pädagogischen Sorgen ausgegangen. *Auch das Wort ‚Faschismus' ist ausdrücklich im Sinne unpädagogischer Methoden gebraucht und eingehend so definiert worden.* Sollte auf diesen Grundlagen dennoch ein politisches Verfahren gegen die

Deutsche Freischar eingeleitet worden sein, so würde ich das aufs tiefste bedauern und müßte mich scharf davon distanzieren." (ABk)[6]

Nachdem in weiteren Stellungnahmen C.H. Becker und Adolf Reichwein der Gruppe um Dehmel/Raupach ihr Vertrauen aussprachen, trennte sich die Fünfergruppe von der SJ und zog sich aus der Arbeit im Boberhaus zurück. Für Rosenstock selbst bedeutete dieser Schritt eine Erschütterung seiner politischen und wissenschaftlichen Identität. Am 2. 9. 1930 schreibt er an seine Frau:

„Fritz Klatt lacht mich aus, weil ich Raupach usw. zu ernst nehme. R. nimmt mich ernst, soweit ich die nationalsozialistische Woge emporbranden fühle und fürchte, daß einfach der Kampf um das Boberhaus in irgendeiner Form von der Presse in dieser Fieberzeit aufgegriffen und gegen mich gewendet wird. Wahrheit spielt ja dabei keine Rolle." (AERH)

Zehn Tage später heißt es in einem weiteren Brief an seine Frau:

„Es ist doch so, daß die Meuterei Raupachs mich einfach in den alten Vorkriegsraum Universität hinüberzureißen versucht hat. In diesem Aufstand der revolutionierten aber nicht vom Kriegleid geleuchteten Jungen kann die geistige Heimat nur im Zusammenstehn mit der eigenen Generation wiedergefunden werden. Sie müssen wir nur sichtbar machen." (Brief v. 12. 9. 30; AERH)

Rosenstock zog damit aus dem Konflikt eine Konsequenz, die er in historischer Distanz Jahrzehnte später in einem Brief an Peter Kaufhold[7] so beschrieb. Die „jugendtrunkene Freischar" und ihr Führer Dehmel hätten ihn in ihrer „naiven Monopolhaltung" ausgeschifft, nachdem sie erfolglos versucht hätten, ihn jugendbewegt zu stempeln. Ähnlich wie im Falle des Konfliktes in der Akademie der Arbeit ginge es ihm damals „um das Offenhalten der neuen Institution für den *ganzen* Strom der in die Katastrophe hineingerissen, da wo in Frankfurt die ‚Klasse', in Schlesien die ‚Jugend' Herr im Hause bleiben wollte." „So hat mich Dehmel aus der von mir für ihn und seine Gruppe, die Deutsche Freischar, erkämpften Behausung hinausgeboxt. Und er ist noch heute unfähig zu begreifen, was er damals – genau wie die Nazis – verbockt hatte." Damit verbot sich eine weitere Zusammenarbeit mit der SJ nicht nur für ihn, sondern auch für die der SPD angehörenden oder nahestehenden Ballerstedt, Einsiedel, Machui und Trotha, die zum Führungskern des Boberhauses zählten.

Rosenstocks Deutung des Konfliktes leitet zum dritten Problembereich über. Wie generell in der bürgerlichen Jugendbewegung wurde auch in der DF ein ausgesprochener Jugendkult gepflegt. Ihm ist die Interpretation zu verdanken, die Arbeitslagerbewegung sei eine autonome Leistung und ein Recht der jungen Generation, die in Selbstverwaltung und Selbstgestaltung in den Arbeitslagern eine der „Jungmannschaft", also der 18 bis 25jährigen, gemäße Lebensform praktiziere. So wurden die Reaktionen der SJ-Führungsgruppe auch von der Angst geleitet, das Boberhaus würde seitens der Universität Breslau in eine Art Außenstelle umfunktioniert werden. In Verkennung des Grades der Abhängigkeit von „strategischen Personen" vertraten sie mit ihrer Freiraum-These eine Position, die unter den veränderten politischen Machtverhältnissen in der Endphase der Weimarer Republik und nach Einführung des FAD mehr denn je politischer Anspruch blieb. Nachdem Rosenstock schon 1926 in dem erwähnten Aufsatz programmatisch und in den Konflikten um das Boberhaus konkret den von Dehmel und der SJ praktizierten Führerkult[8] kritisierte, nahm er diese Kritik in einem seiner letzten Aufsätze vor der Emigration (Rosenstock, 1933) wieder auf. Hans Trotzendorff (i.e. Heinz Beutler) entgegnete ihm in der Februar-Ausgabe des Zwiespruchs, um die alten Vorwürfe in verschärfter Form zu wiederholen. Rosenstock deute „die Bewegung der jungen Generation in einer geradezu beleidigenden Weise falsch". Da er die Bewegung nur von „außen und oben" beurteile, sei seine Lehre „im allerernstesten Sinne unfruchtbar und reaktionär, insofern er sich gegen die bewegenden Kräfte stellt." Noch unter dem Eindruck der nationalsozialistischen Machtergreifung beharrt Trotzendorff-Beutler auf dem apostrophierten Grundsatz, die „Front der jungen Generation" verliefe quer zu den richtungspolitischen Konstellationen der Gesellschaft. Vor diesem Hintergrund liest sich Trotzendorffs Kritik wie der erste Schritt zur Selbstgleichschaltung einer Bewegung, die an ihrer Idee auch in einer Zeit noch festhielt, in der die Voraussetzungen und Möglichkeiten sich fundamental verändert hatten und deshalb neue, politisch bedenkliche Akzente annahm.[9]

> „Da Rosenstock das Gesetz des Bundes und das Gesetz der Gruppe als Prinzip der männlichen Ordnung des deutschen Volkes nicht erkennt oder nicht anerkennt, verfällt er in einen merkwürdig schematischen und individualistischen Begriff von Volk und Volksführung. Einer gewissen Auslese oder gar ‚Elite' im Leben eines Volkes das Wort zu reden, erklärt er für Unfug." (Trotzendorff, 1933, S. 30)

Die im Boberhaus vollzogene Sezession hatte auf die Ausweitung der Arbeitslagerbewegung keinen erkennbaren Einfluß.[10] Der Hohenrodter-Bund und seine führenden Mitglieder betätigten sich weiter im Sinne des bildungstheoretischen Paradigmas der gestaltenden Volksbildung (Henningsen, 1959) in der Bewegung. Nicht zuletzt steht dieser Konflikt als Exempel für die Grenzen der Selbstdeutung und Funktion akademischer Pädagogik – der Rosenstock disziplinär sehr wohl zuzuordnen ist – in der Weimarer Republik. Denn gegenüber der pädagogischen Praxis nahm sie stets die Rolle des Kritikers und der kontrollierenden Instanz ein. Als Deutungsdisziplin pädagogischer Prozesse, die mit dem Leistungsanspruch auftrat, Orientierungen zu geben, mußte der generationstheoretisch begründete Führungsanspruch der Volkslagerbewegung mit seinem Führermythos zurückgewiesen bzw. in disziplinär bearbeitbare Problemstellungen (z.B. Professionalisierung der Lagerführer) umdefiniert werden.

6.6. Die Ausweitung der Arbeitslagerbewegung

Mit der einsetzenden Wirtschaftskrise 1929/30 begann auch die Neubelebung der Diskussion um die Einführung eines allgemeinen Arbeitsdienstes. Bewegte sich diese Diskussion zunächst jedoch noch immer auf der Ebene von -

Tabelle 13

Professoren/Pädagogen (Lehrer, Volksbildner, Sozialarbeiter etc.)	19
Studenten	7
Beamte/Lokalpolitiker	5
Bauern/Gutsbesitzer	3
Handwerker/Arbeiter	5
Angestellte	4
Pfarrer	1
ohne Angabe	1

Absichtserklärungen, Programmschriften, Initiativen und ökonomisch dilettantischen Rechenexempeln, so fanden parallel hierzu die Experimente der Volkslager im Boberhaus Nachahmung in anderen Teilen der Republik. Maßgeblich beteiligt am Prozeß der Ausweitung waren – vor allem in Norddeutschland – studentische Teilnehmer an den Löwenberger Lagern. Strategisch gesehen waren es drei Faktoren, die in dieser Phase der Volkslageridee öffentlich in einem Maße Resonanz verschafften, die weit über die ersten spärlichen Praxisversuche hinausgingen:

- eine geschickte Öffentlichkeitsarbeit sorgte für Bekanntheit der Löwenberger Lager in der politischen und pädagogischen Publizistik. Eine wichtige Rolle spielte hier einer der Initiatoren der norddeutschen Arbeitslager, der Student und Sozialdemokrat Richard Gothe, dessen Arbeitslagerberichterstattung in der sozialdemokratischen Presse 1931 im Kontext der Einführung des FAD kontroverse Diskussionen auslöste.[1]
- intensive persönliche Werbeaktionen erweiterten die soziale Basis über den studentischen Kreis hinaus bis hin in die Reihen jugendlicher NSDAP- und KPD-Anhänger. Zudem gelang es auch in anderen Teilen der Republik, die Volkshochschulen zur Unterstützung und Organisierung der „Volkslager" zu gewinnen.
- wie auch in Schlesien wurde die Arbeitslagerbewegung in der Phase der Ausweitung maßgeblich von „strategischen Personen" der politischen Administration und des pädagogischen Establishments unterstützt und mitgetragen.

Die erste Region, in der 1930 mit Arbeitslager nach dem Löwenberger Vorbild experimentiert wurde, war der norddeutsche Raum. Im Umfeld der Kieler Universität gründete sich unter der Initiative von Richard Gothe der „Bund der Freunde und Förderer der Arbeitslager für Arbeiter, Bauern und Studenten in Norddeutschland e. V." Eine Broschüre des Bundes aus dem Jahre 1931 gibt Einblick in dessen Mitgliederstruktur (vgl. Tabelle 13).
Unter den Vertretern der akademischen Pädagogik befanden sich ausschließlich Personen, die der Reformpädagogik zuzuordnen sind: Curt Bondy, Axel Henningsen, Eugen Rosenstock, Bruno Schomburg, Erich Weniger sowie die Kieler Hochschullehrer Adolf Löwe, Rudolf Heberle (Privatdozent), Holstein, Höber, Kroner, Sitzler. Zu den Mitgliedern zählten weiter der Präsident

des Landesfinanzamtes Schleswig-Holstein, die Landräte Ritzler (Isenhagen) und Theodor Steltzer (Rendsburg)[3] sowie Jugendverbandsfunktionäre und Volkshochschulleiter.

Primäre Zielsetzung des Bundes war es, unter explizit erziehungspolitischen Gesichtspunkten, die Idee der Volkslager zu verbreiten und in diesem Sinne Arbeitslager in Norddeutschland durchzuführen. Unter strikter Achtung religiöser und politischer Neutralität sollten die Arbeitslager „in einer Zeit sozialer, wirtschaftlicher und kultureller Verwirrung ein Stück allgemeinster menschlicher und politischer Erziehung leisten. Rücksichtsnahme und gegenseitige Hilfe bei gemeinsamer körperlicher Arbeit und in allen Bereichen des Gemeinschaftslebens sind die am stärksten wirkenden Erziehungsmittel. Man lernt sich kennen und achten, ehe man mit der geistigen Auseinandersetzung beginnt."[4]

Auch der Bund sieht in der Arbeitslagerbewegung eine Initiative der Jugend, die in Selbstverantwortung und Selbstverwaltung organisiert werden müsse. Getragen von dem Überschwang der Erfahrungen bei den Löwenberger Lagern initiierte er zahlreiche Lager im norddeutschen Raum, die teils autonom, teils im Rahmen der im Sommer 1931 anlaufenden FAD-Maßnahmen durchgeführt wurden. Die Praxis dieser und anderer „Volkslager" machte sehr drastisch drei Strukturprobleme dieses pädagogischen Ansatzes deutlich:

- nur in den seltesten Fällen gelang es, junge Bauern als ständige Lagerteilnehmer zu gewinnen. Als Arbeitskräfte auf dem Hof für einige Wochen unabkömmlich, nahmen in der Regel nur benachbarte Jungbauern stundenweise an den Abendveranstaltungen der Lager teil.
- die sozial heterogene Teilnehmerschaft sorgte nicht nur – wie erwünscht – in politischer Hinsicht für Spannungen. Irritiert wurden die studentischen Initiatoren häufig auch durch die alltäglichen Verhaltensweisen der Jungarbeiter, die ihrem idealistischen Verhaltenskodex widersprachen. So schreibt z. B. Bächle in seinem Bericht über die badischen „Volkslager": Anläßlich eines Sonntagsausfluges waren die Studenten über „ihre arbeitslosen Kameraden sehr erstaunt, denn diese kommen fast alle in blauen oder sogar schwarzen Anzügen, teilweise mit seidenen Strümpfen und Lackschuhen, mit gestärkten Hemden und Kragen. Kein Student war so ausstaffiert. Als noch dazu kam, daß eine Anzahl Arbeitsloser sich gegen Abend in einem Basler Tanzlokal minderer Güte getroffen hatten, führte dies bei der Rückkehr zu ernsten Gesprächen zwischen den Studenten, von denen mancher sehr enttäuscht war."[5]

Solche Problembeschreibungen im Lageralltag sind keine Einzelbeispiele. Sie dokumentieren vielmehr die tiefe Fragmentierung der sozialkulturellen Milieus und die Schwierigkeiten ihrer Überwindung. Das Bild des Arbeiters bricht für die Studenten in jenem Moment zusammen, da diese Verhaltensweisen an den Tag legen, die der Sozialmoral und dem Habitus der jugendbewegten Studenten widersprachen. Dies als „Mangel an Selbstvertrauen" der jungen Arbeiter zu interpretieren (ebda.), weist auf den pädagogischen Impetus der Studenten hin, die trotz aller Gleichberechtigungspostulate häufig sehr rasch die Rolle des „Helfers“ annahmen. Zugleich beeinhaltet das Beispiel den Hinweis auf die prinzipielle antihedonistische Grundströmung, die die Arbeitslagerbewegung durchzog – und dies keineswegs nur auf Seiten der rechten Verbände.

- disziplinär relevant wurde in dieser Phase die Frage der pädagogischen Qualifikation der Lagerleiter. Mit der Ausweitung der Arbeitslagerbewegung und der Einführung des FAD genügte das Modell der Konstitutionsphase, nämlich der zum Teil gewählte Lagerrat, nur noch bedingt den wachsenden organisatorischen, technischen und pädagogischen Kompetenzanforderungen. Den Volkshochschulen, arbeitslosen Junglehrern, den in der Jugendverbandsarbeit Tätigen eröffnete der Qualifikationsbedarf ein breites Aufgabenfeld in der praktischen Arbeit wie in der Ausbildung von Lagerführern.

Die Phase der Ausweitung der Arbeitslagerbewegung in den Jahren 1930/31 verlief parallel mit ihrer beginnenden Institutionalisierung im FAD. Das der staatlichen FAD-Förderung zugrundeliegende Delegationsprinzip von Arbeitsmaßnahmen an „Träger der Arbeit“ und „Träger des Dienstes“ hatte mehrere Konsequenzen. Zum einen förderte es den Aufbau dezentraler Strukturen, zum anderen zwang es die dem Gedanken der Volkslager verschriebene Arbeitslagerbewegung zur Gründung einer Vielzahl regionaler und lokaler Organisationen, die als Trägerverbände bei FAD-Maßnahmen fungierten. An erster Stelle sind hier die Organe der studentischen Selbstverwaltung zu nennen, die im Rahmen ihrer studentischen Selbsthilfearbeit neue Referate für Arbeitsdienstmaßnahmen schufen. Von einiger Bedeutung waren auch die sog. „Heimatwerke“, Zusammenschlüsse von Volkshochschul-, Jugend- und Jugendpflegeverbänden, die im Rahmen des FAD mit einer pädagogisch intendierten Konzeption als Dienstträger auftraten. Sie alle orientierten sich am bildungstheoretischen Paradigma der „Volk-Bildung“ und sahen in den Löwenberger Arbeitslagern den Idealtyp volksbildnerischer Lagerpädagogik. Überregionale Bedeutung erlangte dabei das von Theodor Bäuerle als Vorsitzenden des „Vereins zur Förderung der Volksbildung in Württemberg“ im Oktober 1931 initiierte „Schwäbische Heimatwerk“. Es war der Zusammenschluß des

- Vereins zur Förderung der Volksbildung in Württemberg
- evangelischen Jugendsekretariats
- katholischen Caritasverbandes
- Landesausschusses für Jugendpflege.

Das Heimatwerk verstand sich als überparteiliche Organisation, die „alle außerhalb seiner Jugend- und Volkserziehungsaufgabe liegenden Sonderzwecke“ ablehnte (Flitner, 1932, S. 426). Im Frühjahr 1932 unterhielt das Heimatwerk ca. 25 Lager mit einer Teilnehmerzahl zwischen 25 und 40 Jugendlichen. Allerdings ließ sich das Ideal der sozial heterogenen, geschlossenen und fern ab vom Heimatort der Teilnehmer durchgeführten Lager nur in den seltensten Fällen durchsetzen.

> „Aus der Praxis hat sich ergeben, daß die zu starke persönliche und örtliche Verbundenheit der Lagermannschaft mit dem Lagerort nicht unbedingt zweckmäßig ist. Zum mindesten hat die Geschlossenheit der Kameradschaft in solchem Lager viel zu wünschen übrig gelassen, da die Leute nach der Arbeitszeit stark auseinanderstrebten und sich ihren verschiedenen Vereinen, Familien und sonstigen Organisationen verpflichtet fühlten, so daß es schwer war, den Nachmittag und Abend in einheitlicher und zweckvoller Weise auszufüllen." (Dölker, 1932, S. 15)

Zu jenen Organisationen, die ab 1931 mit dem Volkslager-Ansatz experiementierten zählen u. a.:

- das studentische Amt für Arbeitskolonnien in Baden mit Zweigstellen in Karlsruhe, Heidelberg, Freiburg und an der Handelshochschule Mannheim. (Zur Selbstdarstellung vgl. Bran, 1933, S. 3ff.)
- das im Frühjahr 1932 gegründete Hessische Heimatwerk, das auf Initiative der Teilnehmer des ersten Volkslagers 1931 in der Heimvolkshochschule Habertshof (vgl. Grabert, 1931) entstand. Zu seinen prominenten Förderern zählten u. a. der religiöse Sozialist Hans von Berlepsch, Emil Blum und Karl Wilker. Unter Vorsitz des Oberschulrates Hassinger waren dem Heimatwerk angegliedert Caritas- und Jugendverbände, die hess. Forstbehörde, das Landesarbeitsamt und das Landesjugendamt. Teilnehmer der ersten Volkslager waren Studenten der Universität Marburg, der Pädagogischen Akademie Kassel und Jungarbeiter aus Frankfurt.
- das am 24. 6. 1932 unter Mitwirkung von Hermann Maaß (SAJ), dem Geschäftsführer des Reichsausschusses der Deutschen Jugendverbände, gegründete Heimatwerk Brandenburg.
- das am 1. 6. 1932 gegründete Heimatwerk Schleswig-Holstein, zu dessen stellvertretenden Vorsitzenden Richard Gothe gewählt wurde.

Eine Vielzahl lokaler studentischer „Heimatdienste"[7] sind in dieser Aufzählung summarisch ebenso zu erwähnen wie die von einzelnen Heimvolkshochschulen in Zusammenarbeit mit den zuständigen Arbeitsämtern durchgeführten Volkslagern. Die vorwiegend volksbildnerisch arbeitenden Dachorganisationen weisen, von regionalen Besonderheiten abgesehen, eine identische Organisationsstruktur auf. Es sind Zusammenschlüsse kirchlicher, volksbildnerischer, jugendverbandlicher und -pflegerischer Institutionen unter Einschluß der staatlichen Arbeitsverwaltung und Einzelpersönlichkeiten der Volkslagerbewegung. Das organisatorisch breit gefächerte Spektrum verlangte Kompromisse bei der Durchsetzung volksbildnerischer Intentionen. Denn die Praxis des FAD zeigte sehr schnell, daß der Volk-Bildungsansatz sich an harten Verbandsinteressen stieß. Selbst jene Vereine, die einer primär jugendpflegerischen Funktion der Arbeitslager offen gegenüberstanden, waren trotzdem bemüht, zunächst ihre eigenen arbeitslosen Mitglieder zu beschäftigen.

Die frühe Institutionalisierung der Arbeitslagerbewegung hatte Auswirkungen auch auf das Genre der pädagogischen Publizistik. Die Vertreter des

Volk-Bildung-Ansatzes müssen nun neue Argumente finden, um Volkslager gegenüber Verbandslager, geschlossene gegenüber offenen Lagern als pädagogisch leistungsfähigere Arrangements zu begründen. Während jene, die unmittelbar in der Arbeitslagerpraxis stehen, vorwiegend Erfahrungsberichte produzieren, bleibt es den Vertretern des „Establishments" der Volksbildungsbewegung und der akademischen Pädagogik vorbehalten, systematisch und kontrollierend, distanziert und reflektierend den Gedanken des Arbeits*dienstes* als ein über die aktuelle Krisensituation hinausweisendes neues Prinzip zu begründen. Sowohl Nohl als auch Flitner – als zwei prominente Vertreter der akademischen Pädagogik – sehen die im FAD und der Arbeitslagerbewegung gemachten Erfahrungen als grundlegend dafür an, „daß *mit dem nationalpolitisch-fürsorgerischen Gedanken der nationalpädagogische eng verbunden* worden ist." (Flitner, 1932, S. 429).[8] Solche umfassenden Zielsetzungen, die ihren Legitimationsbedarf stets durch Verweise auf die „Siedlungsnotwendigkeit, zumal im deutschen Osten" (Flitner) zu decken suchten, waren allerdings weder das Resultat überprüfbarer empirischer Untersuchungen der FAD-Praxis noch das einer funktionalen Analyse der Leistungsfähigkeit der Pädagogik bei der Betreuung erwerbsloser Jugendlicher. Sie entspringen vielmehr professionsspezifischen Interessen, die auf die Möglichkeiten neuer Arbeitsfelder im FAD abstellen.

Für den aktivistischen Kern der Volkslagerbewegung bedeutete die Einführung des FAD einerseits die staatliche Anerkennung der von ihm behaupteten Notwendigkeit eines Dienstes der jungen Generation in Selbstverwaltung; andererseits suchten sie in Verhandlungen und Beratungen mit maßgeblichen Vertretern der Länder- und Reichsbehörden, den Gedanken der Volkslager und die Synthese von körperlicher, volksbildnerischer Arbeit und ausreichender Freizeitgestaltung auch juristisch in den einschlägigen Verordnungen zu verankern.

Daß im Verlauf der Wirtschaftskrise der ursprüngliche Impetus bündischer Arbeitslager, nämlich die Pflege des Werkstudentengedankens, zurückgedrängt wurde, löste sie von ihrer engen studentischen Interessensbasis. Anfang 1931 schrieb Reinhold Schairer, Leiter der sozialen Selbsthilfe des „Deutschen Studentenwerks":

> „Die Zeiten der Arbeitslosigkeit haben die Möglichkeit der Verwirklichung des Werkstudentengedankens in den Hintergrund gedrängt. Auch der Gedanke der Arbeitsdienstpflicht, von Anfang an mit dem Arbeitsplane der studentischen Selbsthilfe verbunden, ist als Massenbewegung noch nicht durchführbar. Neue Wege müssen gesucht werden, um hier die Idee zur Tat hinüberzuführen." (Studentenwerk H 1/1931, S. 9)

Es zeugt vom Elitebewußtsein der Bewegung, daß sie, obwohl nur eine deutliche Minderheit im FAD repräsentierend, weiterhin als treibende Kraft und Art moralischer Instanz des Dienstgedankens und seiner Realisierung sich verstand. Ihre Aktivisten interpretierten die Einrichtung des FAD als eine historische Chance, die Basis der Arbeitslagerbewegung zu verbreitern. Denn er erleichterte erheblich die Gründung neuer und Ausweitung bestehender

Trägerkreise speziell im südwestdeutschen Raum. Denn dort wurde die Bewegung 1930/31 fast ausschließlich von Studenten[9] getragen. Nach Einführung des FAD konnten neue Institutionen und Gruppen zur Mitarbeit gewonnen werden.

„Ein Beispiel dafür ist die Weiterbildung des Tübinger studentischen Heimatdienstes in den Tübinger Bund für Arbeitslager, der die bisherigen Lagerführer und Lagerkameraden, Studenten und Werktätige zu einem Bund zusammenfaßt, dem Vertreter der Dozentenschaft, der Universität, der Studentenschaft und der örtlichen Wirtschaftskörper beigetreten sind und neben dem ein Kreis der Freunde aufgebaut wird, dem alle angehören können, die den Bund ideell und materiell unterstützen wollen. Neben der Veranstaltung von Arbeitslagern bestehen die Aufgaben des Bundes außerdem in der weiteren Fürsorge für alle früheren Lagerkameraden und in der akademischen Selbsthilfe, die stellungslose Jungakademiker und Abiturienten in Arbeitslager führen und darüber hinaus ihnen zusätzliche Arbeitsstellen außerhalb der Universität vermitteln will." (Keil, 1932a, S. 31)

Mehr und mehr gewann die Idee des Arbeitsdienstes (und des Wehrsportes), die dem Aktivismus breiten Raum ließ, unter den Studenten eine gewichtige Anhängerschaft. Nach ihrer Institutionalisierung im FAD sah sich auch der Sozialistische Deutsche Studentenbund veranlaßt, für die Beteiligung an den Volkslagern zu plädieren. Im Gewerkschaftsorgan „Die Arbeit" begründete Martin Böttcher diese Entscheidung damit, daß die Beteiligung sozialistischer Studenten in den Lagern der Gegner, „die Idee der Arbeitslager auf ihren gesunden sozialpädagogischen Kern" (Böttcher, 1932, S. 452) beschränken solle. Mit ähnlicher Argumentation wurde auch das künftige Engagement der sozialistischen Studenten in Wehrsportlagern legitimiert. Diese dürften „nicht mehr allein der Rechten überlassen" bleiben. Entsprechend beteiligten sich die sozialistischen Studenten an sog. überparteilichen Volkslagern auf Basis der Rosenstockschen Lagerpädagogik und organisierten zusammen mit der SAJ und der freien Gewerkschaftsjugend eigene Arbeitslager (vgl. auch Bley, 1932).

Die personelle Ausweitung der Arbeitslagerbewegung und die von ihr nicht kontrollierbaren Arbeitslager zahlreicher Verbände im FAD schufen ein Folgeproblem, das mit den geringen Fortbildungsmöglichkeiten und mangelnden Erfahrungen rasch anwuchs: das der Professionalisierung der Lagerführer. Zur Strategie der Verteidigung der Authenzität der Volkslageridee vor ihrer Aushöhlung innerhalb der FAD-Praxis zählte deshalb die Forderung, die erzieherische Arbeit neben der körperlichen Arbeit als gleichwertiges Anerkennungskriterium in die FAD-Verordnungen aufzunehmen. Denn nur eine „pädagogisch verantwortliche Durchführung des Arbeitsdienstes im ganzen Tageslaufe wird eine tüchtige Arbeitsleistung sicherstellen", stellte eine Entschließung des Arbeitslagerkurses vom März 1932 im Boberhaus fest und forderte:

„Neben der körperlichen Arbeit muß im Tagesplan hinreichend Zeit für den Unterricht und die gemeinsame Freizeit vorhanden sein. Die Träger des Dienstes müssen nachweisen, daß geeignete Menschen hierzu zur Verfügung stehen, sonst ist das Unternehmen nicht als FAD anzuerkennen. Durch Vorträge und Arbeitsgemeinschaften muß eine staatskundliche Schulung geleistet werden, die von der Lage der Erwerbslosen, der besonderen Arbeitsaufgabe und den örtlichen Verhältnissen ausgeht. Die Freizeitgestaltung darf nicht dem Zufall überlassen werden, sondern ist bewußt nach den Erfahrungen der jungen Generation durchzuführen." (zit. n. Keil, 1932a, S. 129)

Wie sich unten zeigen wird, lesen sich diese programmatischen Forderungen nach pädagogisch professioneller Lagerpraxis wie ein Defizitkatalog der im FAD dominierenden Praxis. Denn gerade „sinnvolle Freizeitgestaltung" und eine – wie immer auch gestaltete – Bildungsarbeit waren eher die Ausnahme als die Regel. Der Typik des pädagogischen Denkens der zwanziger und dreißiger Jahre kam das ständige Einklagen der Volkslagerbewegung auf das Recht der jungen Generation, ihre eigenen Erfahrungen, ihre eigenen Lebensformen, ihr eigenes Lebenskonzept in den Lagern für Arbeiter, Bauern und Studenten experimentell zu erproben, in einer seiner zentralen Argumentationsfiguren entgegen. Denn in der Verteidigung der Eigenständigkeit des pädagogischen Handelns gegenüber interessensstrategisch verengten Ideologien und Mächten, vollzog die akademische Pädagogik wissenschaftstheoretisch jenen Abgrenzungsprozeß gegenüber anderen Wissenschaften und gesellschaftspolitischen Einflüssen, den die Volkslagerbewegung als Teil der pädagogischen Bewegung stets neu (und vergeblich) inszenierte: Für die Reproduktion der Eigenständigkeit jugendgemäßer Lebensformen, für die Erziehungswirkung der Lagererfahrung, die zu neuen Einstellungen, Einsichten und Handlungsbereitschaft im Sinne des Dienstgedankens und des „Hilfe zur Selbsthilfe"-Postulates führen sollte, reichte in der Ausweitungsphase das persönliche Charisma des Jugendführers nicht mehr aus. Die Forderung nach pädagogisch qualifizierten Lagerführern war in der Logik des pädagogischen Denkens die nächstliegende – theoretisch und als praktische Handlungsnotwendigkeit. Exakt jener Punkt, nämlich die in erster Linie pädagogische Orientierung, die der Volkslagerbewegung ihre Begründung und ihre Impulse gab, war denn auch Gegenstand der Kritik von nationalsozialistischer Seite aus. So monierte Werner Naumann die pädagogische Autonomie und die enge Verbindung von Volkslagerbewegung und Erwachsenenbildung als dem Arbeitsdienstgedanken abträglich. Denn bedingt „durch die pädagogische Einstellung der Arbeitslagerbewegung" hätten „der Gedanke der Pflicht und der des Dienstes" zu wenig Beachtung gefunden. „Pädagogik befaßt sich eben in erster Linie mit der Individualität und erst mittelbar mit der Gemeinschaft. Diese Rangordnung war und ist deshalb für den Arbeitsdienst nicht anzuerkennen und hat in diesen Kreisen auch nur langsam eine Wandlung erfahren." (Naumann, 1934, S. 105)

Auch Hauenstein sah in der um das Boberhaus gruppierten Volkslagerbewegung aus nationalsozialistischer Perspektive bedenkliche Entwicklungstendenzen. Insbesonders der Selbstverwaltungsanspruch konnte von der NSDAP nicht akzeptiert werden. So kritisierte er, daß sich in der Bewegung „liberalistische und marxistische Tendenzen" durchzusetzen versuchten (Hauenstein, 1934, S. 17). Grundsätze der Selbstverwaltung und Gleichberechtigung – wie sie aus der Volkslagerbewegung propagiert wurden – erschienen den Nationalsozialisten als Defizit an „freiwilliger soldatischer Disziplin“, als Indiz für die Funktionalisierung der Arbeitslager zu „politischen Debattierklubs“ (ebda.) und des Einflusses „durch links eingestellte Kreise“. So mußte auch aus nationalsozialistischer Interessenslage die Forderung nach pädagogisch qualifizierten Führern als Ausdruck liberalistischer Verirrung erscheinen. Die Aktivisten der Volkslagerbewegung haben dies nicht erkannt.

7. Einführung und Entwicklung des Freiwilligen Arbeitsdienstes

7.1. Die Verordnung vom 5. 6. 1931 zur Einführung des FAD

Die letzte „große Koalition" der Weimarer Republik unter dem Reichskanzler Herrmann Müller (SPD) scheiterte am 27. August 1930 an der Frage der Lösung der Arbeitslosigkeit. Die durch die Weltwirtschaftskrise hoch verschuldete „Reichsanstalt für Arbeitslosenversicherung" bedurfte dringend einer finanziellen Sanierung. Der industriefreundliche SPD-Koalitionspartner DVP plädierte für die Senkung der Leistungen und lehnte den Kabinettsvorschlag der Beitragserhöhung von 3% auf 4% ab. Ein Kompromißvorschlag Heinrich Brünings sah eine Erhöhung von 3,5% vor, fand jedoch keine Zustimmung beim sozialdemokratischen Arbeitsminister Wissell und den Gewerkschaften. Die Koalition konnte sich nicht einigen und Müller mußte zurücktreten. Der Reichspräsident ernannte Brüning zum Reichskanzler, der nach dem von der Mehrheit des Reichstages abgelehnten Sanierungsvorschlag für die Sozialversicherung und den Staatshaushalt mit Hilfe des Artikels 48 der Verfassung regierte. Die Reichstagswahl vom 14. 9. 1930 verhalf der NSDAP zu 18% der Wählerstimmen und 107 Reichstagsmandaten und ließ sie von einer Splittergruppe zur zweitstärksten Partei aufsteigen. Dieser politische Aufstieg und die weiter anwachsende Zahl der Arbeitslosen gab den Befürwortern einer Arbeitsdienstpflicht politischen Auftrieb. Die Regierung Brüning stand im Handlungszwang. Ihre Überlegungen setzten zunächst an der Frage an, „inwieweit minderjährige Arbeitslose und Empfänger von Krisen- und Wohlfahrtsunterstützung im Rahmen der bestehenden arbeitsrechtlichen Bestimmungen, die für diesen Personenkreis die Unterstützungszahlung von einer als Entgelt gedachten Arbeitsleistung abhängig machen konnten, zu Pflichtarbeiten heranzuziehen seien." (Köhler, 1967, S. 71) Wie Reichsminister Treviranus in der Ministerbesprechung vom 27. 10. 1930[1] deutlich machte, erhoffte sich die Regierung damit eine Dämpfung der zunehmenden Arbeitsdienstforderungen und glaubte zudem an eine Verstärkung der Osthilfe. Parallel zu diesen Überlegungen ging das Reichsarbeitsministerium unter Adam Stegerwald (Zentrum) eigene Wege, um die Chancen für die Einführung eines Arbeitsdienstes, der finanziell und organisatorisch alle bisherigen Vorschläge überschreiten würde, prüfen zu lassen. Am 12. Januar 1931 trafen sich Vertreter der Wirtschaftsverbände, der Gewerkschaften, des Reichsausschusses der Deutschen Jugendverbände und weitere „Experten"[2] zu einer Erörterung der angeschnittenen Frage. In einem ausführlichen Eingangsreferat erläuterte Ministerialrat Bernhard Lehfeldt (1931, S. 17ff.) den

Teilnehmern die Problematik einer Dienstpflicht und die Haltung der Reichsregierung. Nur allein die Verpflichtung eines Jahrgangs der männlichen Bevölkerung, so Lehfeldt, erfordere eine gigantische Organisation für ca. 450000 Dienstpflichtige und koste bei günstiger Rechnung mindestens 1,35 Milliarden RM. Zudem sei eine Entlastung der Arbeitslosenversicherung durch die Dienstpflicht nur in geringem Umfang zu erwarten. Auch die sozialpädagogischen Effekte des Dienstes schätzte Lehfeldt eher gering ein. Im Unterschied zu den phantastischen Rechnungen der meisten Dienstpflichtbefürworter (vgl. 4.2.) war seine vorgetragene Kalkulation realistisch und zeigte bei den Teilnehmern (mit Ausnahme von Sachsenberg) Wirkung.

> „Dr. Brauweiler vom Reichsverband der deutschen Industrie begründete den ablehnenden Standpunkt seiner Organisation mit der Unmöglichkeit, den zusätzlichen Kapitalbedarf angesichts der herrschenden Deflation aufzubringen, während der Vertreter des Tiefbaugewerbes seine negative Einstellung mit dem Hinweis auf die besonders hohe Arbeitslosigkeit im Baugewerbe sowie auf die seiner Meinung nach zu erwartenden niedrigen Arbeitsleistungen der Dienstpflichtigen rechtfertigte. Der stellvertretende ADGB-Vorsitzende Graßmann hielt das Unternehmen einer Arbeitsdienstpflicht für einen ‚aufgelegten Bankerott' und kündigte allen Verwirklichungsbestrebungen den ‚schärfsten Widerstand' der Freien Gewerkschaften an. Auch die Vertreter der anderen Gewerkschaftsrichtungen bezogen einen Standpunkt der entschiedenen Ablehnung, wobei der Vertreter der christlichen Landarbeiterorganisation auf die große Zahl der arbeitslosen Landarbeiter hinwies." (Köhler, 1967, S. 77f.)

Verbandspolitische und sozialpädagogische Bedenken erhob auch Herrmann Maaß für die Jugendorganisationen, der vor allem auf die fehlenden pädagogisch geeigneten Lagerführer hinwies. In seltener Einmütigkeit lehnten zum damaligen Zeitpunkt Arbeitgeberverbände wie Gewerkschaften das Projekt Arbeitsdienstpflicht ab. Speziell die Fachgruppe Bauindustrie im Reichsverband der deutschen Industrie und der Baugewerbsbund behielten auch nach Einführung des FAD ihre anfänglich skeptische bis oppositionelle Haltung bei und machten dies in mehreren Eingaben an das Reichsarbeitsministerium deutlich.

Die eindeutige Ablehnung der Arbeitsdienstpflicht durch die Teilnehmer der Sitzung vom 12. 1. 1931 führte keineswegs zum Ende der allgemeinen Diskussion, sondern eher zu einer Akzentverschiebung. Umso stärker wurde nun öffentlich die Idee eines freiwilligen Arbeitsdienstes propagiert, auf die das Reichsarbeitsministerium zunächst eher zurückhaltend reagierte. Innerhalb der Reichsregierung trat vor allem Treviranus für den FAD ein, der seinen Vorstellungen nach[4] in enger Zusammenarbeit mit den Wehrverbänden organisiert werden sollte. Die Praktiker in der Ministerialbürokratie und auch der Präsident der Reichsanstalt, Friedrich Syrup, plädierten dagegen für entsprechende Experimente auf kleiner Basis ohne finanziellen Aufwand, um tentativ erste Erfahrungswerte zu sammeln. Obwohl Stegerwald selbst eher zurückhaltend reagierte, wurden im Ministerium die Pläne eines Arbeitsdienstes weiterverfolgt.

Auf Initiative von Treviranus fand am 5. Mai 1931 ein Treffen mit Vertretern interessierter Organisationen in der Reichskanzlei über den Stand der Vorbereitungen zur Einführung des FAD statt, auf dem auch die Einstellungen der Verbände eingeholt werden sollte. Die Anhörung wurde von Stegerwald in den nächsten Tagen fortgeführt. An dem Treffen nahmen neben Einzelpersonen und Beamten der beteiligten Ressorts Vertreter folgender Verbände teil: Kyffhäuserbund, Stahlhelm, Reichsbanner, Deutsche Freischar, Deutsche Jugendkraft, Eichenkreuz, Reichsausschuß der deutschen Jugendverbände, Hilfsgemeinschaft deutscher Kriegsteilnehmer, Reichslandbund und der Volksbund für Arbeitsdienst.[5] Mit Ausnahme des Reichsbanners waren es also vorwiegend Befürworter des Arbeitsdienstgedankens (Kaufmann, 1934, S. 121f.). Einen Tag später, am 6. Mai 1931, wurde der zweite Teil des Gutachtens der sog. Brauns-Kommission veröffentlicht, die ebenfalls dezidiert zur Arbeitsdienstfrage Stellung nahm. Diese „Gutachterkommission zur Arbeitslosenfrage" unter dem Vorsitz von Heinrich Brauns (Zentrum), der von 1920 (Fehrenbach-Kabinett) bis 1927 (2. Kabinett Marx) Arbeitsminister war, wurde im Januar 1931 von der Reichsregierung mit dem Auftrag bedacht, mögliche Lösungsvorschläge zur Bekämpfung der Arbeitslosigkeit vorzulegen.[6] Der unter dem Titel „Bekämpfung der Arbeitslosigkeit durch Arbeitsbeschaffung" erschienene zweite Teil des Gutachtens erwähnt neben Maßnahmen im Bereich der Energiewirtschaft vor allem landwirtschaftliche Meliorationen, Siedlungsprojekte und Wohnungsbau. Unter „Maßnahmen besonderer Art" wird neben der „gemeindlichen Arbeitsfürsorge", der „Pflichtarbeit" auch der Freiwillige Arbeitsdienst genannt. Zwar hielt die Kommission die Einführung einer allgemeinen Arbeitsdienstpflicht nicht für ein geeignetes Mittel zur Entlastung des Arbeitsmarktes, empfahl aber ausdrücklich die „Förderung des freiwilligen Arbeitsdienstes zur Milderung der Folgen der Arbeitslosigkeit" (Gutachten, 1931, S. 7) sowie den Ausbau der Pflichtarbeit auf alle Unterstützten. Von der Einführung eines FAD erhoffte die Kommission sich eine Möglichkeit, das Gefühl junger Arbeitsloser, überflüssig zu sein, abzubauen. Die Arbeit im FAD „wirkt der Entmutigung entgegen und stellt ihn (den Arbeitslosen; P.D.) vor eine Aufgabe, deren Erfüllung von seinem freien Entschluß abhängt." (Gutachten, 1931, S. 8) Der Arbeitsdienst sollte kein Arbeitsverhältnis im rechtlichen Sinne darstellen und auf die unterstützten Arbeitslosen beschränkt bleiben. Zur Realisierung legte die Kommission zwei Vorschläge vor: Einmal sollte die Arbeitsleistung am Unterstützungsort unter Fortbezug der Unterstützung erbracht werden; zum anderen sollten Arbeiten in Verbindung mit der landwirtschaftlichen Siedlung in Angriff genommen werden. „Dabei können sich gesinnungsmäßig verbindene kleine Gruppen zu Arbeitsgemeinschaften zusammenschließen, die aus ideellen Gesichtspunkten bereit sein, ein Arbeitsleben unter ungewohnten und primitiven Bedingungen zu führen." (ebda.) Allerdings müßten sie die Gewähr bieten, sich nicht im Sinne staatsfeindlicher Propaganda zu betätigen.

Seitens der Gewerkschaften stießen diese Vorschläge auf Kritik[7] wie insgesamt die Kommission die in sie gesetzten Erwartungen zur Lösung des Arbeitslosenproblems enttäuschte. So ließ die 2. Notverordnung „zur Sicherung von Wirtschaft und Finanzen“ vom 5. Juni 1931 denn auch die Vorarbeiten der Kommission weitgehend unberücksichtigt.

Diese Notverordnung erweiterte die im AVAVG enthaltenen Bestimmungen über die „wertschaffende Arbeitslosenfürsorge“ um die Einrichtung des FAD. (RGBl. I, 1931, S. 279ff.)[8] Als neuen § 139a sah die Notverordnung vor:

> „Der Reichsanstalt liegt es ob, den freiwilligen Arbeitsdienst zu fördern. Sie darf dafür Mittel der Arbeitslosenversicherung und der Krisenfürsorge insoweit einsetzen, als es mit Rücksicht auf die Beteiligung unterstützter Arbeitsloser angemessen ist.“ (RGBl. I, 1931, S. 295)

Der FAD war kein Beitrag zur Einleitung eines Arbeitsbeschaffungsprogramms, wie es vor allem die Gewerkschaften forderten (vgl. Schneider, 1975), sondern ein Teil des Abbaus des bestehenden Systems der Erwerbslosenfürsorge (Köhler, 1969). Sein Grundprinzip lautete:

> „Freiwillig sich zur Verfügung stellende Personen, insbesondere Arbeitslose, verrichten ohne Begründung eines Arbeitsverhältnisses gemeinnützige, zusätzliche Arbeiten, mit denen pädagogische Maßnahmen verbunden sind. Der FAD stellt somit eine Maßnahme der wertschaffenden Arbeitslosenfürsorge dar, die ihre besonderen Wesensmerkmale durch
> 1. die außergewöhnlichen Arbeitsbedingungen,
> 2. das Moment der Freiwilligkeit
> 3. ihren sozial-pädagogischen Charakter
>
> erhält.“ (Schellenberg, 1932, S. 13)

Obwohl die FAD-Maßnahme in erster Linie Jugendliche erfassen sollte, war sie nicht auf diesen Personenkreis beschränkt. Gefördert wurden alle „Empfänger von versicherungsmäßiger Arbeitslosenunterstützung und von Krisenunterstützung..., die bei der Arbeit mit Zustimmung ihres zuständigen Arbeitsamts beschäftigt werden.“ (RGBl. I, 1931, S. 398) Da Jugendliche jedoch weitgehend aus dem System der Arbeitslosenversicherung ausgesteuert waren, verhinderte die Einschränkung des Adressatenkreises zunächst die rasche Ausweitung des FAD. Neben dem Gros der arbeitslosen Jugendlichen blieben vor allem die Dauerarbeitslosen und die wachsende Zahl der Wohlfahrtsempfänger, die den Etat der Gemeinden extrem belasteten, von der Gruppe der Förderungsfähigen ausgeschlossen. Gefördert werden sollten nur „gemeinnützige zusätzliche Arbeiten“, die auch im Rahmen der Notstandsarbeiten nicht realisiert werden konnten. Dabei handelte es sich im Sinne der Verordnung vorwiegend um Bodenverbesserungsarbeiten, örtliche Verkehrsverbesserungen, Herrichtung von Siedlungs- und Kleingartenland sowie Arbeiten zur „Hebung der Volksgesundheit“. Die Einschränkung auf Gemeinnützigkeit und Zusätzlichkeit der Arbeiten sollte die Gefahr einer Verringerung der Arbeitsgelegenheiten auf dem Arbeitsmarkt und damit der Unterlaufung des Tarifsystems verhindern helfen. Die Dauer der Teilnahme an den FAD-Maßnahmen betrug in der Regel 20 Wochen, wobei entweder die Unterstützung der Arbeitsdienstwilligen weitergezahlt werden konnte oder vom örtlichen Arbeitsamt eine Pauschale von bis zu 2 RM pro Arbeitstag festgesetzt wurde. Die Verordnung zur Förderung des FAD vom 23. 7. 1931 sah in Art. 18 weiterhin vor, interessierten Dienstwilligen, die mindestens 12 Wochen „bei volkswirtschaftlich wertvollen Arbeiten" beschäftigt waren, „mit Wirkung vom Beginn ihrer Beschäftigung ein Betrag von 1,50 Reichsmark für jeden Wochentag der Beschäftigung fortlaufend" (RGBl. I, 1931, S. 401) gutzuschreiben. In der Praxis erwies sich diese Möglichkeit allerdings als wenig attraktiv.

Organisatorisch basierte der FAD auf einem Delegationsprinzip. Zwar war für die Anerkennung von Arbeiten als FAD-Maßnahmen der Vorsitzende des jeweiligen Landesarbeitsamtes zuständig, womit die Bewilligungspraxis in den Händen der Arbeitsverwaltung blieb; ausgeführt wurden die Maßnahmen jedoch durch die *Träger der Arbeit* und die *Träger des Dienstes*. Erstere sollten Projekte bereitstellen, ihre technische und finanzielle Durchführung garantieren, während die Dienstträger die Arbeitskräfte werben und sie in Lagern zusammenfassen sollten. Prinzipiell stand damit allen Verbänden oder Vereinen der FAD offen, sofern ihre Tätigkeit Gewähr bot, „daß die Zusammenfassung von Arbeitsgruppen im freiwilligen Arbeitsdienste nicht für politische oder staatsfeindliche Zwecke mißbraucht wird." (RGBl. I, 1931, S. 398) Allerdings war die Frage der politischen Zulässigkeit nicht eindeutig geregelt und im Kommentar der Reichsanstalt zur Verordnung vom 23. 7. 1931 heißt es sogar: „Die politische Einstellung der Träger und der Arbeitsdienstwilligen ist ohne Belang, sofern es ihnen nur um ernstliche Arbeitsleistung zu tun ist." (RABl. II, 1931, S. 378)

Die getroffene Unterscheidung zwischen Dienstträgern und Trägern der Arbeit sowie die weitgesteckten Zulassungsbedingungen von Verbänden, Vereinen und Gruppen zum FAD ermöglichte ein relativ breites Spektrum des Engagements im Arbeitsdienst, das durch die dezentrale Anlage des FAD verstärkt wurde. Andererseits konnte damit der FAD zu einem Objekt rivalisierender Partialinteressen werden, die in der Lagererfassung Jugendlicher je nach Standort einmal eine sozialpädagogisch sinnvolle Maßnahme zur Gestaltung einer neuen Volksordnung sahen (Bäuerle, 1932a; Weitsch 1932), zum anderen „ein wirksames Mittel zur Bekämpfung der unheilvollen seelischen Folgen der Arbeitslosigkeit und zur Erziehung der Jugend." (Funcke, 1932a, S. 129). Andere sahen im FAD schon damals die Vorform einer politisch notwendigen Arbeitsdienstpflicht mit vormilitärischen Funktionszuweisungen. Für sie wurden die staatlich subventionierten Lager zu Agitationsstätten im antidemokratischen Kampf gegen die Weimarer Republik.

Der beschränkte Adressatenkreis, den die Notverordnung vom 6. Juni 1931 zur Förderung vorsah, verhinderte zunächst das rasche Anwachsen der Arbeitsmaßnahmen und der geförderten Dienstwilligen. Die folgende Tabelle 14 zeigt, daß erst mit der zweiten Phase des FAD ab August 1932 die Arbeitsdienstbewegung personell expandiert.

Entsprechend mühselig ließen sich auch die Arbeitsmaßnahmen im Sommer und Herbst 1931 an. Dennoch äußerten sich der Präsident der Reichsanstalt, Friedrich Syrup, nach den ersten Erfahrungen mit dem FAD (Syrup, 1931,

Tabelle 14 Beschäftigte im Freiwilligen Arbeitsdienst

Zeitpunkt	Zahl der der Beschäftigten	Arbeitslose (in 1000)[1]
30. 9. 1931	106	4,355
31. 1. 1932	14 258	6,042
28. 2. 1932	20 257	6,128
31. 3. 1932	27 384	6,034
30. 4. 1932	40 315	5,739
31. 5. 1932	56 646	5,583
30. 6. 1932	74 517	5,476
31. 7. 1932	97 067	5,392
31. 8. 1932	144 098	5,224
30. 9. 1932	206 655	5,103
31. 10. 1932	253 957	5,109
30. 11. 1932	285 494	5,535
31. 12. 1932	241 766	5,773
31. 1. 1933	175 656	6,014
28. 2. 1933	193 376	6,002
31. 3. 1933	213 626	5,598
30. 4. 1933	235 064	5,333
31. 5. 1933	242 676	5,040
30. 6. 1933	252 357	4,856
31. 7. 1933	262 992	4,469
31. 8. 1933	257 257	4,128
30. 9. 1933	234 166	3,850
31. 10. 1933	219 588	3,746
30. 11. 1933	226 522	3,714
31. 12. 1933	232 079	4,058

(Quelle: Statistisches Jahrbuch, Wirtschaft und Statistik, 1932, S. 523.
Statistisches Jahrbuch, Wirtschaft und Statistik, 1933, S. 180;
ab Januar 1933 Statistische Beilage zum Reichsarbeitsblatt).

[1] Bei Arbeitsämtern gemeldet; bis Juli 1933 Statistische Jahrbücher, ab Juli 1933 Statistische Beilage des Reichsarbeitsblattes.

Sp. 1623ff.) ebenso positiv wie der Oberregierungsrat im Arbeitsministerium Leo von Funcke (Funcke, 1932a).[9] Besonders Syrup hob in seiner Bilanz hervor, daß befürchtete „Reibereien" zwischen politisch Andersdenkenden sich nicht bewahrheitet hätten. „Selbst in Arbeitsgruppen, die sich aus politisch ganz verschiedenartig eingestellten Arbeitsdienstwilligen zusammensetzen, hat der Gedanke der Gemeinschaftsarbeit sich voll durchgesetzt." (Syrup, 1931, Sp. 1628)

Wie entwickelte sich nun der FAD in der Praxis? Wer waren seine organisatorischen Träger? Neben den regelmäßigen Veröffentlichungen der Reichsanstalt und der Landesarbeitsämter gibt für die Frühphase des FAD die Arbeit von Ernst Schellenberg[10] die besten Aufschlüsse, wobei allerdings sein Vollständigkeitsanspruch (vgl. Anm. 10) sich nicht halten läßt, denn alle amtlichen Statistiken weisen für Ende Februar 1932 1 127 FAD-Maßnahmen aus (z. B. Funcke, 1932a). Für das erste Jahr des FAD (bis 31. 7. 1932), in dem insgesamt 5 633 Maßnahmen bewilligt wurden, ergibt sich nach Funcke für die Träger der Arbeit wie des Dienstes ein ähnliches Bild, nämlich die Dominanz der öffentlich-rechtlichen Körperschaften und unpolitischer Verbände. Als Träger des Dienstes fungierten:

> „Bei 58,6% (aller Maßnahmen, P. D.) die kirchlichen und karitativen Verbände, die großen Jugendorganisationen und die konfessionellen Bünde, die Turn- und Sportvereine, die Wehrverbände, die vorwiegend eigene arbeitslose Mitglieder beschäftigten. In 36,6% aller Maßnahmen übernahmen öffentlich-rechtliche Körperschaften (Gemeinden und Landkreise) durch die Jugend- und Wohlfahrtsämter die Trägerschaft und in 12,5% der Lager zeichnen Organisationen zur Förderung des Arbeitsdienstgedankens (z. B. Heimatwerke) verantwortlich. Siedlungs- und Kleingartenunternehmen, Wasser- und Meliorationengenossenschaften waren in 2,4% der Fälle, Organisationen der Arbeiterbewegung in 0,9% der Maßnahmen Träger des Dienstes." (Funcke, 1932b, S. 364)

Noch stärker war die Dominanz der öffentlich-rechtlichen Körperschaften bei den Trägern der Arbeit. Mit 51,3% stellten sie gegenüber 24,7% der Jugend- und Sportverbände und nur 9,8% der Kirchen und Wohlfahrtsverbände Arbeitsmaßnahmen bereit (ebda.). In der Tendenz zu ähnlichen Resultaten kommt auch Schellenberg. In 70% der von ihm untersuchten Fälle waren Träger der Arbeit und des Dienstes identisch, eine Konstellation, die vom Gesetzgeber eher als Ausnahme denn als Regelfall vorgesehen war. Besonders bei den politischen Verbänden, den Arbeitnehmerorganisationen und den Sportverbänden war diese Identität besonders hoch (bis zu 100%), was darauf hindeutet, daß diese Gruppen vorwiegend arbeitslose Mitglieder aus dem Jugendbereich rekrutierten. Bei 31% der Maßnahmen dominierte das Motiv der hohen Arbeitsleistung, in 45% stand die pädagogische Einwirkung auf die Arbeitskräfte im Vordergrund und 24% rechnet Schellenberg zum „neutralen Typ", der „ohne Anwendung erwerbswirtschaftlicher Prinzipien und ohne Hervortreten einer pädagogischen Einwirkung durchgeführt" wurde (Schellenberg, 1932, S. 29f.). Obwohl nach Schellenbergs Untersuchung Lager vom pädagogischen Typ am meisten verbreitet waren, darf dies nicht zu falschen Schlüssen führen. Über die Praxis dieser FAD-Lager, die dort praktizierte sozialpädagogische Betreuung und Bildungsarbeit ist damit noch nichts gesagt. Die Klassifikation verweist mehr auf die Intentionen der Träger und das facettenreiche Bild der FAD-Praxis. In jugendpflegerisch orientierten Lagern waren meist Lehrer, Fürsorger und Jugendpfleger die Leiter, in „jugendbewegten" Studenten und Führer der Jugendbewegung, in kirchlich organisierten Lagern lag die Leitung bei Geistlichen, Diakonen und Jugendsekretären, „dagegen wird beim wehrhaft-nationalen Typ diese häufig von ehemaligen Offizieren ausgeübt." (Schellenberg, 1932, S. 105) Dieser Befund widerspricht denn auch nicht Schellenbergs genereller Einschätzung der FAD-Praxis:

„Bei einer Arbeitszeit von 38 Stunden entfallen im Durchschnitt auf 6 Stunden Arbeit eine gestaltete Freizeitstunde. Stark treten die primär erzieherischen Maßnahmen, das ist gewichtig für den sozialpädagogischen Charakter des FAD, hinter der Arbeitszeit zurück. Eine z. T. erwartete systematische volksbildnerische Gestaltung des FAD hat sich bisher über Ansätze hinaus nicht herausgebildet.“ (Schellenberg, 1932, S. 113f.)

Obwohl die Arbeitsleistungen der FAD-Dienstwilligen je nach Art der Arbeit variierten, lagen sie nach Funcke durchschnittlich bei 70% der normalen Arbeitsleistung. (Funcke, 1932c, Sp. 1433) In jenen Fällen, in denen Träger der Arbeit und des Dienstes nicht identisch waren, entzündete sich an der Frage der Arbeitsleistung ein ständiger Konflikt. Während die Träger der Arbeit in der Regel auf eine hohe Arbeitsleistung drängten, waren die aus der Jugend- und Volksbildungsbewegung stammenden Dienstträger eher an der Pflege des Dienstgedankens und an der Gestaltung von Gemeinschaftserlebnissen interessiert. In der pädagogischen Literatur häufig beklagt (z. B. Schomburg, 1932; Bondy, 1933) hat Peter Martin Lampel diesen Konflikt exemplarisch in seinem Schauspiel „Alarm im Arbeitslager“ (1932b) thematisiert.

Eine Trennung der Träger des Dienstes und der Arbeit wurde aber aus einem anderen Grund von den Landesarbeitsämtern angestrebt. So heißt es in einer Denkschrift des niedersächsischen Landesarbeitsamtes vom Januar 1932, der Vorzug der Trennung bestehe aus Sicht der Verwaltung in doppelter Hinsicht.[11],

„einmal insofern als Arbeitsqualität und Arbeitsfreude in Gesinnungsgemeinschaften sich steigern, zum anderen insofern, als die Gefahr politischen Mißbrauchs oder konfessioneller Beeinflussung dann erheblich gemindert wird, wenn die Trägerschaft der Arbeit nicht auch in den Händen einer einseitig eingestellten Gruppe, sondern in denen einer Gemeinde oder einer sonstigen öffentlich-rechtlichen Körperschaft liegt. Immerhin ist aber der Einsatz geschlossener Gesinnungs- oder aber doch wenigstens in ihrem Kern geschlossener Kolonnen, gerade im Hinblick auf Arbeitsfreudigkeit und Arbeitsergebnis nach den bisherigen Erfahrungen das Wünschenswerte.“ (S. 6f.)

Auf der andere Seite betonte der Bericht, daß der FAD vor allem Arbeitsleistungen vorzuweisen habe und sich in zweiter Linie erst mit Sport, Spiel und Unterricht beschäftigen solle. Entgegen mancher Vorstellungen seitens der Volkslagerbewegung und der pädagogischen Profession, aber in voller Bestätigung mit Schellenbergs Befunden betont der Bericht[12]:

„Der Unterricht soll sich auf praktische Fälle erstrecken (Instandsetzung der Bekleidung und Ausrüstung, Besprechung der Arbeit. Einteilung der Arbeitszeit, wirtschaftlicher und ethischer Wert der Arbeit u. a. m.). Sonstige Unterrichtsmöglichkeiten bietet genügend die übrige Zeit der Arbeitslosigkeit. Beim freiwilligen Arbeitsdienst muß die 42stündige Arbeitswoche für die praktische Arbeit die Regel sein.“ (S. 12)

Anders als die ideologischen Muster der Arbeitsdienstpropaganda mit ihrem Topos der „inneren Kolonisation“ des deutschen Ostens es suggierten, war der FAD nicht vorwiegend in Ostdeutschland (Ostpreußen, Pommern, Schlesien) etabliert. Nach den Berechnungen des Reichsarbeitsministeriums waren

Tabelle 15 *Verteilung von FAD-Maßnahmen auf Gemeinden* (Schellenberg-Untersuchung)

Gemeindegröße		Bevölkerungsanteil an Gesamtbevölkerung
	%	in %
Bis zu 2 000 Einw.	11	35,5
2 000 – 5 000 Einw.	16	10,8
5 000 – 20 000 Einw.	23	13,1
20 000 – 100 000 Einw.	29	13,7
Über 100 000 Einw.	21	26,8
(Schellenberg, 1932, S. 35)		

bis zum 31. 7. 1932 nur 8,9% aller Maßnahmen dort angesiedelt. Der eindeutige Schwerpunkt der FAD-Maßnahmen lag mit 45,4% in Westdeutschland im Bereich der Landesarbeitsämter von Westfalen, Rheinland und Hessen-Nassau – ein Indiz dafür, daß die Durchführung von FAD-Maßnahmen nicht durch die Erfordernisse der Arbeitsbeschaffung bestimmt war[13], sondern von der Initiative interessierter Träger abhängig blieb. Diese Zahlen werden auch von Schellenbergs Ergebnissen bestätigt, der ähnliche Prozentwerte vorlegte und darüberhinaus ermittelte, daß am stärksten in Klein- und Mittelstädten FAD-Maßnahmen verrichtet wurden (vgl. Tabelle 15).
Zur Begründung dieser erstaunlichen Tatsache, die keineswegs dem Ideal der Landidolatrie der Arbeitsdienstpropaganda entspricht, fügt Schellenberg zwei einleuchtende Begründungen hinzu, die in der zeitgenössischen Literatur geflissentlich übergangen wurden. Die Dominanz der Klein- und Mittelstädte ergibt sich aus der Tatsache, „daß hier einerseits die besonderen politischen Hemmungen gegenüber dem FAD, die in den Großstädten wirksam sind, nicht gegeben sind, andererseits aber auch die geringe Initiative des konservativen Landes nicht zur Auswirkung kommt." (ebda.)

Am Ende seiner Studie streift Schellenberg kurz die schon 1932 im Bereich der Möglichkeit liegende Einführung einer allgemeinen Arbeitsdienstpflicht und kommt auch aus pädagogischen Überlegungen zu einer eher pessimistischen Einschätzung.

> „Die pädagogischen Einwirkungen müssen sich erst einmal durch den Zwangscharakter der AD-Pflicht weitaus schwieriger als beim FAD gestalten. Die Differenzierung entsprechend den verschiedenen weltanschaulichen Wertungen dürfte voraussichtlich gegenüber dem Einfluß der Haltung der maßgebende Träger der Staatsgewalt zurückgedrängt werden." (Schellenberg, 1932, S. 142)

Diese Einschätzung basiert auch auf den Erfahrungen, die mit der erheblichen Ausweitung des FAD durch die Verordnung vom Juli 1932 gemacht worden sind. Denn immerhin gaben nach seiner Umfrage schon in der ersten FAD-Phase ca. 11,4% der Arbeitsdienstwilligen aus verschiedenen Gründen den Dienst vorzeitig auf, wobei nur 0,9% dies deshalb taten, weil sie einen Arbeitsplatz zwischenzeitlich gefunden hatten. In 4 von 1478 Fällen geschah dies durch kollektive Streikaktionen der Dienstwilligen, in weiteren 3 Fällen wegen der zu geringen Entlohnung und in einem Fall wegen der Solidarisierung mit einem Entlassenen. In 236 Fällen wurden Dienstwillige seitens der Trägerorganisationen wegen „Aufwiegelei“, Verstöße gegen die Arbeitsordnung oder weil „sich die Arbeitsdienstwilligen nicht in die Gruppengemeinschaft einleben konnten“ (Schellenberg, 1932, S. 119), entlassen.

Letztendlich waren diese frühzeitigen Arbeitsabbrüche auch ein Indiz für den subtilen Zwang der FAD-Maßnahme. Denn das Freiwilligkeitspostulat wurde in der Praxis auf kommunaler Ebene häufig unterlaufen und angesichts der materiellen Not junger Arbeitsloser stand der Freiwilligkeit von Beginn an der ökonomische Zwang zur Reproduktion entgegen.

7.2. Die Ausweitung des FAD und sein Übergang in den staatlichen Arbeitsdienst 1933

In den ersten Monaten des Jahres 1932 konnte die Zahl der FAD-Teilnehmer verdreifacht werden. Obwohl juristisch eine beschränkte soziale Krisenmaßnahme gewann der FAD damit allmählich politisches Eigengewicht und entfachte die Diskussion um die Dienstpflicht neu. Für viele zeitgenössische Beobachter schien deren Einführung nur noch eine Frage der Zeit zu sein. So konnte Radakovic in der konservativen katholischen Monatsschrift „Hochland“ im Juni 1932 schreiben: „Die Arbeitsdienstpflicht, vor kurzem noch mehr oder weniger eine Utopie, ist heute so sehr in den Blickpunkt des Interesses gerückt, daß wir mit ihr als einer Tatsache zu rechnen beginnen.“ (Radakovic, 1932, S. 207). In der „Weltbühne“ warnte fast zur gleichen Zeit Gerstorff vor den immer stärkeren Anzeichen, den FAD zu einer allgemeinen Arbeitsdienstpflicht auszuweiten. (Gerstorff, 1932, S. 939) Obwohl auch in den Überlegungen der Arbeitsverwaltung eine solche Entwicklung nicht ausgeschlossen wurde, gab es keine eindeutigen Präferenzen für die Dienstpflicht. Die Wirtschaftspolitik Brünings war abgestellt auf die außenpolitische Lösung der Reparationsfrage und verlangte die Anpassung der innerdeutschen Verhältnisse an diese Perspektive und zwar durch Sozialabbau und Sparmaßnahmen. (Köhler, 1969, S. 287ff.) Schon aus finanziellen Gründen war für eine Dienstpflicht in diesem Konzept kein Platz. Auch die Regierung Papen behielt die ursprüngliche FAD-Konzeption bei und baute sie lediglich durch gesetzliche Bestimmungen weiter aus. Schließlich mußten auch die Bedenken der Wirtschaft berücksichtigt werden, die sich nach den ersten Erfahrungen mit dem FAD keineswegs gelegt hatten. Angesichts der Tatsache, daß 1932 ca. 80% der Bauarbeiter arbeitslos waren (Reinisch, 1985, S. 217), verstärkte die Bauindustrie ihre Interessenspolitik gegen die Konkurrenz des Arbeitsdienstes. In einer ausführlichen Eingabe der Fachgruppe Bauindustrie im RDI an den Reichsarbeitsminister vom 20. 4. 1932[1] wird die Gefahr weiterer Arbeitslosigkeit gewerblicher Kräfte durch den FAD beschworen und gegen die Erweiterung dieser Maßnahme protestiert. Ähnlich argumentierte der Reichsverband industrieller Bauunternehmungen e. V. in seiner Eingabe vom 19. 5.

1932 bei Brüning.[2] Andere Industrievertreter wie Carl Duisberg oder Albert Vögler standen dem Gedanken der Dienstpflicht dagegen wesentlich näher. War die Stellung der Industrie zum FAD im Frühjahr 1932 durchaus ambivalent, so gilt dies (aus anderen Gründen) speziell auch für die Volkslagerbewegung, deren volkserzieherische Hoffnungen bislang im FAD kaum zum Tragen gekommen waren. So suchte sie einerseits die Basis des FAD zu erweitern und formulierte entsprechende Zielvorstellungen in Eingaben an die Reichsregierung[3], andererseits kommentierte sie die Enwicklung des FAD kritisch. In einer Erklärung der Deutschen Freischar zum Arbeitsdienst vom 15. 6. 1932 wird davor gewarnt, den Dienst privaten Kapitalinteressen unterzuordnen. Stattdessen müsse er nach den Grundsätzen der Selbstverwaltung und Selbstgestaltung der jungen Generation betrieben werden.[4] Einer der Garanten hierfür sei die Dezentralisierung des FAD (Der Zwiespruch Bl. 10/1932), ein zweiter das Zurückdrängen der Verbandsmentalität gegenüber der Idee des Volksdienstes. Entsprechend sah die Volkslagerbewegung im FAD auch keine Notstandsmaßnahme, sondern ein neuartiges Strukturelement im Staats- und Wirtschaftsleben.[5] Die Reichsregierung wird von diesen Kreisen wegen der zögernden Erweiterung des FAD nicht nur der Untätigkeit und Halbherzigkeit geziehen. Die Argumentationsstruktur selbst ist typisch für die einer sozialen Bewegung in der Institutionalisierungsphase. Beklagt werden Partialinteressen und Egoismen, das Zurückbleiben der Praxis hinter den Zielen sowie die Gefahr der Bürokratisierung – mit dem Ziel, die Bewegung als Bewegung auf Dauer zu stellen. Darauf konnten sich die Aktivisten der Volkslagerbewegung auf einer Schulungswoche im März 1932 im Boberhaus leicht verständigen.

> „Weitgehende Selbstverwaltung und Aufteilung der Funktionen bei möglichster Auswechselbarkeit der einzelnen Träger sind im Arbeitslager zu erstreben. Jeder Teilnehmer eines Lagers muß mit dem Auftrage der Wahrung der Idee und Werbung für ein nächstes Arbeitslager davongehen. Die Arbeitslager müssen vor Verbeamtung sich hüten, sie müssen aus sich selbst heraus dauernd jung bleiben und immer wieder neu aus der Jugend heraus gestaltet, nicht aber von oben her inszeniert werden ... Das pädagogische Ziel ist das Erwecken der Selbstverantwortung. Weiteste Selbstverwaltung der Kolonne und ein staatsbürgerlicher Unterricht, der an der persönlichen Situation des Einzelnen anknüpft und zu gemeinsamer Selbsthilfe führen soll, sind die Wege. Der freiwillige Arbeitsdienst ist nach den Erfahrungen der Arbeitslager als eine volkserzieherische Institution zu entwickeln." (Locator, 1932a, S. 138f.)

Solche Vorstellungen, insbesondere die der Volkslager und der Volk-Bildung, waren keineswegs realitätsfremd, sondern hatten auch in der Arbeitsverwaltung einige Fürsprecher, so daß sie partiell in die einschlägigen Verordnungen Eingang fanden.[6] Eine Ausweitung der FAD schien aber noch aus einem anderen Grunde angebracht. Denn die Entwicklung der Arbeitslosigkeit (vgl. Kap 5) schloß einen zunehmend größer werdenden Kreis von Arbeitslosen aus der Arbeitslosenversicherung aus und überantwortete sie der kommunalen Wohlfahrtspflege. Eine Teilnahme am FAD war damit ausgeschlossen.

Auf diese Situation reagierte die Regierung Papen mit dem Ausbau des

FAD durch die Verordnung vom 16. Juli 1932 (RGBl. I, 1932, S. 352f.) und ihre Ausführungsbestimmungen vom 2. August 1932 (RGBl. I, 1932, S. 392ff.). Unter Beibehaltung des Delegationsprinzips an Träger der Arbeit und des Dienstes und der Einschränkung der Zusätzlichkeit und Gemeinnützigkeit der Arbeit, die in der Praxis allerdings großzügig ausgelegt wurde, wird der FAD personell und zeitlich ausgedehnt. Der Adressatenkreis erweiterte sich nun faktisch auf alle Jugendlichen unter 25 Jahren, denen damit Gelegenheit gegeben werden sollte, „zum Nutzen der Gesamtheit in gemeinsamem Dienste freiwillig ernste Arbeit zu leisten und zugleich sich körperlich und geistig-sittlich zu ertüchtigen. (RGBl. I, 1932, S. 352) Die Förderungsdauer wurde von 20 auf 40 Wochen ausgedehnt. Das Modell der Siedlungsgutschrift zur Erleichterung der Siedlungsbemühungen von Arbeitsdienstwilligen wurde auch unter dem neuen Arbeitsminister Schäffer fortgeschrieben. In §3 der Ausführungsvorschriften verpflichteten sich die Arbeitsdienstwilligen „echten Gemeinschaftsgeist zu pflegen und die gemeinsamen Zwecke nach Kräften zu fördern." (RGBl. I, 1932, S. 392)

Mit der neuen Verordnung wurde der FAD auch verwaltungsmäßig eigenständig organisiert. Auf Vorschlag des Reichsarbeitsministers bestellte die Reichsregierung einen ihm unterstehenden Reichskommissar, dessen Arbeit durch Bezirkskommissare unterstützt wurde. In der Praxis übernahm der Präsident der Reichsanstalt, Friedrich Syrup, dieses Amt; als Bezirkskommissare fungierten die Präsidenten der 13 Landesarbeitsämter, auf der unteren Ebene wurden die örtlichen Arbeitsämter als FAD-Instanz beibehalten. Mit der Wahl Syrups konnten am ehesten mögliche Kompetenzstreitigkeiten ausgeschaltet werden. Zu einer seiner zentralen Aufgaben[7] zählte es nach §4 der Ausführungsvorschriften, dafür Sorge zu tragen, „daß den Arbeitsdienstwilligen Gelegenheit geboten wird, sich geistig zu bilden und sportlich zu betätigen." (RGBl. I, 1932, S. 392) Damit war der von der Volkslagerbewegung geforderten Einheit von geistiger und körperlicher Arbeit eine gesetzliche Grundlage gegeben, die entsprechende Hoffnungen weckte. Für die pädagogische Profession war ein breites Feld der geistigen und körperlichen Betreuung der Jugendlichen eröffnet. Zudem war Syrup erklärtermaßen ein Anhänger der Volkslageridee, der auf dieses Aufgabenfeld besonderen Wert legte. So forderte er von den Trägern des Dienstes, Lager so zusammenzustellen, „daß sich darin junge Leute verschiedener Berufsbildung, sozialer Stellung und Weltanschauung zum gemeinsamen Dienst zusammenfinden können." (Syrup, 1932, S. 384) Deutlicher als bisher wurde nun der Gemeinschaftsgedanke in den Vordergrund gerückt. Dies war neben dem gemeinsamen Arbeitserlebnis vor allem die Aufgabe einer geplanten Freizeitgestaltung, bei deren Ausgestaltungsvorschlägen Syrup sich von den Erfahrungen der Volkslagerbewegung leiten ließ.

> „Größte Bedeutung kommt der geistigen Freizeitgestaltung zu. Unterhaltung und Bildung müssen sich hier ergänzen. Wenn man auch auf anregende Vorträge von Außenstehenden nicht verzichten wird, so muß man doch den Vorträgen in lehrhafter Form oder gar von einem förmlichen Unterricht absehen. Alle die Jugend

bewegenden Fragen aus den religiösen, politischen, wirtschaftlichen, sozialen und sittlichen Lebensgebieten sollen in der Hauptsache von der Arbeitsgemeinschaft der Arbeitsdienstwilligen selbst erarbeitet werden. Gerade bei der geistigen Freizeitgestaltung hat jeder Arbeitsdienstwillige ohne Zwang nach besten Kräften je nach seinem Erfahrungs- und Erlebnisbereich (Arbeiter, Studenten, Bauern, Handwerker) beizutragen. Eine derartige geistige Gemeinschaftsarbeit ist geeignet, die anfänglichen Gegensätze zu lösen, gegenseitiges Verstehen zu erleichtern und die volkspolitische Erziehung in die richtigen Bahnen zu lenken." (Syrup, 1932, S. 387)

Besonderer Wert sollte auf „staatsbürgerliche Erziehung und wirtschaftspolitische Schulung" (Grieser, 1932, S. 339) gelegt werden. Die allgemeine sozialpädagogische Orientierung und die personelle Ausweitung des FAD – bewußt wurden Studenten und Jungakademiker zugelassen (Wende, 1932, S. 317) – lösten den FAD aus dem engen Rahmen der Arbeitslosenhilfe. Entsprechend sprunghaft entwickelte sich die Zahl der Teilnehmer (vgl. Kap. 7.1.), löste einen Institutionalisierungsschub der Arbeitsdienstbewegung aus, der sich in zahlreichen Neugründungen von Interessenorganisationen äußerte und führte zu einer erheblichen Steigerung der Arbeitsmaßnahmen (vgl. Tabelle 16). Obwohl die Förderungszeit auf 40 Wochen ausgedehnt wurde, wechselten bei größeren Arbeitsvorhaben häufig die Arbeitsdienstwilligen, aber auch die Träger des Dienstes. Auch arbeiteten in anderen Fällen mehrere Lager an einer Maßnahme. So wurde in Königsberg Pr. im Auftrag der Reichswehr der FAD eingesetzt, um umfangreiche Bunkerbauten im sog. Heilsberger Dreieck durchzuführen. Ab Juli 1932 arbeiteten dort bis zu 2000 Jugendliche, untergebracht in verschiedenen Lagern – einschließlich eines 30köpfigen Mädchenlagers – und unter Führern aus dem Stahlhelm, des Jungdo, der SA, der Eisernen Front, evangelischer und katholischer Verbände sowie Reserveoffizieren. Offizieller Diensträger war das Heimatwerk Ostpreußen. Leiter der Maßnahme der spätere RAD-Oberstarbeitsführer Ralf Holtz. Die Jugendlichen wurden aus Feldküchen verpflegt und waren in Scheunen, Ställen, Tanzsälen und Gasthäusern untergebracht.[8]

Solche Lager entsprachen kaum den Vorstellungen der Arbeitsverwaltung und schon gar nicht dem offiziell proklamierten Ziel der geistigen und sittlichen Betreuung. Im o. g. Lager z. B. übernahm der Direktor der Heeresfachschule diese Aufgabe, indem er zu den einzelnen Lagern fuhr und dort Vorträge vor Jugendlichen hielt, die „mit freiwilligen Druck und Zwang" (Holtz) von den Arbeitsämtern geworben worden waren.

Diese Vorträge „waren natürlich damals immer darauf ausgerichtet, die Vaterlandsliebe der Jugend zu stärken und andere Begriffe auch nicht politischer Art zu geben, z. B. erdkundlicher, landsmannschaftlicher Art, und ich weiß, daß die Jungen die Vorträge immer gern hörten, umso mehr, da der Vortragende eine sehr glückliche Art hatte, zu den jungen Menschen zu sprechen."[9]

Die eindeutige Option Syrups für geschlossene Lager führte zu zum Teil erheblichen Spannungen mit den Gemeinden und Städten, die im FAD als Träger der Arbeit auftraten. Konkreter Anlaß war Syrups Erlaß vom 23. 11. 1932 (RABl. I, 1932, S. 272f.) zur Durchführung des FAD im Winter. Dort wurde

Tabelle 16 Arbeitsmaßnahmen im FAD

	Boden-verbesserung		Verkehrs-verbesserung		Forst-arbeiten		Herrichtung von Siedlungen und Kleingärten		Maßnahmen zur Hebung der Volks-gesundheit		Not-u. Wirtsch. Hilfe Sonstige Maßnahmen	
		%		%		%		%		%		%
1932												
Januar	3 031	23	1 459	11	—	—	2 254	17	4 040	30	2 469	19
Februar	4 444	24	2 150	12	—	—	2 682	14	6 294	33	3 251	17
März	6 519	26	3 302	13	—	—	3 352	13	8 741	34	3 472	14
April	10 248	27	6 431	17	—	—	3 984	11	12 546	33	4 658	12
Mai	14 052	27	8 672	16	—	—	5 311	10	17 937	33	7 328	14
Juni	16 297	23	11 964	17	—	—	7 862	11	23 136	33	11 185	16
Juli	—	—	—	—	—	—	—	—	—	—	—	—
August	38 381	27	24 019	17	14 851	10	16 330	11	35 562	25	14 955	10
September	61 488	28	36 877	18	22 469	10	21 623	10	43 125	20	21 053	14
Oktober	81 090	32	47 446	18	25 427	10	25 169	10	45 540	18	29 285	12
November	98 595	34	59 637	21	25 685	9	22 837	8	39 598	14	39 172	14
Dezember	88 075	36	50 578	22	17 090	7	20 586	8	25 402	10	40 035	17
1933												
Januar	63 109	36	33 015	19	13 830	8	15 951	9	9 995	6	39 756	22
Februar	69 878	36	37 543	19	15 456	8	17 914	9	9 161	5	43 424	23
März	82 239	38	42 953	20	15 357	9	18 996	9	11 417	5	39 664	19
April	93 422	41	50 946	21	24 887	10	17 989	8	12 630	5	35 190	15
Mai	102 031	43	54 550	22	26 878	11	19 063	8	7 400	3	32 244	13
Juni	110 826	44	59 112	24	26 280	10	18 344	7	5 088	2	32 707	13
Juli	120 106	46	58 742	22	26 036	10	20 684	8	4 842	2	32 582	12
August	114 041	45	53 932	21	26 321	10	25 225	10	3 625	1	34 113	13
September	105 669	45	46 022	20	22 805	10	20 738	9	2 625	1	36 307	15
Oktober	100 225	45	40 552	19	20 816	10	19 564	9	2 226	1	36 205	16
November	107 319	47	40 674	18	19 473	9	18 958	8	2 275	1	37 823	17
Dezember	110 881	48	39 611	17	21 925	10	18 714	8	1 390	—	39 558	17
1934												
Januar	108 042	48	—	—	25 083	11	19 158	8	1 580	—	72 443	32

(Quelle: Humann, 1934, S. 80f.)

nicht nur im Sinne der Selbsthilfe eine Nachbetreuung der aus dem FAD ausgeschiedenen Jugendlichen gefordert. „Gemeinsame Zusammenkünfte von Arbeitsdienstwilligen, gemeinsame Veranstaltungen, gemeinsame Herrichtung von Mahlzeiten, gemeinsame Tagesgestaltung unter Benutzung von Heimen usw." sollten organisiert werden. Hatte Syrup schon am 3. 9. 1932 in einem Erlaß für die Genehmigung offener Lager gewisse Auflagen gemacht –

vor allem die Sicherstellung geistig-sittlicher Betreuung, Vorlegen eines Tagesplans –, so kündigte er im November-Erlaß für 1933 eine drastische Strukturveränderung der Lager an. Obwohl bislang 2/3 bis 3/4 aller FAD-Maßnahmen in offenen Lagern durchgeführt wurden, sollte diese Zahl auf maximal 1/3 reduziert werden. Denn, so Syrups Erlaß:

> „Bei offenen Arbeitslagern ist von der allgemeinen Auffassung auszugehen, daß in ihnen die Zwecke des freiwilligen Arbeitsdienstes erfahrungsgemäß weniger erreicht werden können als in den geschlossenen Lagern. Sie werden daher insbesondere auch im Hinblick auf die Beschränktheit der Mittel nur in wesentlich geringerem Umfang als die geschlossenen Lager im Winter durchgehalten werden." (RABl. I, 1932, S. 273)

Obwohl diese Politik weitgehend den Interessen der Volkslagerbewegung und der Wehrverbände entgegenkam, bleibt offen, inwieweit Syrup sich von deren Zielen leiten ließ. Mit Köhler kann plausibel vermutet werden, daß der Pragmatiker Syrup durch die Präferierung der geschlossenen Lager den sozialpädagogischen Aspekt des FAD stärken, das Übergewicht der Gemeinden eindämmen wollte, um dadurch der Tendenz, den FAD zur Fürsorgepflichtarbeit zu degradieren, entgegenzusteuern. (Köhler, 1967, S. 146) Dies allerdings rief den Protest der Städte und des Deutschen Städtetages hervor. So bezweifelte das Wohlfahrts- und Jugendamt der Stadt München in einem Schreiben an den Städtetag[10] die These von der pädagogischen Überlegenheit geschlossener Lager und erklärte lapidar: „Wenn der Erlaß in der verfügten Form streng durchgeführt wird, so werden sich die Städte künftig hüten, Initiative, Arbeit und Geld an eine solche Sache zu hängen. Auch die schroffe Zielsetzung auf die geschlossenen Lager läßt jede Rücksichtsnahme auf die Städte, ebenso wie auf die Verschiedenheit der einzelnen Landesteile vermissen ... Die Berater des Herrn Reichskommissars für den freiwilligen Arbeitsdienst scheinen vorzugsweise den Bünden und Wehrverbänden nahezustehen, also Organisationen, die ihrer ganzen Ideenwelt nach selbstverständlich für das geschlossene Lager eintreten müssen." Ähnlich forderte der Stadtrat von Regensburg, die geschlossenen Lager „vom Standpunkte der Städte aus zu bekämpfen."[11] Auch der Reichsausschuß der Deutschen Jugendverbände protestierte in einem Forderungskatalog zur Verbesserung des FAD beim Reichskommissar und forderte neben des verstärkten Einsatzes von Verbandslagern, zu denen nicht organisierte Jugendliche nur in Grenzen zugelassen werden sollten, „die Bedeutung des offenen Dienstes ... nicht zu unterschätzen; denn durch ihn gelingt es hauptsächlich, in verhältnismäßig kurzer Zeit für eine große Zahl junger Erwerbsloser eine Linderung ihrer Notlage herbeizuführen."[12]

Der 1932 mit 65 Millionen RM geförderte FAD erreichte personell im November seinen Höhepunkt mit 285 494 Beschäftigten. Nach einer Statistik der Reichsanstalt vom 31. 10. 1932 betrug der Anteil der Arbeitsdienstwilligen aus der Alu 10,9%, aus der Kriu 16,4%, aus der Wohlfahrtsunterstützung 35%. 37% der Arbeitsdienstwilligen wurden nicht unterstützt.[13] Insgesamt 72% aller Jugendlichen im FAD waren also Wohlfahrtsempfänger oder wurden bislang überhaupt nicht unterstützt. Die Zahl mag verdeutlichen wie stark sich der Adressatenkreis des FAD durch die neue Verordnung gewandelt hatte. Den engen Bezug des FAD zur ökonomischen Krise zeigt seine regionale Gliederung; sie bestätigt auch die von Schellenberg für die erste Phase erhobenen Werte. Danach war die Zahl der FAD-Beschäftigten in jenen Regionen besonders hoch, die die größte Jugendarbeitslosigkeit zu verzeichnen hatten. Dies traf am stärksten für den LAA-Bezirk Rheinland zu, in dem am 31. 7. 1932 142644 männliche jugendliche Arbeitslose gemeldet waren (Syrup, 1932, S. 383), von denen im November etwa 1/3 im FAD Beschäftigung gefunden hatten. In Hessen und in Pommern arbeiteten ca. die Hälfte der arbeitslosen männlichen Jugendlichen im FAD. Auffallend gering dagegen war der FAD in Sachsen[14] und Brandenburg, obwohl beide Länder in der Statistik vom 31. 7. 1932 mit 131544 und 126586 männlichen arbeitslosen Jugendlichen an zweiter und dritter Stelle standen. Köhler macht hierfür zwei Faktoren verantwortlich. Einmal handelte es sich um Gebiete mit hoher Bevölkerungsdichte und wenig Möglichkeiten für offene FAD-Maßnahmen. Zum anderen war in Berlin und in Sachsen die linke Opposition besonders stark, „deren scharfe Ablehnung des FAD auch von den erwerbslosen Jugendlichen in stärkerem Maße als in anderen Gebieten des Reiches geteilt wurde.“ (Köhler, 1967, S. 145)

Obwohl der FAD als eine freiwillige Maßnahme deklariert war, führte die ökonomische Entwicklung häufig zu einem finanziell motivierten verschleierten Teilnahmezwang. Die Städte und Gemeinden, 1932 nicht selten am Rande des finanziellen Ruins, waren durch die Wohlfahrtsunterstützungszahlungen stark belastet und machten deshalb die Zahlungen häufig von der Teilnahme an FAD-Maßnahmen abhängig. Aber allein schon die ökonomische Zwangslage der arbeitslosen Jugendlichen bewirkte, daß die „freiwillige Meldung zum Arbeitsdienst unter dem Zwange einer ungeheuren Not, einer Entbehrung, die kaum vorstellbar ist“ (Pahl, 1932a, S. 719), stand. Schellenberg schrieb schon für die erste Phase über die Beweggründe der Jugendlichen, „daß die Bereitschaft zur Teilnahme am FAD für weite Kreise der Arbeitslosen nicht immer einer tief fundierten Bejahung des FAD entsprang.“ (Schellenberg, 1932, S. 47) Auf der anderen Seite bildeten die Jugendlichen für manch obskuren Vereine und Genossenschaften ein lohnendes Objekt der Ausbeutung. Sie warben in der Regel über Zeitungsannoncen Arbeitsdienstwillige. So berichtet Bohnstedt von der Anzeige einer Baugenossenschaft „Eigene Kraft“ in Berlin, in der „übermäßig billige Bauangebote gemacht und gleichzeitig junge Leute von 17 und mehr Jahren gesucht werden zur Einstellung ‚in unseren Arbeitsdienst‘. Eine telephonische Anfrage ergab, daß die sich Meldenden ‚alle vorkommenden Arbeiten‘ ausführen sollen gegen ein Taschengeld von 30 Pf. und Gutschrift von täglich 1 M. bei einer Verpflichtung auf 2-3 Jahre.“ (Bohnstedt, 1932a, Sp. 1564)[15] Angesichts des verschleierten Zwangscharakters des FAD, der zwar nicht de jure, doch für viele de facto bestand, ist das Bild, das die zeitgenössische Publizistik über den Zustimmungsgrad der Jugendlichen zum FAD vermittelt, stark zu relativieren. Mag diese Zustimmung auch bei den Mitgliedern der Wehrverbände, des Jungdo und der NSDAP sowie den studentischen Aktivisten der Volkslagerbewegung vorgeherrscht haben, ein allgemeiner Befund läßt sich daraus jedenfalls nicht ableiten.

Noch zwei weitere, in mittelbaren Zusammenhang mit dem FAD stehende „Betreuungsmaßnahmen" stießen keineswegs auf die von ihren Betreibern erhoffte Resonanz und führten vor allem mit den Gemeinden und Städten zu Konflikten: Das *Reichskuratorium für Jugendertüchtigung* und das *Notwerk der deutschen Jugend.*

Die Bildung des Reichskuratoriums war ein Resultat der jahrelangen Bemühungen der Reichswehr um die „Wehrhaftmachung" der Jugend, die nach den Reichstagswahlen von 1930 von Schleicher und Groener besonders aktiv betrieben wurden. Vor allem letzterer verband mit dem Gedanken, den Wehrsport auf eine breite Basis zu stellen, das Ziel, die paramilitärischen Kampfverbände zu schwächen und die politische Radikalisierung Jugendlicher zu mindern. Obwohl der Gedanke eines allgemeinen Wehrsportverbandes für Jugendliche eine lange Geschichte hat, lösten Groeners Pläne vor allem unter den Jugendverbänden Unruhe aus. Sie befürchteten die Einführung einer Art Zwangs-Miliz. Am 12. 9. 1932 beschloß das Reichskabinett unter Papen die Einführung des Reichskuratoriums für Jugendertüchtigung, das am folgenden Tage durch einen Erlaß des Reichspräsidenten ins Leben gerufen wurde. Vorsitzender wurde der Reichsinnenminister v. Gayl, als geschäftsführender Präsident wurde der Infanterie-General a. D. von Stülpnagel berufen, dessen engste Mitarbeiter der Stahlhelmführer Oberstleutnant a. D. v. Olberg und der spätere Feldmarschall Model waren. Im eigentlichen Kuratorium saßen Vertreter des Reiches, der Länder, der großen Wehrverbände und Syrup als Reichskommissar für den FAD. Bevor das Kuratorium sich Ende Oktober 1932 konstituierte, mangelte es nicht an Versuchen, es auf eine breitere personelle Grundlage zu stellen. Gespräche und Anfragen gab es mit dem Reichsausschuß der deutschen Jugendverbände und dem Deutschen Städtetag. Dessen Präsidium reagierte allerdings sehr zurückhaltend und wollte „von sich aus nicht anregen, daß ein Vertreter des Städtetages in das Reichskuratorium für Jugendertüchtigung berufen wird."[16] Als Aufgaben des Reichskuratoriums formulierte der Erlaß Hindenburgs ganz allgemein:

> „Die deutsche Jugend ist die Zukunft unseres Volkes. Seit Jahren habe ich daher mit besonderer Anteilnahme alle Bestrebungen verfolgt, die ihrer körperlichen Ertüchtigung galten. Die Stählung des Körpers, die Erziehung der Jugend zur Zucht, Ordnungsliebe und Kameradschaft und zur Opferbereitschaft für die Gesamtheit sind Aufgaben, deren sich anzunehmen der Staat die Pflicht hat."[17]

In einer Besprechung mit den Ländervertretern erläuterte Oberregierungsrat Erbe vom Reichsinnenministerium die Aufgaben des Reichskuratoriums näher. Sein Ziel sei es, „die Verbände bei der Durchführung der Ausbildung durch Ausbildung und Bestellung von Lehrkräften zu unterstützen". Es war demnach nicht als Massenorganisation geplant, sondern als eine zentrale Institution, von der aus über die Verbände größere Breitenwirkung erzielt werden sollte. In Geländesportschulen, die in der Regel auf Truppenübungsplätzen stattfanden, sollten die Verbände „ihre Mitglieder im Alter von 16-26 Jahren in Leibesübungen, Ordnungsübungen, Kleinkaliberschießen oder Ausbildung mit der Wehrmannbüchse und im Geländesport so auszubilden, daß sie die dafür vorgeschriebene Leistungsprüfung bestehen." (zit. n. Schlicker, 1968,S. 367f.) Nachgefragt wurden die vormilitärischen Ausbildungskurse des Reichskuratoriums vor allem von den Wehrverbänden mit Ausnahme des Reichsbanners, den NSDAP-Untergliederungen und den Bünden, während die großen konfessionellen Jugendverbände merkliche Distanz wahrten. Die Gefahr einer verdeckten Militarisierung des FAD (Bohnstedt, 1932b, Sp. 910) war durch die Lagerpraxis des Stahlhelm, Kyffhäuserbundes[18] und anderer Wehrverbände schon nicht von der Hand zu weisen; so probten auch die Kreise um das Boberhaus den Zusammenhang von Arbeitsdienst und Geländesport, um die „Einsatzbereitschaft der Jugend zum Schutze der Grenze" (Der Zwiespruch Bl. 21/1932) zu üben. Nach den Plänen Stülpnagels sollten auch die geeigneten Teilnehmer von FAD-Führerkursen an den Lehrgängen des Reichskuratoriums teilnehmen und das preußische Innenministerium zahlte zusätzliche Zuschüsse für jene Arbeitsdienstlager, die Wehrsport betrieben. Kritik an den Aktivitäten des Reichskuratoriums übte nicht nur die linke Opposition, sondern auch die großen Sportverbände, da in den Geländesportschulen kein Sport betrieben würde, „sondern eine militärische Ausbildung"[19], während für die Wehrverbände und die SA hier die Möglichkeit bestand, mit staatlicher Hilfe ihre Führer militärisch zu schulen. „Der Nationalsozialismus brauchte nur noch zuzugreifen, um aus diesem Ertüchtigungswerk wie aus dem zunächst friedlichen Zielen gewidmeten Freiwilligen Arbeitsdienst eine Schule der Militarisierung der Jugend zu machen." (Preller, 1949, S. 452) Auch nach dem 30. 1. 1933 blieb das Reichskuratorium zunächst bestehen, geriet aber zunehmend unter den Einfluß der SA. Für den im März 1933 verstorbenen Stülpnagel wurde der württembergische Landesverbandsführer des Stahlhelm Georg von Neufville als Nachfolger eingesetzt. Mit Schreiben vom 23. 8. 1933 teilte dieser dem Deutschen Gemeindetag mit, daß die Aufgaben des Reichskuratoriums ab 1. 10. 1933 vom Chef des Ausbildungswesens der SA übernommen werden.[20] Führer wurde damit der SA-Obergruppenführer Krüger, der dem Kuratorium von Beginn an angehörte. Durch die Übernahme in den Arbeitsdienst im Januar 1935 fand das Kuratorium sein organisatorisches Ende.

Weit enger als das Reichskuratorium war das „Notwerk der Deutschen Jugend" mit der Betreuung und beruflichen Fortbildung arbeitsloser Jugendlicher verbunden. Am 24. 12. 1932 von Hindenburg und Reichskanzler Schleicher ins Leben gerufen und dem Reichsarbeitsminister unterstellt, führte es zu teilweise erheblichen Spannungen zwischen der Arbeitsverwaltung einerseits und den für Jugendpflege und Jugendfürsorge verantwortlichen Gemeinden und Städten. Der Aufruf des Reichspräsidenten und Reichskanzlers appellierte an die Bevölkerung „Gemeinsinn und Hilfsbereitschaft" zu zeigen, um der „arbeitslosen Jugend Gelegenheit zu ernsthafter beruflicher Bildungsarbeit (zu) bieten und ihr sonstige sinnvolle geistige und körperliche Betätigung (zu) ermöglichen. Es (das Notwerk, P. D.) soll ihr in Verbindung damit täglich eine gemeinsame warme Mahlzeit sichern." (RABl. I, 1932, S. 277)[21] Um den „Willen zu kameradschaftlicher Selbsthilfe zu stärken" (ebda.), wurden die jugendlichen Arbeitslosen zur Bildung „freiwilliger Kameradschaften" aufgefordert. Der Aufruf zur Selbsthilfe war umso notwendiger, da die zur Verfügung gestellten 9 Millionen RM hauptsächlich für die in Aussicht gestellte warme Mahlzeit verwendet werden sollten. Pro Teilnehmer wurde dafür ein Betrag von 15 bis 25 Pf bewilligt. Organisatorisch war das Notwerk nach dem Prinzip des FAD aufgebaut. Die Aufsicht lag beim Arbeitsamt, das auch die Beihilfe-Bescheide für beantragte Maßnahmen ausstellte. Nach dem Ausführungserlaß Syrups vom gleichen Tage sollte das Notwerk vier Aufgaben übernehmen:

> „1. Arbeitslose Jugendliche bis zu 25 Jahren während der Zeit der unfreiwilligen Arbeitslosigkeit beruflich zu ertüchtigen, sie durch ernste, praktische, berufliche Bildungsarbeit gegen die Folgen der erzwungenen Untätigkeit zu schützen;
> 2. sie gemeinschaftlich zu verpflegen und ihnen zu helfen, ihre Arbeitskleidung zu erhalten und zu ergänzen;
> 3. ihnen Gelegenheit zu sportlicher Betätigung zu geben und sie dadurch körperlich zu stählen;
> 4. ihnen geistige Anregung und Fortbildung zu bieten."
>
> (RABl. I, 1932, S. 278) (vgl. zur Erläuterung Wiedwald, 1933, S. 354ff.)

Zur Förderung des Notwerks sollten in allen Arbeitsamtsbezirken sog. Arbeitsgemeinschaften gebildet werden, die alle mit der Betreuung arbeitsloser Jugendlicher befaßten Organisationen integrierten[22], und Betreuungspläne für die Jugendlichen erstellen sollten. Nach dem Erlaß mußten den Jugendlichen täglich mindestens 4 Stunden „sinnvolle Beschäftigung, davon 2 Stunden berufliche Bildungsarbeit angeboten" werden und weitere 2 Stunden für Leibesübungen oder gemeinsame geistige Beschäftigung verwandt werden. Das Notwerk, das vor allem auf die Nachbetreuung der durch den FAD gegangenen Jugendlichen und die Nichtorganisierten abgestellt war, nahm hauptsächlich die Berufs- und Fachschulen, die Einrichtungen der Jugendpflege und Volksbildung, die Turn- und Sportvereine in Anspruch. Für die Verpflegung der Jugendlichen waren Einrichtungen der Winterhilfe, der freien und öffentlichen Wohlfahrtspflege, Volksküchen und Erwerbslosenküchen eingesetzt. Als eine kurzfristige determinierte Maßnahme, die zunächst bis zum 31. März 1933 geplant war und dann bis zum 30. Juni verlängert wurde, liefen die Notwerkmaßnahmen regional mit unterschiedlichem Erfolg an. Im Rheinland, dem Bezirk mit der höchsten Jugendarbeitslosigkeit, wurden Ende Januar 1933 rund 16000 Jugendliche betreut (Preiser, 1933, S. 59), in Hessen waren es Mitte Februar 12800 und Ende Februar schon 17000 Teilnehmer. (Stadtblatt der Frankfurter Zeitung v. 25. 2. 1933)[23]. Seinen personellen Höchstand erreichte das Notwerk Mitte März 1933 mit rund 250000 betreuten Jugendlichen.[24]

Während im ländlichen Bereich durch das Engagement der Gemeinden, die häufig als Träger der Maßnahme auftraten, das Notwerk sich relativ rasch konsolidierte, gab es Kompetenzstreitigkeiten mit den Vertretern der Städte wegen der Zuständigkeit des Arbeitsamtes für das Notwerk. So kritisierte die Stadt Gelsenkirchen, das Notwerk werde offensichtlich von der Reichsanstalt „bewußt und methodisch unter Ausschaltung des in jeder deutschen Groß-Stadt bestehenden Apparates der Jugendpflege und Jugendfürsorge durchgeführt"[25] und sah darin einen Verstoß gegen den Geist des Jugendwohlfahrtsgesetzes. Auch die Stadt Halle sah im Notwerk den Versuch „die Einheitlichkeit der Jugendwohlfahrt zu zerschlagen" und argwöhnte: „Das Reichsgesetz für Jugendwohlfahrt in seiner Tendenz für Geschlossenheit der Jugendführung scheint in Vergessenheit geraten zu sein. Grundsätzlich wie praktisch sind diese Maßnahmen nicht ohne Gefahren, die Bestrebungen, die bündische Bewegung statt an die Jugendwohlfahrtsbehörden an die Arbeitsämter heranzubringen."[26] Der Magistrat der Stadt Hanau protestierte in einem Schreiben an den Regierungspräsidenten in Kassel gegen „den Einbruch der Reichsanstalt in gemeindeeigene, ihr fremde Arbeitsgebiete durch die Macht der vom Reich ihr anvertrauten Geldmittel"[27], da das Arbeitsamt an der örtlichen Jugendpflege vorbei durch das Notwerk einen ungerechtfertigten Monopolanspruch sich reservieren wolle. Mit ähnlicher Diktion intervenierte der Kölner Oberbürgermeister Konrad Adenauer beim Deutschen Städtetag gegen die Bildung besonderer Arbeitsgemeinschaften durch das Arbeitsamt, die die traditionelle Jugendpflege vor Ort torpedieren würde.

> „Neben der freiwilligen Arbeit der großen Verbände, die durch Bezirks- und Ortsausschüsse für Jugendpflege gefördert wurde, und die unter Mitwirkung anderer amtlichen Stellen, wie Berufsschulen, Wohlfahrtsämter, Jugendämter, Stadtämter für Jugendpflege und Leibesübungen, Arbeitsämter sich zu einer Aktion zur Betreuung der erwerbslosen Jugend zusammengeschlossen hatten, wenden sich heute an dieselbe Jugend der Freiwillige Arbeitsdienst, das Reichskuratorium für Jugendertüchtigung und die Organisationen der Nothilfe. Dieses Vielerlei müßte auf eine einheitliche Formel gebracht werden, was auch aus pädagogischen Gründen erforderlich ist. Es ist nicht angängig, auch vom erzieherischen Standpunkt nicht vertretbar, daß verschiedene Organisationen sich an ein und denselben Jugendlichen wenden und ihn umwerben..."[28]

Entsprechend forderte der Deutsche Städtetag seine Mitglieder auf, gegenüber dem Hegemonieanspruch der Arbeitsämter standhaft zu sein und dafür zu sorgen, daß die Stadtverwaltungen Leitung und Vorsitz der Arbeitsgemeinschaften erhalten. Die „Tägliche Rundschau" kommentierte diese Politik als Störungsversuch, der unverantwortlich sei angesichts der Tatsache, daß die deutsche Jugend „von der Arbeit der kommunalen Behörden innerhalb des letzten Jahrzehnts verwünscht wenig Nutzen gehabt hat." (Tägliche Rundschau v. 24. 1. 1933)

Andererseits beharrten die Arbeitsämter auf ihrem maßgeblichen Einfluß bei der Einrichtung von Arbeitsgemeinschaften und Kameradschaften, um – wie der Vorsitzende des AA Niederlahnstein schrieb – den Eindruck zu verhüten, „als ob diese Kameradschaften nicht vom Arbeitsamt, sondern von anderen Stellen ins Leben gerufen worden seien. Ich unterschätze gewiß nicht die Mitarbeit anderer Stellen, insbesondere der Herren Landräte und Kreisjugendpfleger, aber ich muß doch wenigstens für meinen Arbeitsbezirk feststellen, daß im wesentlichen die Organisation Sache des Vorsitzenden war."[29]

Insgesamt gesehen spielten die Kameradschaften im Notwerk eher eine untergeordnete Rolle. So wurden in Berlin während der ersten drei Wochen 4986 männliche und 1789 weibliche Jugendliche durch das Notwerk in 129 Maßnahmen betreut[30]; nur 4 entstammten freiwilligen Kameradschaften. Dagegen traten als Träger auf: in 19 Fällen Berufs- und Fachschulen, 59 mal städtische Jugendämter, 21 mal freie Wohlfahrtsorganisationen, in 20 Fällen Jugend- und Sportvereine, je 3 mal Berufsverbände und Firmen.[31] Ein ähnliches Bild ergibt sich auch für die eher ländlichen Regionen, in denen vorwiegend die Gemeinden in Zusammenarbeit mit örtlichen Berufsverbänden und Jugend- und Sportvereinen als Träger der Maßnahmen fungierten. Ähnlich wie anfangs beim FAD scheint es auch beim Notwerk zu Anlaufschwierigkeiten gekommen zu sein. So berichtet der Vorsitzende des Arbeitsamtes Mainz an das LAA Hessen:

> „Allgemein ist das Entgegenkommen nicht sehr groß. Widerstände sind insbesondere vorhanden bei den Schullehrern und Schulen. Der Sache stehen ferner ein großer Teil der Landbürgermeister ablehnend gegenüber. So wurde auf einer Bürgermeisterversammlung des Kreises Oppenheim beschlossen, keinerlei Maßnahmen für das Notwerk zu treffen, sondern sich lediglich für den freiw. Arbeitsdienst einzusetzen. Doch glaube ich, daß es gelingen wird, diese Schwierigkeiten zu überwinden. Auffallend ist das passive Verhalten der Jugend selbst, die bis jetzt allen Aufforderungen zur Beteiligung und Anmeldung nur spärlich nachgekommen ist."[32]

Obwohl die wenigen auffindbaren Arbeitsamtunterlagen kein annähernd repräsentatives Bild vermitteln können, läßt sich zumindest für den Bereich des LAA Hessen eindeutig feststellen: der überwiegende Teil der Maßnahmen wurde von Gemeinden beantragt, die in der Regel zur Durchführung der beruflichen und allgemeinen Bildungsarbeit auf örtliche arbeitslose (Jung)lehrer und Lehrerinnen zurückgriffen oder Leiter örtlicher Jugendgruppen vorschlugen. Häufig wurden die arbeitslosen Lehrer durch Schulleiter und Schulräte den Gemeinden vermittelt. In ländlichen Gemeinden wurde das Notwerk in einer Art Arbeitsteilung durchgeführt: Die berufliche Fortbildung übernahm das Arbeitsamt oder eine örtliche Innung, die allgemeine Bildungsarbeit Lehrerinnen und Lehrer, die Leibesübungen der örtliche Sportverein, für die warme Mahlzeit sorgten caritative Verbände. Mit dem im Antragsformular geforderten Nachweis der Bildungsarbeit wurde offensichtlich seitens der örtlichen Arbeitsämter unterschiedlich verfahren.[33] Während im einen Bezirk detaillierte Lehr- und Unterrichtspläne verlangt waren, konnten die Antragssteller sich andernorts mit Stichworten wie: „1. Staatsbürgerkunde, 2. Geschichte, 3. deutscher Stil, 4. Literatur" oder bei Maßnahmen für Mädchen mit „Handarbeit, Lebenskunde, Lektüre, Heimgestaltung, Säuglings- und Gesundheitslehre" begnügen. Jedenfalls bot das Notwerk mit seiner Ausrichtung auf berufliche und allgemeine Bildungsarbeit kurzfristig die Gelegenheit, arbeitslose Lehrer mit geringem finanziellen Aufwand zu beschäftigen bis es am 30. Juni 1933 in die „Landhilfe" übergeführt wurde.

Die im Sommer 1932 sprunghaft ansteigende Zahl von FAD-Teilnehmern führte zu einer wachsenden Konkurrenz der Diensträgerorganisationen. Um gegenüber der wachsenden Zahl von Verbandslagern und offenen Lagern ihren Einfluß innerhalb des FAD zu stärken, errichteten im September 1932 Vertreter der Volkslagerbewegung als Koordinationsstelle in Berlin die „Mittelstelle für Arbeitsdienst in Volkslagern", deren Leitung Hans Raupach von der Schlesischen Jungmannschaft übernahm. Ihre Aufgabe bestand u. a. darin, die Interessen der zahlreich entstandenen Heimatwerke, also der partei- und verbandspolitisch nicht gebundenen Träger zu vertreten und deren Forderungen gegenüber der politischen Administration Gehör zu verschaffen. Daß dabei die Aktivisten der Schlesischen Jungmannschaft und der Deutschen Freischar eine wichtige Rolle spielten – vor allem auch durch ihre Mitarbeit in den regionalen Heimatwerken – zeigt nicht nur die Berufung Raupachs, sondern auch die Tatsache, daß am 1. 1. 1933 ihr Führer Hans Dehmel neben dem Leiter der westfälischen Siedlerschule, Pastor Gerhard Stratenwerth (1932), zum Referenten im Reichskommissariat für den FAD berufen wurde.[34] Aber auch dem Nachfolger Syrups[35], dem ehemaligen Präsidenten des LAA Südwestdeutschland, Kälin, lag an einer Zusammenarbeit der verschiedensten Diensträgerorganisationen. Auf seine Initiative hin wurde am 6. 1. 1933 in Berlin die „Reichsarbeitsgemeinschaft der Diensträgerverbände" gegründet, deren Geschäftsführung dem Stahlhelm-Vertreter Heinrich Mahnken übertragen wurde. Diese Arbeitsgemeinschaft sollte alle gemeinsamen Interessen und Forderungen der Diensträgerverbände in Zusammenarbeit mit dem FAD-Reichskommissar und den untergeordneten Dienststellen regeln.

Obwohl mit der Reichskanzlerschaft Hitlers bis zur Einführung der allgemeinen Arbeitsdienstpflicht 1935 weiterhin die VO vom 16. 7. 1932 im wesentlichen in Kraft blieb, wurden schon im Frühjahr 1933 die entscheidenden Weichen zur Einführung der Dienstpflicht gestellt. Zwar war aus Koalitionsgründen nicht Hierl, sondern dem Stahlhelm-Führer Franz Seldte das Amt des Reichsarbeitsministers und das Reichskommissariat für den Arbeitsdienst zugefallen, der Heinrich Mahnken für die tatsächliche Leitung des FAD vorgesehen hatte. Erst am 4. Mai 1933 wurde Hierl zum Staatssekretär für den Arbeitsdienst ernannt, nachdem Hitler vier Tage zuvor in seiner Tempelhofer Rede die Einführung der Arbeitsdienstpflicht öffentlich ankündigte. Die Vorbereitungen hierzu waren allerdings schon früher angelaufen.[36] Ein erster entscheidender Schritt war die Verordnung vom 28. 4. 1933 (RABl. I, S. 124f.), nach der die zugelassenen Dienstträger auf den nationalsozialistischen „Reichsverband Deutscher Arbeitsdienstvereine e. V." und den Stahlhelm eingeschränkt wurden. Für alle schon zugelassenen, aber noch nicht begonnenen Maßnahmen wurde die Anerkennung zurückgezogen. Maßnahmen von Dienstträger, „die im Gegensatz zur heutigen Regierung stehen", wurden von einem NS-Dienstträger oder dem Stahlhelm übernommen. Schon einen Tag später erging an alle Bezirksführer und Bezirkskommissare ein von Hierl und Seldte unterzeichnetes Schreiben zur Vorbereitung der Arbeitsdienstpflicht.

> „Die Einführung der ADP ist so vorzubereiten, daß der erste halbe Jahrgang Dienstpflichtiger mit Ende dieses Jahres eingezogen werden kann.“[37]

Hierzu sollten geeignete nationalsozialistische und Stahlhelm-Lager zu Stammabteilungen ausgebaut werden, doch ab Sommer 1933 wurden auch die Stahlhelmlager in den NS-Arbeitsdienst eingegliedert und der gesamte Arbeitsdienst in 30 Arbeitsgaue untergliedert mit Seldte als Reichskommissar und Hierl als Führer der Reichsleitung für den Arbeitsdienst.[38] Am 15. 2. 1934 trat an die Stelle des Reichsverbandes der „Nationalsozialistische Arbeitsdienst e. V.“ als einziger Dienstträger und Körperschaft des öffentlichen Rechts.

> „Wesentlich war die durchgeführte Personalunion an den führenden Stellen. Die Arbeitsgauführer waren neben ihrer staatlichen Stellung zugleich Vorsitzende der Gauvereine. Obwohl andererseits das Führerkorps aus Reichsbediensteten und hauptamtlichen Führern innerhalb des NS-Arbeitsdienstes bestand, wurde es dennoch einheitlich als ‚nationalsozialistisch‘ angesehen und sein Aufbau von den Mitarbeitern Hierls in der ‚Reichsleitung‘ gesteuert. Hierl erhielt zusätzlich den Titel ‚Reichsarbeitsführer‘.“ (Vogelsang, 1966, S. 145)

Den Ausbau des NS-Arbeitsdienstes zu einer Körperschaft des öffentlichen Rechts dokumentiert auch die Einführung eines eigenen Dienststrafrechtes. Schon im September 1933 wurde bei der Reichsleitung als Institution der Ehrengerichtsbarkeit der „Rechtshof“ geschaffen, der über alle Dienststreitfälle und Beschwerden verbindlich entschied. Nur die gegen Gauarbeitsführer gerichtete Entscheidungen bedurften der Bestätigung Hierls.

Mit dem Gesetz vom 13. 12. 1934 (RGBl. I, 1934, S. 1235) wurde die Grundlage zu einer öffentlich-rechtlichen Dienststrafgewalt des Arbeitsdienstes geschaffen. Der Dienststrafordnung vom 8. 1. 1935 (RGBl. I, 1935, S. 5) unterlagen alle Angehörigen des Arbeitsdienstes während der Dauer ihrer Verpflichtung. Nach §2 waren alle Handlungen zu verfolgen, die „die Ehre der Gemeinschaft und das öffentliche Ansehen des Arbeitsdienstes, oder die Kameradschaft im Arbeitsdienst“ verletzen oder „gegen Zucht und Ordnung im Arbeitsdienst verstoßen.“ Strafgewalt stand den Führern vom Abteilungsführer an aufwärts zu. Als förmliche Dienststrafen sah §3 Abs. b vor:

- strenger Verweis,
- Lagerarrest bis zu 4 Wochen,
- Stubenarrest bis zu 4 Wochen
- verschärfter Stubenarrest bis zu 10 Tagen, zulässig nur bis einschließlich zum Obervormann,
- Zurücksetzung in der Beförderung,
- Androhung der Entlassung,
- fristlose Entlassung,
- Entfernung aus dem Arbeitsdienst.

Für Hußmann (1935, S. 111) ist gerade die Etablierung dieses eigenständigen Dienststrafrechts der Beweis für „die Parallele mit dem Heer und den Abstand von den übrigen Organisationen auch der Partei." Die Dienststrafordnung, die am 1. 3. 1936 durch verschiedene Verordnungen (Verfahrensordnung, Beschwerdeordnung, Strafvollzugsordnung, Bestimmungen über Strafbücher und Strafprüfhefte) ergänzt wurde, gab im RAD den Arbeitsdienstführern vom Unterfeldmeister an aufwärts weitreichende Befugnisse gegenüber den ihnen Unterstehenden an die Hand, die selbst vorläufige Festnahmen mit einschlossen. (Tsay, 1940, S. 179ff.)

Als selbständiger Teil des NS-Arbeitsdienstes wurde im November 1933 der „Arbeitsdank e. V." gegründet, der berufsfürsorgliche Aufgaben für ausscheidende Arbeitsmänner wie Versorgung mit Arbeitsstellen und Umschulungsmaßnahmen, speziell in Form des Siedlungsdienstes, übernahm. Im Dezember 1934 wurde er als „Arbeitsdank in der Arbeitsfront" in die DAF eingegliedert, blieb jedoch relativ selbständig und dem Reichsarbeitsführer unterstellt.

Die maßgeblich von Hierl und seinem Stab betriebene organisatorische Umstrukturierung des Arbeitsdienstes stieß zum Teil auf erhebliche Bedenken. So kritisiert die von der bayerischen Staatsregierung in enger Absprache mit dem Bayerischen Gemeindetag erstellte Studie die Verhältnisse im Arbeitsdienst[39]:

> „Trotz all dieser Bedenken könnte man sich jedoch mit der nun einmal geschaffenen Organisation abfinden, wenn sie besser als die frühere arbeiten und wenn sie wenigstens alles vermeiden würde, was im Lande Unwillen erregen und dem großen Gedanken des Arbeitsdienstes in der öffentlichen Meinung Abbruch zu tun geeignet ist. Leider muß aber festgestellt werden, daß noch nie, seit der Arbeitsdienst besteht, so viele Klagen überall laut geworden sind wie gerade in den letzten Monaten und daß der Arbeitsdienst seit der Neuorganisation an Vertrauen keineswegs gewonnen hat."

Speziell kritisiert die Denkschrift vom Frühjahr 1934 die nationalsozialistische Personalpolitik, die das bestehende Personal auf der Bezirksebene durch ehemalige Offziziere ersetzte. Weiter wird kritisiert, daß nun Leute im Arbeitsdienst als Führer beschäftigt würden, „die ohne inneres Verhältnis zur Sache darin nichts weiter als eine Versorgung sehen." Zur Unterstützung der Kritik zitiert die Denkschrift einen Bericht des Stadtrates von Wertingen über das dortige Arbeitsdienstlager:

> „Hier fehlt es in erster Linie an der Lagerführung. Dem Stadtrat gegenüber zeigte die Lagerführung ein derart herausforderndes Auftreten, daß es zu ernstlichen Auseinandersetzungen kam, die schließlich jedes Zusammenwirken mit dieser Führung unmöglich machten. Der Lagerführer verkehrte viel in Cafehäusern und blieb in einer Wirtschaft allein 27 Halbe Bier schuldig, die er anläßlich seines Namenstages den Arbeitsdienstwilligen spendiert hatte. Die Wirkung dieses Auftretens auf Unterführung und Mannschaft blieb nicht aus. Zwei junge Unterführer machten in der gleichen Wirtschaft 16 RM Bierschulden. Man verkehrte in Weinlokalen; ja außer dem Wein war kein Getränk mehr gut genug. Die Arbeitsleistung der Mannschaft war entmutigend geringe... Die Bauern beklagten sich, daß ihre

> Obstgärten nicht sicher seien. Die Bürgerschaft beschwerte sich wegen des Verhaltens der Arbeitsdienstwilligen zu ihren Töchtern, vom Stadtpfarramt wurde sogar Klage geführt über die Belästigung minderjähriger Kinder durch die Dienstwilligen."[40]

Insgesamt zeichnet die Denkschrift ein Bild der organisierten Verwirrung, der Inkompetenz und Fehlplanungen, des verwaltungstechnischen Dilettantismus und der rechtlichen Unsicherheit, die die Umstrukturierungen des Arbeitsdienstes in den Jahren 1933/34 mit sich brachten. Entsprechend fühlte sich der Bayerische Gemeindetag in einem Schreiben an den Deutschen Gemeindetag v. 12. 4. 1934 „verpflichtet, den anfragenden Gemeinden in Fragen des Freiwilligen Arbeitsdienstes jede Vorsicht anzuraten und gerade den leistungsschwachen Gemeinden von finanziellen Engagements abzuraten.[41] Daß auch Hierl solche Zustände bekannt waren, geht aus seiner Verfügung vom 13. 12. 1933 hervor, in der er u. a. schreibt: „Die bisher durchgeführten Prüfungen der Wirtschaftsverhältnisse bei den Gauen haben Diebstähle, Korruptionen, leichtfertiges Verschleudern von Dienstgeldern, Eigennutz in erschreckendem Maße aufgedeckt. Unsaubere Personen, die sich in Führerstellungen des Arbeitsdienstes eingeschlichen haben, sind jetzt rücksichtslos zu beseitigen." (zit. n. Köhler, 1967, S. 255)

Trotz dieser Mißstände konnte Hierl seine anfangs gebremste Karriere fortsetzen. Am 3. 7. 1934 wurde die Personalunion von Reichskommissar und Reichsarbeitsminister wieder gelöst und Hierl zum Reichskommissar ernannt, der dem Reichsinnenminister unterstellt wurde. Damit verbesserte sich seine Position in der Kompetenzanarchie des NS-Doppelstaates erheblich, zumal die Ausschaltung des Stahlhelms ihm auch im Arbeitsdienstbereich mehr Einfluß sicherte. Dennoch mußte Hierl bei der Einführung der halbjährigen Dienstpflicht für die männliche Jugend 1935[42] von seinen ursprünglich weitergesteckten Vorstellungen mit der Zielformel „Schulpflicht-Arbeitspflicht-Wehrpflicht" Abstriche machen. Darüber kann auch nicht hinwegtäuschen, daß nach entsprechenden Forderungen seitens der organisierten Studentenschaft das pflichtmäßige Werkhalbjahr, mit dem der Akademikerarbeitslosigkeit und der Überfüllungskrise der Hochschulen begegnet werden sollte, von Sommer 1934 bis zur allgemeinen Dienstpflicht für Abiturienten mit Studiumsabsicht durchgeführt wurde.[43]

Angesichts der disparaten Zielvorstellungen der einzelnen Teile der Arbeitsdienstbewegung muß bezweifelt werden, ob sie im späteren nationalsozialistischen Arbeitsdienst ihre Ideen realisiert sahen. Andererseits sahen viele in der Stabilisierungsphase des NS-Regimes 1933/34 und speziell nach den März-Wahlen 1933 den geeigneten Zeitpunkt zu einer fundamentalen Umgestaltung der Gesellschaft und der Verwirklichung ihrer ehrgeizigen Arbeitsdienstpläne und begrüßten die kommende Arbeitsdienstpflicht. Daß für sie wie für den bündischen Arbeitsdienstführer D. Cajus Fabricius (Pseudonym) die „Arbeitsdienstpflicht als Erlösung" erschien, lag angesichts des Massenelends auf der Hand. In seinen Appellen spiegelt sich der Duktus der Aufbruchsstimmung, die über die Bewegung hinaus weite Teile des Bürger- und Kleinbürgertums gefangen hatte.

„Es muß der Arbeitsdienst zur Pflicht erhoben werden. Dies wird geradezu eine Erlösung des Volkes aus seiner tiefen Not bedeuten, ein Erwecken, Erwachen aus wirren Träumen, eine Genesung von schwerer Krankheit. Und jeder einzelne, der in Zukunft diese Pflicht erfüllt, wird darin seine wahre Freiheit erleben, seine ehrenvolle, freudige Erhebung aus der niedrigen Enge der Selbstzucht in die große Weite des Volksgeistes hinein." (Fabricius, 1933, S. 90f.)

Das geforderte „Ministerium für Arbeitsdienst und Jugendertüchtigung", das die Zielvorstellungen der bündischen Jugendbewegung realisieren sollte, erwies sich unter den neuen Machtverhältnissen als ein frommer Wunsch. Dennoch gingen viele der im FAD engagierten Arbeitsdienst-Führer den Weg in die nationalsozialistische Zwangsarbeit. Repräsentative Daten lassen sich allerdings schon deswegen nicht mehr erheben, da die Akten des Reichsarbeitsdienstes bei Kriegsende weitgehend vernichtet wurden. Jedoch sind die Personalakten des Arbeitsgaus XXXI, der aus Anlaß des Westwallbaus entstand, erhalten geblieben und von Schwenk (1967) ausgewertet worden (vgl. Kap. 3).[44] Doch geben die Personalakten keine Aufschluß über Arbeitsdiensttätigkeiten vor 1933. Eine von Schwenk eigenständig durchgeführte Umfrage unter 239 Führern „aller Dienstgrade und aus allen ehemaligen Arbeitsgauen" ergab, daß 168 von ihnen vor dem 28. 4. 1933 schon im Arbeitsdienst tätig waren und zwar bei folgenden Dienstträgern:

Organisation	*Anzahl der Führer*
Stahlhelm	38
NS-Organisationen	37
Ev. Organisationen (z. B. Ev.-soziale Schule, ev.-sozialer Hilfsdienst	17
Kath. Organisationen (z. B. DJK, Kolping, Kath. Jungmännerverein)	14
Jungdeutscher Orden	9
Technische Nothilfe	7
Sozialistische Organisationen (z. B. Reichsbanner, Sozialer Dienst, ADGB)	4
Christl. Gewerkschaften	2
Deutschnationaler Handlungsgehilfenverband	2
Volkslagerbewegung/bündische Jugend	15
Sonstige Dienstträger (z. B. Arbeitsamt, Interessensorganisationen)	16
Aus den Behörden übergewechselt	4

(zusammengestellt nach Schwenk, 1967, S. 59f.)

Von den 957 Führern des Arbeitsgaues XXXI gehörten 412 bereits 1933 dem Arbeitsdienst an. 57 von ihnen sind vor 1901 geboren, sind also militärisch ausgebildet. Das Durchschnittsalter der 412 Führer betrug 1933 25 Jahre. Unter den 412 waren 1933 60,4% arbeitslos gewesen, in der von Schwenk befragten Gruppe waren es 57,1%. Schwenk erfragte auch, warum die Führer im NS-Arbeitsdienst verblieben, obwohl die Entlohnung von monatlich 30 RM eher bescheiden war. Unter den neun angebotenen Antworten (Mehrfachnennungen zugelassen) entschied sich niemand für „Bessere Entlohnung" und „Leichtere Tätigkeit" als in anderen Berufen, dagegen für

„Höhere gesellschaftliche Stellung" als in anderen Berufen	3
„Größere Wirkungsmöglichkeit" als in anderen Berufen	49
„Freude an der Arbeit"	132
„Innere Befriedigung"	140
„Kameradschaftliche Verbundenheit"	140
„Gewöhnung"	3
„Zwang"	—

Einige Führer, denen die Auswahlmöglichkeit nicht genügte, haben zusätzlich das Wort ‚Idealismus' eingetragen." (Schwenk, 1967, S. 67)

Insgesamt muß man wohl bei der Gruppe der Arbeitsdienstführer, die schon 1933 und vorher im FAD tätig waren, von einer hohen Anpassungsbereitschaft an die neuen politischen Verhältnisse sprechen, wobei diese Anpassungsbereitschaft noch nichts über die Akzeptanz der nationalsozialistischen Arbeitsdienstpolitik aussagt. Personalakten (vgl. Anm. 44) und zahlreiche Erinnerungsberichte (vgl. BA ZSg 145) liefern eher Hinweise darauf, daß eine starke Identifikation mit den Schlüsselbegriffen der Arbeitsdienstidee, wie sie im FAD gepflegt wurden, bestand. Deshalb rief auch ihre im nationalsozialistischen Sinne ideologisierte und politisierte Ausdeutung in diesen Kreisen keine nennenswerte Ablehnung oder gar Widerstand hervor, obwohl es in Einzelfällen bei der Übernahme der Arbeitsdienstlager durch die NSDAP durchaus zu Konflikten kam. Der Bericht eines ehemaligen Stahlhelm-Arbeitsführers mag dies illustrieren.

Es handelt sich dabei um ein seit November 1932 bestehendes Jungstahlhelmlager, dessen Teilnehmer im ostpreußischen Pillkallen ein Schwimmbad und einen Vorflutgraben errichteten sowie mit Meliorationsarbeiten im Stadtpark beschäftigt waren. Der Berichtende war stellvertretender Lagerführer:

> „Es muß etwa Mitte Juni 1933 gewesen sein, als unsere Stahlhelmflagge ... gegen die Mittagszeit am Mast unklar war. Als ich diesen Mißstand behoben hatte, sah ich eine lange Kolonne SS und SA anmarschieren. Wir hatten dazumal Anweisung mit Kopfbedeckung militärisch, ohne Kopfbedeckung mit deutschem Gruß zu salutieren. Ich tat, wie vorgeschrieben und hatte die Absicht, die Ordnung in der marschierenden Kolonne zu inspizieren. Plötzlich merkte ich mich bereits von der Spitze dieser Truppe, die auf unseren Hof gebogen war, umringt und urplötzlich tauchten auch einige Polizisten daselbst auf. Unsere Mannschaft, soweit vorhanden ... war auf der Baustelle. Ich wurde nun als Lagerführer einem ‚gestrengen Verhör' unterworfen ... Man durchwühlte sämtliche Strohsäcke nach Waffen und

auf meiner Lagerführerstube auf halber Treppe, die sonst nur ganz friedlichen Zwecken mit der Mamsell des Schützenhauses diente, klopfte die Polizei die Wände nach versteckten Waffen ab. Auf ‚mein Wort' gaben diese Leute nicht viel, weshalb ich daraufhin betont wortkarg wurde. Nach vollzogener, heldenhafter Besetzung des Lagers verlangte man von mir eine Übergabe an die NSDAP...“[45]

Auch die bei den frühen Arbeitslageraktivisten verbreitete Vorkämpfer-Mentalität ließ eine gewisse Reserve und Skepsis gegenüber den Plänen des NS-Arbeitsdienst und seiner Formierung erkennbar werden. Denn diese öffneten vielen ehemaligen Offizieren den Weg in die neu zu besetzenden Führerpositionen, „was uns alten Arbeitsdiensthasen zuerst so gar nicht recht gefiel. Schließlich setzten diese Herren sich – nach unserer Meinung – ja ins gemachte Nest.“[46] Ein weiteres Motiv für die Anpassungsbereitschaft war eher sozialpsychologischer Natur. Es lag in der gesellschaftlichen Anerkennung und der für Arbeitslose lockenden Perspektive des sozialen Aufstiegs, die der Arbeitsdienst trotz bescheidener Besoldung mit seiner militärischen Organisationsstruktur und seinem Beförderungswesen den hauptamtlich Aktiven bot.[47] Daß solche Hoffnungen sich bei manch einem auch schon mit dem FAD verbanden, verdeutlicht das Beispiel des ehemaligen Oberstfeldmeisters Max Boldt, der am 31. 3. 1932 seine Stellung als Angestellter des Katasteramtes Elbing (Pr.) verlor.

„Nach einem halben Jahr wurde ich zum Leiter des Arbeitsamtes Elbing bestellt, der mich in freundlicher Weise darauf hinwies, daß meine Unterstützungszeit abgelaufen sei und nun mehr die Arbeitslosenfürsorgeunterstützung einsetzen werde. Er machte mir den Vorschlag, in den Freiwilligen Arbeitsdienst einzutreten. So erklärte er mir u. a., da ich bereits Soldat und Polizeibeamter gewesen war, würde ich bald in eine führende Anstellung kommen. Der Vorschlag kam mir nicht ungelegen, denn der Gedanke von Fürsorgealmosen zu vegetieren, war mir unsympathisch und ich nahm den Vorschlag an, den ich niemals bereuen brauchte.“[48]

Dennoch waren im FAD die sozialen Aufstiegschancen relativ gering und der Besuch von Führerschulungen garantierte in keiner Weise eine Dauerbeschäftigung bei einem der Dienstträger. Im Gegensatz zum RAD ließ dies schon die dezentrale Struktur des FAD mit seinem Delegationsprinzip nicht zu. Um die Jahreswende 1932/33 waren ca. 20000 Dienstwillige in den Lagern des Stahlhelm organisiert, 10-13000 in dem Verein zur Umschulung freiwilliger Arbeitskräfte (NSDAP)[49], ebenso viele in den Lagern des Jungdo, ca. 12000 bei der Technischen Nothilfe, jeweils 18000 bei den evangelischen und katholischen Verbänden, beim LV Brandenburg des Reichsbundes für Arbeitsdienst 1500, beim Reichsbanner 10000 und der sozialdemokratischen Hilfsorganisation Sozialer Dienst (vgl. Kap. 8.1.) ca. 30000. Diese Entwicklung steigerte den Bedarf an qualifizierten Arbeitsdienstführern und machte das Professionalisierungsproblem zu einer zentralen Frage des FAD.

7.3. Das Professionalisierungsproblem

Eine der Konsequenzen aus der Erweiterung des FAD durch die Arbeitsdienstverordnung der Regierung Papen war der Bedarf an ausgebildeten und geschulten Arbeitsdienstführern. In verschiedener Weise boten sich hier neue Aufgaben und Betätigungsmöglichkeiten für Jugendpfleger, Sozialpädagogen, stellungslose Lehrer und Volksbildner. Andererseits nahm die pädagogische Disziplin selbst die Ausbildungsfrage als disziplinspezifische Aufgabe wahr. Und nicht zuletzt entwickelten die im FAD tätigen Verbände und Organisationen auf Grundlage der gemachten Erfahrungen eigene Vorstellungen zur Führerschulung. Zwar waren sich über die notwendige Lösung der Führerfrage alle im FAD tätigen Gruppen – von der NSDAP bis zum Reichsbanner – einig, doch kontrovers blieb, in welcher Form, mit welchen Inhalten und Zielvorstellungen welche Personen als FAD-Führer geschult und ausgebildet werden sollten. Innerhalb der Dienstträgerverbände lassen sich drei unterschiedliche Positionen erkennen. Die konfessionellen Verbände waren in der Regel für eine verbandsinterne Führerschulung. Jene Verbände, die auf eine stärkere Instutionalisierung des FAD und seinen Ausbau drängten, forderten auch aus Gründen der Vereinheitlichung eine staatliche Führerschulung. Für diese Lösung votierten auch die Vertreter der Volksbildungsbewegung, die sich zurecht davon eine stärkere Einbindung der Volkshochschulen und Heimvolkshochschulen in die Führerschulung erhofften. Für die Vertreter der Volkslagerbewegung schließlich waren Vereinheitlichung und Selbstverwaltung die entscheidenden Kriterien in der Führerfrage: „Die Schaffung einer einheitlichen Führerschicht aus dem Kreis der Träger der Bewegung selbst ist die wichtigste Vorstufe zu einer organischen Ausgestaltung des FAD. Der Grundsatz der Freiwilligkeit ist als konstitutives Element so lange wie möglich, jedenfalls aber bis zum vollendeten Aufbau dieser Führerschicht, aufrecht zu erhalten.“[1] Die Schulung sollte inhaltlich an den Erfahrungen der Arbeitslager der „jungen Generation“, der Grenzkunde und der Auslandsfahrten anknüpfen und „elastisch genug sein, um auch alle Organisationsmaßnahmen der Staatsführung (z. B. Wehrerziehung) in sich aufzunehmen.“ (ebda.) Als geeignete Lagerführer wurden nur jene akzeptiert, die sich „nach Gesinnung und Leistung“ dienend in der Bewegung bewährt hätten. Wollte man das in diesen Kreisen kultivierte Ideal eines Lagerführers bündig zusammenfassen, so müßte er verschiedene Eigenschaften vereinen: „etwas vom Soldaten, etwas vom Siedler, etwas vom Diakon, etwas vom Lehrer, etwas vom Jugendsekretär oder Verbandsführer.“ (Stratenwerth, 1932, S. 17)

Mit seinem Erlaß vom 5. 9. 1932 regelte Syrup schließlich die Rahmenbedingungen der staatlichen Führerschulung[2], wobei der Erlaß allerdings keine Auswahlkriterien für die Leiter der Führerschulungen an die Hand gab. Die inhaltliche Ausgestaltung der Kurse wurde den Bezirkskommissaren überlassen. Die zwischen 40 und 70 Teilnehmer starken Kurse dauerten etwa 6 Wochen und wurden in Volkshochschulheimen, Jugendherbergen etc. durchgeführt, in denen Unterkunfts- und Verpflegungsgelegenheit sowie Gemeinschaftsräume zur Verfügung standen. Die Kurse sollten als geschlossene Arbeitslager des FAD mit einer auf 3 bis 4 Stunden reduzierten Arbeitszeit absolviert werden. Die Eignung als Führer wurde nach erfolgreicher Teilnahme von den Bezirkskommissaren attestiert und die so Ausgebildeten wurden ohne Anrechnung der bisherigen Föderungszeit für weitere zwei Jahre gefördert und erhielten eine Führerzulage bis zu 30 RM pro Monat ausgezahlt. Die Verantwortung für Auswahl und Überwachung der Führer, für die die Altersgrenze 25 Jahre nicht galt, lag bei den Trägern des Dienstes. Doch sollten abgesehen von grundlegenden charakterlichen Qualitäten „stark ausgeprägter Gemeinschaftssinn, Kunst der Behandlung junger Menschen, Organisationsfähigkeit, praktische Begabung, körperliche Tüchtigkeit und geistige Aufgeschlossenheit die entscheidenden Voraussetzungen" (Syrup, 1932, S. 388) sein. Durch die einheitliche und systematische Führerschulung während des Winters 1932 sollten etwa 1500 Lagerführer nach einem Schulungsplan ausgebildet werden, der acht Sachbereiche umfaßte:

- Einführung in Sinn, Ziel und Struktur des AD.
- Einführung in die wirtschaftlichen und technischen Grundlagen.
- Grundzüge der Arbeitspsychologie.
- Techniken der Lagerverwaltung.
- Grundlagen der Lagerhygiene, Verhalten im Krankheitsfalle, Vorschriften der Sozialversicherung und des Arbeitsschutzes.
- „Pädagogische Grundsätze für die Lagerführung. Psychologie des Gruppenlebens. Stellung und Verhalten des Lagerführers. Weckung des Gemeinschaftsgeistes. Ausgeglichene Tagesgestaltung. Ordnungsübungen.
- Maßnahmen zur körperlichen Ertüchtigung. Leibesübungen, Sport, Geländeübungen, Wanderungen.
- Geistige Gestaltung der Freizeit. Aufgaben des Führers. Diskussionsabende und deren Leitung, Vorträge, Lichtbildervorführungen, Volksmusik, Spiele, Bücher usw."[3]

Nicht zuletzt war die Ausbildung einer nicht verbandsmäßig gebundenen Führerschicht, für verbandsinterne Führerschulungen gab es keine Beihilfen, für die Erfassung der zahlreichen nicht organisierten Jugendlichen gedacht, die meist durch die örtliche Gemeinde in offenen Lagern erfaßt wurden. Entsprechend forderte auch der Ministerialrat im preußischen Ministerium für Wissenschaft, Kunst und Volksbildung, Kurt Richter, eine verstärkte Heranziehung von Jugendpflegerinnen und -pfleger zu den Führerlehrgängen (Richter, 1933, S. 60). Die Grundsätze dieses Erlasses hatte Syrup schon auf einer großen Dienstträger-Tagung am 27. und 28. August 1932 in Berlin-Spandau skizziert und hier vor allem den Beifall der Vertreter der Volkslagerbewegung erhalten, die im Bewußtsein der Gefahr einer Bürokratisierung des Arbeitsdienstes forderten: „Alle Macht dem Reichskommissar!" (Locator, 1932c, S. 278)

Da die Einrichtung von Führerschulen den Bezirkskommissaren oblag, nahm die Ausgestaltung der Schulung in den einzelnen LAA-Bezirken unterschiedliche Gestalt an. Während in Schlesien je eine evangelische, katholische und sozialistische Heimvolkshochschule sowie das Boberhaus mit der Führerschulung beauftragt wurden, übernahm in Sachsen die Aufgabe zentral die Heimvolkshochschule Schloß Sachsenburg, in Ostpreußen und Westfalen wurden die Schulungslehrgänge in bestehende Lager integriert, in Pommern eine zentrale Führerschule in Grensingshof bei Stettin errichtet, an der im September/Oktober 1932 60 FAD-Führer ausgebildet wurden.[4] In Wrissenbergs Bericht über den ersten Führerkursus heißt es:

> „Alle Stände des deutschen Volkes sind in Grensingshof vertreten, vom Vikar bis zum Arbeiter. Man hatte zuerst versucht, einen demokratischen Ton durch die ganze Arbeit der Schule klingen zu lassen; aber die jungen zukünftigen Führer hatten die Unfruchtbarkeit des ‚demokratischen Systems' bald selbst erkannt und forderten von sich aus einen straffen militärischen Ton. Märsche und Wehrsport, Gruppenübungen und straffste Ordnung haben seitdem die Arbeit der Schule soweit gefördert, daß sie vom Reichskommissar als Mustereinrichtung anerkannt worden ist... Und hierbei ist das Interessante, daß neben den Angehörigen nationaler Verbände auch Sozialdemokraten in Grensingshof sich zu Arbeitsdienstführern ausbilden lassen und daß sich in der Idee und in der Arbeit alle zu einer echten Gemeinschaft zusammengefunden haben." (ebda.)

Eher militärischen Charakter hatte auch das Schulungslager des Bezirks Brandenburg unter dem späteren RAD-Führer Alfred Krüger (vgl. Kap. 2, Anm. 15) in Löwenberg, das zu Beschwerden der Dienstträger der dort geschulten Führer führte und Syrup in seinem Erlaß vom 18. 10. 1932[5] dazu veranlaßte, größere Sorgfalt bei der Auswahl der Schulungsleiter zu fordern. Immerhin konnte Krüger den in Löwenberg verwendeten Schulungsplan und seine Begründung in der einflußreichen reformpädagogischen Zeitschrift „Die Erziehung" vorstellen. Danach sei der sittliche Auftrag des Arbeitsdienstes das „Dienen um des Dienens willen" (Krüger, 1933, S. 517). Erst wenn „die sittlich-seelischen Kräfte des reinen Dienens am Staatsganzen im deutschen Menschen" (S. 516) verankert seien, könne der „physische Neuaufbau und die Erweiterung des deutschen Lebensraumes" (ebda.) gelingen.[6]

Auf dieses Ziel hin war auch der „staatspolitische Schulungsplan" ausgerichtet. Er basiert auf fünf Themenkreisen:

a) *Lebensraum und Arbeitsdienst:* Er behandelt die Stadt-Land-Problematik, die besondere Bedeutung der Bauern, die Siedlungsbewegung. Für die Jugendlichen gelte es zu erkennen, daß sie dem Gesetz des „Dienens für das Ganze verpflichtet sind, daß immer nur selbstlose Arbeit des ganzen Volkes in gemeinsamem nationalem Opferwillen Not überwindet und Freiheit erkämpft." (S. 519)

b) *Thematisierung der „deutschen Not":* Im Zentrum des Themenkreises steht das „Diktat von Versailles" mit seinen außen- und innenpolitischen Folgen. Sie gelten als Verursacher der deutschen Notsituation.

c) *Überwindung der Notsituation:* Sichtbarer Ausdruck der Notsituation sei die Aufspaltung des deutschen Volkes, hervorgerufen durch den „technischen und seelischen Amerikanismus“ (S. 520), der politische und ökonomische Partialinteressen zum Selbstzweck setzt. Dagegen sei „Arbeit als Dienstleistung an der Nation“ die Alternative. Beispielhaft müsse der Arbeitsdienst herausgestellt werden als „Besinnung auf die sittlich-seelischen Urkräfte des Volkstums, als Tat dienenden Opfertums für die Nation, als Überwindung der materialistischen und individualistisch-liberalen Lebensführung unserer Zeit und als Wegbereiter zu neuer Lebenshaltung, zu Volkwerdung, zu deutscher Kultur und deutscher Freiheit.“ (S. 520)

d) *Historische Vorbilder:* Behandlung historischer Volksbilder der Staatsidee und „sittlichen Erneuerung des deutschen Menschen.“

e) *Vorbildfunktion der Arbeitslager:* Darstellung der Arbeitslager als Abbild künftiger Volksordnung und Vorform des Staates, der nicht als Zweckverband oder Kollektiv erkannt werden müsse, „sondern als organisches Lebensganzes, das als Gesetz allen Gliedern übergeordnet ist.“ (S. 520)

Dieses Programm wurde in der zweiten Hälfte des Jahres 1932 entwickelt, zu einer Zeit also, da die Nationalsozialisten zum beherrschenden politischen Faktor geworden waren. Es konkretisiert staatsbürgerliche Führerausbildung im FAD als ein Programm etatistisch ausgerichteter Formationserziehung, das deutlich von den Mustern des völkisch-kulturkritischen Denkens dominiert ist und an das hohe Lied des Dienens und der Selbsthilfe appelliert. Innerhalb der Pluralität der Dienstträger mag es für das Verständnis von Führerausbildung nicht repräsentativ sein. Konsent dagegen war, daß der Erfolg des Arbeitsdienstes von der richtigen Auswahl der Führer abhängig sei, obwohl dieser Konsens an der Frage nach dem „idealen Arbeitsdienstführer“ schon an seine Grenzen stieß. Auch innerhalb der engeren sozialpädagogischen Diskussion wurde diese Frage unterschiedlich beantwortet – bei aller grundsätzlichen Übereinstimmung mit dem Dienst- und Selbsthilfegedanken. Neben dem interessensmotivierten Argument als FAD-Führer müßten primär „abgebaute Junglehrer aller Gattungen, pädagogische Studenten nach bestandener Prüfung, erwerbslose Sozial- und Wohlfahrtsbeamte, Jugendleiter und -pfleger, aber auch Männer und Frauen aller anderen Berufe aus der Praxis der Jugendvereine in Frage“ (Schomburg, 1932, Sp. 407) kommen, war man sich allerdings in einem Punkt einig: Das Arbeitslager stellt eine pädagogische Situation dar, die auf „Tiefenwirkung und Allseitigkeit“ angelegt ist und deshalb die Forderung: „Der Leiter stelle vor allem den pädagogischen Bezug her.“ (Schomburg, 1932, Sp. 404) Dies, so der durchaus traditionelle Lösungsvorschlag, hänge weitgehend von der Persönlichkeit des Führers ab. Dieser müsse in erster Linie pädagogisch wirken, „obwohl er so wenig wie möglich von Jugendpädagogik und derartigen Dingen redet. Denn der wirkliche Jugenderzieher ist der Mensch, der in seinem Handeln und seinem Leben das Beispiel selbst gibt.“ (Woldt, 1932, S. 238f.) Da „eine gewisse ethische Umwertung der Jugendlichen Voraussetzung für den Aufbau des FAD“ (Grüber, 1932, S. 236) ist, bedarf es „Männer, die eine Erfahrung auf dem Gebiet der Menschenführung“ (ebda.) haben. Auch für Hermann Jülich, Arbeitsamtsdirektor einer westdeutschen Großstadt, steht und fällt der Erfolg des FAD mit der Qualifikation des Lagerführers. Sein Qualifikationskatalog für Arbeitsdienstführer ist eine Gemengelage aus wünschbaren Charaktereigenschaften, personal gebundenen Kompetenzen und der Beherrschung von Techniken der Gruppenführung. Ausgehend vom Prinzip des Dienens und des Dienstes im FAD bleibt die Aufgabe des Lagerführers „durch sein Beispiel“ die Mannschaft „in Bestform“ zu bringen, und sozialisatorische Sekundärtugenden wie „Pünktlichkeit, Sauberkeit, Ordnung, Zuverlässigkeit und Pflichttreue“ sowie Kameradschaft durch mimetisches Verhalten und nicht durch Appelle wirksam in Szene zu setzen. (Jülich, 1932, S. 29f.) Das vordringliche Ziel sei es, den jungen Erwerbslosen das Gefühl zu nehmen, Fürsorgeempfänger zu sein. Stattdessen sei es Aufgabe der Lagerführer, sie zu überzeugen:

> „Mit der Fürsorge habe der AD nichts zu tun. Er sei eine harte und männliche Sache. Er schaffe für die arbeitslosen jungen Männer die Gelegenheit, sich einer lebenswichtigen Aufgabe hinzugeben und für die Zeit der Hingabe zwar einfach und streng, aber ohne Sorge leben zu können. Im AD würde jeder in eine Gemeinschaft hineingestellt, damit er sich in sie einfüge und in ihr behaupte. Ein Betreuen im üblichen Sinne gäbe es nicht. *Selbsthilfe sei die Parole.*“ (Jülich, 1932, S. 7; Hervorh.; P. D.)

In unmittelbarem Gegensatz zu den programmatischen Konzepten der Wehrverbände und der NSDAP fungiert in der sozialpädagogischen Literatur der ehemalige Offizier als Arbeitsdienstführer eher als Negativbeispiel. Die personenzentrierte Antwort der Sozialpädagogen auf die Führerfrage war abhängig von zwei Bedingungen: den „pädagogisch-methodischen Fähigkeiten“ und der „innere(n) Gesamthaltung“ (Niffka, 1932, S. 309) des Lagerführers. Die feinen Nuancen zwischen jenen Sozialpädagogen, die die Termini „Leiter“ und „Helfer“ benutzten und jenen, die mit dem Führerbegriff operierten, mögen andeuten, daß *das* Idealbild der Arbeitsdienstführers nicht existierte. Dennoch dürfte die Charakterisierung des Stadtpfarrers Dölker aus dem württembergischen Heimatwerk die Auffassung der meisten Sozialpädagogen und Volksbildner zur Führerpersönlichkeit im Arbeitsdienst widerspiegeln:

> „Der Lagerleiter muß eine durch und durch charaktervolle Persönlichkeit sein. Er muß mit großer Energie und persönlichem Mut viel Erzieherweisheit und kameradschaftlichen Sinn zu verbinden wissen. Bei aller notwendigen Distanzierung von der Lagermannschaft muß er doch selbst zu allem bereit sein und sich mit seiner ganzen Persönlichkeit in die Sache hineinstellen. Er muß eine gute Allgemeinbildung und dadurch eine gewisse geistige Überlegenheit besitzen. Aber es ist durchaus nicht notwendig, daß er alles selber weiß, er soll sich vielmehr, wie oben schon gesagt, insbesondere für die Ausfüllung der Freizeit und die Fortbildungsaufgabe seine Helfer heranziehen.“ (Dölker, 1932, S. 19)

Es liegt auf der Hand, daß solche Qualifikationsmerkmale zum Aufgabenfeld der Pädagogik zählen, für Lehrer gleicherweise wie für Sozialarbeiter und Jugendleiter zutreffen. Die primär in der Organisation des Gruppenlebens und der Gestaltung der Freizeit geforderten Qualifikationen entsprachen mit ihrer Mischung aus Führungsanspruch und Verstehensleistung dem zeitgenössischen Bild des modernen Pädagogen. Entsprechend wurden ab Spätsommer 1932 von einzelnen Verbänden „Junglehrer-Führerschulungslager" durchgeführt – etwa von dem katholischen „Werkkreis für Volkspädagogik und freiwilligen Arbeitsdienst" in Düsseldorf, der ein solches Lager vom 24. 10 bis 19. 11. 1932 in Altenberg/Rheinland durchführte oder der „Vereinigung für sozialpädagogische Junglehrerschulung", die in den Sommerferien 1932 in Hohndorf/Krs. Löwenberg ein Schulungslager abhielt. (Schlicker, 1968, S. 391)

Angesichts der hohen Arbeitslosenrate unter der Lehrerschaft konnte es nicht ausbleiben, daß auch Lehrerverbände sich des Themas Arbeitsdienst annahmen, um vor allem den Einsatz von Junglehrern für Führeraufgaben zu fordern. Der Junglehrerausschuß des Deutschen Lehrervereins (DLV) forderte beispielsweise, man müsse „dem jungen Lehrer die Bedeutung des Arbeitsdienstes für die Volkwerdung vor Augen führen" ... und ihn dazu führen, „die Grundlagen des nationalen Sozialismus und der völkischen Kultur selbständig zu durchdenken und zu erarbeiten." (Jahrbuch, 1933, S. 190f.) Unter der vom DLV propagierten „Ausweitung des pädagogischen Wirkungsfeldes für die Lehrerschaft" (ADLZ, Nr. 19, 1932, S. 346) wurde innerhalb der Junglehrerschaft für den Arbeitsdienst geworben. Dabei war die Lehrerarbeitslosigkeit nur ein Motiv; dem anderen lag ein weitverbreitetes ideologisches Muster zugrunde, das den Volkslehrer aus seiner engen schulischen Bindung lösen und zum Lehrer des Volkes machen wollte, der nicht nur die Trennung zwischen Hand- und Kopfarbeit beseitigt, sondern auch an der Herstellung „wahrer Volksgemeinschaft" engagiert ist. So sah der DLV im FAD nicht nur ein Instrument zur kurzfristigen Bekämpfung der Lehrerarbeitslosigkeit, sondern ähnlich wie in der Volksbildungs- und Volkslagerbewegung wurde der Arbeitsdienst als eine neue „volkspolitische und volkspädagogische" Herausforderung an die Pädagogik verstanden. Daß auch der NSLB unter den Junglehrern für deren Einsatz im Arbeitsdienst warb, versteht sich fast von selbst. (vgl. Hoffmann, 1980) In der Logik dieser Propaganda lag, daß Theodor Wilhelm 1934 schreiben konnte: „In der nationalsozialistischen Schule hat kein Lehrer etwas zu suchen, der seinen pädagogischen Anspruch lediglich auf ein wissenschaftliches Examen gründet. Er muß durch das Feuer des Mannschaftslagers und des Arbeitsdienstes gegangen sein." (Wilhelm, 1934, S. 54)

Die dezentrale Struktur der Führerschulung und die relative Offenheit der in der VO vom 5. 9. 1932 skizzierten Aufgaben der Führerausbildung erlaubten den Schulen unterschiedliche Schwerpunktsetzungen. Während beispielsweise die Ausbildung im Boberhaus eng an das Leitbild des Volkslagers in der Tradition der Lager von 1928 bis 1930 angelegt war, dominierten die Stahlhelm- und NSDAP-Führerschulung in Stil und Inhalt wehrsportliche Elemente. Über den ersten ostpreußischen Lagerführerlehrgang vom 14. 11. bis 19. 12. 1932 in einem leerstehenden Kasernengebäude bei Lyck, an dem Mitglieder des Stahlhelm, des Jungdo, des Reichsbanners, der Technischen Nothilfe und kirchlicher Organisationen teilnahmen berichtet Raether:

„Der Dienstbetrieb bestand aus Frühsport, Ordnungsdienst –, eine kurze Zeit auch Wegebau (dann wegen starkem Frost eingestellt) und nachmittags Unterricht in Form von Vorträgen von Herren aus der Verwaltung, Technik, Wirtschaft und anderen Sparten... Dieser erste Lehrgang... hatte jedem von uns gezeigt, daß von seiten des Staates endlich etwas getan wurde, etwas ganz Neues –, und jeder Teilnehmer fühlte, daß auch für ihn eine neue Aufgabe, vielleicht als Beruf in Aussicht war." (BA ZSg 145/6 – Bericht Raether)

Von anderen ostpreußischen FAD-Führern liegen ähnlich Schulungserfahrungen vor; sie berichten in erster Linie von der „soldatischen Schulung" und den primitiven Verhältnissen in den ehemaligen Kasernen und einem Entscheinungsbild, das einen „wilden, abenteuerlichen Haufen eher gleichkam als einer ordentlichen disziplinierten Einheit."[7] Eine reichsweite einheitliche Führerschulung und einheitliche Uniformierung gelang erst dem NS-Arbeitsdienst, der im Sinne der Formationserziehung einen neuen Beruf etablierte, den des Arbeitsdienstführers.

Zugelassen zur NS-Führerschulung wurden in erster Linie „alte Kämpfer" der NS-Bewegung und nationalsozialistisch eingestellte Personen. Sie wurden an den zentral gesteuerten Führerschulen und Lehrabteilungen qualifiziert. Die eigens eingerichteten Lehrabteilungen dienten der Schulung der Unterführer, die Bezirksschulen jener der Führer bis zum Abteilungsführer. An der zunächst in Spandau, später in Potsdam errichteten „Reichsschule für den Deutschen Arbeitsdienst" wurden die höheren Führer geschult.[8] Den engen Zusammenhang zwischen Führerschulung und Erziehung in der nationalsozialistischen Arbeitsdienstkonzeption dokumentiert die Tatsache, daß dem Inspekteur der Führerschulen im NS-Arbeitsdienst, Will Decker, auch die Leitung der Abteilung Unterrichtswesen übertragen wurde. Herbert Erb, Oberstfeldmeister in der Reichsleitung des Arbeitsdienstes 1933, begründete diesen Zusammenhang wie folgt:

„Führerschulung und Erziehung der Arbeitsdienstwilligen in der Front greifen eng ineinander über. Das Unterrichtswesen hat daher im nationalsozialistischen Arbeitsdienst eine scharfe Betonung erfahren, in ihm ist der staatspolitische Unterricht das geistige Rückgrat... Ziel des Unterrichts wurde nicht Vielwisserei oder gar hohe Politik und Philosophie, es hieß vielmehr: lehrt unsere Kameraden deutsch fühlen und nationalsozialistisch denken. Beseitigt liberalistisches und marxistisches Gedankengut und führt eure jungen Kameraden über die Grundgesetze deutschen Wesens zur Weltanschauung des nationalen Sozialismus, auf das wir den Nachwuchs unserer Nation in allen großen, politischen Fragen zu einheitlichem Denken und – Handeln erziehen." (Erb, 1934, S. 53)

Letztliches Ziel der NS-Führerschulung und des Unterrichtswesens blieb die „Neuformung des Deutschen zum nationalen Sozialisten" (Erb).

Für Surén blieb die „neue Jugenderziehung" im Arbeitsdienst ein Problem der „Massenerziehung", einer Erziehung „zu Kraft und Charakter – also zum arischen Rassegut – durch Arbeit und Leibeszucht", die vertieft wird durch den „unentbehrlichen staatspolitischen und nationalsozialistisch eingestellten geschichtlichen Unterricht." (Surén, 1934, S. 146) Unter Berufung auf Surén arbeitet auch Hußmann die neuen Erziehungsformen des Arbeitsdienstes im

Dritten Reich heraus und bindet sie mit Rückgriff auf Ernst Krieck an die „Neuformierung der Nation" als eine „Ganzheits- und Gestalterziehung. Die Erkenntnis, daß nicht Bruchstücke und Teilwissen, daß überhaupt nicht Wissen, sondern Können und Haltung und eine innere und äußere Ausprägung des Menschen zu einem bestimmten Typus vermittelt werden sollen, geht von einem anderen Erziehungsprinzip aus, als wir es in der Schulerziehung vor uns haben." (Hußmann, 1935, S. 88f.) Wie in allen anderen nach 1933 erschienenen Dissertationen, die sich der erziehungspolitischen Problematik des Arbeitsdienstes widmeten, vollzieht auch Hußmann den Wandel von der Aufgabenorientierung zur Funktionsbestimmung. Dabei blieb das Verhältnis der Unterrichtsplaner in der Reichsleitung des NS-Arbeitsdienstes zum Fundus des pädagogischen Wissens ambivalent. Einerseits distanzierten sich die Formationserzieher im Arbeitsdienst von der akademischen Pädagogik und ihren Problemen vor 1933. Denn diese leiteten „ihre Scheindeutung nur zu oft aus ‚intellektuellen Spitzfindigkeiten' und ‚kurzlebigen Tagesweisheiten'" her, wie der Sachbearbeiter für Unterricht bei der Reichsleitung des Arbeitsdienstes, Hermann Kretzschmann (1934, S. 5) schrieb. Sie sei deshalb ungeeignet für den staatspolitischen Unterricht, der im Arbeitsdienst den „neuen Menschentyp des 20. Jahrhunderts" (ebda.) formen soll. Andererseits blieben die organisatorischen und methodischen Unterrichtsvorschläge, wie etwa Vortragstechniken, Einsatz von Bildmaterialien, Stundeneinteilung, Einsatz von Medien und Hinweise auf die Gestaltung der Freizeit, durchaus im Rahmen der Typik pädagogischen Denkens und des Wissens, um die Organisation von Unterrichtsprozessen. Einerseits galt die Führerfrage[9] als personenbezogene Kompetenzfrage, andererseits wurde sie in eine lehrbare Struktur von Fertigkeiten, Gesinnungen und Handlungsmustern gebracht. Ähnlich wie in der HJ-Erziehung sollte auch im NS-Arbeitsdienst durch entsprechende Erziehungs- und Unterrichtsgestaltung ein Gegengewicht zur Schulerziehung geschaffen werden. Hußmann kann diese „der Schulerziehung entgegengesetzte Erziehung" mit Sprangers Kritik an der „Verschulung Deutschlands" legitimieren (Hußmann, 1935, S. 90). Erziehung durch Unterricht und die Vorbildfunktion der Führer gelten auch für Hußmann als die Garanten eines wirkungseffektiven nationalsozialistischen Arbeitsdienstes.

7.4. Funktion und Selbstzuschreibungen der Pädagogik im FAD

Innerhalb der pädagogischen Geschichtsschreibung gibt es eine Diskussionstradition, die sich an dem Begriffspaar „Individualerziehung" vs. „Kollektiverziehung" ausgebildet hat. Danach wird der geisteswissenschaftlichen Pädagogik der Zwischenkriegszeit gemeinhin die Leistung zugesprochen, theoretisch die Individualerziehung begründet zu haben, während Theorien und Theoretiker einer Kollektiverziehung in den Verdacht gestellt werden, einer „Unpädagogik" das Wort zu reden. In ihren Konzeptionen stehe nicht das Individuum und sein Recht auf Erziehung und die optimale Entfaltung seiner Entwicklungsmöglichkeiten im Zentrum, sondern politische und gesellschaftliche Interessen. Nicht Erziehung, sondern Verführung sei das geeignete Stichwort, nicht Helfen, sondern Formierung. Bei den Vertretern der Kollektiverziehung fehle das spezifisch Pädagogische, der „pädagogische Bezug und mit ihm die ganze subjektive Pädagogik" wie Nohl im Nachwort zur 2. Auflage der „Pädagogischen Bewegung in Deutschland" (1935) schrieb.

Dennoch existiert diese Trennung als Alternative auch im Bewußtsein Nohls nicht in dieser Form. Denn an gleicher Stelle kann Nohl in Anlehnung an die Differenz der pädagogischen Betrachtungsweisen bei Sokrates und Platon von zwei Formen der Pädagogik, der Individualpädagogik und der Staatspädagogik sprechen ebenso wie von zwei Wegen, „ein Volk zu gestalten: die Politik und die Pädagogik." (Nohl, 1949b, S. 228) Im Nohlschen Verständnis wurden nach 1933 nicht die Strukturgesetze der Erziehung (z. B. päd. Autonomie) außer Kraft gesetzt, sondern ihre Bedeutung habe sich in Richtung einer Nationalerziehung gewandelt. Vor diesem Hintergrund konnte Nohl – bei aller persönlichen Distanz zum NS-Regime – schreiben: „Jedenfalls hat der nationalsozialistische Staat die Überzeugung der pädagogischen Bewegung hinter sich, wenn er hier radikal zugreift und die Ganzheit oberhalb aller dieser (von Nohl skizzierten, P.D.) Gegensätze herausarbeitet." (Nohl, 1949b, S. 227) Hier wird ein Verständnis von pädagogischer Aufgabenstellung akzentuiert, das keineswegs erst 1933, sozusagen als Anpassungsleistung, propagiert wird. Es findet sich vielmehr schon in den zahlreichen Selbstdeutungen, mit denen Pädagogen ihre Aufgabe im FAD legitimierten. In ihnen wird deutlich, *daß das Verhältnis von Individual- und Kollektiverziehung komplementär und nicht ausschießend bestimmt werden muß.*[1] In der geisteswissenschaftlichen Pädagogik, in der zeitgenössischen Volksbildungsbewegung und Sozialpädagogik sind beide Momente systematisch bedingt, wobei der nationalpädagogische Pol innerhalb der FAD-Diskussion unter dem Terminus „Dienst" deutlich dominiert.

Untersucht man die pädagogische FAD-Literatur nach Schlüsselbegriffen, die für die Erziehungspraxis in den Arbeitslagern zielorientiert und für die Aufgabenstellung der Pädagogen anleitend sein sollten, so stößt man auf wenige, immer wiederkehrende Leitideen. Es handelt sich zum einen um globale Zielorientierungen für den FAD, zum anderen um Leitbegriffe für die inhaltliche Akzentuierung der Lagerpraxis, allerdings auf so allgemeinem Niveau, daß aus ihnen unmittelbar keine methodisch-didaktischen Schlußfolgerungen deduziert werden konnten. Die einzelnen Leit- und Zielbegriffe sind dabei generell nicht um die Situation des einzelnen arbeitslosen Jugendlichen und nur zum Teil um das Prinzip der Hilfe oder Selbsthilfe gruppiert. In der Regel erscheint die Jugendsituation allgemein als problematisch und Jugend in der Krise sui generis als gefährdet. Dabei wird das Bild der verwahrlosten und politisch radikalisierten Jugend speziell zur Beschreibung der proletarischen Großstadtjugend bemüht. Der Blickwinkel, aus dem der FAD pädagogisch legitimiert wird, ist der der Gemeinschaft, die in ihren Grundlagen als bedroht erscheint, deren Situation es erfordert, daß Arbeitstugenden und Charakterbildung in und durch den Arbeitsdienst vermittelt werden. Kurz: die Notwendigkeit und die pädagogische Gestaltung des FAD werden nicht „individualpädagogisch", sondern „nationalpädagogisch" begründet. Im Vordergrund stehen dabei die Leitbegriffe des „Dienstes" und des „Dienens", die beide in spezifischer Weise den Opfergedanken mit Pädagogik verbinden. Lebensphilosophisch begründet hatte diese Verbindung 1930 Eduard Spranger in einer Rede zur Reichsgründungsfeier der Friedrich-Wilhelm-Universität Berlin mit der Unterscheidung zwischen Wohlfahrtsethik und Opferethik, in der „Wohlfahrt und Opfer, Zukunftsdeutung und politisches Wagnis" als „zwei ewige Fragen" skizziert werden (Spranger, 1930, S. 387) Die Gedanken des Opfers und des Dienens, die dem „Leben dienen" wollen, die Spranger damals an seine Studenten richtete, sind von der gleichen Qualität, mit der die Pädagogen den FAD als Dienst an der Gemeinschaft oder als Sieg der Idee des Dienens überhöhten.

Obwohl innerhalb der pädagogischen Zunft von einer einheitlichen Konzeption in der Arbeitsdienstfrage keine Rede sein kann, unterschiedliche Gewichtungen je nach Autor und seiner politisch-pädagogischen Verortung vorgenommen werden, in einem Punkte herrscht Konsens: Die Pädagogen fühlen sich zuständig für die Schlichtung weltanschaulicher Gegensätze, wissen sich einig in der Verantwortung für das „Ganze". Als Kriterium für den pädagogischen Erfolg eines Arbeitslagers gilt zeitgenössisch das friedliche Zusammenleben junger Sozialdemokraten und Kommunisten mit jungen Nationalsozialisten.[2]

Für Hanna Link stellten sich den Pädagogen im FAD drei Aufgaben, nämlich trotz aller politischer und weltanschaulicher Differenzen das „menschlich Gemeinsame hoch(zu)halten", die „Gestaltung der Beziehungen zwischen den Geschlechtern" zu regeln und bei den Jugendlichen „die Gemeinsamkeit des Wollens herauszubilden." (Link, 1932, Sp. 1039f.) Auch für sie ist die „glaubwürdige und ausdruckskräftige Persönlichkeit des Leiters" eine Grundbedingung des pädagogischen Erfolges des Arbeitsdienstes.

Theodor Steltzer, Landrat und Mitbegründer des Heimatwerkes Schleswig-Holstein, kann als Vertreter jener Richtung gelten, die aus „pädagogisch-menschlichen" Gründen die Erziehungsarbeit im FAD über den Dienstgedanken legitimierten. Er plädierte dafür, den Arbeitsdienst zu einer „Volksdienstorganisation der Gesamtjugend" auszubauen und ihn mit einem freiwilligen Siedlungsvolksdienst zu koordinieren. Primäre Aufgabe der

> Pädagogik sei es, die jungen Erwerbslosen aus der „Hoffnungslosigkeit ihres Daseins herauszureißen, sie aufzulockern, ihre Gedanken von ihrem persönlichen Schicksal auf das Ganze abzulenken und sie für einen späteren Einsatz im Dienste des Volkes bereit zu machen. Hier erwächst eine große Erziehungsaufgabe, bei der man endlich das schreckliche Wort Erwachsenenbildung aufgeben und von echter Volksbildungsarbeit sprechen kann." (Steltzer, 1932, S. 516)

Ähnlich wie Steltzer sah auch Gerhard Schie einen engen Zusammenhang zwischen FAD und Siedlungsbewegung und in beiden ein breites sozialpädagogisches Aufgabenfeld. Deshalb fordert er den Aufbau von (Sch)ul-(G)ütern, deren Absolventen die künftigen Träger der Siedlungsbewegung sein sollten. Neben der praktischen landwirtschaftlichen Ausbildung, müßten diese auch pädagogisch und kulturell qualifiziert werden, um notwendige Bildungs- und Kulturarbeit im ländlichen Bereich zu leisten. Aber „das Wichtigste bei allem ist die charakterliche Schulung der Menschen, die sich für ein Leben vorbereiten sollen, das von ihrem bisherigen so verschieden ist; diese muß aber erlebnismäßig begründet sein, muß aus der Bejahung der Gruppe, in der man steht, erfolgen. Deshalb muß der ganze Lebensrhythmus in den Sch G so geformt werden, daß von ihm bindende Kraft ausgeht, die imstande ist, Wertgefühle in den Menschen zu erzeugen. Hier liegt die Hauptaufgabe der in diesen Betrieben tätigen Soz. Päd." (Schie, 1932, S. 371)

Aus sozialpädagogischer Sicht wird der Dienstgedanke überraschenderweise gerade von Curt Bondy legitimiert. Bondy ging dabei von der Prämisse aus, „daß der Staat grundsätzlich das Recht hat, den jungen Bürger zum Pflichtdienst heranzuziehen: zum Arbeitsdienst als Friedensaufgabe, zum Wehrdienst als Kriegsaufgabe." (Bondy, 1933, S. 394) Da allerdings die innere Zustimmung zur Arbeitsdienstpflicht bei der proletarischen Jugend fehle, plädierte er eindeutig für das Freiwilligkeitsprinzip. Wie praktisch alle Pädagogen setzt auch Bondy auf das Erlebnis als pädagogisch wirksamstes Mittel, den Dienstgedanken Jugendlicher zu verinnerlichen. (vgl. auch Ruth, 1932)

Wie der Dienstgedanke im konkreten Tagesablauf umgesetzt werden sollte, hat Theodor Bäuerle, damals auch Leiter des Heimatwerkes Württemberg, mehrfach beschrieben. Für ihn ist die Jugendphase zwischen 18 und 25 Jahre die eigentlich formative Phase, in der langfristige pädagogische Wirkungen erzielt werden können. Die entscheidenden Mittel seien Arbeit und an erster Stelle Kameradschaft. (Bäuerle, 1932b, S. 406) Sinnstiftung ist das eigentliche Ziel der Pädagogen im Arbeitsdienst. In Bäuerles Konzeption werden Ziel und Mittel durch die Organisation des Tagesablaufs koordiniert. Aufgabe des Pädagogen sei es, den Jugendlichen durch die Lager den Alltag strukturieren zu helfen, Arbeit und Freizeit sinnvoll abzustimmen und zu gestalten, um ihnen so eine „Sinnerfüllung des Lebens" zu geben, die über die Lagerzeit hinaus wirken könne. (Bäuerle, 1932b, S. 409f.) Neben der Arbeit in einem „sinnvollen Tageszusammenhang" wirke das Kameradschaftserlebnis sozialisierend im Hinblick auf die Stärkung des Gedankens der sozialen Verpflichtung des Einzelnen. (Bäuerle, 1932a, S. 251)

Das Kameradschaftserlebnis, die Bindung und der Abbau „der erzwungenen Individualisierung des arbeitsentbundenen Menschen" definierte Oskar Hammelsbeck, Leiter der VHS-Saarbrücken, als pädagogische Zielperspektive der FAD-Lager. Die Orientierung auf „elementare Gemeinschaft und Gemeinsamkeit" (Hammelsbeck, 1933, S. 177) sei das Ziel der pädagogischen Betreuung. Denn die Rückgewinnung der Gemeinschaft als ursprüngliche Form von Sozialbeziehung, die im Begriff der Arbeitskameradschaft ihren Niederschlag finde, sei der einzige Ausweg aus der Kulturkrise. So bleibt für die pädagogische Profession nach Hammelsbeck nur eine bedeutsame Erfahrung in ihrer Arbeit zu machen: „die Erfahrung, daß wir am Ende sind mit aller Kunst, ‚gebildete' Menschen zu produzieren. Wir müssen ganz Ernst damit machen, daß der Mensch an den Anfang zurück muß, an die Urzeugung des Seelischen, von dessen Kraft aus erst wirksam wird, was Bildung, Geist und Kultur heißen kann." (S. 176) Elementare Erfahrungen zu pflegen und „verläßliche Bindekraft" über das Kameradschaftserlebnis zu entwickeln sowie die „natürlichen Formen des Erzieherischen" (S. 178) wirksam werden zu lassen, darin sieht Hammelsbeck die pädagogische Betreuungsfunktion der Arbeitslager. Da Gemeinschaft als jugendgemäße Sozialform gilt, kann Hammelsbeck den Kampf um den Arbeitsdienst als Kampf um das „Lebensrecht der jungen Generation" interpretieren, ein Kampf, in dem die Erzieher auf der Seite der Jugend zu stehen haben.

Ähnlich wie die bislang zitierten Autoren sehen auch Eduard Weitsch (1932) und Fritz Laack den Erfolg des FAD abhängig vom Primat pädagogischer Interventionen. Speziell von den Vertretern der Volksbildungsbewegung wurde die Funktion der Pädagogik im FAD über die „nationalpädagogische Grundlage und Zielsetzung des Dienstgedankens und seiner Durchführung" (Laack, 1932a, S. 246) begründet. Innerhalb der Deutschen Schule für Volksforschung und Erwachsenenbildung wurde der Zusammenhang von Siedlungs- und Arbeitsdienstbewegung intensiv diskutiert und zur zentralen Aufgabe der Volksbildungsbewegung erklärt (Laack, 1932b). Speziell Fritz Laack, bis 1933 Geschäftsführer und Sekretär der „Deutschen Schule", erklärte immer wieder die herausragende nationalpädagogische Bedeutung der Arbeitsdienst- und Siedlungsbewegung. Gegen die Gefahr der Konfessionalisierung[3] und Politisierung des FAD setzte er die „nationalpolitische Aufgabe" der Volksbildung: „Volk und Staat von Grund auf zu erneuern und die Volkskraft zu erhalten, die durch das ungeistige, entsittlichende wirtschaftlich-politische Chaos unserer Tage vernichtet zu werden droht." (Laack, 1932c, S. 433) Der Rosenstockschen Lagerpädagogik nahestehend, forderte er, eine „systematische Schulungs- und Bildungsarbeit", „die nicht nur auf wissensmäßiger Basis aufbaut, sondern eine Charakterschulung ist und zur lehrmäßigen Grundlage eine Gegenwartskunde von Volks- und Staatsleben hat. Damit tritt die pädagogische Arbeit als gleichberechtigte neben die Handarbeit und schafft unmittelbar Lebenshilfe." (Laack, 1932a, S. 246f.)

Lebenshilfe war auch ein Stichwort unter dem die eher sozialpädagogisch motivierten Autoren die Funktion der Pädagogik im FAD legitimierten. Im Unterschied zu den Vertretern der Volksbildungsbewegung fiel ihre Argumentation weniger emphatisch aus und skeptisch gegenüber überzogenen Wirkungsannahmen pädagogischer Interventionen. „Aber täuschen wir uns nicht! Die Wirkung ist nur von kurzer Dauer", schrieb Schomburg über seine FAD-Erfahrungen (Schomburg, 1932, Sp. 404). Auch verzichten sie weitgehend auf die politisch-ideologische Semantik nationalpädagogischer Coleur. Schomburg z. B. sieht die pädagogische Zielsetzung in der Weckung der „Lebensfreude, (des) Arbeitswillens und (der) sozialen Verantwortung." (ebda.)

Für ihn blieb die eher individualpädagogische Sichtweise, nämlich den Schutz des Einzelnen vor Verwahrlosung bestimmend.

Trotz aller graduell unterschiedlicher Akzentuierung pädagogischer Zielsetzungen zwischen Sozialpädagogik und Volksbildungsbewegung war man sich in der Überzeugung einig, daß der FAD zu wenig pädagogisch gestaltet sei. Entsprechende Forderungen nach verstärktem Einfluß der Profession durchziehen die Literatur als roter Faden. Selbstkritisch merkt der Jugendfürsorger Karl Ruth an, Fürsorge und akademische Pädagogik hätten bezüglich des FAD „eine Politik der verpaßten Gelegenheit betrieben." (Ruth, 1932, S. 237) Bei rechtzeitigem Einsatz hätte die Jugendfürsorge „die ganz neue Einrichtung aus dem politischen Streit herausheben und ihre pädagogischen und fürsorgerischen Funktionen betonen können." (ebda.) Die Kritik verweist nochmals auf den latenten Konflikt zwischen Jugendpflege und Arbeitsamtmaßnahmen hin, der am stärksten sich an der Arbeit des Notwerks entzündet hatte. Letztlich verstand die zeitgenössische Pädagogik sich als jene Instanz, deren Funktion in der Überwindung der Folgen der ökonomischen Krise und der Überwindung der Klassenauseinandersetzungen im Namen des Volkes bestand.

7.5. Der weibliche Arbeitsdienst

Die öffentliche Diskussion um den Arbeitsdienst war in der zeitgenössischen Literatur von geschlechtsspezifischen Differenzierungen dominiert. Allgemein galt die Arbeitslosigkeit unter der weiblichen Jugend in den Augen der männlichen Kommentatoren und Aktivisten der Arbeitsdienstbewegung als minder schwer. Allenfalls entzündete sich die Diskussion um die Frage der weiblichen Prostitution in den Großstädten. Im Übrigen war man sich weitgehend einig, daß die „Not der männlichen Jugend (sich) viel unheilvoller auswirkt als die der weiblichen Arbeitslosen." (Nolde, 1931, S. 92) Immerhin versah die Schriftleitung der Zeitschrift „Arbeit und Beruf" diese Passage mit einem Fragezeichen. Es verwundert deshalb nicht, daß die Diskussionen um eine weibliche Dienstpflicht (vgl. Kap. 4.1.) von Frauen geführt wurden. Zwar nahmen auch junge Frauen an den Volkslagern der Schlesischen Jungmannschaft teil, doch war die Einführung des FAD zunächst an die männliche Jugend adressiert. Die Forderung nach stärkerer Berücksichtigung eines weiblichen FAD kam keineswegs nur von den Rechtsverbänden und der NSDAP, für die Hierl stets das Argument parat hatte, so wie es keine Schulpflicht nur für die männliche Jugend gäbe, so könne auch die weibliche Jugend nicht von der Arbeitsdienstpflicht ausgenommen werden. Vielmehr wurde sie von Vertreterinnen der bürgerlichen Frauenbewegung propagiert, die trotz unterschiedlicher Differenzen im Detail sich einig waren in der Einschätzung, einen sozialpädagogisch orientierten, frauenspezifischen Arbeitsdienst zu entwickeln.

Entsprechend kritisierte Elisabeth Bamberger die Politik der Reichsanstalt, die einseitig auf die materielle Not der männlichen Jugend ihre Maßnahmen abstelle. So weise der vom Reichskommissar mit Schreiben vom 3. 9. 1932 definierte Begriff der „wirtschaftlich wertvollen Arbeiten" Arbeitsformen auf, die von jungen Mädchen nie verlangt werden könnten. Auch sei die Politik der geschlossenen Lager für die weibliche Jugend nicht durchführbar. Stattdessen müsse man Arbeiten und ethische Grundlagen des FAD „dem Interessenkreis und der Psyche der weiblichen Jugend anpassen ... ebenso wie die Auswahl und Schulung der Führer." (Bamberger, 1932, S. 334)

Ähnliche Argumente lagen auch einer Denkschrift zugrunde, die Teilnehmerinnen eines Internationalen Kongresses für soziale Arbeit in Frankfurt im Sommer 1932 unter Verantwortung des Deutschen Archivs für Jugendwohlfahrt und der Deutschen Akademie für soziale und pädagogische Frauenarbeit formuliert hatten.[1] Danach sollte der Arbeitsdienst zwei Ziele verfolgen: Arbeiten, die „Dienst an der Gesamtheit" sind, müssen im Vordergrund stehen und zugleich soll die Arbeit Schulung sein und „Ergänzung der Bildung, sei es nach der hauswirtschaftlichen oder beruflichen Seite, oder Vorbereitungsdienst auf die Siedlung." Auch hier wird die Anbindung des FAD an pädagogische Institutionen wie Volkshochschulen und Jugendherbergen gefordert und für die Großstadt das offene Heim oder das Tagesheim favorisiert. Die bevorzugten Arbeitstätigkeiten entsprechen dabei dem traditionellen Frauenbild; sie konzentrieren sich in der Stadt auf soziale Hilfstätigkeiten, auf Küchen- und Wirtschaftstätigkeiten in männlichen Lagern, auf deren Versorgung mit Wäsche und Kleidung sowie auf gärtnerische und kleinwirtschaftliche Hilfsarbeiten. Eine ähnliche Aufgabenorientierung ergeben die Vorschläge für den Arbeitsdienst auf dem Lande. Bekräftigt wurden diese programmatischen Vorschläge durch Margarete Ehlert, Direktorin der Reichsanstalt, die in einem Beitrag vom November 1932 kritisierte, daß „nach dem Stand der heutigen Erfahrung der Gegenstand des weiblichen Arbeitsdienstes von äußerlich bescheidener Prägung" sei (Ehlert, 1932, S. 481). Sie lehnte den Lagerbegriff als den Frauen „wesensfremd" ab. Die geeignete Form des Arbeitsdienstes der weiblichen Jugend sei die des Heimes, die den Mädchen die tägliche Rückkehr in die Familie ermögliche. Sie könne zu einer „Bewährung des Dienstgedankens genutzt werden." (Ehlert, 1932, S. 482)

Auch für Gertrud Bäumer blieb das Werkheim der Idealtypus des weiblichen Arbeitsdienstes. (Bäumer, 1933, S. 18) Obwohl auch sie einräumte, Mädchen seien für geschlossene Maßnahmen schwerer zu gewinnen als männliche Jugendliche, schien ihr der dem Oikos-Gedanken nachempfundene Typus des Werkheims wegen der intensiven Sozialkontakte der geeignete. „Das Werkheim bietet die Möglichkeit der Gemeinschaftsschulung sowohl durch die Gestaltung des Internatslebens selbst wie auch durch den Nachbarschaftsdienst." (ebda.)[2]

Mit seiner Verordnung vom 10. 11. 1932 zum FAD der weiblichen Jugend (RABl. I, 1932, S. 256ff.) reagierte der Reichskommissar auf die zunehmende Kritik und räumte ein, daß der Dienst „für junge arbeitslose Mädchen gewisse Besonderheiten" aufweise. Die VO konkretisierte im wesentlichen die Arbeitsmöglichkeiten für die weibliche Jugend und stellte fest:

> „Wenn sich für die jungen Männer die Bearbeitung des Bodens zum Hauptgegenstand des freiwilligen Arbeitsdienstes entwickelt hat, so erscheinen ‚Dienstleistungen für Hilfsbedürftige' nach dem gegenwärtigen Stand der Erfahrung als der besondere Inhalt des Arbeitsdienstes der Frau. Es handelt sich vor allem um das Erhalten und Pflegen von Sachgütern, das Umwandeln alter Gegenstände für neuen Gebrauch und um hauswirtschaftliche Leistungen für Dienstwillige oder Notleidende."

Dennoch war der weibliche FAD eher randständig. Obwohl im Januar 1933 1127514 Frauen arbeitslos gemeldet waren, betrug der Anteil der FAD-Maßnahmen für die weibliche Jugend 1932 nur 4,4%. (Marawske-Birkner, 1942, S. 192)[3] In dem Bezirk mit der höchsten Jugendarbeitslosigkeit, dem Rheinland, befanden sich im September 1932 unter den 291 genehmigten Maßnahmen 59 für die weibliche Jugend. (Büttner, 1933, S. 14) Trotz aller Anstrengungen blieb der FAD für die weibliche Jugend eher eine marginale Größe. Am 31. 8. 1933 waren nur 10111 junge Frauen im FAD beschäftigt, im Januar 1934 waren es nur noch 7341. Auch die nationalsozialistische Politik der Formierung und Zentralisierung des Arbeitsdienstes zeichnete sich durch Desinteresse und Konzeptionslosigkeit gegenüber einem eigenständigen weiblichen Arbeitsdienst aus. Zwar verfügte Hierl am 14. 6. 1933 die Auflösung aller offenen Maßnahmen und die Beendigung der geschlossenen weiblichen Lager zum 30. 9. 1933, ohne damit seine ehrgeizigen Pläne im Sinne einer organisatorisch eigenständigen Arbeitsdienstpflicht forcieren zu können. Im ersten Schritt wurden lediglich die bisherigen Träger des Dienstes ausgeschaltet. Dies waren vornehmlich die Kommunen, der Caritas-Verband, evangelische Mädchenheime, der Bund deutscher Bibelkreise (Kallsperger, 1939, S. 25) sowie diverse Frauenorganisationen bis hin zum Bund Königin Luise des Stahlhelm. Im August 1933 übernahm die neugegründete Deutsche Frauenfront die alleinige Dienstträgerschaft, wurde jedoch schon im Herbst 1933 in das Deutsche Frauenwerk eingegliedert. Der gerade vollzogene organisatorische Wechsel von den 13 Arbeitsamtbezirken zu den 30 Arbeitsgauen mußte wieder aufgehoben werden. Ein Schrumpfungsprozeß der Teilnehmerzahlen war die Folge des organisatorischen Wirrwarrs, das vorerst mit dem Erlaß vom 19. 12. 1933 endete. Er sah ab 1. 1. 1934 eine Neuregelung des weiblichen Arbeitsdienstes vor. Unter dem Namen Deutscher Frauenarbeitsdienst wurde er unter Führung von Gertrud Scholtz-Klink formell aus dem allgemeinen Arbeitsdienst herausgelöst. Allerdings blieb die Verantwortlichkeit und Kontrolle über den Frauenarbeitsdienst in den Händen Seldtes und Hierls. Dieser ernannte als Vertreter der Reichsleitung des Arbeitsdienstes Leo von Funcke zu seinem bevollmächtigten Vertreter in allen Angelegenheiten des Deutschen Frauenarbeitsdienstes. (Marawske-Birkner, 1942, S. 217) Bis zur Einführung des Nationalsozialistischen Arbeitsdienstes im Frühjahr 1934 übernahm auch hier der Reichsverband Deutscher Arbeitsdienstvereine e. V. die alleinige Dienstträgerschaft. Scholtz-Klink wurde Angestellte des Verbandes und war damit unmittelbar seinem Vorsitzenden Hierl unterstellt. Am 1. 4. 1936 wurde der DFAD aufgelöst, unter der Bezeichnung Arbeitsdienst für die weibliche Jugend (ADwJ) weitergeführt und im November 1937 in den RAD integriert. Zu Beginn des Zweiten Weltkrieges waren 36219 Frauen im RADwJ organisiert. (Bajohr, 1980, S. 347)

Von Beginn an war das Bild des weiblichen FAD durch die Betonung der geschlechtsspezifischen Besonderheit frauengerechter Arbeiten bestimmt. Das betraf die Art der Arbeiten ebenso wie die Formen des Dienstes und dessen erziehungspolitische Zielsetzungen. Deshalb konnte der FAD für die weibliche Jugend vor 1933 als ausschließlich sozialpädagogische und fürsorgerische Einrichtung legitimiert werden, bewegten sich doch die meisten Arbeiten im Bereich sozialer Hilfstätigkeiten oder in der Garten- und Landwirtschaftsarbeit. So waren junge erwerbslose Hortnerinnen, Fürsorgerinnen und Lehrerinnen häufig mit der Betreuung von fürsorgebedürftigen Kindern und Jugendlichen in offenen Stuben (Tagesheimen) befaßt. Als Idealtyp eines sozialpädagogisch gestalteten weiblichen Arbeitslagers beschreibt Gertrud Bäumer das Lager „Neuer Obstgarten" bei Kassel-Wilhelmshöhe im Mai 1932, an dem unter der Trägerschaft der Stadt Kassel und des Verbandes Kasseler Frauenvereine 25 Mädchen im Gartenbau und mit Bodenmeliorationen beschäftigt waren. Sie hatten für den eigenen Bedarf und für 120 Kinder einer nahe gelegenen Waldschule zu sorgen und für diese zu kochen. Mit Näh- und Bastelarbeiten, Sport, Wandern und Lichtbildervorträgen wurde die Freizeit gestaltet. (Bäumer, 1933, S. 13ff.)[4] Zwar handelte es sich hier um ein geschlossenes Lager, doch war dies eher eine Ausnahme. In der Regel war man darauf bedacht, auf „die Eigenart des Mädchens" zu achten, die „eine andere Art der jugendpflegerischen Betreuung und auch eine andere Art des Gemeinschaftslebens (verlange). Deswegen sollte man das Wort ‚Lager' für den FAD der Mädchen möglichst vermeiden." (Richter, 1933, S. 65) In der Regel wurde der weibliche FAD als offene Maßnahme durchgeführt, bei der hauswirtschaftliche und gewerbliche Berufs- und Fachschulen ihre Einrichtungen zur Verfügung stellten (vgl. Albrecht, 1932, S. 317ff.).

Der geringe Anteil weiblicher Arbeitsdienstfreiwilliger am FAD ist in erster Linie auf die unterschiedliche Bewertung der Folgen von Arbeitslosigkeit bei Männern und Frauen zurückzuführen. Junge erwerbslose Frauen wurden weit weniger als politischer Unruheherd angesehen als Männer. Ihnen stand nach landläufiger Meinung die Familie als Ort des Unterhalts und der Beschäftigung mit Hausarbeit zur Verfügung. „Sie können sich – wenigstens häufiger als der junge Mann – während ihrer Erwerbslosigkeit in der nächsten Familie ernst und nützlich betätigen; gerade im unauffälligen Dienst an anderen. Den natürlichen Vorrang einer solchen Arbeit darf der freiwillige Arbeitsdienst nicht antasten oder ihre Ausführung gefährden." (Ehlert, 1932, S. 480) Versuche einzelner Arbeitsämter, Jungarbeiterinnen weit von ihrem Wohnort entfernt in der Landwirtschaft einzusetzen, stießen bei den Betroffenen gelegentlich auf Widerstand. In Gera weigerten sich z.B. junge Arbeiterinnen, trotz Unterstützungssperre, an einem landwirtschaftlichen Umschulungskurs teilzunehmen. In einem anderen Fall widersetzten sich Berliner Mädchen ihrer Verschickung nach Dortmund, wo sie für die SA Uniformjacken nähen sollten. Schlicker berichtet von jungen Frauen und Mädchen, die von Berliner Arbeitsämtern zur Waldarbeit in die Mark Brandenburg geschickt wurden und im Mai 1931 wollte das Hörder Arbeitsamt 300 Jungarbeiterinnen nach Ostpreußen schicken. Deren Weigerung wurde mit Entzug des Unterstützungsgeldes für 6 Wochen bestraft. (Schlicker, 1971, S. 166) Da die Arbeiten im weiblichen FAD vorwiegend im sozialen Bereich und der erweiterten Haus- und Gartenarbeit lagen, war der Anreiz für die jungen Frauen, die in der Regel sowieso mit den Pflichten der Hausarbeit belastet waren, relativ gering. Allenfalls erwerbslose Hortnerinnen, Jugendpflegerinnen und Lehrerinnen konnten als Führungspersonal im FAD Aufgaben übernehmen, die entfernt an ihre berufliche Qualifikation anknüpften.

Unter dem NS-Arbeitsdienst[5] wurde die Betonung geschlechtsspezifischer Aspekte zur „arteigenen" Frauenarbeit radikalisiert. Obwohl zunächst der Posten einer Arbeitsführerin nicht als Beruf angesehen wurde, wurde er bis 1937 zu einem neuen Frauenberuf ausgebaut. Bei der auf Eindämmung beruflicher Frauenarbeit abgestellten NS-Frauenideologie wurde dieser Widerspruch seitens der RAD-Reichsleitung dadurch unterlaufen, daß man „den Beruf der Arbeitsdienstführerin um so vehementer als *den* Frauenberuf par excellence (vorstellte): Außer in der Familie (also dort, wo die Frau ihrer ‚natürlichen Bestimmung' nach zuallererst hingehörte) gebe es, ‚für die Frau keinen Beruf, der so wie der der Lagerführerin einen geschlossenen Lebenskreis und den Anspruch auf den Einsatz aller weiblichen Kräfte verkörpert'." (Bajohr, 1980, S. 346) Insbesondere Akademikerinnen fanden in dem – wegen der steigenden Zahlen von „Arbeitsmaiden" – neu entstandenen Beruf Unterkommen. Ab 1934 lösten sich die erziehungspolitischen Begründungen des weiblichen Arbeitsdienstes vom engen sozialpädagogischen Ursprung ab. An ihre Stelle traten „politische Sozialisation und Gesinnungsbildung. Verinnerlichung und Abneigung steter Arbeits- und Dienstbereitschaft, deutschen Mutterbewußtseins und frommen Führerglaubens sind deren Ziele." (Miller-Kipp, 1980, S. 185) Dennoch sicherten sich viele stellungslose Sozialpädagoginnen im RADwJ eine berufliche Existenz. Ella Siegel, selbst Nohl-Schülerin, schreibt in ihren Erinnerungen, daß viele ihrer Kommilitoninnen unter dem Anspruch der pädagogischen Autonomie in führenden Stellungen dieser „Oase unter den nationalsozialistischen sozialpädagogischen Einrichtungen" (in: Pongratz, 1982, S. 263) tätig waren.

8. Arbeiterbewegung und Freiwilliger Arbeitsdienst

8.1. Die Sozialdemokratie und ihre Suborganisationen

In der Arbeitsdienstdiskussion der zwanziger Jahre profilierten sich die sozialistischen Organisationen und ihre Jugendverbände als strikte Gegner jeder Form von der Arbeits*dienstpflicht* (vgl. Kap. 4.4.). Diese Position, die durch die gleichen Argumente wie zu Beginn der zwanziger Jahre gestützt wurde, änderte sich auch mit Einführung des FAD im Prinzip nicht. Eher bestärkte er zunächst die Befürchtungen, er sei nur die Vorstufe einer drohenden Arbeitsdienstpflicht mit dem Ziele, Arbeitslose politisch und ideologisch den Interessenvertretungen der Arbeiterschaft zu entfremden und den Prozeß der Lohnsenkungen und der Militarisierung zu forcieren, kurz: Der FAD galt anfänglich in weiten Teilen der Sozialdemokratie und der freien Gewerkschaften als ein Instrument der politischen Reaktion zur Schwächung der Arbeiterbewegung. Dennoch änderte die Existenz des FAD die politische Situation für SPD und ADGB, da der FAD durch eine pauschale Ablehnung der Arbeitsdienstpflicht nur bedingt zu kritisieren war. Unter dem erhöhten Problemdruck, dem sich vor allem der ADGB durch die Wirtschaftskrise ausgesetzt sah, wich nach emotional und kontrovers geführten Diskussionen in der sozialdemokratischen und gewerkschaftlichen Publizistik die anfängliche skeptische Reserviertheit einer unter dem Zwang der wirtschaftlichen Verhältnisse gefällten Zustimmung. Von einer einheitlich abgestimmten sozialdemokratischen Politik kann allerdings keine Rede sein. Überdeutlich sind regionale Alleingänge und unterschiedliche Verhaltensweisen einzelner Suborganisationen. Jedenfalls ging die Initiative für die bislang ablehnende Haltung der SPD zum FAD nicht von der Parteispitze aus, sondern von den erwerbslosen Mitgliedern einerseits und Vertretern der sozialistischen Bildungs- und Jugendarbeit andererseits. Eine besondere Rolle bei der Formulierung der sozialdemokratischen FAD-Politik spielte die SAJ unter ihrem Vorsitzenden Erich Ollenhauer, die wohl am stärksten dem politischen Druck der Jugendarbeitslosigkeit ausgesetzt war und auf die Tatsache reagieren mußte, daß erwerbslose SAJ-Mitglieder trotz der ablehnenden Position des Gesamtverbandes an FAD-Maßnahmen teilnahmen. Konnten die durch das Engagement einzelner SAJ-Mitglieder in der Volkslagerbewegung (vgl. Kap. 6.4.) ausgelösten Konflikte noch organisationsintern abgefangen werden, so war dies nach Einführung des FAD nicht mehr möglich. Unmittelbar nach Einführung des FAD konnte die „Arbeiterjugend“, das Organ des SAJ-Hauptvorstandes, noch schreiben: „Die SAJ lehnt den FAD aus denselben Gründen wie die allgemeine Arbeitsdienstpflicht ab." (Arbeiterjugend Nr. 8/1931, S. 174) In Anlehnung an die Forderungen des Reichsausschusses der Deutschen Jugendverbände trat die SAJ für erweiterte Maßnahmen des Jugendschutzes, die Einführung eines neunten Pflichtschuljahres und für die Verabschiedung eines Jugendschutz- und Berufsausbildungsgesetzes ein. Weiterhin blieb die Einbeziehung der Jugendlichen in die Arbeitslosen- und Krisenunterstützung und der Ausbau der beruflichen Fortbildungs- und Berufsumschulungskurse Priorität der SAJ-Politik. Der anfänglich generellen Ablehnung des FAD folgten jedoch keine entsprechenden politischen Initiativen. Erst das Verhalten erwerbsloser Jungarbeiter und die Konsolidierung des FAD im Winter 1931 nötigte zu differenzierteren Positionsbestimmungen, zumal die ablehnende Haltung schon im November 1931 durch das Reichsbanner durchbrochen wurde, in dem es sich an einer FAD-Maßnahme als Träger des Dienstes beteiligte (Syrup, 1931, Sp. 1627); im März 1932 war das Reichsbanner mit zwei weiteren Arbeitsmaßnahmen am FAD beteiligt (Funcke, 1932a, S. 127).Das erwähnte Novemberlager fand vom 10. 11. bis 11. 12 1931 auf dem Habertshof bei Schlüchtern statt. Ursprünglich als Erwerbslosenfreizeit geplant, wurde es aus Gründen der Finanzierung von der Schulleitung in Absprache mit dem Landrat unter der Trägerschaft des Jungbanners als FAD-Maßnahme angemeldet. Insgesamt 45 Jugendliche des Reichsbanners und der SPD, der KPD und des Zentrums und Parteilose waren beim Straßenbau und in der Gärtnerei des Habertshofes beschäftigt. Im Rahmen der Bildungsarbeit diskutierte man über:

> „Krise. Entstehung, Bild und Überwindung der Krise. Das Problem der Erwerbslosigkeit. Das deutsch-französische Verhältnis. Paneuropa. Rußland. Die politischen Parteien. Der politische Radikalismus. Demokratie und Diktatur. Stadt und Land. Agrarpolitik, die Siedlungsfrage. Geistige Wandlungen der Gegenwart, ihr Verhältnis zu Religion und Kirche. Die Kulturkrise in geschichtlichen Vergleichen. Jugendschutz und sozialistische Erziehungsarbeit. Presse: Zeitunglesen, Handelsteil einer Zeitung. Erwerbslosen- und Sozialversicherung. Arbeitsdienstpflicht. Arbeiter- und Erwachsenen-Bildung." (Der Zwiespruch, Bl. 3, 1932, S. 31)

Nicht nur in der Praxis, auch in der parteiinternen Diskussion zeigte sich, daß der FAD keineswegs einhellig abgelehnt wurde. Unter seinen Befürwortern lassen sich Vertreter zweier unterschiedlicher Argumentationsfiguren unterscheiden: jene, die unter der wirtschaftlichen Krisensituation den FAD als eine, wenn auch nicht optimale, so doch wirksame sozialpädagogische Hilfsmaßnahme akzeptierten und das Übergewicht der Rechtsverbände eindämmen wollten und jene, die im Arbeitsdienst eine sozialistische Idee sahen und ihn in diesem Sinne als Erfahrungsmöglichkeit nutzen wollte.

Vor allem in dem Organ der „rechten" Parteiintelligenz, den Sozialistischen Monatsheften, wurde die offizielle Linie der Ablehnung frühzeitig verlassen und für den FAD argumentiert. Schon im Juli 1931 plädiert dort Julius Kaliski für den FAD als einer Chance, mit sozialpädagogischen Mitteln Jugendliche die „Formkräfte der Arbeit" wiederzugeben und den Dienstgedanken in Zeiten wirtschaftlicher Depression zu stärken. (Kaliski, 1931) Für diese Position konnte es in der SPD damals keine Mehrheit geben. Die Partei stand noch unter dem Schock der Septemberwahl von 1930, die der NSDAP durch die Stimmen der Jungwähler zu einem kometenhaften Aufschwung verhalf. Die Erkenntnis, daß „der Kampf um die Jugend" allmählich zu einer Existenzfrage für die Gesamtpartei" (Pahl, 1931 a. S. 421) wird, daß „die Organisation der Hakenkreuzler vorwiegend junge Menschen zu Mitgliedern hat" (Heine, 1930, S. 24), und daß die SAJ 1930 mit 56000 Mitgliedern eher ein bescheidenes Dasein führte, die SPD in der Öffentlichkeit mit dem Image einer überalterten Partei zu kämpfen hatte und seitens der Jungsozialisten ein „Generationsproblem in der sozialistischen Bewegung" (Künckele, 1931) diagnostiziert wurde, machte die Jugendfrage zu einem zentralen innerparteilichen Diskussionspunkt, der emotional in der sozialdemokratischen Publizistik ausgetragen wurde.[1] Ihren Höhepunkt fand die Jugenddebatte auf dem Leipziger Parteitag der SPD vom 31. 5. bis 5. 6. 1931, der Funktion und Aufgaben der sozialdemokratischen Jugendorganisationen neu regelte und die oppositionellen Kräfte in der SAJ und der Jungsozialistischen Vereinigung schwächte. Die Aufgabe der SAJ wurde auf die sozialistische Erziehung der arbeitenden Jugend beschränkt, die Organisation der Jungsozialisten, die zu einem Zentrum der innerparteilichen Opposition gegen die Tolerierungspolitik des Parteivorstandes geworden war, wurde aufgelöst. Die noch im März 1931 von Walther Pahl geforderte „Reorganisation an Haupt und Gliedern" (Pahl, 1931b, S. 108) blieb auf dem Leipziger Parteitag aus. Dennoch spielt in der Bewertung des FAD durch die SPD die Jugenddiskussion eine nicht unerhebliche Rolle. Denn schließlich konnte der FAD auch eine Möglichkeit bieten, die von Pahl diagnostizierte „antikapitalistische Gesinnung" bis in die Jugend des Bürgertums hinein zu „sozialistischer Gesinnung zu verdichten." (Pahl, 1931b, S. 110) Nicht mit allgemeinen Verbalradikalismus, sondern nur durch täglichen Einsatz könne den Nationalsozialisten ihre Massenbasis entzogen werden.

Entsprechend ist auch die Argumentation jener Sozialdemokraten zu verstehen, die den FAD nicht dem Einfluß der rechten Gruppen überlassen wollten, sondern durch ihr Engagement ein Gegenwicht zu deren Aktivitäten schaffen wollten. Es waren gerade jene, die funktionale Argumente zugunsten pädagogischer zurückstellten.[2] Hans von Berlepsch vom Habertshof kann stellvertretend für diese Gruppe herangezogen werden. Er kritisiert, daß die Arbeiterbewegung durch ihre „Abstinenzpolitik" der „Gegenseite die Chance des Handelns überließ." Es sei widersprüchlich, den FAD offiziell und prinzipiell zu bekämpfen, „um ebenso inoffiziell die Teilnahme zuzulassen." (Berlepsch, 1932, S. 313)

Auch wenn die Organisationsform ein Novum darstelle, lasse sich gegen die sozialpädagogischen Intentionen des FAD wenig einwenden. Da der Arbeitsdienst nun Faktum sei, bedürfe es einer „positive(n) Zielsetzung von sozialistischer Seite, die nicht anders als aus sozialistischem Geist erwachsen kann." (Berlepsch, 1932, S. 316) Zwar sei der FAD noch das große Manövrierfeld der „politischen Reaktion“, doch muß „man sich darüber im klaren sein, daß ein Teil der Widerstände in sozialistischen Jugendkreisen gegen die Form des Arbeitslagers mit seiner notwendigen Straffheit und seiner Einschränkung des persönlichen Beliebens auf nicht überwundene liberalistische Gesinnungsreste zurückzuführen sind. Es ist bezeichnend, daß als geschlossene proletarische Gruppen zuerst Reichsbannerkreise am FAD teilnahmen.“ (ebda.)[3] Nicht als proletarische Abwehrmaßnahme, sondern als sozialistische Erziehungseinrichtung propagierte Kurt Bley vom Republikanischen Studentenbund den FAD. Sein Erfahrungsbericht über ein Arbeitslager im Emsland stellt dieses als ein Projekt für planmäßige Gemeinwirtschaft dar. Auch wenn der FAD nur als sozialpädagogische Notmaßnahme gedacht sei, so berge die Form des geschlossenen Lagers ein wesentliches Element sozialistischer Pädagogik in sich. Die in den FAD-Lagern gesammelten Erfahrungen könnten „für einen Arbeitsdienst im sozialistischen Staat“ genutzt werden.

> „Das Lager erzieht einen im tiefsten sozialistischen Menschen. Das Individuum wird in die Gemeinschaft gestellt, und zwar in eine sehr umfassende, die sich mit den russischen ‚Kommunen‘ vergleichen läßt. Die Bedeutung dieser Erziehungsarbeit für die proletarische Bewegung kann nicht stark genug betont werden, zeigte sich doch in unseren Reihen nur allzuoft das Mißverhältnis zwischen sozialistischem Bekenntnis und sozialistischer Lebensgestaltung.“ (Bley, 1932, S. 552)

Es ist charakteristisch für die Fragmentierung der Weimarer Republik in subkulturell verfestigte Sozialmilieus, daß in den örtlichen Gliederungen für die sozialdemokratisch geführten Arbeitslager unter der Parole „sozialistischer gegen nationalistischen Arbeitsdienst“ geworben wurde. Wie stets schon sozialistische Erziehungsarbeit eine Abwehrfunktion gegen die ideologischen Einflüsse des Bürgertums hatte, bestimmte diese Haltung mehrheitlich die Position der SPD zum FAD. So heißt es in einem Schreiben des Frankfurter Sozialen Dienstes an seine angeschlossenen Organisationen und Vereine:

> „Nach unserer Meinung ist es die Verpflichtung aller angeschlossenen Körperschaften unsere arbeitslosen Jugendlichen zur Meldung aufzufordern, damit sie nicht in den von den bürgerlichen Organisationen aufgezogenen Arbeitsdienstkolonnen gegen unseren Willen landen. Es ist ein ernstes Problem für die ganze Arbeiterbewegung, die uns nahestehende junge Generation zu sammeln und den bürgerlichen Einflüssen zu entziehen.“[4]

Die Kritiker der Beteiligung am FAD hielten dieser Argumentation entgegen, dies sei ein erster Schritt der Anerkennung des Arbeitsdienstgedankens (Krüger, H., 1931, S. 300) Für Hirche muß in einer kapitalistischen Gesellschaft „die angeblich sozialistische allgemeine Arbeitsdienstpflicht zu einem antisozialistischen Kampfmittel (werden). Wie die Militärdienstpflicht ein Instrument im Dienste der herrschenden Klasse war, so würde sich auch die Arbeitsdienstpflicht gegen die Arbeiterklasse richten.“ (Hirche, 1931, S. 353) Hirches Argumente gegen den Arbeitsdienst sind jene, die auch andere FAD-Kritiker in der Diskussion verwandten:

- im Zuge des allgemeinen Sozialabbaus werde im FAD sinnlos Geld verschwendet.

- der FAD sei tendenziell ein Instrument zur Lohndrückung.
- der FAD sei die Erprobungsphase für eine kommende Arbeitsdienstpflicht (vgl. Kap. 4.4.).

Die Position der FAD-Gegner, die sich unter diesen Argumenten sammelten, wurde mit der Aufwärtsentwicklung des FAD innerparteilich immer schwächer. Mehrheitlich setzte sich im Frühjahr 1932 die Meinung durch, die Arbeiterbewegung dürfe hier ihren Einfluß nicht verspielen, müsse die Stellung der rechten Verbände aufweichen und den FAD als ein kleineres Übel im Vergleich zur Dienstpflicht akzeptieren. Nachdem im März 1932 der Reichsausschuß der SAJ seine bisherige Haltung revidierte und unter bestimmten arbeitsmarktpolitischen und pädagogischen Bedingungen eine Teilnahme am FAD befürwortete, wurde dieser Schritt in der Mai-Nummer der „Arbeiter-Jugend" dahingehend begründet:

> „Man muß damit rechnen, daß in den nächsten Monaten vielleicht hunderttausend Jugendliche vom Arbeitsdienst erfaßt werden. Bei dieser Sachlage war es unmöglich für die SAJ, als Organisation der arbeitenden Jugend sich noch länger dem Arbeitsdienst völlig ablehnend gegenüber zu verhalten." (Arbeiter-Jugend H 5/1932)

Ähnlich argumentierte auch der „Vorwärts", der einräumte, der FAD könne „außerordentlich segensreich" sein, wenn die „notwendigen Sicherungen gegen eine reaktionäre Ausbeutung" garantiert seien. (Vorwärts v. 12. 5. 1932) Auf Anregung des preußischen Kulturministers Adolf Grimme fand am Tag zuvor eine Besprechung zu Fragen der Koordinierung der Betreuungsmaßnahmen für erwerbslose Jugendliche statt, an der neben Vertretern des AFA-Bundes und des ADGB auch Reichsbannerführer Karl Höltermann teilnahm. Mit Nachdruck unterstrich dieses Gremium die Unterstützung des FAD als eine fürsorgerische, von pädagogischen Zielen geleitete Einrichtung. Da ähnliche Überlegungen auch innerhalb der Reichstags- und Landtagsfraktion und des sozialistischen Studentenbundes diskutiert wurden, rief der SPD-Parteivorstand Vertreter dieser Gruppen zu einer Aussprache am 31. Mai zusammen. Trotz der vorgebrachten Bedenken war man sich darüber einig,

> „daß ein Zurückschrauben der Bewegung nicht mehr möglich sei. Gewerkschaften und Partei müßten dementsprechend die alsbaldige Einschaltung anstreben und sich darüber hinaus an die Spitze der Bewegung stellen, um sie in ihrem Sinne zu beeinflussen." (Protokoll, zit. n. Köhler, 1967, S. 167)

Auf der gleichen Sitzung beschloß man eine öffentliche Stellungnahme des ADGB zum FAD, die die Bereitschaft zur Beteiligung an dieser als vorübergehende Fortbildungs- und Beschäftigungsmöglichkeit qualifizierten Maßnahme ankündigte. Nach mehreren Vorentwürfen wurde die entschärfte Endfassung am 16. 6. 1932 vom ADGB-Bundesausschuß angenommen, „zugleich aber beschlossen, in Zusammenarbeit mit den Einzelgewerkschaften einen Katalog über diejenigen Arbeitsgebiete aufzustellen, in denen der Arbeitsdienst ohne negativen Folgen für die Gewerkschaftsmitglieder tätig werden könnte." (Köhler, 1967, S. 168) Die widersprüchliche Haltung der SPD und der Gewerkschaften wird in der veröffentlichten Fassung der Stellungnahme nochmals deutlich. Während einzelne Unterorganisationen schon längst im FAD engagiert waren, hält die offizielle Version mit semantischen Abgrenzungen Distanz zum Arbeitsdienst.

> „Arbeits*dienst,* ob mit oder ohne Zwang, lehnen die Gewerkschaften ab, weil ihm vielfach ein Sinn unterlegt wird, den ein freier Arbeiter niemals annehmen kann. Die Gewerkschaften fordern dagegen *Arbeitshilfe* für die erwerbslose Jugend.“ (ADGB, 1932, S. 3)

Trotz dieses, vermutlich auf die innerparteiliche und innergewerkschaftliche Opposition abzielende, distanzierende Bekenntnis wurden intern die Planungen zur Gründung einer eigenständigen sozialdemokratischen und gewerkschaftlichen Dienstträgerorganisation vorangetrieben. Schon vor der Veröffentlichung der Stellungnahme am 14. 7. 1932 gründete der ADGB-Bezirk Berlin-Brandenburg-Grenzmark am 28. 6. einen „Sozialen Dienst für Arbeitshilfe“ als Trägerorganisation für FAD-Maßnahmen.[5] Die Ausweitung des FAD durch die Papen-Notverordnung beschleunigte die Planungen zur Schaffung einer Zentralstelle, die die gewerkschaftlichen und sozialistischen Arbeitsdienstaktivitäten lenken und koordinieren sollte. Denn zahlreiche Jugendliche waren unter dem Druck der ökonomischen Verhältnisse in Lager nichtsozialistischer Verbände gegangen. Nach Rohe befanden sich noch Ende 1932 10-12000 Reichsbannerangehörige in Lagern, „die unter der Leitung gegnerischer Verbände wie Stahlhelm und Jungdeutscher Orden standen.“ (Rohe, 1966, S. 447) So berichtet Heinz von einem Arbeitslager auf einer Havel-Insel, bei dem Reichsbanner, Stahlhelm und das katholische Jugendamt gemeinsam als Dienstträger auftraten (Heinz, 1933, S. 31ff.) und das von einem städtischen Jugendpfleger aus Berlin geleitet wurde. Einschränkend vermerkte Heinz, daß der militärische Stil der beiden Stahlhelmgruppen „jede außerdienstliche Fühlung mit Reichsbanner und Jungkatholiken zu verhindern“ (S. 33) schien. Im Unterschied zu sozialdemokratisch-gewerkschaftlich organisierten Lagern war die Teilnahme des Reichsbanners an geschlossenen Maßnahmen keine Seltenheit. So waren Mitte November 1932 von insgesamt 8709 Reichsbanner-Arbeitsdienstwilligen 2864 in offenen, 2751 in geschlossenen und der Rest in neutralen Lagern untergebracht. (Köhler, 1967, S. 174)

Dabei spielten für das Reichsbanner in einigen Gegenden parteipolitische Gegnerschaften nur eine sekundäre Rolle. In Bremen beispielsweise gehörte das Reichsbanner mit der Ortsgruppe des Sozialen Dienstes ab September 1932 der „Arbeitsgemeinschaft für Arbeitsdienst und Siedlung“ an, einem Zusammenschluß verschiedener Dienstträger u.a. des Stahlhelms und der NSDAP, die Maßnahmen des Bremischen Staates betreuten. (BA R 77/81) Eine solche Kooperation war allerdings auch verwaltungstechnisch bedingt, da wie hier in Bremen staatliche Träger der Arbeit gemeinsame Kooperationsvereinbarungen einheitlich mit allen regionalen Dienstträgerorganisationen schlossen. In der Praxis waren bei gemeinsamen Arbeitsprojekten Reibereien nicht ausgeschlossen. So berichtete der Stahlhelm-Lagerführer Mügge über ein geschlossenes Arbeitslager des Staates Bremen im Winter 1932:

„Leider erhielten wir (der Stahlhelm, P. D.) bald darauf Nachbarn, die uns nicht wohl gesinnt waren. Im Nachbarflügel der Unterkunft wurde eine Arbeitsdienstgruppe des Sozialen Dienstes (Reichsbanner) in Stärke von 80 Mann untergebracht. Wenn es auch im Arbeitsdienst keine Gegensätze geben sollte und meine Leute zur strengsten Disziplin angehalten waren, so fand leider trotzdem das Sprichwort: ‚Es kann der Frömmste nicht in Frieden leben, wenn es dem bösen Nachbarn nicht gefällt', bald seine Bestätigung. Dieses war leider darauf zurückzuführen, weil der Lagerführer des Reichsbanner von seinen Leuten nicht genug respektiert wurde und er diese Undiszipliniertheit einreißen ließ. Es waren auch anständige Jungs darunter, aber eine gewisse Sorte suchte immer wieder Reibereien mit meinen Leuten. Da sie bei meinen Männern aber kein Glück damit hatten, griffen sie zu einem anderen Mittel. Sie stahlen uns in einem unbeachteten Augenblick unsre schwarz-weiß-rote Lagerfahne vom Mast, was ihnen nur möglich war, da es damals noch keine Lagerwache gab, weil alle verfügbaren Leute stets auf der Baustelle sein mußten. Durch diese gemeine Tat war die Geduld meiner Leute dahin und sie hätten am liebsten ihre Fahne mit Gewalt zurückgeholt." (Bericht Mügge, BA R 77/81)

Der hier erwähnte Soziale Dienst wurde am 10. 8. 1932 als „Reichsarbeitsgemeinschaft Sozialer Dienst-Hilfswerk der Arbeiterschaft für die erwerbslose Jugend" gegründet. Angeschlossen waren dem Sozialen Dienst: ADGB, AfA-Bund, Hauptausschuß für Arbeiterwohlfahrt, Reichsausschuß für sozialistische Bildungsarbeit, SAJ, Reichsbanner und die Zentralkommission für Arbeitersport und Körperpflege. Der Zweck des Dienstes war „ein ständiges Zusammenwirken der angeschlossenen Organisation zur Förderung und Durchführung aller Maßnahmen auf dem Gebiete der Arbeitshilfe für die erwerbslose Jugend. Unter Arbeitshilfe wird vor allem die Beschäftigung von jugendlichen Erwerbslosen in fachlichen Fortbildungskursen, die praktische Betätigung in Werkstätten, die Beschäftigung im Freiwilligen Arbeitsdienst sowie die kollektive Selbsthilfe verstanden, die den Zweck hat, jugendlichen Erwerbslosen in stillgelegten Fabriken und Werkstätten Arbeit zu verschaffen und mit den Erzeugnissen dieser Arbeit Erwerbslose zu versorgen."[6] Neben der Koordinierungsfunktion übernahm die Reichsarbeitsgemeinschaft die Aufgabe, die Interessen des Sozialen Dienstes gegenüber den Staatsbehörden zu vertreten. Aufgebaut war der Soziale Dienst auf Landesarbeitsgemeinschaften, die den Landesarbeitsamtsbezirken entsprachen, auf Bezirks- und Ortsarbeitsgemeinschaften. Die Geschäftsführung der Reichsarbeitsgemeinschaft lag beim ADGB. Geschäftsführer wurde Walther Pahl, der gute Verbindungen besaß sowohl zum ADGB wie zum Reichsbanner und Mitglied jener Gruppe war, die sich um die Redaktion der Zeitschrift „Neue Blätter für den Sozialismus" gebildet hatte. (Martiny, 1977) Zum Vorsitzenden wurde der ADGB-Jugendsekretär Walter Maschke[7], zu seinem Stellvertreter Erich Ollenhauer gewählt. Der Soziale Dienst konnte die anspruchsvollen Ziele kollektiver Selbsthilfe aus finanziellen Gründen nicht realisieren, wurde aber innerhalb des FAD zu einem der stärksten Dienstträgerverbände (vgl. Kap. 7.2.). Da er im FAD nur eine zeitlich befristete Maßnahme sah, trat er auch für offene Lager ein und hielt gegen die Befürworter einer Arbeitsdienstpflicht an den „Formen der Selbstverwaltung und Selbstverantwortung" fest (Pahl, 1932a, S. 723).[8] Gegenüber den Kritikern betonte Ollenhauer, die SPD und die Gewerkschaften hätten den FAD nicht gewollt, es wäre aber unfruchtbar, weiterhin in Opposition zu verharren. Vielmehr müsse man die Chance nutzen und in Form und Inhalt auf den FAD einwirken (Ollenhauer, 1932).[9] Walther Pahl sah im „Widerstand in wenigen Gruppen der Arbeiter" keinen Anlaß, auf eine einheitliche Praxis der Arbeiterbewegung zu verzichten und forderte im Juli 1932 als Abwehrmaßnahme gegen den drohenden Arbeitsdienstzwang die Verlängerung des FAD „auf möglichst 1 Jahr" (Pahl, 1932b, S. 610) und seine Ausdehnung auf alle jugendlichen Erwerbslosen.

Es steht hier nicht an, die Frage zu diskutieren, ob die Beteiligung oder die fundamentaloppositionelle Verweigerung die „richtige" Reaktion auf die Existenz des FAD gewesen ist. Aber bei allen Divergenzen zu den rechten Dienstpflichtbefürwortern betonen auch die sozialdemokratischen und gewerkschaftlichen Befürworter des FAD den Dienstgedanken und das Erlernen arbeitssozialisatorischer Tugenden im Arbeitsdienst. So betonte Walther Pahl beim FAD: „An die Stelle des Lohnprinzips tritt hier der Dienstgedanke. Arbeit ist in Fülle vorhanden. Ihre Mobilisierung ist aber nur unter dem ethischen Gesichtspunkt des Dienstes und unter dem sozialpädagogischen Aspekt ihrer menschlichen Bedeutung und Auswirkung für die junge Mannschaft des Volkes möglich... Der Arbeitsdienst eröffnet eine Möglichkeit dem jungen Menschen inmitten der Wirtschaftskrise die sozialpädagogischen Formkräfte der Arbeit wieder zuzuführen." (Pahl, 1932b, S. 608) Fast trotzig und an die Jugenddebatte der SPD erinnernd, beendet Pahl seinen Beitrag mit dem Hinweis: „Die alte Generation hat die gewaltigste Zerstörung gesehen und zugelassen. Die junge Generation hat das Werk des Aufbaus vor sich. Man muß sie dafür tauglich machen."

Allein von seiner zahlenmäßigen Stärke und durch den Einfluß der den Sozialen Dienst tragenden Organisationen bildete er das entscheidende Gegengewicht zu den Dienstpflichtbefürwortern. Strenggenommen war er die einzige Organisation im FAD, die diesen nicht mit ideologisch-visionären Optionen belastete und auf das reduzierte, was er anfänglich sein sollte: eine zeitlich befristete sozialpädagogische Betreuungsmaßnahme (unter anderen) für die erwerbslose Jugend. Daß diese Maßnahme innerhalb der Arbeiterbewegung umstritten blieb, zeigt auch die Diskussion innerhalb der freien Gewerkschaften. Andererseits machte das Engagement des Sozialen Dienstes im FAD dem radikalen Flügel der Arbeitslagerbewegung und speziell der Volkslagerbewegung das beanspruchte Interpretationsmonopol und seine Führungsambitionen streitig.

8.2. Die Gewerkschaften

Die Situation der Gewerkschaften in der Arbeitsdienstfrage war vergleichsweise schwieriger als die der SPD. Zum einen waren viele Gewerkschaftsmitglieder arbeitslos (vgl. Kap. 5.1.) und die Krise schwächte die Kampfkraft der

Gewerkschaften, zum anderen schien der FAD fundamentale Interessen verschiedener Einzelgewerkschaften zu tangieren. Vor allem mußte die Politik der Gewerkschaften darauf abgestellt sein, die Folgen der Krise abdämpfen zu helfen, ohne daß erkämpfte arbeitsrechtliche und sozialpolitische Positionen preisgegeben wurden. Wenn jedoch Paul Braunert im Spätsommer 1931 auf die Frage „Wie stehen die Gewerkschaften zum Freiwilligen Arbeitsdienst?" mit „Klar dagegen!" antwortete (Braunert, 1931)[1] und der ADGB-Sekretär Bruno Broecker im März 1932 von der „Arbeit ohne Recht" (Broecker, 1932) sprach, so verdeckt das eher die Tatsache, daß auch der ADGB einen ähnlichen Annäherungsprozeß an den FAD vollzog wie die SPD. Abgeschlossen ist dieser widersprüchliche Prozeß im August 1932 mit der Gründung des Sozialen Dienstes. Widersprüchlich ist er deshalb, weil auch nach dem offiziellen Engagement im FAD Teile der Gewerkschaftspresse die Fiktion der Distanzierung aufrecht erhielten. So schrieb noch am 31. 8. 1932 das Organ des ADGB, die „Gewerkschaftszeitung":

> „Die Gewerkschaften haben nur geringe Veranlassung, um das Schicksal der Arbeitsdienstwilligen... besorgt zu sein. Mögen diejenigen, die es dazu treibt, getrost ihren Hang zum Lagerleben oder zum zivilen Militarismus verfolgen. Hauptsache, sie schränkt nicht den Arbeitsmarkt ein und wird nicht für politische und staatsfeindliche Zwecke mißbraucht."

Auch in ihrem Aufruf zur Juli-Wahl 1932 klingt die ambivalente Haltung des ADGB gegenüber dem FAD durch. Zunächst in Frontstellung betont man: „Wir sind gegen den FAD, weil er ohne Arbeitsrecht ausgestattet ist; wir sind gegen den FAD, weil er die Vorstufe der Arbeitsdienstpflicht darstellt; wir sind gegen den FAD, weil er eine Gefahr für die Tarifarbeit darstellt." Anschließend kommt das Zugeständnis: „Es gilt, den FAD zugunsten der arbeitenden Schichten auszunutzen. Wir müssen Mißbrauch des FAD verhindern." (Arbeiterwohlfahrt Nr. 15/1932, S. 459) Es sei dahingestellt, inwieweit solche Verlautbarungen von der Mitgliederschaft verstanden und getragen wurden. Sie erklären sich nur aus dem Bemühen, „Schlimmeres zu verhüten".

> „Man muß ja heute auch an gewisse taktische Notwendigkeiten denken, die sich vielleicht in naher Zukunft ergeben können. Vielleicht werden einmal die Arbeitslager des Arbeitsfreiwilligen ein wichtiges Refugium für die sonst von den neuen Machthabern unterbundene politische Aufklärungs- und Schulungsarbeit abgeben. In der Seelenfängerei mit politischen Maskeraden und hochtönendem Geschwätz werden Hitler und Konsorten der Linken stets überlegen sein. Wenn aber erst einmal die praktische Arbeit losgeht, mit der Schippe in der Hand, dann verfängt dieser Faßnachtszauber nicht mehr lange. Dann ist die Chance gegeben, den freiwilligen Schipper zum Nachdenken über seine wirkliche Lage und über den Charakter seiner bisherigen Freunde zu bringen. Und wenn ein Arbeiter erst nachdenkt, ist er für die SA schon dreiviertel verloren, für die Idee der Gewerkschaften schon halbgewonnen." (Bargenhusen, 1932, S. 887f.)

Die gewerkschaftlichen Kritiker des FAD konnten einer solchen Argumentation, die die Überlegungen der ADGB-Spitze und vieler Sozialdemokraten wiedergibt, nur wenig Überzeugung abgewinnen. Auch Parolen wie „Packen wir selbst an, dann schaffen wir eine Armee des Friedens, eine lebendige so ziale Gemeinschaft" (Vorwärts v. 12. 5. 1932) konnten die Kritiker, die die Vorwürfe des Lohndrucks und der Militarisierung parat hielten, nicht zufriedenstellen.

Ähnlich wie der Verband der Bauindustrie auf Seiten der Arbeitgeber war innerhalb des ADGB der Baugewerbsbund ein strikter Gegner des FAD und der Beteiligung der Gewerkschaften an ihm. Noch nach der Gründung des Sozialen Dienstes veröffentlichte der Baugewerbsbund eine Broschüre, die den FAD nicht nur als beschäftigungspolitisch gefährlich und im Leistungsvergleich mit tariflich entlohnter Arbeit zu teuer kritisierte, sondern auch den erzieherischen Wert der Maßnahme bezweifelte. Es sei nicht einzusehen, daß nun gerade Erd- und Tiefbauarbeiten, die in der Skala gesellschaftlicher Anerkennung traditionell ganz unten rangieren, in der Arbeitsdienstpropaganda als attraktiv und sittlich wertvoll gepriesen werden.

> „Hohen erzieherischen Wert kann dieser Arbeit nur der Zuschreiben, der die Erdarbeit nur vom Hörensagen kennt. Wer schon monatelang bei Regen und Schnee im Schlamm gestanden und mit schmerzenden Gliedern Lore um Lore voll geschaufelt hat, der hat Arbeit *nur* als Plage empfinden gelernt. Die Schwärmer von der Erziehungskraft der Schaufelarbeit sollten einmal die Sehnsucht empfinden lernen, mit der eine Erdarbeiterkolonne den erlösenden Feierabendpfiff erwartet. Die beschwerliche und stumpfsinnige Arbeit mit Pickel und Schaufel ist am wenigsten geeignet, die Schaffensfreude im jungen Arbeiter zu heben, schon gar nicht, wenn es sich um Leute handelt, denen die Arbeitsfreude schon völlig verlorengegangen ist." (Baugewerbsbund, 1932, S. 17)

Das Engagement der Gewerkschaften verbiete sich nach dem Baugewerbsbund aber auch deshalb, weil keine gewerkschaftlich geschulten Führer zur Verfügung stünden, eine Erziehungsarbeit im gewerkschaftlichen Sinne deshalb nicht möglich sei. Obwohl der Bundesvorstand des Baugewerbsbundes auch die Standardargumente gegen den FAD bemüht, weist er zudem auf eine arbeitsmarktpolitische Tendenz hin, die zwar innerhalb der gewerkschaftlichen Diskussion keine Rolle spielte, auf die jedoch Eugen Rosenstock ebenfalls aufmerksam gemacht hatte (vgl. Kap. 6.3.): der „offene Kampf der Jugend gegen die älteren Arbeiter um die vorhandenen Arbeitsgelegenheiten." (Baugewerbsbund, 1932, S. 19) Eindringlich wird vor der Gefahr gewarnt, durch Verstärkung dieser Tendenzen die Arbeiterschaft zu spalten. Die Alternative zum Arbeitsdienst könne nur Arbeitsbeschaffung für alle heißen. Auch wenn in einem sozialistischen Staat, so die Broschüre, die Arbeitsdienstpflicht für die Arbeiter vertretbar sei, gelte für die gegenwärtige Situation:

> „Solange die Reichsregierung ausschließlich aus Großgrundbesitzern und Großindustriellen zusammengesetzt ist, die obendrein den Kapitalismus mittels einer faschistischen Diktatur nicht nur schützen, sondern noch mächtiger gestalten wollen, ist es wahrhaftig naiv, in der Bildung eines Arbeitsheeres einen Schritt zum Staatssozialismus zu erblicken. Vom klassenkämpferischen Standpunkt aus ist das Dabeiseinwollen, um Einfluß zu gewinnen, völlig falsch." (Baugewerbsbund, 1932, S. 22)

Innerhalb des ADGB blieben die Kritiker eine Minderheit. Mehrheitlich hielten die ADGB-Vertreter an ihrer Forderung nach Arbeitsbeschaffung fest und sahen im FAD nur eine vorübergehende Beschäftigungsmöglichkeit. Kritisch gegenüber der FAD-Praxis wird eine strenge Auslegung des Kriteriums der Zusätzlichkeit[2] reklamiert, im übrigen der sozialpädagogische und ethische Wert des FAD betont. Allerdings überließen es die ADGB-Verantwortlichen anderen Gruppen, die sozialpädagogischen Zielwerte genauer zu bestimmen und die ethischen Grundorientierungen zu begründen. Daran scheint auch aus ihrer Sicht kaum Bedarf bestanden zu haben, da sie an der Auffassung festhielten, bestimmte Haltungen und „Arbeitstugenden" seien auch für eine „sozialistische Ethik" selbstverständlich. So warnte beispielsweise Erwin Marquardt, gewerkschaftsnaher Direktor der Volkshochschule Groß-Berlin, vor dem inflationären Gebrauch abwehrender Schlagwörter wie Zwangsarbeit, Drill bzw. Arbeitszwang.

> Denn „Gehorchenlernen, wo es sich um sachlich notwendige Anordnungen handelt, Pünktlichkeit, Ordnung, gewissenhafte Erledigung aufgetragener Arbeiten, straffe Körperbeherrschung und geistige Disziplin werden im gemeinnützigen Arbeitsdienst ebensowenig entbehrt werden können, wie schon heute in der gemeinnützigen Erziehung zum Waffendienst, denn auch Erziehung zur Wehrhaftigkeit ist eine alte sozialistische Forderung." (Marquardt, 1932, S. 358)

Die Dominanz der traditionellen Bindungen zwischen SPD und ADGB ermöglichte ein weitgehend identisches Verhalten im FAD. Da der ADGB weiterhin an seiner programmatischen Forderung festhielt, neue Kaufkraft für Arbeiter zu schaffen, konnte die Befürwortung des FAD sich nur auf dessen sozialpädagogische Begründung beziehen, wobei die Furcht vor antisozialen Nebeneffekten des Arbeitsdienstes in der gewerkschaftlichen Diskussion stets präsent blieb. Ähnlich wie für die SPD läßt sich auch für den ADGB festhalten, daß die Zustimmung zum FAD keine Zustimmung zu einer allgemeinen Arbeitsdienstpflicht bedeutete, sondern eine zeitlich befristete Maßnahme zur Beschäftigung erwerbsloser Jugendlicher, von der man sich keine Lösung der Wirtschaftskrise erhoffen konnte.

Obwohl auch die christlichen Gewerkschaften die Bedenken des ADGB wegen der antisozialen Effekte des FAD teilten, war ihre Zustimmung eindeutiger. Zusammen mit den beiden Kirchen engagierten sich die christlichen Gewerkschaften von Beginn an als Dienstträger im FAD (Schwenk, 1967, S. 37). Der im September 1932 in Düsseldorf tagende 13. Kongreß der christlichen Gewerkschaften sah im FAD „eine wertvolle Möglichkeit, die jugendlichen Erwerbslosen aus der zermürbenden Trostlosigkeit ihrer Lage herauszunehmen und hineinzustellen in eine vernünftige und sinnvolle Aufgabe, die in ihnen mit dem Wertigkeitsbewußtsein auch wieder Freude am Leben und Schaffen weckt."[3] Gleichzeitig betont der Kongreß, daß nur arbeitspädagogische und psychologische Aspekte im FAD im Vordergrund stehen dürften, der als „eine zeitbedingte Notmaßnahme" anzusehen sei. Deshalb sprachen sich die christlichen Gewerkschaften auch nicht für die Form geschlossener Lager aus, sondern plädierten für den Verbleib der Arbeitsdienstwilligen in den eigenen Familien. Keineswegs, so erläuterte die „Gewerkschaftsjugend", Zeitschrift der „Jungmannen", dürfe der FAD als Fürsorgemaßnahme deklariert werden; er müsse in der Verantwortung der Berufsverbände bleiben und möglichst rasch der Integration der Jugendlichen in den Arbeitsmarkt Platz machen. Das pragmatische Verhältnis, das die christlichen Gewerkschaften zum FAD einnahmen, dokumentiert auch die Tatsache ihrer Distanz zur Volkslagerbewegung. Es waren in erster Linie erwerbslose Gewerkschaftsmitglieder, die in meist offenen Lagern[4] beschäftigt wurden. Eine ihrer Forderungen lautete, daß in der Regel nur 30 bis 40% „Fremde" zugelassen werden sollten. Ähnliche Daten lassen sich auch für die FAD-Maßnahmen des Sozialen Dienstes feststellen. Auch sie verweisen darauf, daß der FAD in den Gewerkschaften als Möglichkeit genutzt wurde, zunächst die eigenen Verbandsmitglieder zu beschäftigen – eine Politik, die mit den Zielvorstellungen der Volkslagerbewegung nicht vereinbar war.

8.3. Die Fundamentalopposition der Kommunisten

Wie bereits angedeutet (vgl. Kap. 4.4.) waren die Kommunisten die einzig ernstzunehmende Gruppe, die von Beginn an jede Form von Arbeitsdienst bekämpften. Konnte das vor 1931 – ähnlich wie bei SPD und ADGB – relativ abstrakt als Kampf gegen die „faschistische Arbeitsdienstpflicht" ausgegeben werden, so war dies nach Einführung des FAD in dieser Form nicht mehr möglich. Dennoch traf die KPD diese notwendige Unterscheidung nicht, sondern sprach weiterhin von der Arbeitsdienstpflicht, der ihr Kampf zu gelten habe. Dabei beschränkte sich dieser Kampf keineswegs nur auf Protestresolutionen und Beiträge in der kommunistischen Publizistik. Zuweilen nahm er auch handfestere Formen an. So berichteten die „Bremer Nachrichten", daß in den Nächten vom 11. 5. und 9. 6. 1932 die Schaufensterscheiben der Zeitung „Deutscher Arbeitsdienst. Für Volk und Heimat" von ca. 20 jugendlichen „Kommunisten" mit der Parole „Nieder, nieder, nieder mit dem Deutschen Arbeitsdienst" eingeworfen wurden.[1]

Systematisch läßt sich die Arbeitsdienstkritik der KPD einordnen in ihre Sozialfaschismus-Version und in die Konzeption der kommunistischen Erwerbslosenpolitik, die in der Endphase der Weimarer Republik für die KPD eine zentrale Rolle spielte. Denn die Partei setzte auf die Radikalisierungspotenzen der Weltwirtschaftskrise und sah in der Erwerbslosenbewegung eine Bewegung, die sich unmittelbar gegen den „kapitalistischen Staat" richte. Dabei benutzte die KPD sowohl die Parlamente als Tribüne für ihre Forderungen und setzte zugleich auf zahlreiche Formen außerparlamentarischer Massenmobilisierung (Demonstration, Hungermärsche, Versammlung, Besetzung von Rathäusern und Behörden, Boykottaufrufe und Streiks). Allerdings waren dem politischen Aktionismus enge Erfolgsgrenzen gesetzt. Denn sowohl die abstrakte Parolenpolitik als auch die überstrapazierte Entlarvungstaktik gegenüber der SPD- und ADGB-Führung zogen bei den Erwerbslosen deswegen keine unmittelbaren Resulate nach sich, da sie deren dringendste Alltagsprobleme übergingen und ihre Mobilisierungsbereitschaft für politische Fernziele überschätzten. Zudem stand der Avantgarde-Anspruch der KPD in Widerspruch zu ihrer proklamierten Taktik der „Einheitsfront von unten".[2]

Schon unmittelbar nach Einführung des FAD forderte das ZK des KJVD zur Bildung von „Kampfausschüssen" gegen jede versteckte und offene Form von Arbeitsdienstpflicht auf. In diesen sollten christliche, sozialdemokratische und parteilose Jungarbeiter den Widerstand gegen den FAD organisieren. Besondere Agitationszentren der Kommunisten waren bei dieser Taktik die Stempelstellen, auf denen der KJVD im Juni 1931 mit der Parole „Gegen die Hungeraktion aller Volksfeinde, für Arbeit, Brot und Freiheit!"[3] unter den Erwerbslosen agierte. Mit Unterstützung der KPD versuchte der KJVD in zahlreichen Städten – vor allem des Ruhrgebietes – sog. Erwerbslosendemonstrationen durchzuführen und organisierte im Rahmen der Taktik der „Einheitsfront von unten" Erwerbslosenkonferenzen als Zeichen der „Offensive" der Jungarbeiter gegen den Arbeitsdienst. So fand im Sommer 1931 unter Führung des KJVD in Essen ein „Einheitskongreß" statt, an dem 480 Jugendliche aus christlichen, sozialdemokratischer Jugendverbänden, Nichtorganisierte und sogar Mitglieder der HJ teilnahmen.[4]

Am 6. 9. 1931 hielt die KPD trotz eines Verbotes in zahlreichen Städten den 17. Internationalen Jugendtag unter der Parole „Gegen Notverordnung, Arbeitsdienstpflicht und Unterstützungsraub" ab.

Ähnlich wie die Gewerkschaften und die SPD betonte auch die KPD die Gefahr des Lohndrucks und der Militarisierung der Jugend – allerdings mit anderen Konsequenzen. Sie sah im Arbeitsdienst eine verdeckte Form der Militarisierung, um den nächsten Interventionskrieg gegen die Sowjet-Union vorbereiten zu können. „Die proletarische Jugend soll militärisch gedrillt werden, um auf die nächste imperialistische Massenschlächterei vorbereitet zu werden... Mordlust und Blutrausch brauchen die Faschisten, damit die im Arbeitsdienst Gedrillten auf Anweisung der Ausbeuter die eigenen Arbeitsbrüder und Arbeitsschwestern erschießen... Die werktätige Jugend soll sich bereitfinden, auf den Schlachtfeldern des Imperialismus und des Profits den Heldentod zu sterben." (Grube, 1932, S.12ff.)

Gemäß ihren arbeitspolitischen Vorstellungen lehnte sie auch jede Arbeit außer der tariflich entlohnten kategorisch ab. So heißt es in dem von der KPD-Reichstagsfraktion eingebrachten Arbeitsbeschaffungsprogramm: „Alle Arbeitsleistungen, die nicht tarifmäßig entlohnt werden, wie die Pflichtarbeit der Wohlfahrtserwerbslosen, der sogenannte Freiwillige Arbeitsdienst, die Anwendung der Zwangsarbeit, besonders gegenüber Jugendlichen, sind verboten." (Grube, 1932, S. 4)

Unter dem Eindruck des weiteren politischen Aufstiegs der NSDAP rief die KPD im Sinne ihrer Einheitsfrontpolitik am 25. Mai 1932 zur Bildung der „Antifaschistischen Aktion" auf. Nach den Vorstellungen des ZK der KPD zählte zu ihren hervorragenden Aufgaben der Kampf gegen den Arbeitsdienst. Hier hoffte die KPD u. a. deshalb Erfolge zu erzielen, da es in den Arbeitslagern gelegentlich zu spontanen Protestaktionen gekommen war. Nach Gründung der Antifaschistischen Aktion, die eine parteiübergreifende Massenorganisation zum Kampf gegen den Faschismus sein sollte, faktisch aber unter dem Einfluß der KPD stand, änderte die Partei ihre Kampfformen gegen den Arbeitsdienst. Verstärkt sollten nun die Jungkommunisten Kontakte zu Arbeitsdienstwilligen aufnehmen und ihre Agitation in die Arbeitslager verlegen. Entsprechend heißt es in einem Rundschreiben des ZK der KPD vom 4. 6. 1932:

> „Ein neues Gebiet unserer Arbeit ist dabei die Bearbeitung der bereits bestehenden Arbeitsdienstgruppen, die wir nicht der Isolierung vom revolutionären Proletariat überlassen dürfen. Ohne die mindeste Abschwächung unseres Kampfes gegen jede Arbeitsdienstpflicht oder freiwilligen Arbeitsdienst müssen wir in die bestehenden Ortsgruppen des freiwilligen Arbeitsdienstes zuverlässige klassenbewußte Arbeiter dirigieren, die dort entsprechend der Linie der revolutionären Erwerbslosenbewegung Aufklärungsarbeit leisten, den Kampf für die Erwerbslosenforderungen, für tarifliche Entlohnung usw. organisieren und ihn im Zeichen der Antifaschistischen Aktion mit dem Kampf gegen alle Militarisierungstendenzen verbinden." (zit. n. Schlicker, 1968, S. 418f.)

Ab Sommer 1932 änderten sich auch die Parolen der KPD gegen den Arbeitsdienst. Im Mittelpunkt standen nun die Forderungen nach Auflösung der bestehenden Lager und der Verhinderung neuer Lager. Unterstützt wurden diese Forderungen durch entsprechende Anträge der KPD-Reichstagsfraktion nach Verbot des FAD.[5]

Die spontanen Arbeitsniederlegungen und Protestaktionen in FAD-Lagern waren jedoch nur in den seltesten Fällen politisch motiviert oder gar ein Ergebnis kommunistischer Aufklärungsarbeit. So streikten z. B. Ende Oktober 1932 in der Nähe Altonas in einem Stahlhelmlager ca. 1000 Arbeitsdienstangehörige gegen den Abbau von Versorgungsleistungen.

> „Am 5. November 1932 trat z. B. die aus Jungstahlhelmern bestehende Belegschaft eines Arbeitsdienstlagers an der oberen Löcknitz in den Streik, weil auch hier auf Veranlassung des Landesarbeitsamtes Berlin das tägliche ‚Taschengeld' herabgesetzt werden sollte. Andererseits kam es zu einzelnen Protestaktionen der Bewohner benachbarter Orte gegen die Arbeitsdienstlager militaristischer und faschistischer Kräfte. So sahen sich die Insassen des Stahlhelmlagers in Grabo bei Jessen (Elster) am Morgen des gleichen 5. November 1932 einer roten Fahne gegenüber, die offenbar von Antifaschisten der Umgebung in der Nacht am Fahnenmast des Lagers gehißt worden war." (Schlicker, 1968, S. 420)

In anderen Lagern kam es zu Arbeitsniederlegungen oder Jugendliche verließen vorzeitig die Arbeitslager.[6] Auch schon im Vorfeld der Anwerbung für den FAD stießen die Arbeitsdienstpropagandisten gelegentlich auf Mißtrauen und Ablehnung bei den erwerbslosen Jugendlichen der Großstädte. Ein Arbeitsdienstführer aus Bremen berichtete über seine desillusionierenden Anwerbungsversuche im Sommer 1932. „So wurde z. B. der FAD als eine Erfindung von ausbeutenden Kapitalisten, die sich mit billigen Arbeitskräften auf schnelle Art bereichern wollten, hingestellt. Einige zweifelten an der Ehrenhaftigkeit meiner Aufgabe, indem sie mich offen fragten, was ich denn dafür bekäme, wenn ich sie von der Arbeitslosenunterstützung hinweg zum Arbeitsdienst ziehen wollte. An den Fragen vieler, ob sie nicht abends heimkehren könnten, um sich dann auf ihre Art zu unterhalten, konnte ich erkennen, daß der Gedanke des FAD noch zu neu war, um von den meisten richtig erfaßt zu werden; denn man sollte ja nicht nur zusammenkommen, um gemeinsam zu schaffen, nein, auch die Feierstunde, jede Minute des Kampfes und der Erholung sollte gemeinsam verlebt werden, erst das brachte die Menschen einander näher." (BA R 77/81, Bericht Haake) Aber auch in den Lagern selbst kam es zu Unmutsäußerungen der kasernierten Jugend. So berichtet z. B. der sozialdemokratisch orientierte „Volksbote" (Stettin) über Unruhen in Lagern der NSDAP in Pommern. Im Lager Glasenapp (Kreis Neustettin) steigerten sich die Unruhen zu „regelrechten Rebellionen" – ähnliche Verhältnisse herrschten auch im Lager in Stepenitz.

> „Verschiedentlich haben die Jugendlichen dort schon gegen ihre Führer aufbegehrt. Besonders wurde seitens der Dienstwilligen über das Essen geklagt, so daß es in einem Lager in der Vorwoche zu einem regelrechten Streik gekommen ist. Die 52 Insassen des Lagers in Glasenapp rebellierten. Man ließ sie antreten und versuchte, die verstörten und erregten Jugendlichen durch starke Worte kirre zu machen.
> ‚Das ist keine SA-Truppe, das ist ein Sauhaufen.'
> So und ähnlich hagelte es auf die Dienstwilligen nieder und als auch dies alles nicht wirken wollte, drohte man, die 52 Mann durch Landjäger aus dem Lager jagen zu lassen... Wir werden uns mit diesem Lager und seinen Eigenarten wahrscheinlich noch näher beschäftigen müssen, möchten aber heute schon das eigenartige Wochenprogramm erwähnen, nach dem täglich zehn Arbeitswillige auf einem in der Nähe von Glasenapp gelegenen Gut Getreide dreschen müssen, eine Arbeit, die mit dem FAD nicht das geringste gemein hat, höchstens Landarbeiter brotlose macht und den Besitzern auf Kosten der Allgemeinheit Vorteile verschafft." (Volksbote v. 24. 12. 1932)

Zu Protestaktionen von Erwerbslosen und Wohlfahrtsempfängern kam es jedoch nicht nur in den Lagern rechter Verbände. Da die Gemeinden wegen der angespannten Haushaltslage den Wohlfahrtserwerbslosen kaum mehr ihre Unterstützung zahlen konnten, kam es auch hier wiederholt zu Protest- und Streikaktionen. So berichtete der Grünberger Anzeiger vom 1. 3. 1932 über den Streik von Arbeitslosen im hessischen Schotten:

> „Der Gemeinderat hatte gestern abend über eine Reihe von Anträgen der von der Stadt beschäftigten ledigen Wohlfahrtserwerbslosen zu beschließen. Da die finanzielle Lage der Stadt es nicht zuläßt, daß die Beträge an die Arbeitslosen ohne Gegenleistung ausbezahlt werden, war vor einiger Zeit beschlossen worden, jedem Wohlfahrtserwerbslosen Gelegenheit zu geben, 2 cbm Steine für 10 RM zu klopfen. Die Arbeitslosen forderten jedoch Tariflohn, keine Akkordarbeit und Verschiedenes mehr. Als dies nicht bewilligt wurde, legten sie die Arbeit nieder, ein kommunistisches Flugblatt an die Einwohner von Schotten wurde verteilt. – In nichtöffentlicher Sitzung beschloß daraufhin der Gemeinderat: Die Beschäftigung der ledigen Arbeitslosen bei der Stadt im Tariflohn wird abgelehnt. Alle ledigen Arbeiter, die sich zum freiwilligen Arbeitsdienst gemeldet haben und nicht schon von dem Arbeitsamt angenommen wurden, werden von der Stadt in den freiwilligen Arbeitsdienst aufgenommen und erhalten 12 RM pro Woche und Krankenversicherung. Arbeiter, die sich nicht gemeldet haben zum freiwilligen Arbeitsdienst, werden im Akkord mit Steineklopfen beschäftigt... Jeder bei der Stadt be-

schäftigte Erwerbslose (ledig oder verheiratet), der die übrigen bei der Stadt beschäftigten Arbeiter aufwiegelt und sie zum Streik auffordert, wird aus dem Arbeitsverhältnis entlassen und bekommt die Unterstützung entzogen. Eine besondere Unterstützung für die vergangene Woche an die streikenden Arbeiter wird abgelehnt."

Solche und ähnliche Vorfälle registrierte die kommunistische Presse sorgfältig; KPD und KJVD wiesen ihre Bezirksleitungen an, entsprechende Berichte über Unruhen und Streiks in den Lagern zu sammeln. Obwohl nur in den seltensten Fällen diese Arbeitsniederlegungen politisch motiviert waren, wurden sie von der KPD als Erfolg ihrer Erwerbslosenpolitik interpretiert. Nach Zählungen der KPD kam es allein im Zeitraum von April bis September 1932 zu 77 Streiks in Arbeitsdienstlagern. Davon wurden 13 zur Durchsetzung von Lohnforderungen, 25 gegen Lohnherabsetzungen und 25 gegen schlechte Unterkünfte, Verpflegung und gegen militärischen Drill geführt. In 9 Fällen hatte dies die Auflösung der Lager zur Folge. In 5 weiteren Fällen verließen Jugendliche vorzeitig die Lager und in 14 Fällen wollen die Kommunisten erfolgreich die Einrichtung neuer Lager verhindert haben.[7] Im November 1932 sprach der KJVD-Vorsitzende Fritz Große von 83 durchgeführten Streiks. Die von Rasche und Schlicker zitierten Beispiele für Streiks und vorzeitigen Arbeitsabbrüchen belegen jedoch auch, daß es in erster Linie konkrete Mißstände in einzelnen Lagern waren, die Arbeitsniederlegungen auslösten und sie deshalb nicht als prinzipieller Widerstand gegen die Einrichtung des FAD interpretiert werden können. Quantitativ bewegen sich die von der KPD ermittelten Daten in der zweiten Phase des FAD in der Größenordnung, die Schellenberg für die erste Phase recherchiert hatte (vgl. Kap. 7.1.). Dies muß für die KPD, die ihre Politik auf die Organisierung von Streiks in den Lagern konzentriert hatte, enttäuschend gewesen sein. Schlicker macht dafür „sektierische Einflüsse" verantwortlich, die verhinderten, „in größerem Umfang Jungarbeiter in den Arbeitsdienstlagern dem Einfluß ihrer ‚Diensträger' zu entziehen und trotz der komplizierten Bedingungen – dem Terror und der Demagogie der imperialistischen Kräfte wie der desorientierenden Arbeitsdienstpolitik des Reformismus – entscheidendere antifaschistische Massenaktionen unter den Jugendlichen an den Stempelstellen, in den Betrieben sowie – über die Lagergrenzen hinweg – unter den Angehörigen benachbarter Arbeitsdienstlager auszulösen." (Schlicker, 1968, S. 421)

Auf einer Tagung des ZK des KJVD am 14. und 15. 11. 1932 in Prieros bei Königs-Wusterhausen forderte deshalb Ernst Thälmann dazu auf, bei Einheitsfrontaktionen nicht mehr – wie gelegentlich geschehen – auf den Eintritt in den KJVD zu bestehen und die hölzernen, unpersönlich gehaltenen Appelle zu unterlassen. „Ich glaube die trockene, eintönige Sprache, dieses Unpersönliche, diese nicht genügende Kameradschaftlichkeit muß aus unseren Reihen verschwinden."[8] Das ZK erklärte auf dieser Tagung den Kampf gegen den Arbeitsdienst zu einem entscheidenden Schwerpunkt der Verbandsarbeit unter der Parole „Kampf für Arbeit und Brot, gegen jede Militarisierung!"

In den beiden letzten Monaten vor der nationalsozialistischen Machtergreifung verstärkten die Kommunisten ihre Aktionen gegen den FAD und organisierten „Kampfkonferenzen der Jugend gegen die Arbeitsdienstpflicht". Am 17. 1. 1933 verwies der KJVD-Vertreter Artur Becker vor dem Sozialpolitischen Ausschuß des Reichstages darauf, daß die Kommunisten ihren Kampf auf die Mißstände in den FAD-Lagern konzentrierten:

> „Gegen die Mißstände, gegen Ausbeutungsmethoden und Militarisierung führen wir in den Lagern einen ständigen Kampf. Mit uns gemeinsam kämpfen die jungen nationalsozialistischen Erwerbslosen, die christlichen Jungarbeiter ebenso wie die Mitglieder der sozialdemokratischen Arbeiterjugend und der freien Gewerkschaften. In den letzten drei Monaten führten wir über 200 Streiks in den Lagern durch, in der Mehrzahl wurden die Streiks mit einem Erfolg oder Teilerfolg abgeschlossen."[9]

Am 29. 1. 1933 meldete die Rote Fahne sogar, die Zahl der Streiks sei auf 250 angestiegen. Im Unterschied zu den Erfolgsmeldungen in der kommunistischen Publizistik finden sich ähnliche Belege in der sozialdemokratischen und gewerkschaftlichen Publizistik kaum. Angesichts der Denunzierung der Sozialdemokratie als sozialfaschistischer Organisation und der Bildung der „Revolutionären Gewerkschaftsopposition" (RGO) scheint es zweifelhaft zu sein, die tatsächliche vorhanden gewesene Resistenz und Opposition gegen den FAD und Mißstände in den Lagern in erfolgreiche Aktionen einer Einheitsfrontpolitik so umdeuten zu können wie es der Agitationsapparat der KPD am Vorabend des Dritten Reiches getan hat. Eher ist nach der gegenwärtigen Quellenlage davon auszugehen, daß diese Protestaktionen spontan entstanden sind und der tatsächliche Einfluß der Kommunisten gering war. Aber immerhin sprach ein Lagebericht des Reichsinnenministeriums vom 9. 12. 1932 von ständig „steigernden Unruheaktionen in den Arbeitsdienstlagern" und wertete diese als Ausdruck des Wirkens „der organisierenden, instruierenden und immer radikaler hetzenden Tätigkeit der Kommunistischen Instanzen."[10]

Blieben die Sozialdemokraten in ihrer Bewertung des Arbeitsdienstes bei der strikten Unterscheidung zwischen Dienstpflicht und Freiwilligkeit, so stellten die Kommunisten von Beginn an die Propaganda gegen den Arbeitsdienst in den Kontext des Kampfes gegen die drohende faschistische Diktatur und betonten die Aspekte der Militarisierung und Ausbeutung der Jungarbeiterschaft. Da im Politikverständnis der KPD konkrete Alltagsprobleme keine oder nur eine untergeordnete Rolle spielten, nicht die subjektive Situation der Betroffenen, sondern die Revolutionsperspektive mit der Vorbildfunktion der Sowjet-Union zum Ausgangspunkt der Erwerbslosenarbeit gemacht wurde, konnten auch die sozialpädagogischen Legitimierungen des FAD von der KPD nicht akzeptiert werden. Daß, wie Edith Rasche schlußfolgert, „der Kampf gegen den Freiwilligen Arbeitsdienst zu den erfolgreichsten Seiten der Arbeit des Kommunistischen Jugendverbandes in den Jahren der Weltwirtschaftskrise gehört" (Rasche, 1968, S. 145), sagt mehr über die begrenzten Einflußmöglichkeiten des KJVD aus als über das Oppositionspotential in den FAD-Lagern. Freilich bleibt zu fragen, ob eine Lockerung der straffen Organisationsprinzipien und eine flexiblere Einbeziehung der subjektiven Bedürfnisse junger Erwerbsloser – von der wirtschaftlichen Selbsthilfe über die psychische Stützung bis zur Entwicklung mittelfristiger Handlungsperspektiven – sowie die Aufgabe der Fiktion, als kollektiver Wille der Arbeiterklasse sprechen zu können, letztlich nicht effektiver und erfolgreicher gewesen wäre. Gegenüber der auf Parolenpropaganda und Entlarvungstaktik abgestellten Politik blieb eine kontinuierliche Tagesarbeit Desiderat.

9. Lagererziehung im Freiwilligen Arbeitsdienst

9.1. Das Lager als Ort der Formierung und Sozialdisziplinierung

Bedingt durch das Delegationsprinzip und die relativ flexibel gehaltenen Rahmenbedingungen des FAD blieb die Gestaltung des Alltags in den Lagern weitgehend der Verantwortung der jeweiligen Dienstträger überlassen. Entsprechend unterschiedlich sah auch die Praxis des FAD aus und selbst unter den Befürwortern der geschlossenen Lager sind Differenzierungen bezüglich des Stils, der Interaktionsformen und der sozialpädagogischen Zielsetzungen festzustellen. Zwischen dem Lageralltag eines „Volkslagers" im Umfeld der volksbildnerisch engagierten Heimatwerke, dem eines Reichsbannerlagers und Lagern der NSDAP oder des Stahlhelm gab es inhaltliche Unterschiede. Sie waren eingebettet in unterschiedliche politische und soziale Milieus und gekoppelt an die jeweiligen verbandsspezifischen Arbeitsdienstvorstellungen. Das sei dem Versuch vorausgeschickt, verallgemeinernde Strukturierungen des Lagerwesens zu rekonstruieren. Diese werden idealtypisch gewonnen an der Idee der geschlossenen Lager und abgelesen an der Praxis der rechtsextremen Dienstträgerverbände. Auch wenn bei ihnen die sozialpädagogischen Zielsetzungen des FAD sekundär waren, so verbanden sie doch mit der Lagererziehung allgemeine erziehungspolitische Intentionen, für die die Organisationsformen des Lagers selbst Erziehungsmittel waren. In den Lagern der rechtsextremen Verbände findet man diese Organisationsformen am weitesten entfaltet. In ihnen werden Techniken der Suggestion und Beeinflußung erprobt, wie sie später in den Lagern des RAD geplant und in großem Maßstab praktiziert wurden. Ihre Struktur bietet das soziale Substrat von Lagererziehung, deren Idealtyp relativ unabhängig von den speziellen Erziehungsvorstellungen und Verbandsinteressen ist und die als besondere Figuration eine Eigenstruktur besitzt, die nicht an die Intentionen der Träger gebunden, für diese aber funktional einsetzbar ist.

Geschlossene Lager lassen sich als „totale Institutionen" zur Erziehung und Kontrolle der Lagerinsassen interpretieren. Sie unterliegen einem strengen Reglement und sind auf Loyalität und Disziplin bedacht. Charakteristisch für sie ist die weitgehende Aufhebung der Trennung von Arbeit, Freizeit und Familie. Alle Phasen des Arbeitstages sind exakt geplant und folgen einem System fester Regeln, die von Erziehern und Führern vorgeschrieben sind. Alle

Phasen der täglichen Arbeit werden in unmittelbarer Öffentlichkeit durchgeführt, Privatheit existiert nicht. Ziel der Organisationsstruktur der geschlossenen Lager bleibt die volle Integration der Insassen in die Institution, die Einschränkung des Selbst. Geistige Unterforderung korrespondiert mit gesteuerten Erlebnis-Arrangements, um die Integrationsbereitschaft zu erhöhen. Hierzu zählen auch bestimmte Szenarien, die kontrolliert die Herstellung von Öffentlichkeit dokumentieren wie z.B. Lagerzeitungen, Feiern mit der ortsansässigen Bevölkerung, Gesangs- und Laienspielabende in Dorfkneipen. Bei der Organisationsstruktur geschlossener Lager handelt es sich um ein Grundschema, das je nach den Dienstträgern geringfügig variiert.

Zentrale Erziehungsziele sind Dienstbereitschaft und Kameradschaft, die wichtigsten Erziehungsmittel die körperliche Arbeit und die Organisationsformen des Lagers selbst. Dazu zählen die Reglementierung des Tagesablaufes, die Lagerordnung, die Ausdifferenzierung von Ritualen und Stilformen (Feiern, Gesang, Uniformierung, Fahnenappelle, Wettkämpfe), die politische Schulung, kurz das gesamte Handlungs- und Kommunikationssystem des Lagers. Obwohl fast alle Dienstträger im FAD ähnliche funktionale Beeinflussungstechniken verwenden, dürfen deswegen die qualitativen Unterschiede nicht vernachlässigt werden. Sie basieren auf der unterschiedlichen Ausdeutung von Schlüsselbegriffen des FAD im Sinne der basalen Deutungsmuster der politisch-kulturellen Weltanschauung der jeweiligen Dienstträger. Sie bilden das Kriterium für die Entscheidung, welche Maßnahmen aus dem Sample möglicher Stilformen, welche Erziehungsgehalte aus dem Sample möglicher Aufgaben im Lageralltag dominierend sind, welche keine und welche eine untergeordnete Rolle spielen. Erst im Akt der Operationalisierung der Ideologie werden Differenzen zwischen Lagern des Stahlhelms, der NSDAP, des katholischen Reichswerkes oder der Volkslagerbewegung sichtbar. Das impliziert, daß einzelne Maßnahmen – wie der in allen Lagern betriebene Frühsport – nicht hinreichend kritisierbar sind. Erst das Sample der Maßnahmen, die eine bestimmte Figuration von Beeinflussungstechniken und -inhalten bilden, ist der eigentliche Gegenstand der Kritik. Unter erziehungswissenschaftlicher Fragestellung bleibt dabei bedeutsam, ob und warum subjektive Identitätsfindung und -stabilisierung unter objektiv entmündigenden Bedingungen gelingen kann, warum freiwillige Integration und Objektbestimmung sich nicht ausschließen. Letztlich schließt daran die Frage an, ob die Kriterien pädagogischer Wünschbarkeit in der Tradition der Aufklärung Erziehung und Indoktrination diskriminieren können.

Als relativ abgeschlossener Erziehungsraum, der die Jugendlichen von ihrer vertrauten Lebenswelt isoliert, werden die Lager idealtypisch in ländlich abgeschiedener Umgebung errichtet. Die Herauslösung aus eingespielten vertrauten sozialen Bindungen korrespondiert mit der Eingliederung in Gruppen unterschiedlicher sozialer Herkunft und politischer Weltanschauung. Diese Konstellation dokumentiert die Entrücktheit des Lagers vom bürgerlichen Alltag und hebt die Besonderheit der Situation hervor. Die Isolierung ist funktional auf das Lagerziel, die sekundäre Sozialisation und Erziehung im Sinne von Formierung und Sozialdisziplinierung, bezogen. „Bei diesen Lagern“, schreibt Petersen in seiner vom Hamburger Erziehungswissenschaftler Gustav Deuchler betreuten Arbeit, „sind arbeitsdienst- und lagerfremde Einflüsse fast völlig ausgeschaltet. Die Mannschaft kommt kaum wegen der mit den großen räumlichen Entfernungen verbundenen Erschwernissen mit einer anderen Umgebung in Berührung. Diese Abteilungen stehen ganz auf sich und sind auf sich selbst angewiesen. Führer und Männer sind in dauernder Berührung miteinander. Diese Vorbedingungen für das Zusammenwachsen der Mannschaft zu einer festen und engen Kameradschaft sind somit gegeben.“ (Petersen, 1938, S. 63)[1]

Neben der Isolierung der Jugendlichen kommt der Primitivität der Lebensbedingungen und der Primitivität der Arbeit ein hoher Stellenwert zu. Wer sich dieser doppelten Primitivität unterwirft, dokumentiert die sozial wünschbare Dienstbereitschaft. Über sie vermittelt sich in erster Linie das, was zeitgenössisch als Dienst am Volk oder als Aufbau einer neuen Volksordnung interpretiert wird. Sie bleibt conditio sine qua non des Dienstgedankens. Denn wer die gesellschaftliche Situation in der Endphase der Weimarer Republik als Ausdruck einer umfassenden Kulturkrise mit sozialen Verwerfungen der „Volksordnung“ interpretierte, wird deren Wiederherstellung zu erreichen versuchen durch die Betonung subjektiver Anspruchslosigkeit, spartanischer Lebenshaltung und der Bereitschaft zur Unterordnung.

Stellt der Dienstgedanke jene Perspektive dar, die das Verhalten des Einzelnen und der Lagergemeinschaft zur "Volksgemeinschaft“ relationiert, so reguliert der zweite Zielwert „Kameradschaft“ als Verhaltensimperativ die Sozialbeziehungen der Lagerteilnehmer und fungiert als Ferment von Gemeinschaftsbildung, die scheinbar quer liegt zu den hierarchischen Befehlsstrukturen des Lagers. Es sind diese Strukturen, die im Sinne sekundärer Sozialisation implizite Verhaltenserwartungen symbolisieren und die Wirkung bestimmter Beeinflussungstechniken garantieren sollen. Für die Gemeinschaftsbildung und Kameradschaftsbildung werden sie als notwendig, aber nicht hinreichend betrachtet. Die Wirkung der Kameradschaftsbildung bleibt in den Augen der zeitgenössischen Pädagogik abhängig von der Person des Lagerführers. Es ist eine typische männlichkeitsfixierte Erziehungsvorstellung, die Kameradschaft bewußt definiert als „das Verhältnis von Mann zu Mann. Kameradschaft ist nicht Weichheit, sondern schlichte und gerade, herbe und harte Männlichkeit... Kameradschaftlich ist auch der Ton zwischen den Führern und der Mannschaft“ (Petersen, 1938, S. 39)[2] Die Kameradschaftsideologie war nun keineswegs eine Erfindung der Nationalsozialisten, sondern fand über die Mystifizierung des Fronterlebnisses Eingang in das Gruppenleben der Weimarer Jugend, der Kampfbünde und vieler Verbände. Innerhalb der Arbeitsdienstdiskussion wird die Kameradschaftsideologie an die Reaktivierung und Aufwertung bestimmter Werte (Treue, Ehre, Glauben, Vertrauen, Hilfsbereitschaft, Ehrlichkeit) geknüpft. Die nationalsozialistische Kameradschaftsideologie unterscheidet sich von anderen Varianten dadurch, daß sie kameradschaftliches Verhalten als nicht erlernbar, sondern anlagebedingt definiert.

„Kameradschaft ist ein Verhältnis, das den Einzelnen ganz erfaßt und seine innere Haltung bestimmt... Wie das Führertum, so kann auch das Kameradsein nicht erworben werden. Es ist vorhanden, oder es ist nicht vorhanden. Wenn es als Anlage vorhanden ist, vermag man den Mann dazu zu erziehen, und er vermag sich selbst dazu zu entwickeln." (Petersen, 1938, S. 52)[3]

In dem euphorischen Bericht Jesco von Puttkamers, selbst FAD-Teilnehmer mit nationalsozialistischen Sympathien, heißt es entsprechend:

„Der Arbeitsdienst ist die beste Schule für Kameradschaft. Hier ist jeder nur ein Teil der Gemeinschaft, hier heißt es die eigenen Wünsche unterzuordnen zum Nutzen der Allgemeinheit, hier lernt die Jugend die Vertreter der anderen Stände kennen und schätzen, hier herrscht die Kameradschaft zwischen dem Studenten der Rechtswissenschaften und dem ungelernten Arbeiter, hier wird die selbstverständliche Schicksalsverbundenheit der deutschen Volksgenossen begründet, die durch das ganze Leben von dem großen Grundsatz beherrscht sein soll, auf dem das neue Reich sich aufbaut: Gemeinnutz geht vor Eigennutz. Und das ist die Kameradschaft." (Puttkamer, 1933, S. 12)

Trotz Puttkamers einengender Interpretation des Kameradschaftsverhältnisses auf die nationalsozialistische Weltanschauung hält er verallgemeinbare Motive der Kameradschaftsideologie fest: Sie definiert die Egalität in der Unterordnung und die gemeinsame Zugehörigkeit zu einer Gruppe und eine soziale Interaktionsform, die nicht personal, sondern funktional, nicht zwischen Subjekten, sondern zwischen Gruppenmitgliedern existiert. Sie soll in der männerbündlerischen Subkultur des Arbeitsdienstes das Gruppengefühl stärken, sie aktualisiert sich über das gemeinsame Erlebnis der körperlichen Arbeit. Bei allen Dienstträgern des FAD wird Arbeit zum entscheidenden Erziehungsmittel definiert und gelten Arbeitsgesinnung und die Wertmuster kollektiver Leistungsethik als sozial und pädagogisch wünschbare Erziehungsziele. Als Erziehungsmittel ist Arbeit nicht nur Beschäftigung, sondern muß ideologisch abgesichert werden mit übergeordneten Motiven und mittleren Perspektiven wie: „Jugend erobert eine Provinz im Frieden! Jugend schafft neues Land! Jugend schafft Lebensraum für ein junges Volk! Jugend hilft zusammenbrechendes Volk neu aufzubauen! Jugend ist Träger der Siedlung!" (Caritas, 1932, S. 504) In der Praxis des FAD wird der Erziehungsgehalt der Arbeit den Jugendlichen über die Gemeinnützigkeit, den Dienst und die jeweilige Weltanschauung des Trägerverbandes vermittelt.

Im FAD trug die Organisation geschlossener Lager und die Unterbringung der Jugendlichen häufig noch improvisierte und dilettantische Züge. Stillgelegte Fabriken, Zelte, alte Baracken, Gasthäuser, Ställe und Heuboden wurden vielfach zu Schlafstätten umfunktioniert. Gelegentlich dienten die ersten Arbeiten der Herrichtung von Unterbringungsmöglichkeiten. So berichtet der NSDAP-Lagerführer Meiners über das erste Lager der Partei im September 1932 in Bremen.

In der verlassenen Fabrik fehlten Türen und Fensterscheiben, das Dach leckte. Material bekamen die Arbeitsdienstwilligen von umliegenden Firmen und dem

Hafenbauamt geschenkt. „Es wurden zunächst zwei einigermaßen leidlich in Ordnung befindliche Räume gesäubert und geweißt. Die ersten paar Nächte wurden die Zementsäcke als Kopfkissen benutzt. In den nächsten Tagen wurde dann auch schon mit dem Abtransport von Betten, die der Llyold stellte und von Spinden und Schränken, Tischen und Stühlen, die von der AG Weser geholt wurden, begonnen..." (Bericht Meiners, BA R 77/81)

Erst der NS-Arbeitsdienst und der RAD normierten und perfektionierten auch das äußere Erscheinungsbild der Lager im Sinne seines totalen Erziehungsanspruches. Selbst von der Ökonomie und Architektur des Raumes sollten Erziehungswirkungen ausgehen und gleichzeitig sollten jene Barackenlager den Erziehungsanspruch im Arbeitsdienst symbolisieren (vgl. Petersen, 1938, S. 55ff.) Die Anordnung und Ausgestaltung der Lager und einzelnen Baracken waren an dem Ziel orientiert, den Jugendlichen „ein Gefühl des Wohlbefindens und damit Willigkeit und Aufnahmebereitschaft für die übrigen Einflüsse des Arbeitsdienstes (zu vermitteln). Die Sehnsucht aus dem Lager hinaus schwindet und fehlt nachher ganz. Damit entfällt ein für die Erziehung sehr gefährliches Moment, nämlich die Bereitschaft zur Aufnahme arbeitsdienstfremder und -entgegengesetzter Einflüsse und die Absperrung gegen die erzieherischen Einwirkungen des Arbeitsdienstes." (Petersen, 1938, S. 59) Schon vor 1933 wurde von einzelnen Dienstträgerverbänden eine einheitliche Gestaltung der Unterkünfte gefordert und praktiziert. So bot der bayerische Volksbund für Arbeitsdienst in Holzbauweise Unterkunftshäuser mit geeigneter Ausstattung an, die auch als Siedlerwohnstätten verwendbar waren (Kaufmann, 1932, S. 42ff.).

Als ein entscheidendes Mittel der Lagererziehung muß die Struktur des Tagesablaufes angesehen werden. Die minutiöse Einteilung des Dienstplanes folgt dabei in fast allen geschlossenen Lagern einem Grundschema, dessen Formalstruktur bei den verschiedenen Dienstträgern nur geringfügig variiert und selbst in den Lagern des RAD noch erkennbar bleibt. Die Konstanz dieses Grundschemas bezieht sich sowohl auf die Tageseinteilung wie auf immer wiederkehrende Lagerrituale. Der Kern des Dienstes, die Arbeit, wird integriert in Veranstaltungen, die der „körperlichen Ertüchtigung" und der „weltanschaulichen Erziehung" dienen sollen; hierarische Interaktionsformen, die zum Teil direkt den Befehls- und Gehorsamsverhältnissen des Militärs entlehnt sind, sollen die Durchsetzung des Dienstgedankens und die Formierung des Jugendlichen garantieren. Stilmittel wie das Marschieren in Kolonne, das gemeinsame Singen, militärische Kommandos zählen zum Lageralltag auch der evangelischen FAD-Dienstträgerverbände.[4]

Ein Vergleich der folgenden Tageseinteilungen im evangelischen FAD-Lager Staumühle, in Lagern des Stahlhelms und im RAD mag dies illustrieren.

In dem von der Anstalt Bethel organisierten FAD-Lager mußte jeder Dienstwillige folgende Lagerordnung unterschreiben:

„**Lager-Ordnung.**

6.00 Uhr:	Wecken, anschließendes Waschen, Betten machen,- Baracken reinigen.
6.45–7.15 Uhr:	Freiübungen.
7.30 Uhr:	Frühstück.
8.00 Uhr:	Einteilung zur Arbeit.
12.00 Uhr:	Mittagessen
13.00 Uhr:	Einteilung zur Arbeit.
17.00 Uhr:	Einrücken, anschließend Kaffeetrinken.
18.00–19.00 Uhr:	Freizeit.
19.00 Uhr:	Abendessen.
20.00 Uhr:	Abendbeschäftigung (Unterricht, Vorträge und dergl.).
21.00 Uhr:	Abendandacht, anschließend Bettruhe.

1. Gehorsam gegen die Führer ist Ehrenpflicht jedes einzelnen.
2. Im Lager wird kein Alkohol genossen und kein Kartenspiel benutzt.
3. Während der Arbeit wird nicht geraucht.
4. Das Lager darf nur mit vorheriger Erlaubnis verlassen werden.
5. Bei schweren Verstößen gegen Haus- und Lagerordnung verfügt die Lagerleitung die Entfernung aus dem Arbeitsdienst. In diesem Falle muß die Heimreise selbst getragen werden. Dasselbe gilt bei vorzeitigem und freiwilligem Ausscheiden. Darum wird das Taschengeld für die ersten 14 Tage erst am Schluß des Dienstes ausgezahlt." (Stratenwerth, 1932, S. 43)

In den Lagern des Stahlhelm lautete das „Lagergesetz", das den Tagesablauf vom Wecken bis zur Bettrühe regelte:

„5.00 Uhr:	Wecken
5.10–5.25 Uhr:	Frühgymnastik (Freiübungen, Atemübungen, kurzer, scharfer Dauerlauf, Bodenübungen).
5.30–5.45 Uhr:	Bettenmachen, Revierfegen. Bei Sonnenaufgang Flaggenparade.
5.50–6.10 Uhr:	Morgenkaffee.
6.15 Uhr:	Antreten und Abmarsch zur Arbeit mit Gesang. Die ganze Arbeit dauert sechs Stunden und wird von ½stündiger Frühstückspause unterbrochen.
13.00 Uhr:	Schluß der Arbeit, Abrücken ins Quartier.
13.00–14.15 Uhr:	Waschen, Umziehen, Mittagessen.
14.20–16.00 Uhr:	Bettruhe, die unbedingt durchgeführt werden muß...
ab 16.15 Uhr:	zwei Stunden Leibesübungen und Wehrsport...
ab 18.30 Uhr:	Beschäftigungsstunde, Instandsetzen des Arbeitsgeräts. Abendbrot, bei Sonnenuntergang Flaggenparade.
ab 20.00 Uhr:	Vorträge, Unterricht, Musik, Aussprache. Jeder dritte Abend ist ab 19 Uhr vollkommen dienstfrei.
22.00 Uhr:	Zapfenstreich." (Heinz, 1933, S. 151f.)

Der Dienstplan in einem RAD-Lager unterwarf die Jugendlichen unter ähnlichen spartanischen Lebensbedingungen ebenfalls einer gemeinschaftsbezogenen Formierung, die individuelle Distanz und Rückzugsmöglichkeiten ausschloß.

„Dienstplan (Dienstag) Losung: Kütemeyer

6.00 Uhr:	Wecken
6.20–7.15 Uhr:	Frühsport
6.20–7.15 Uhr:	Waschen, Bettenbau, Frühstück
7.15 Uhr:	Antreten
7.20 Uhr:	Flaggenparade
7.30 Uhr:	Abmarsch zur Arbeit
7.45–10.00 Uhr:	Arbeitsdienst
10.00–10.30 Uhr:	Frühstück
10.30–14.00 Uhr:	Arbeitsdienst
14.00–14.15 Uhr:	Rückmarsch
14.30–15.00 Uhr:	Mittagessen
15.00–15.10 Uhr:	Politische Zeitungsschau
15.30–17.00 Uhr:	Leibeserziehung (Gymnastik, Handball, Fußball)
17.10–18.00 Uhr:	Staatspolitischer Unterricht (Thema: Adolf Hitler und seine Getreuen)
18.00–18.45 Uhr:	Stiefelappell
18.55 Uhr:	Antreten
19.00 Uhr:	Befehlsausgabe
19.15–19.45 Uhr:	Abendbrot
19.45–20.15 Uhr:	Putz- und Flickstunde
20.15–21.45 Uhr:	Feierabendgestaltung
22.00 Uhr:	Zapfenstreich – Licht aus!“ (Kretschmann/Edel, 1936, S. 31)

Aussägekräftiger als das formale Reglement des Tagesablaufes sind hingegen Schilderungen von FAD-Teilnehmern, in denen die subjektive Wahrnehmung des Lageralltags schon immer mit enthalten sind.[5] So berichtet der Führer eines Wehrwolf-Lagers, dessen Insassen aus einer Schutthalde einen Spielplatz machen sollten:

> „Nach einer Stunde Mittagspause wurde dann weitergeschafft, bis um 15.30 Uhr dann der Ruf ‚Feierabend‘ ertönte. Darauf säuberten wir unsere Geräte, traten zum Abmarsch an und zogen mit frohem Gesang zum Lager zurück. Der Nachmittag verging entweder mit Zeugappell oder es wurden neue Lieder eingeübt. An besonders heißen Tagen besuchten wir ein Freibad. Nach dem gemeinsamen Abendessen gab es zweimal in der Woche Urlaub, während die übrigen Abende mit Unterricht wehrsportlicher oder literarischer Art ausgefüllt waren... Diese Stunden trugen viel dazu bei, unsere Kameradschaft untereinander zu festigen, die ihren schönsten Ausdruck in dem Grundsatz fand: ‚Einer für alle, alle für einen!‘“ (BA R 77/81, Bericht Haake)

Von dem FAD-Lager der pommerschen Turnerjugend in Brückenhof berichtet ein Jugendlicher:

„Schlaftrunken richten wir uns von unserem harten Lager auf. Schon wieder aufstehen! Aber schon stehen wir in Turnkleidung auf dem Hofe. Kurze Kommandos schallen in den frühen Morgen, brechen sich an dem Walde und man hört ein vielfaches Echo. Die Gelenke knacken und der letzte Schlaf ist verschwunden. Wir müssen uns beeilen, es ist heute etwas spät geworden mit dem Wecken. Vor dem Abmarsch zur Arbeitsstelle steigt unsere Fahne hoch am Mast. Nach einem Liede sagt uns ein Kamerad einen Spruch aus ‚Arbeiten und nicht verzweifeln'. Dann geht es mit Gesang zur Arbeit... Um 1 Uhr ist Feierabend. In Marschordnung streben wir dem Heim zu. Eine halbe Stunde später ist Mittagessen... Danach hat jeder bis 3 Uhr für sich Zeit. Von 3 bis 4 Uhr ist Lagerdienst... Dann ist Freizeit. Heute ja, aber sonst gibt es keine Ruhe. Geländespiele, Vorträge, Turnen, Singen, Ordnungsübungen und vieles andere mehr. Manchmal üben wir mit den Arbeitslager Treten und Wussowke zusammen. Um 6 Uhr läutet es zum Abendessen... Heute abend ist Stopfstunde. Aber es hat keiner etwas. So lernen wir einige neue Lieder, welche dann am nächsten Tag sitzen müssen. Um 9 Uhr ist Schlafengehen. Alles versammelt sich um den Mast, an dem unsere Turnerjugendfahne flattert. Die Wache für den nächsten Tag wird hier bekanntgegeben. Dann singen wir unser Wachlied: ‚Die Sterne haben Stunden und machen ihre Runden.' Die Fahne steigt herab, und alles begibt sich in die selbstgezimmerten und viel bestaunten Betten. Um 9 1/2 Uhr muß alles ruhig sein, wer noch Krach macht, wird gemeldet." (BAR 77/133, S. 10f.)

Die hier vorgestellte Reglementierung des Tagesablaufes in verschiedenen FAD-Lagern unterscheidet sich doch stark von den Lagern für Arbeiter, Bauern und Studenten. Zwar kannten auch sie eine verbindliche Tageseinteilung und eine gewisse Disziplinargewalt, doch waren beide flexibel genug, Platz zu lassen für individuelle Gestaltungsmöglichkeiten, für kontroverse Diskussionen und Reflexionen. Vor allem aber fehlten in ihnen die quasimilitärischen Stilformen und Kommandostrukturen.[6] Dagegen repräsentieren die hier vorgestellten Tagesabläufe den systematisch gesteigerten Anpassungszwang innerhalb der Gesinnungslager des FAD bis hin zur lückenlosen Formierung des Tagesablaufes im RAD, der individuelle Rückzugsmöglichkeiten überhaupt nicht mehr vorsieht und dem der Freizeitbegriff fremd bleibt.

Das wichtigste Mittel zur Einhaltung der Lagerordnung war die Disziplinarordnung, die den einzelnen Dienstträgern den Einsatz von Strafen ermöglichte. Gewöhnlich reichten diese von gesonderten Strafarbeiten (z. B. Kartoffelschälen) über Urlaubssperren bis hin zum Lagerverweis. Für seine Lager rechtfertigt der Stahlhelm die Disziplinarstrafgewalt mit dem Hinweis auf die derzeitige „Seelenverfassung eines Teils der Jugend und angesichts der besonderen Schwierigkeiten innerhalb einer Massenorganisation" (Heinz, 1933, S. 120). Wurde beim Stahlhelm der besondere Tagesdienstplan über die von ihm propagierte enge Verbindung von Arbeitsdienst und Wehrsport legitimiert, so finden etwa die Lager der großen konfessionellen Verbände eine andere Legitimation. Ohne daß das Grundschema des Tagesablaufs abweicht von anderen geschlossenen FAD-Lagern[7], erfährt es eine spezifische christliche Fundierung. In der Lagerordnung der evangelisch-sozialen Schule Spandau vom 1. 3. 1932 wurden dazu folgende Grundsätze des Lagerlebens festgelegt:

„1. Die Lager sind auf dem Gedanken der standesmäßigen Selbsthilfe im Dienst am deutschen Volk und seiner Jugend aufgebaut und kämpfen für eine christliche und soziale Kultur und für die Hebung und Befreiung der Volkswirtschaft.
2. Die Lager sind getragen von einer aus dem Christentum geborenen straffen Manneszucht, freudiger Pflichterfüllung, treuer Kameradschaft und rechter Ehrauffassung. Wer dieses mißachtet oder schädigt gehört nicht in unseren Dienst.
3. Die Lager dienen keiner politischen Partei und keinen äußeren Interessen, sondern nur einer wahrhaften Volksgemeinschaft.
4. Im Leben unserer Lager soll ein frischer und froher Geist herrschen. Unsere Arbeit, Sitten und Gebräuche sind nicht nur für unser eigenes Leben Inhalt und Form, sondern sollen auch der Außenwelt Ansporn sein zu christlicher Kultur sowie Achtung vor dem Gut deutschen Geistes und deutscher Arbeit.
5. Verantwortungsvolle Führer und straffe Einordnung der Lagerglieder sollen in jedem Lager lebendig sein." (BAR 77/134)

Klaus Stelling (Anm. 6), der als Student an einem der FAD-Lager der evangelisch-sozialen Schule Spandau teilnahm, schildert in seinen Erinnerungen folgende Eindrücke:

Durch Vermittlung des Leiters der Schule, Alexander von Viebahn, kam er in das Lager Karwesee in der Nähe Berlins. Dort stellten Mitglieder der evangelischen Arbeiterjugendbewegung Holzspinde für andere Lager her.

„Das Sagen, und ihr langatmigstes, wenn auch nicht schärftes, bestand im Vorbeten, hatten junge, aber m. E. absolut witzlose Funktionäre der christlichen Gewerkschaften. Mit allem, wovon Kopf und Zwerchfell fast barsten, kam ich nicht zu Wort. Nicht einmal an der Holzbearbeitung, die schon immer meine Passion war, durfte ich mich beteiligen. Tagein, tagaus hatte ich zwölf Wochen lang nur Bretter vom Lager zur Werkstatt zu schleppen, dafür gerade noch gut genug und geduldet. Nach diesen etwa drei Monaten, in denen mir allmählich das sture Kopfhängenlassen der rauhen Burschen vor den armseligen Blechnäpfen beim Beten wie pure Scheinheiligkeit erschien, hatte ich die Nase so voll vom Armen- und Arbeitshausmief der Szenerie, daß ich mir sagte: ‚Hau in'n Sack' und mich empfahl." (Stelling, 1982, S. 6f.)

Die ethische Fundierung des Arbeitsdienstes und die Sozialdisziplinierung Jugendlicher, die die evangelischen Dienstträgerbände mittels ihrer Lager anvisierten, drücken sich in den beiden Lebensregeln aus, die die Jugendlichen für die Zeit nach dem FAD übernehmen sollten: „Was du auch immer tust, tue ganz, denn alles ist bestimmt von einem Glauben an den letzten Sinn." Und: „Dein Tun muß Gehorsam sein gegenüber dem Schöpfer und seiner Ordnung." (Viebahn, 1933, S. 14)

Eine ähnliche religiöse und ethische Fundierung gaben auch die katholischen Dienstträgerverbände ihrem Engagement im FAD. Obwohl die katholische Publizistik das Arbeitsdienstthema eher randständig diskutierte, war die Arbeit der katholischen Verbände im FAD beachtlich.[9] Wie die evangelischen Verbände plädierten sie zwar auch für Verbandslager, führten ihre Maßnahmen jedoch überwiegend in Form offener Lager durch.

Beide konfessionellen Dienstträgerverbände legten in ihrer Arbeit großen Wert auf die „geistige Betreuung" der Jugendlichen. Parteipolitische Schulung wie sie von der NSDAP oder dem Stahlhelm betrieben wurden, lehnten die konfessionellen Verbände ab. Ihre Betreuungsmaßnahmen waren auf das Ziel gerichtet, die Jugendlichen wieder zu einer christlichen Lebensweise zu bringen und ihnen arbeitsethische Grundsätze zu vermitteln. Für sie bot der FAD eine geeignete Möglichkeit, staatsbürgerliche Erziehungsabsichten nach ihren Grundsätzen zu realisieren. Das bildungspolitische Konzept der konfessionellen Trägerverbände orientierte sich dabei nicht primär an der Vermittlung von Kenntnissen oder berufspädagogischen Zielsetzungen. Obwohl nach Viebahn in den Lagern auch Defizite der Allgemeinbildung Jugendlicher aufgearbeitet werden sollten, blieb der Schwerpunkt der „geistigen Betreuung" auf die „Menschenformung" gerichtet. (Viebahn, 1933) Methodisch hielten die Verbände am Postulat der Lebensnähe fest und forderten einen von der christlichen Lebensanschauung beeinflußten Unterricht. Allerdings gab es kontroverse Auffassungen darüber, in welchem Umfang Bildungsarbeit in den Lagern der konfessionellen Verbände Platz haben sollte.

Stratenwerth vertrat dabei die Position, man könne die Jugendlichen nicht zum Unterricht zwingen, man müsse sie durch lebenspraktische Angebote dazu locken. Der Arbeitsdienst bedürfe einer anderen Unterrichtsgestaltung als in der Schule. Denn:

> „Die jungen Leute sind nach acht Stunden Arbeit derartig müde, daß sie einem Unterricht im gewöhnlichen Sinne überhaupt nicht mehr folgen können. Ich habe für diese Müdigkeit volles Verständnis, weil ich mich selbst mit Schaudern an jene Stunden zurückerinnere, in denen wir als junge Rekruten mit pendelnden Köpfen auf Schemeln hockten, ohne den Weisheiten des unterrichtenden Offiziers oder Unteroffiziers das Verständnis widmen zu können, das ihnen gebührte." (Stratenwerth, 1932, S. 34)

Darüberhinaus müsse jeder Jugendliche in den ersten vier Wochen sich in die ungewohnte Lebensform des Lagers eingewöhnen, ehe er überhaupt Interesse für Unterricht entwickeln könne. Inhaltlich konzentrierte der praktizierte Unterricht sich auf wirtschaftliche, soziale und historische Themen. Der Versailler Vertrag, die Entwicklung der Arbeitslosigkeit, die Situation der Landwirtschaft, die Grenzfragen waren ständige Unterrichtsthemen. Dabei kam es weniger auf die Vermittlung von Faktenwissen an. Im Vordergrund stand vielmehr die Änderung der Haltungen und Verhaltensweisen der Jugendlichen im Sinne der Weltanschauung der Dienstträger. Die im FAD vielfach betriebene Form geistiger Betreuung läßt deshalb eine begriffliche Trennung von Erziehung und Schulung nicht zu, da die weltanschauliche Ausrichtung das eigentliche Erziehungsziel des Unterrichts war. Sein wichtigstes Kennzeichen war die Dominanz des emotionalen Gehalts gegenüber dem Grad der Information und Kompetenz. Zur Verstärkung der weltanschaulichen Beeinflußung richteten die großen Dienstträgerverbände in den geschlossenen Lagern Büchereien ein und legten dort Verbands- oder Parteizeitungen aus, die auch als Unterrichtsmaterial verwendet wurden. So berichtet Puttkamer aus den Arbeitslagern der NSDAP, daß dreimal wöchentlich je zwei Stunden „staatspolitischer Unterricht" abgehalten wurde. Themen wie deutsche Geschichte, deutsche Staatskunde und Heimatkunde wurden dabei im Sinne der nationalsozialistischen Weltanschauung den Jugendlichen präsentiert. Denn:

„Sie sollen alle vollkommen in die Ideenwelt Adolf Hitlers eingereiht werden... Man will keine Herde züchten, die gedankenlos Befehle befolgt, sondern das Wort ‚freiwillig' hat auch hier seine Anwendung. Man will freie, tief innerlich überzeugte, brauchbare Menschen heranbilden, auf deren Schultern später einmal die Geschicke der deutschen Nation ruhen. In vielen Lagern wird jeden Tag ein anderer beauftragt, einen Pressebericht zu verfassen. Als Grundlage dafür dient der ‚Völkische Beobachter' und andere Zeitungen der Bewegung." (Puttkamer, 1933, S. 82)

Auch die Nationalsozialisten orientierten sich wie andere Dienstträger an der Maxime, der Unterricht im Lager dürfe kein „trockener Schulunterricht" sein, sondern müsse anschaulich, lebensnah gestaltet werden und sich an den Erfahrungen der Teilnehmer orientieren. Deshalb wurde auch in den Stahlhelm-Lagern die Methode der Lebensberichte praktiziert wie sie im didaktisch-methodischen Konzept der Volkslagerbewegung entwickelt worden war. Was im Einzelnen Lebensnähe bedeutete, illustriert der folgende Bericht aus dem evangelischen Arbeitslager Altstorkow:

„Am Montag, Dienstag, Donnerstag und Freitag findet von 16.30 Uhr Unterricht statt. Er wird von dem Führer erteilt, der durch einen Kursus auf der evangelisch-sozialen Schule in Spandau zu dieser pädagogischen Tätigkeit vorgebildet ist. Es gehört natürlich großes Geschick dazu, den Unterrichtsstoff so lebendig und die Unterrichtsform so ansprechend zu gestalten, daß die Arbeitsfreiwilligen in dem verschiedenen Alter, mit den verschiedenen Interessen gerne und mit Erfolg dem Unterricht folgen. ‚Ich habe einen guten Gehilfen', sagte der Führer H. Stoppel, ‚der mir hilft, so daß ich wegen der Disziplin keine Klagen zu führen brauche. Das ist die große Arbeitsnot, die wir mehr oder weniger trotz unserer Jugend schon alle erfahren haben.' Die große Not unseres Volkes schmiedet uns alle zusammen und läßt Unterschiede der verschiedenen Art verschwinden, diese Not macht uns zu Kameraden, in unserem Lager herrscht nur das kameradschaftliche Du... Der Abend ist eine Stätte, unsere alten Volkslieder zu pflegen und sie dadurch unserem Volksleben wieder mehr und mehr zur Geltung zu bringen – durch mancherlei Spiele und andere Unterhaltung. Ein Freiabend zum Ausgehen wird nur am Sonnabend gewährt." (BAR 77/133 Bericht Lager Altstorkow)

Körperliche Ertüchtigung und Organisation der Freizeit durch Feiern, Spiele und Gesang waren integrale Bestandteile der „geistigen Betreuung" in den FAD-Lagern. In der Praxis waren allerdings auch die die Schwergewichte unterschiedlich verteilt. Während die konfessionellen Verbände der Freizeitgestaltung einen hohen Stellenwert beimaßen, war die körperliche Ertüchtigung in ihren Lagern ein eher randständiges Phänomen und wurde nur gelegentlich praktiziert. In den Lagern der rechten Verbände dagegen wurde körperliche Ertüchtigung nicht nur als Morgengymnastik betrieben. Theoretische und praktische Geländeausbildung waren in den Lagern des Stahlhelms stets auf der Tagesordnung. Übungen mit „Anschleichen, Tarnen, Heranarbeiten, Beobachten, Meldungen durchsagen, raschem Eingraben, Zielansprechen und anschließender Rauferei" (Heinz, 1933, S. 42), allgemeine Ordnungsübungen, Nachtmärsche, Gruppen- und Einzelausbildung standen neben der schweren körperlichen Arbeit auf dem täglichen Dienstplan der Stahlhelmlager. Hier wie später in der nationalsozialistischen Konzeption der Leibeserziehung spielen paramilitärische Ordnungsübungen und Gehorsamsrituale eine zentrale Rolle bei der Realisation der Weltanschauung in der Praxis der Lager.[10]

Ein weiterer symbolischer Akt der Eingliederung Jugendlicher in die Arbeitslager ist ihre Uniformierung. Schon vor 1933 gingen einzelne Dienstträger dazu über, die Kleidung der Jugendlichen zu vereinheitlichen.[11] Einmal verbürgte die Uniform die Egalisierung der Lagerinsassen und vermittelte nach außen der Öffentlichkeit einen geschlossenen Eindruck. Sie war das sichtbare Symbol der Dienstbereitschaft. Eine andere Form der Symbolisierung der Dienstbereitschaft waren die Rituale des täglichen Fahnenappells mit Morgenspruch und Lied, die schon lange vor Einführung des RAD zur Praxis der rechten Verbände im FAD zählten. In seiner ausführlichen didaktisch-methodischen Analyse der Lagerpädagogik hat schon Hans Raupach 1934 auf die sinnstiftende Funktion solcher Rituale hingewiesen.

> „Der Aufzug der Lagerfahne an jedem Morgen, ein Sinnspruch oder das Gedächtnis eines großen Mannes oder eines wichtigen Schicksaltages des Volkes gibt dem Tag Sinn und Gestalt. Der geringe Zeitaufwand wird durch bessere Arbeitsgesinnung belohnt... Der Tag hat einen inneren Auftakt erhalten, er steht unter dem Zeichen der Erinnerung an ein heldisches Leben. Die Mannschaft wird von diesem Gedanken festgehalten." (Raupach, 1934b, S. 225f.)

Raupachs didaktisch-methodische Analyse einer geplanten und durchdachten Lagerpädagogik ist ein Dokument für die Integration und Funktionalisierung pädagogischen Wissens – gewonnen aus der Praxis der Jugendbewegung – im Prozeß der Formation des nationalsozialistischen Arbeitsdienstes. Vor allem das Wissen um das Arrangement von Feiern und die Ausgestaltung der Feierabende wird von ihm auf hohem Niveau aufbereitet und in lehrhafter Form präsentiert. Sein Entwurf unterscheidet sich nur noch in Nuancen von jenen mannigfaltigen Feierritualen, wie sie im RAD als Mittel der Gemeinschaftsbildung und weltanschaulichen Ausrichtung praktiziert wurden. In einer hermetischen Situation wie sie ein geschlossenes Arbeitslager darstellt gewinnen sogar so harmlose Gemeinschaftsspiele der Jugendbewegung wie „Katzennecken", „Eichhörnchenfangen", „Einseifen und Rasieren" (Raupach, 1934b, S. 240ff.), Laien- oder Stehgreifspiele noch ihre ideologische Funktion, was durchaus intendiert war. „In erster Linie werden sich solche Stücke geschichtlichen Inhalts eignen, in denen die Idee der Gemeinschaft besonders stark zum Ausdruck kommt. Ferner kommen für Arbeitslager fast nur Stücke in Frage, bei denen ausschließlich Männer beschäftigt sind." (Raupach, 1934b, S. 243) Alle diese Arten der Feiergestaltung waren darauf abgestellt, gesteuerte Erlebnisse zu inszenieren und die Integrationsbereitschaft der Lagerteilnehmer zu erhöhen.

Dabei korrespondierte die Art der Freizeitgestaltung und die Form der Tageseinteilung mit den äußeren Bedingungen der geschlossenen Lager nach der Erziehungsmaxime: „Die Einzelleistung gilt nichts, die Gesamtleistung alles... Die nationalsozialistische Festgestaltung entspringt dem Willen und dem Leben der Gemeinschaft und muß von ihr allein getragen werden." (Raupach, 1934b, S. 250)[12]

Der Prozeß der Formierung und Sozialdisziplinierung Jugendlicher in den geschlossenen Lagern des FAD und des NS-Arbeitsdienstes hatte verschiedene Formen angenommen. Dennoch war das Grundschema der ritualisierten Handlungsabläufe relativ festgefügt, in ein materielles und symbolisches Interaktionssystem eingebunden, das die Zwänge zur Internalisierung bestimmter Wertmuster und einer rigiden Leistungsethik verbunden mit weltanschaulicher Ausrichtung verstärkte. Inhalte und Techniken der Lagerschulung dienten einer nachträglichen Arbeitserziehung und Sozialisation, einer Kasernierung von als gefährdet oder verwahrlost geltenden Jugendlichen zum Zwecke ihrer Integration.

Die Kasernierung Jugendlicher in der „totalen Institution" der geschlossenen Lager und ihre Legitimierung als sozialpädagogische oder volkserzieherische Maßnahme scheint der traditionellen pädagogischen Perspektive, nämlich der Orientierung am Individualitätsbegriff zu widersprechen. Das Dilemma, das die pädagogische Legitimation des Arbeitsdienstes jedoch in sich trägt, besteht darin, daß die Bezeichnung Jugendlicher als verwahrlost und gefährdet Ausgrenzungsmechanismen erst in Gang setzt und institutionalisiert zum Zwecke der allmählichen Integration. Diese Strategie verhindert jedoch jene Perspektiven, die nach dem Individualitätskonzept der Pädagogik erreicht werden sollte. Klaus Mollenhauer hat in anderem Zusammenhang auf die Tradition dieser Grundvorstellung verwiesen. Die stigmatisierenden Effekte bei der Bewertung abweichenden Verhaltens und die pädagogische Orientierung am Individualitätskonzept haben „eine Form der Institutionalisierung in der Behandlung dissozialer Kinder und Jugendlicher hervorgebracht, die auf den ersten Blick das genaue Gegenteil jenes Konzeptes zu sein scheint: die Kasernierung der abweichenden Individuen zum Zwecke ihrer allmählichen Integration." (Mollenhauer, 1972, S. 249f.) Das zentrale Erziehungsmittel in dieser Strategie blieb die Orientierung an einem formalen Arbeitsbegriff, dessen erzieherische Bedeutung in der Gewöhnung an Arbeit und der Internalisierung formalisierter Arbeitstugenden liegt. Aber, so Mollenhauer:

> „Der Satz ‚Arbeit erzieht' kann für die Behandlung jugendlicher Dissozialer nur durch die Orientierung an der Verwertbarkeit ihrer Arbeitskraft gerechtfertigt werden. Diese Orientierung aber zwingt die Erziehungseinrichtungen zu einem überproportionalen Anteil niederer, unqualifizierter Tätigkeiten und reproduziert damit diejenigen Merkmale der Arbeit, die sich im Lichte bürgerlich-liberaler Erziehungstheorie gegen die expliziten Intentionen richten: Zwang, Fremdbestimmung, Deindividuation, kommunikatives Handeln verhindernd." (Mollenhauer, 1972, S. 252)

Allerdings ist auch wahr, daß der Satz „Arbeit erzieht" in Übereinstimmung steht mit der Tradition des pädagogischen Denkens ebenso wie das Lager als Lebensform in der Tradition der Idee totaler Erziehungsinstitutionen steht.

Die Idee der Menschenformung durch Lagererziehung war keineswegs ein negatives Privileg der Nationalsozialisten. Techniken und Inhalte funktionalisierbarer Mentalitätsprägung standen nach den Erfahrungen im FAD bereit. Allerdings gewann Friedrich Syrups Plädoyer, den FAD als Erfahrungsgrundlage zur Entscheidung für die Einführung einer Arbeitsdienstpflicht zu nutzen, wohl eine andere Gestalt als er sich vorgestellt hatte.

9.2. Einstellungen zum Arbeitsdienst und seine Wirkungseffekte

Eine der am schwersten methodisch kontrollierbaren Fragen der Erziehungswissenschaften und speziell der historischen ist die Frage nach Wirkungen von Erziehungsprozessen. Dies gilt unbeschadet der Tatsache, daß gerade die pädagogische Literatur häufig mit ungeschützten Wirkungsannahmen operiert. Wenn an dieser Stelle nach Wirkungseffekten des FAD gefragt wird, so im Bewußtsein, daß der Zugriff über verfügbare Quellen hier nur sehr selektiv Auskunft geben kann. Wirkungsuntersuchungen waren nicht das Thema der zeitgenössischen Pädagogik. Erst die NS-Erziehungswissenschaft hat sich in der Tradition von Ernst Kriecks funktionaler Erziehungstheorie solchen Fragestellungen zugewandt. Einige wenige Indikatoren für vermutete Wirkungseffekte des FAD und der Idee des Arbeitslagers lassen sich dennoch angeben.

Für die Aktivisten der Volkslagerbewegung waren die Arbeitslagererfahrungen biographieprägend. Sie verfügen noch heute über eine personell und kommunikativ dichte Infrastruktur, haben nach 1945 in vielfältiger Weise im Rahmen von Quelleneditionen und Monographien zur bürgerlichen Jugendbewegung ihr Engagement in der Arbeitslagerbewegung dokumentiert und interpretiert. Für manchen verband sich mit den Volkslagern und dem FAD eine berufliche Karriere auch nach 1933. Dies gilt in besonderer Weise auch für die Arbeitsdienstführer im RAD, die sich nach 1945 zum Teil in Traditionsgemeinschaften organisiert haben und dort ungebrochen ihre eigene RAD-Vergangenheit verherrlichen und die Arbeitsdienstidee als unpolitische und zeitlos gültige Idee kultivieren. Sie und ihre Elaborate, die auf dem rechtsextremen Publizistikmarkt noch immer Käufer finden, dokumentieren am nachhaltigsten die langfristigen Erziehungswirkungen der gesteuerten Erlebnispädagogik in den Arbeitslagern.

Dies alles trifft jedoch nicht für jene Jugendlichen zu, die aus ökonomisch naheliegenden Gründen an FAD-Maßnahmen teilnahmen. Ihre Motive sind kaum bei jenen Zielen der Volksbildung zu suchen, die die zeitgenössische pädagogische Literatur bestimmen. Sie waren banaler: die Weiterzahlung von Unterstützungsgeldern, die Aussicht auf geregeltes Essen, auf Kleidung und Unterkunft. Der stumme Zwang der gesellschaftlichen Verhältnisse ließ eine echte Freiwilligkeit kaum zu.

Individuelle Motive zum Eintritt in den FAD lassen sich nur schwer aus-

Tabelle 17 Als Arbeitsloser fühle ich mich am wohlsten

	zu Hause	im Kreise von Freunden	allein
von 13 Ungelernten	6	9	—
von 23 Angestellten	11	16	4
von 59 Handwerkern	22	32	9

(Abel, 1935, S. 96)

leuchten, denn schriftliche Zeugnisse der Jugendlichen existieren kaum, es sei denn sie stammen von Aktivisten oder beruhen auf Umfragen im Rahmen des RAD oder sind Erinnerungselaborate von zweifelhaftem historischen Wert. In der Regel waren es Lagerführer, die über ihre Eintrittsphase in den FAD berichteten.

In der Gruppe der unorganisierten Jugendlichen dürften die Motive für ihren FAD-Beitritt in den unmittelbar subjektiv durchschlagenden Folgen der Arbeitslosigkeit zu suchen sein. Abel (vgl. Kap. 5.2., Anm. 8) zitiert mehrere Jugendliche, die dem FAD beitraten, um den durch die Arbeitslosigkeit ausgelösten familiären Spannungen zu entgehen. Von 95 Ausfüllern seines Fragebogens gaben 10 dies als entscheidenden Grund an, bei einer Reihe von weiteren Jugendlichen war dies ein Grund neben anderen.

Eine Zusammenfassung der Antworten zur Stellung der Familie ergab folgendes Bild (vgl. Tabelle 17).
Die von Abel angesprochenen familiären Spannungen erfahren indirekt durch die ablesbare hohe Einschätzung der peer-groups ihre Bestätigung. Die in der gleichen Arbeit diagnostizierte negative Einstellung arbeitsloser Jugendlicher zur Weimarer Republik, die von den politisch Uninteressierten bis zu den Aktivisten reicht, blieb jedoch empfänglich für nationalistische Parolen und Gemeinschaftsrhetorik, wie sie mit dem FAD verbunden war. Neben den familiären Spannungen macht Abel eine ausgesprochene Abneigung der Unterstützungsempfänger gegenüber den wöchentlichen Meldungen beim Arbeitsamt aus, die das Gefühl der Stigmatisierung und des Ausgestoßenseins immer wieder aufs Neue bestätigten. Bei den von Abel befragten FAD-Jugendlichen waren diese Gefühle bei den gelernten Handwerkern besonders groß. Im Vergleich zur ungelernten Jugend empfanden sie ihre soziale Deklassierung als gravierend (vgl. Tabelle 18).
Mit dem Eintritt in den FAD entfiel diese verbindliche Meldepflicht und ermöglichte zugleich die Chance zu regelmäßiger Arbeit. Dieses dritte Motiv darf gerade bei der unorganisierten Jugend nicht unterschätzt werden. Abel befragte seine FAD-Kameraden diesbezüglich auch zu ihren Einstellungen zu ihrer früheren Berufsarbeit und zur Arbeit im FAD und interpretiert die Ergebnisse als Bestätigung seiner These von der „Sehnsucht nach Arbeit" bei der erwerbslosen Jugend (vgl. Tabelle 19).

Tabelle 18

Das Gefühl ein ausgestoßener oder minderwertiger Mensch zu sein hatten		
	dauernd	vereinzelt
von 13 Arbeitern	1	3
von 23 Angestellten	8	3
von 59 Handwerkern	27	10
(Abel, 1935, S. 157)		

Tabelle 19

I. Die Einstellung zur früheren Berufsarbeit					
Die Arbeit	war zuwider	ein notw. Übel	machte Freude	sie wird entbehrt ja	nein
von 13 Arbeitern	—	—	6	6	1
von 29 Angestellten	—	—	19	16	1
von 59 Handwerkern	3	1	28	35	10
Berufsschulkursus:					
von 15 Arbeitern	2	3	9	9	2
II. Die Einstellung zur Arbeit im F.A.D.					
Die Arbeit	ist zuwider	befriedigt	macht Freude		
von 13 Arbeitern	—	3	7		
von 23 Angestellten	—	14	9		
von 59 Handwerkern	2	28	21		
(Abel, 1935, S. 145)					

Die „Sehnsucht nach Arbeit" – und damit ein Eintrittsmotiv in den FAD – hatte bei vielen Jugendlichen noch eine Kehrseite, nämlich stückweise die eingeschränkten Konsummöglichkeiten zu verbessern. So zählte für die befragten FAD-Willigen nicht nur die materielle Not zu den bedrückendsten Zukunftssorgen, sondern „vor allem das weitgehende Verzichten-müssen auf Anschaffungen und Vergnügen. In beiden Dingen liegt für viele junge Menschen besonders der Städte das eigentliche ‚Leben' umschlossen. Hier findet ihr Geltungsstreben vielfach sein Auswirkungsfeld. Doppelt bedrückend muß daher der weitgehende Ausschluß aus diesem Bereich des Daseins für die jungen Arbeitslosen wirken." (Abel, 1935, S. 148) Aus dem Blickfeld der erwerbslosen Jugendlichen verschwinden in der Regel die mittleren und Fernperspektiven, mit der die FAD-Maßnahmen als erzieherisch bedeutsam legitimiert wurden. Ihre Motive waren eher an ihren drängendsten Alltagsproblemen orientiert. Für die erste Kohorte der FAD-Lagerführer kann noch ein weiteres Motiv identifiziert werden.

Die von Reinhold Schwenk (1967) gesammelten persönlichen Erinnerungen lassen bei aller interpretatorischen Vorsicht ein Grundmuster erkennen. Arbeitslosigkeit und Verbands- oder Parteizugehörigkeit sind danach zwei Indikatoren, die den FAD-Beitritt erleichterten. In der Regel beginnt dann innerhalb verbandlich organisierter Lager eine rasche „Karriere" zum Lagerführer. So schreibt z. B. ein späterer Oberstfeldmeister:

> „Ich war Mitglied im Verein Christlicher Junger Männer und arbeitslos. Anfang 1933 fragte mich Pastor Rönning, der Jugendpfarrer von Hagen: ‚Wollen Sie nicht Lagerführer des freiwilligen Arbeitsdienstes in Dahl werden?' Ich sagte zu. Damals war ich 33 Jahre alt."

Ein anderer Oberstfeldmeister begann als arbeitsloser kaufmännischer Angestellter seine Karriere in FAD-Lagern des Jungdo, wird Lagerführer, arbeitet anschließend als Sportlehrer im Notwerk der Deutschen Jugend (vgl. Kap. 7.2.) und macht 1933 eine rasche Karriere im NS-Arbeitsdienst. Ein anderer Arbeitsführer läßt sich nach seiner Promotion für das Lager „Rheinmetall", das in enger Anlehnung an das DINTA von der Arbeitsgemeinschaft für Arbeitsdienst und Siedlung in Rheinland und Westfalen (gegründet von Heinz Hauenstein) organisiert wurde, anwerben und wird in kürzester Zeit Geschäftsführer und Lagerleiter. (Schwenk, 1967, Anlage IV)[1]

Im April 1932 wurde der in der evangelischen Jugendbewegung Ostpreußens engagierte Werner Kapp arbeitslos. Fast sechs Wochen später war er schon Lagerführer in einem jener Lager, in denen der Jungmännerbund seine Mitglieder beschäftigte. Obwohl er diese Tätigkeit nicht ausüben konnte, wurde er schon am 1. 7. 1932 Angestellter in der Geschäftsstelle des Ostpreußischen Heimatwerkes. „Das Schicksal meinte es gut. Wäre ich nicht arbeitslos geworden, ich hätte nicht den Weg zum Arbeitsdienst gefunden. Der aber gab mir in der Folge berufliche Befriedigung und – allerdings viel später – sogar eine Pension, die mich von materiellen Sorgen befreit." (BAZSg 145/9 Bericht Kapp)

Das Dezentralisierungsprinzip und der Führerbedarf förderten offensichtlich solche Karrieren und machten für manche das Engagement im FAD attraktiv. In anderer Weise galt das für die erwerbslose Jugend in ländlichen Regionen ohne starke politische Bindungen an die Arbeiterbewegung. In den vom Gießener Arbeitsamtdirektor Bues[2] zusammengestellten Berichten einfacher Arbeitsdienstwilliger überwiegt Dankbarkeit für die Gelegenheit, endlich der Arbeitslosigkeit und damit der sozialen Stigmatisierung entgangen zu sein. So schrieb ein 30jähriger Zimmermann:

> „In ländlichen Bezirken, wo im Sommer jeder seine Arbeit hat, war es für Erwerbslose eine Qual. Ich darf wohl sagen, daß Worte wie Faulenzer hie und da fielen, wenn einer sich zeigte; das ist nun vorbei, seitdem wir im fr. A. D. stehen. Kollegen, welche vor ein paar Wochen in Ungeduld herumschlichen, haben wieder Arbeit. Eine Freude, im Monat Mai arbeiten zu dürfen, statt der Arbeitslosigkeit

preisgegeben zu sein, welche einem mit der Länge der Zeit stumpfsinnig machen kann."

Ein 20jähriger Elektromonteur schrieb:

„Den fr. A. D. halte ich für einen Fortschritt, der gerade uns junge Menschen mehr den täglichen Sorgen und Lasten unserer Eltern entzieht. Wir sind aus dem Hause und gleichzeitig beschäftigt, was unseren Eltern eine große Beruhigung verschafft." (Bues, 1932, S. 212f.)

In ähnlicher Weise äußerten sich die von Bues befragten Bürgermeister als Träger der Arbeit, die in ihren Berichten die im Vergleich zu den Notstandsarbeiten gestiegene Arbeitsfreude der Erwerbslosen betonten. Abgesehen von solchen eher impressionistischen Äußerungen zur Akzeptanz des FAD unter erwerbslosen Jugendlichen liegen systematische Untersuchungen zu seinen Wirkungseffekten nicht vor. Erste umfangreichere Arbeiten entstehen erst nach 1933 und zwar mit der Dissertation von Seipp über das Pflichtwerkhalbjahr des Abiturientenjahrgangs 1934. Orientiert schon an den NS-Erziehungstheoretikern Krieck und Hördt untersucht Seipp die Frage „nach der prägenden Wirkung des Arbeitsdienstes auf diesen Hochschulnachwuchs und die damit eng zusammenhängende Frage nach der Notwendigkeit und nach der Grenze der dadurch ermöglichten Auslese für ein Hochschulstudium." (Seipp, 1935, S. VI) Wenn im folgenden die Ergebnisse der Studie kurz referiert werden, so im Bewußtsein, daß Rückschlüsse auf den FAD nur bedingt möglich sind. Schon die Kategorien der „Formung" und „Auslese" deuten nicht nur auf eine nationalsozialistisch gefärbte erziehungswissenschaftliche Frage an, sondern verweisen auch auf die gewandelte Intention des akademischen Werkhalbjahres gegenüber dem FAD. Zudem wird hier der subtile Zwang der ökonomischen Verhältnisse durch das politisch durchgesetzte Pflichtprinzip abgelöst.

Seipp verwendet für seine Untersuchung fünf Quellengattungen[3], deren Auswertung folgende Ergebnisse zeitigte: Desinteresse, Skepsis bis Ablehnung kennzeichnen die Einstellungen der Abiturienten zum Arbeitsdienst.

„Da kam das, was wir Oberprimaner schon lange befürchtet hatten, die Verkündigung der Arbeitsdienstpflicht. Alle Vorsätze und Hoffnungen waren dahin." (Seipp, 1935, S. 34 [I/51/27])

Das Pflichthalbjahr wird von den meisten als unfreiwillige Unterbrechung ihrer beginnenden Berufskarriere angesehen; deshalb sollte die Formung im Arbeitsdienst diese Skepsis abbauen mit dem – für Seipp auch erreichten – Ziel, „daß der Arbeitsdienst die Voraussetzungen für diesen politischen Menschen schaffen kann, und damit steht fest, daß auch für den Studenten der Weg über den ‚Arbeitsmann' kein Umweg, sondern der sichere Weg zur Eingliederung in die Volksgemeinschaft und zur Erkennung der Aufgaben als Volksglied ist." (Seipp, 1935, S. 38)

Die Wirkungen des Arbeitsdienstes schildert Seipp über die Neubewertung des Arbeitserlebnisses, des Kameradschafts- und Naturerlebnisses, deren Sinndeutung auf den Zielwert des politisch kämpferischen Menschen ausgerichtet ist. Nationalsozialistische Haltung „durch Erlebnis und Zucht“ und nicht die Vermittlung von Wissen und Kenntnissen – dieses Ziel des NS-Arbeitsdienstes – sieht Seipp als weitgehend realisiert und realisierbar an. Die zur Tierzüchtersemantik verkommene Erziehungsvorstellung[4] Seipps ruht der Überzeugung auf, Erziehungswirkungen ließen sich durch situative Arrangements und politische Ausrichtung, durch „ständige Gemeinschaft *und* Arbeit *und* Lager *und* Landschaft“ (S. 142) gleichsam kausalgesetzlich herstellen, wenn man die Grenze der Erziehung, die „seelische Bereitschaft des zu Erziehenden“ (S. 136) berücksichtige. Deshalb stelle sich für den nationalsozialistischen Arbeitsdienst ebenso wie für Schule und Wehrmacht die Erziehungsfrage als „Frage der Auslese und Ausmerze.“ (S. 149)

Unterschiede zu Intention und Praxis des FAD werden hier deutlich. War der FAD ein Instrumentarium zur Formierung und Sozialdisziplinierung Jugendlicher, welches durch das Delegationsprinzip und die offenen Maßnahmen dem Einzelnen Distanzierungsmöglichkeiten und Verweigerung ließ, so perfektioniert der NS-Arbeitsdienst das System der Kasernierung Jugendlicher und verbindet es mit einem totalen Erziehungsanspruch, der alle und alle lebenslänglich erfassen sollte: in der Formung des Volksgenossen, bei der die Ausmerze der „Gemeinschaftsfremden“ schon immer mitgedacht war.

Dennoch bleibt beim gegenwärtigen Forschungsstand offen, welche Wirkungen speziell der NS-Arbeitsdienst bei den Zwangskasernierten hinterließ, ob und wie die Permanenz von Bewährung, Einsatz und Leistung, von politischer Schulung und gesteuerten Erlebnissen sich in kollektiven Mentalitätsprägungen niederschlug.

10. Zusammenfassung: Die Ambivalenz der Arbeitslagerbewegung zwischen Autonomie und Institutionalisierung

Die Arbeitslagerbewegung und die meisten der im FAD engagierten Dienstträger verstanden sich als „Bewegung“, die den Ausweg aus der Krisensituation der Weimarer Republik richtungsweisend dokumentiere. Diese Hoffnung trog. Die Institutionalisierung der Arbeitslagerbewegung veränderte auch ihre Funktion und ihren Status. Die vorliegende Studie hat versucht diesen Funktionswandel zu zeigen. Thesenartig sei am Ende der Ertrag nochmals zusammengefaßt.

1) Die pädagogisch motivierten Arbeitslager, die dem Idealtyp Rosenstockscher Lagerpädagogik folgen, haben als sozialen Träger Teile der bürgerlichen Jugendbewegung und der „Neuen Richtung“ der Volksbildungsbewegung – repräsentiert durch die Deutsche Schule für Volksforschung und Erwachsenenbildung.
2) In der Idee der Arbeitslager treffen sich Überlegungen zur Hochschulreform im Sinne der Öffnung der Universitäten gegenüber der Lebens- und Arbeitswelt, zur Schaffung von Ersatzangeboten für die rapide sinkende Zahl der Werksstudenten und zur Funktionalisierung der Arbeitslager als soziale Experimentierfelder im Sinne der didaktischen Vorwegnahme einer neuen Volksordnung durch die Volksbildungsbewegung.
3) Ideologisch eingebettet war die Arbeitslagerkonzeption in eine für das deutsche Bürgertum typische Kulturkritik, die den Prozeß der Zivilisation – als Kompensation für die gesellschaftlich-politische Ohnmacht – nur in Denkfiguren der umfassenden Krise des Volkes, der sozialen und geistigen Not, der Auflösung sozialer Bindungen, des Verlustes des subjektiven Selbstwerts und der „Vermassung“ deuten konnte.
4) Die Arbeitslager stehen pars pro toto für die generell hohe Leistungserwartung an die Pädagogik, die von ihr die Lösung einer als krisenhaft empfundenen Zeit erhofften. Dabei kann der emphatisch vorgetragene Anspruch der „Volk-Bildung“ im Sinne eines auf das Gesamtvolk gerichteten Ideals nicht darüber hinwegtäuschen, daß die pädagogische Intelligenz in der politisch und sozial fragmentierten Weimarer Republik zu dem Adressaten der „Volk-Bildung“, den unteren Schichten, keinen Zugang hatte.
5) Der Idealtyp der Rosenstockschen Lagerpädagogik war konzipiert als geschlossene Erziehungsgemeinschaft mit politisch und sozial heterogener

Teilnehmerschaft, die sich unter Anerkennung weltanschaulicher Gegensätze und im Bewußtsein einer gemeinsamen Verantwortung für das „Gesamtvolk“ zu gemeinsamer körperlicher, geistiger und musischer Arbeit zusammenfand. Pädagogische Grundprinzipien der Arbeitslager bildeten dabei die biographische Methode, das Prinzip der Arbeitsgemeinschaft, ein lebensweltlich erfahrbarer Krisenbezug und der ausgeprägte Volksmythos.

6) Im Gegensatz zu der auf Autonomie, Selbstverwaltung, Freiwilligkeit und den ganzheitlichen Ansatz von geistiger, körperlicher und musischer Arbeit angelegten Arbeitslagerbewegung war der FAD ein Instrumentarium des umfassenden Sozialabbaus durch die Notverordnungsregierungen und gedacht als „seelische Ablenkung“ (Reichsarbeitsminister Stegerwald) erwerbsloser Jugendlicher.

7) Mit der Einführung des FAD als einer Defensivreaktion gegenüber der zunehmenden Zahl der Pflichtdienstbefürworter war stets die Option auf seine Ausweitung zu einer allgemeinen Arbeitsdienstpflicht verbunden. In der Praxis des RAD wurde das Freiwilligkeitsprinzip durch die Drohung zahlreicher Kommunen, die Wohlfahrtsunterstützung zu streichen, faktisch unterlaufen.

8) Innerhalb des FAD dominierten Verbände, die vorwiegend arbeitslose Mitglieder beschäftigten und von Kommunen getragene offene Lager ohne die von den Sozialpädagogen und Volksbildnern geforderte pädagogische Betreuung. Bildungsmaßnahmen und Freizeitgestaltung spielten keine bzw. nur eine untergeordnete Rolle: gemessen an den Lagern der Volksbildungsbewegung sind die FAD-Lager Ausdruck einer „pädagogischen Sinnentleerung“ (Werner Picht), deren Funktion in der Sozialdisziplinierung erwerbsloser Jugendlicher lag und die organisatorisch, ideologisch und politisch den Weg in das Jugendzwangsarbeitssystem vorbereiteten.

9) Die zeitgenössiche Pädagogik hat diese Funktion des FAD nicht erkannt, sondern ihn als sozial- und volkspädagogisch sinnvolle Maßnahme begrüßt. Die in ihren Augen defizitäre Praxis innerhalb des FAD interpretierte sie nicht als strukturelles Moment, sondern sah die Ursachen in der noch mangelhaften pädagogischen Führerschulung.

10) Forschungsstrategisch läßt sich das Verhältnis von Volkslagerbewegung und FAD als der Verlauf einer sozialen Bewegung in ihre Institutionalisierung untersuchen. Diese Institutionalisierung muß mit dem Preis einer ideologischen Anpassung an die politischen, sozialen und organisatorischen Strukturen bezahlt werden. Mit ihrer Institutionalisierung ändert sich die Funktion der Volkslagerbewegung. Sie wird aus dem Diskurs der bürgerlichen Jugendbewegung und Erwachsenenbildung herausgelöst, ändert ihre Selbstdeutung und Interaktionsmechanismen und wird zu einem Moment des staatlichen Kriseninstrumentariums der Notverordnungsregierungen.

11) Im FAD engagierten sich die pädagogisch und politisch unterschiedlichsten Interessensgruppierungen: Pflichtdienstbefürworter und Vertreter des Freiwilligkeitsprinzips, paramilitärische Kampfverbände, von der Volksbildungsbewegung getragene „Heimatwerke", konfessionelle und Sportverbände, Kommunen und Interessensgemeinschaften zur Förderung des Arbeitsdienstgedankens, sozialistische Jugendgruppen und Gewerkschaften. Dieses Phänomen ist erklärungsbedürftig. Der common sense deutet sich an bei der positiven Bewertung von Arbeits- und Pflichttugenden, den Postulaten des Dienstes und des Dienens für die „Gemeinschaft" und damit der Zurückstellung individueller Interessen zugunsten vermeintlicher Aufgaben für die „Volksgemeinschaft". Damit ist im FAD jene Entindividualisierung und Entsolidarisierung angelegt, die im Spatenkult des RAD zum Programm der nationalsozialistischen Formationserziehung wurde.
12) Dem Prinzip der Sozialdisziplinierung entsprach die Idee des geschlossenen Lagers als eigenständiger Lebensform mit einer in der Regel rigiden Lagerordnung, einem strengen Zeitreglement und einer eigenen Disziplinarordnung, mit der Verlegung Jugendlicher aus ihrer gewohnten Lebenswelt in ländliche Regionen und ihrer Unterwerfung unter die Disziplinargewalt von Führern der Arbeit und Führern des Dienstes.

11. Anmerkungen

Anmerkungen Kapitel 1

1) Eine solche Sichtweise von Jugend verdichtete sich in der Weimarer Republik zum Konzept der „jungen Generation“ und mündete andererseits in einen ausgesprochenen Jugendmythos, dessen Zeichen durch die Jugendbewegung gesetzt wurden, über diese jedoch weit hinausging. Jugend als Chiffre für einen über den Parteien und Ideologien stehenden sozialen Träger einer neuen Gesellschaft wurde spätestens nach der Reichstagswahl von 1930 zu einem politisch folgenreichen Mythos, der in der Beschwörung der Frontkameradschaft, des Schützengrabenerlebnisses des Ersten Weltkrieges seinen imaginären Bezugspunkt für die Kriegs- und die Nachkriegsgeneration besaß. E. Günther Gründel hat dies 1932 in einem vielbeachteten Buch beschworen: „In den Schützengräben des Weltkriegs, im Schmelzofen der Nachkriegsjahre, in den sozialistisch gestimmten Herzen einer neuen Jugend sind endlich diese dünkelhaften Bildungs- und Standesschranken niedergerissen worden. Eine neue Generation von deutschen Menschen hatte erstmals den deutschen Volksgenossen, den Schicksals- und Leidensgefährten in allen Schichten erkannt. *Hier* erst wurde der neue Deutsche geboren. Erst seit dem Weltkrieg beginnen die Deutschen, eine neue, nein, überhaupt *eine* Nation zu werden.“ (Gründel, 1932, S. 352) Politisch-aktivistisch wurde der Jugendmythos vor allem von der NSDAP und Teilen der bürgerlichen Jugendbewegung kultiviert, ideologisch-programmatisch im Umkreis des TAT-Kreises fundiert. Den Jugendmythos als konkrete politische Kraft zu beschwören und die Brücke zwischen der vielbeschworenen Frontgeneration und der frustrierten Nachkriegsgeneration als Vortrupp des Kommenden zu bauen, darum bemühte sich zum Beispiel der Jungkonservative Leopold Dingräve (i. e. E. W. Eschmann) in seiner viel diskutierten Schrift „Wo steht die junge Generation?“ (1931). Der in der „TAT“ verfolgte Dritte Weg zwischen Kapitalismus und Sozialismus als die deutsche Synthese basierte auf der Prämisse einer umfassenden geistigen und gesellschaftlichen Krise, deren Hauptopfer die junge Generation sei. Wenn diese im gleichen Atemzug zum sozialen Träger der Überwindung der Krise stilisiert wird, so ist diese Konstellation allerdings keineswegs richtungspolitisch zuordenbar. Denn auch innerhalb der SPD begann nach dem Wahlschock von 1930 eine Generationendiskussion, war die Rede vom Generationskonflikt innerhalb der Partei und ihrer Wählerschaft. Die Überzeugung des Austromarxisten Ernst Fischer (1931), daß der Sozialismus nur durch und mit der Jugend zu erreichen sei, war in dieser Kontroverse keineswegs eine Außenseiterposition.
   Auch innerhalb der Arbeitslagerbewegung spielt das Generationsdenken und seine elitäre Komponente neben dem sozialpädagogischen und volksbildnerischen Aspekt eine dominante Rolle. Zum Generationseffekt als Entwicklungsfaktor der NS-Bewegung vgl. Kater, 1985.
2) Der Jugendkult war aber nicht nur ein Faktor in der tagespolitischen Auseinandersetzung, sondern wurde als grundsätzliche Orientierung mit der Vision des „Jugendreiches der Bünde“ in Teilen der bürgerlichen Jugendbewegung gepflegt (vgl. Stambolis, 1982). Emphatisch und radikal in diesem Sinne Jonas Lesser: „Aber die alte Generation heute, die – verschwindend wenige ausgenommen – einer Umkehr nicht mehr fähig, durch ein Prophetenwort nicht mehr bildbar ist, die allem Natürlichen und Ursprünglichen entfremdet und darum für alles Geistige und Göttliche blind und stumpf bleibt, auf dieses Geschlecht ist nicht zu hoffen. Diese Widerwelt, die das Chaos selbst ist, muß man sich wohl zu Tode fiebern lassen, auf daß das Neue, Zukunftsvolle aufbrechen könne und sich erfülle.“ (Lesser, 1932, S. 15) Zur

propagandistischen Verwertung des Jugendmythos durch die NS-Bewegung vgl. Maßmann, 1933 sowie Dudek, 1987.

3) Zu den Ursachen des Generationskonflikts als eine über einzelne Schichten und Berufsgruppen hinausgehende Erscheinung vgl. zusammenfassend Mommsen, 1985, S. 52ff.; Domansky/Heinemann, 1984. Einführend zur Geschichte der bürgerlichen und proletarischen Jugendbewegung, Giesecke, 1981, S. 81ff.; methodisch problematisch und theoretisch indiskutabel dagegen die Studie von Raasch, die mit pejorativer Begrifflichkeit und die bündische Ideologie glorifizierenden Elementen rechtskonservativen Zuschnitts durchsetzt ist. Dies beginnt bei der analytischen Unterscheidung zwischen deutscher und marxistischer Jugendbewegung (Raasch, 1984, S. 7), setzt sich fort in der Einschätzung, die Jugend der Bundesrepublik sei durch „psychowidrige Theorien“ orientierungslos gemacht worden (S. 9) und goutiert die Rückkehr zum Volksbewußtsein sowie die Ablehnung der Prinzipien der Aufklärung und Emanzipation. („Psychowidrig war die rationalistische Desillusionierungspädagogik, die bald nach der Gründung der Bundesrepublik anlief... Ebenso psychowidrig war die hinzukommende Vergangenheitsbewältigungspädagogik... Letzte und folgerichtige Konsequenz aus der Desillusionierungs- und Vergangenheitsbewältigungspädagogik war schließlich die Emanzipationspädagogik. Sie setzte an die Stelle von verpflichtenden Wertsystemen und psychorelevanten Lebensgemeinschaften die anarchistische Subjektivität.“ [S. 263f.]) Mit solch schlichten Konstruktionen wird man weder der bürgerlichen Jugendbewegung noch der Jugendsituation in der Bundesrepublik gerecht.

4) Lampel hat hier fast wörtlich Anleihen gemacht bei der Denkschrift „Vorschläge aus der jungen Generation zum Freiwilligen Arbeitsdienst“ (BA R 43 I/2085, S. 348). Bei ihr handelte es sich um eine der vielen Eingaben zur Gestaltung des FAD an die Reichsregierung. Initiiert von Führern der Schlesischen Jungmannschaft wurden die „Vorschläge“ von 44 Persönlichkeiten und Verbandsführern unterschiedlicher politischer Couleur unterzeichnet, u. a. von Adolf Reichwein, Hans Dehmel, Hans Raupach, Hans Richter, von Heinz Dähnhardt (Freischar junger Nation), dem Leiter der Evangelisch-Sozialen Schule Spandau, Alexander von Viebahn, und der Bundesführung des Stahlhelm. Den Anspruch der Unterzeichner als Führer der jungen Generation zu sprechen, relativiert allerdings die Tatsache, daß seitens des Reichsausschusses der deutschen Jugendverbände durch ihren Geschäftsführer Herrmann Maaß (SAJ) eine eigene Denkschrift zum FAD erarbeitet wurde (Köhler, 1967, S. 115). Die der bündischen Jugendbewegung zuzurechnende, von Werner Kindt herausgegebene, Zeitschriftenschau „Wille und Werk“ zitiert die Vorschläge bezeichnender Weise als „Denkschrift der jungen Generation“ (H 9/1932, S. 67).

5) Ähnlich wie zu Beginn der dreißiger Jahre zeichnet sich gegenwärtig der Trend ab, daß Dauerarbeitslose zunehmend in die Sozialhilfe abrutschen. Eine von der Stadt Essen jüngst erstellte Studie zur Struktur arbeitsloser Sozialhilfeempfänger kommt zu dem alarmierenden Ergebnis, daß 74% der Betroffenen länger als ein Jahr arbeitslos sind; fast zwei Drittel dieser Gruppe waren Jugendliche unter 20 Jahre. „Bei einer Arbeitslosenquote von rund 16 Prozent errechnete die fünftgrößte deutsche Stadt für knapp 35 Prozent ihrer Erwerbslosen den Sozialhilfe-Status. Nur ein Viertel erhält Arbeitslosengeld.“ (Frankfurter Rundschau v. 21. 3. 1986, S. 1) Nach einer Studie des Deutschen Städtetages stieg die Zahl der Sozialhilfeempfänger von 1981 bis 1985 um 60‰. Bei jedem Dritten der ca. 760000 Haushalte, die im September 1985 Sozialhilfe bekamen, war Arbeitslosigkeit der Hauptgrund. (taz v. 3. 6. 1986, S. 5)

6) Apologetisch in diesem Sinne Stelling (1985) und dies. (1986); vgl. auch die Reaktionen ehemaliger RAD-Aktivisten auf die Veröffentlichungen von Sybil Gräfin Schönfeldt (1978; 1985) in der ZEIT Nr. 43 v. 18. 10. 1985, S. 72).

Anmerkungen Kapitel 2

1) Damit soll die in der europäischen Diskussion stark betonte Anbindung des Begriffs soziale Bewegung an eine bestimmte Programmatik (etwa im Sinne emanzipatorischer Gehalte) entkoppelt werden. Erinnert sei deshalb an Rammstedts Postulat: „Sich mit sozialer Bewegung zu beschäftigen heißt, sich ständig die faschistische Bewegung zu vergegenwärtigen..." (Rammstedt, 1978, S. 9).

2) Damit soll nicht der Wert ideologiekritischer Analysen bestritten werden, aber die Brauchbarkeit von Arbeiten angezweifelt werden, die Ideologiekritik über ein vordergründiges „Entlarvungs-Motiv" organisieren. In diesem Sinne vgl. z. B. Kupffer, 1984.

3) Auf eine systematische Darstellung der Begriffsgeschichte und konkurrierender Theorieansätze wird hier verzichtet. (vgl. Beckmann, 1979) Ziel der folgenden Überlegung ist die Entwicklung eines heuristischen Untersuchungskonzepts, das vorliegende Studie anleitet. Auf eine Differenz zur pädagogischen Geschichtsschreibung soll aber hier schon hingewiesen werden. Unter sozialer Bewegung wird hier gemeinhin nicht die Arbeiterbewegung, sondern der Beginn sozialpädagogischen und sozialpolitischen Engagements (Wichern, Ketteler, Kolping) verstanden (vgl. Scheibe, 1984, S. 30ff.).

4) Schon Robert Park, der 1921 den Begriff „kollektives Verhalten" in die amerikanische Soziologie einführte, hatte das Institutionalisierungsproblem thematisiert. „The history of almost any single social movement – woman's suffrage, prohibition, protestantism – exhibits in a general way, if not in detail, this progressive change in character. There is at first a vague general discontent and distress. Then a violent, confused, and disorderly, but enthusiastic and popular movement arises. Finally the movement takes form; develops leadership, organization; formulates doctrines and dogmas. Eventually it is accepted, establihed, legalized. The movement dies, but the institution remains." (Park, 1967, S. 235)

5) Smelsers „value-added-approach" will die Entstehung von sozialen Bewegungen als ein stufenbezogenes Prozeßmodell, in dem jede Stufe für die nächste eine notwendige, aber nicht hinreichende Bedingung darstellt, theoretisch fassen. Drei Entstehungsbedingungen zeichnet Smelser für das Auftreten „kollektiven Verhaltens" aus (vgl. Smelser, 1972, S. 36ff.): Strukturelle Anfälligkeit und strukturelle Spannung innerhalb einer Gesellschaft sowie das dadurch bedingte Entstehen einer generalisierten Vorstellung, die mobilisierend, norm- und wertgebunden ist. Ob diese handlungsinduzierend wirkt, hängt von „Beschleunigungsfaktoren" ab. Über die Chancen einer Bewegung entscheidet, ob sie über eine effektive Mobilisierung verfügt, die letztendlich wiederum abhängig ist von der sozialen Kontrolle durch die Instanzen des herrschenden Systems. Diese braucht keineswegs repressiv zu sein. Das Oppositionspotential einer sozialen Bewegung kann vielmehr auch dadurch abgedämpft werden, daß politische Entscheidungsträger das „Thema" übernehmen und in politisches Handeln einführen.

6) Generell geht Weniger davon aus, daß wahre „pädagogische Gesinnung" sich nicht ideologisch oder parteipolitisch fragmentieren lasse, sondern alle „Menschen erzieherischen Willens" (1952, S. 54) verbinde. Erziehungstheoretisch erhält dieses Argument in der Konzeptualisierung der Volk-Bildung (vgl. Kap. 6.3.) und im Erziehungsfeld „Volkslager" seine spezifische Präzisierung.

7) Der 1932 erstmals publizierte Aufsatz „Kulturkritik, Schulreform und pädagogische Bewegung" (Weniger, 1952, S. 59ff.) ist nochmals im August 1948 in aktualisierter Form erschienen. Dort macht Weniger den Scheingebrauch der Argumente der pädagogischen Bewegung und ihre Instrumentalisierung durch den Staat dafür verantwortlich, daß sie 1933 kaum Widerstand geleistet hat.
Wilhelm Flitner periodisierte die reformpädagogische Bewegung anders als Nohl und Weniger, aber nicht in Widerspruch zu beiden, in drei Phasen. Die erste sei durch eine Vielfalt einzelner Reformversuche gekennzeichnet, die zweite Phase erweiterte diese zu pädagogischen Gesamtprogrammen, während die dritte Phase schließlich zu nüchterner Reflexion führte und eine kritische Synthese der pädagogischen Programmatik anbahnte.

8) Nohl, 1949b, S. 219; Hervorhebung im Original.

9) Wie allgemein im Bildungsbürgertum als dem Träger des Kulturkrisenbewußtseins spielt der Gemeinschaftsbegriff in Nohls Theorie eine zentrale Rolle. Die anvisierte neue Kultur sollte auf die Basis eines neuen Gemeinschafts*gefühls* wachsen. Hier kommen vor allem die geschlossenen Erziehungsgemeinschaften zum Tragen wie sie in der Landerziehungsheimbewegung und der Jugendbewegung praktiziert werden. Denn auch für Nohl gilt, daß Gemeinschaft nicht verstanden, in Begriffe gefaßt werden kann, sondern „gefühlt" und „erlebt" werden muß. Hier ergeben sich zu den Zielsetzungen der Arbeitslagerbewegung ebenso zahlreiche Bezüge wie bei der von Nohl geforderten Aufgabe der Sozialpädagogik, an der „Personalisierung der Masse" mitzuwirken.

10) Auf die Schwäche dieser Konzeption verweist Schulze: „Sie unterschätzt das Gewicht und Beharrungsvermögen der pädagogischen Institutionen, und sie überschätzt die Integrationskraft der pädagogischen Theorie." (Schulze, 1979, S. 557)

11) Im folgenden werden die Begriffe „Arbeitsdienstbewegung" und „Arbeitslagerbewegung" synonym verwendet. Zur Binnendifferenzierung der Bewegung (Kap. 4.1.); zum Flügel der Volkslagerbewegung (Kap. 6).

12) Gekoppelt war die Siedlungsideologie im Osten stets mit antipolnischen Ressentiments, von denen auch Nohl nicht frei war. So zitierte er zustimmend den preußischen Historiker Otto Hinzte, der 1903 vom „Vordringen des Polentums" und vom „polnischen Bazillus" sprach (Nohl, 1932b, S. 451) und forderte selbst „den Wall von deutschen Menschen" im Osten zu verstärken, sonst „brechen die Polen wirklich über kurz oder lang dort ein, das braucht nicht kriegerisch zu sein, sondern gewissermaßen schon rein mechanisch herüberströmend..." (Nohl, 1932a, S. 67).

13) Kritisch gegen Nohls Pestalozzi-Bezug und die dort vorgetragene „Gemüthaftigkeit" der Wohnstubenerziehung und mit der Forderung nach Rückbesinnung auf das germanische Bauerntum (Schwartz, 1933, S. 332f.). Positiv dagegen rezipiert Laack (1932b, S. 342ff.) für die Deutsche Schule für Volksforschung und Erwachsenenbildung Nohls Überlegungen (Nohl, 1932a) und hebt als „gutes Beispiel" die „einheitliche Ausgestaltung der Kulturarbeit im Flatower Grenzkreis" hervor, „wo systematisch unter vorbildlicher Leitung alle Gruppen und Organisationen, veranlaßt durch die gemeinsame Front gegen das Polentum, zusammen arbeiten." (S. 346)

14) Für die Zeit von 1925 bis 1942 konnten 28 Dissertationen zum Thema FAD/RAD/Arbeitsdienstpflicht gefunden werden. Davon wurden 20 im Zeitraum zwischen 1932 und 1936, also zwischen der Einführung des FAD (1931) und des RAD (1935) an philosophischen, wirtschaftswissenschaftlichen und juristisch-staatswissenschaftlichen Fakultäten angenommen. Nach 1945 erschienen 2 Dissertationen zum Thema in der DDR und 3 in der Bundesrepublik (vgl. Kap. 3). 15 der 28 Dissertationen wurden an juristischen-staatswissenschaftlichen Fakultäten eingereicht, 8 an philosophischen, 4 an wirtschaftswissenschaftlichen und 1 an einer landwirtschaftlichen Fakultät. 11 von ihnen gehen auf erziehungswissenschaftliche Fragestellungen überhaupt nicht ein, 14 Arbeiten beschäftigen sich zumindest in einem Kapitel mit Erziehungsfragen im Arbeitsdienst, in 1 Arbeit dominiert dieser Aspekt und 2 Arbeiten sind ausschließlich der Erziehungsproblematik gewidmet. Will Decker, „Leiter der Inspektion des Erziehungs- und Bildungswesens in der Reichsleitung des Deutschen Arbeitsdienstes", nennt 1935 die Zahl von 21 „wissenschaftlichen Arbeiten, die bisher insgesamt an den deutschen Hochschulen über den Arbeitsdienst geschrieben worden sind." (Decker, 1935, S. 6) Bei Deckers Arbeit handelt es sich um seine Antrittsvorlesung an der Berliner Hochschule für Politik, der vor 1933 Ernst Jäckh vorstand. Er wurde von Paul Meier-Benneckenstein abgelöst, der die Hochschule im NS-Wissenschaftsverständnis formierte. In diesem Zusammenhang sei auf die bedeutsame Reglementierung verwiesen, daß die intensive wissenschaftliche Bearbeitung und Begleitung des Arbeitsdienstes durch die Nationalsozialisten schon frühzeitig politisch präjudiziert wurde. In einem von Leo von Funcke im Auftrag des Reichskommissars für den Arbeitsdienst am 3. Mai 1933 veröffentlichten Erlaß heißt es zur Förderung wissenschaftlicher Forschungen: „Während früher der freiwillige Arbeitsdienst die Vermehrung der Arbeitsgelegenheiten schlechthin zum Ziele hatte, ist es eine der Hauptaufgaben des staatlichen Arbeitsdienstes, die Idee der Volksgemeinschaft dadurch zu verwirkli-

chen, daß Angehörige aller Berufsschichten, Hand- und Geistesarbeiter, im gemeinsamen Dienst mit Hacke und Schaufel zusammengeführt werden. Es ist künftig nicht mehr vertretbar, wissenschaftliche Forschungsarbeiten, die sich als eine Sondermaßnahme für eine bestimmte Berufsschicht (Akademiker, Ingenieure) darstellen würden, im Arbeitsdienst ausführen zu lassen. Ich bitte daher, in Zukunft derartige Arbeiten nicht mehr als Arbeitsdienst neu anzuerkennen." (RGBl. I, 1933, S. 125)

15) So auch der in der Führerschulung aktive spätere Arbeitsführer Alfred Krüger zum RAD: „Nur aus einem neuen Erlebnis wird eine neue Wirklichkeit. Wir werden ein Volk nicht durch neue theoretische Erörterungen, sondern dadurch, daß wir jeden hineinstellen in das Erlebnis seines Volkes, wie es im Arbeitsdienst geschieht. Nationalsozialist wird man nur im Lager, in der Kolonne, in der gemeinsamen Arbeit. Die Arbeit ist das stärkste Erziehungsmittel. *Im Arbeitsdienst aber trifft sich Arbeit und Erziehung im Erlebnis.*" (Krüger, 1936, S. 292; Hervorhebung im Original)

16) So sah Wilhelm Flitner den deutschen Erzieher in den Tagen um den 5. März 1933 „teils mitgerissen", „teils in der Beklommenheit" und kritisiert die „pluralistische Aufteilung der Staatsmacht" in der Weimarer Republik. Gegen die Partikularinteressen hätte der Staat nicht die „Erziehungsansprüche der Nation" durchgesetzt. „So hat er noch zuletzt das große Werk des Arbeitsdienstes pluralistisch in die Hände der Verbände geraten lassen, statt es aus der Unmittelbarkeit des pädagogisch verantwortlichen Führers zu Staat und Nation heraus zu gestalten." (Flitner, 1933, S. 410) Eine solche über die pädagogische Verantwortung legitimierte Zentralisierung des FAD dürfte innerhalb der Volkslagerbewegung und der Jugendpflegeorganisationen auf wenig Gegenliebe gestoßen sein.

17) Zur internationalen Entwicklung des Arbeitsdienstgedankens vgl. Schulz, 1925, S. 75ff.; Brauer, 1935, S. 10ff.; Müller-Brandenburg, 1937.

Anmerkungen Kapitel 3

1) Eine unvollständige Aufstellung der zum Arbeitsdienst verfaßten Dissertationen der dreißiger Jahre befindet sich bei Bühler, 1978, S. 225ff.. Instruktiv heute noch vor allem Schellenberg, 1932; auffallend, daß es sich bei den Arbeiten meist um juristische, wirtschafts- und staatswissenschaftliche Studien handelte, die jedoch auch erziehungstheoretische Fragestellungen behandeln.
2) Zu den relevanten Archiven aus diesem Umfeld zählt das „Archiv der deutschen Jugendbewegung" (Witzenhausen), das von H. Neumann verwaltete „Archiv des Boberhauskreises" in Kaiserslautern. Dagegen verfügt das Bundesarchiv nur über unvollständige Materialien; interessant hier ist der kürzlich erworbene Bestand „ZSg 145"; es handelt hier um Materialien und Erinnerungen von der „Traditionsgemeinschaft Ostpreußischer Arbeitsdienst", die allerdings wegen ihres offensichtlich strategischen Interesses, merkbarer Erinnerungslücken der Beteiligten und ihrem apologetischen Duktus quellenkritisch verwendet werden sollten. Ähnliches gilt für die zahlreichen Zeugnisse der Aktivisten der Arbeitslagerbewegung nach 1945, die nicht selten nach dem Kriterium politischer und sozialer Wünschbarkeit gegenüber den Schriften vor 1933 abweichen oder damals bestehende verbandsinterne Kontroversen umdeuten bzw. nachträglich legitimieren.
3) Angesichts des sozialen Drucks auf arbeitslose Jugendliche sollte man mit dem Freiwilligkeitsprinzip behutsamer umgehen als dies Köhler tut. Denn in der FAD-Praxis war die freiwillige Teilnahme häufig nur eine Scheinalternative. So drohten einzelne Arbeitsämter und Kommunen Jugendlichen bei Ablehnung der Arbeit im FAD mit Unterstützungsentzug (Schellenberg, 1932, S. 44) Der Leipziger Oberbürgermeister z.B. kündigte an, daß die Stadt künftig Arbeitsplätze nur noch an jene vergeben werde, die am FAD teilgenommen haben. (Deutscher Arbeitsdienst, H. 8/1932, S. 207)
4) Politisch konträr, aber in der Einschätzung ähnlich äußert sich der Archivar des FAD/RAD-Archivs Ostpreußens Siegfried Klöß: „Die Organisation des FAD in ihrer ganzen Vielseitigkeit bildete den Grundstock, auf dem der RAD organisch aufbaute, sich planmäßig erweiterte und innerlich vervollkommente. – Die Form der Gliederung aber, zu der sich der FAD bis zur Einführung des RAD entwickelt hatte, blieb bis zum Jahre 1945 im wesentlichen bestehen." (BA ZSg 145/3)
5) Die Idee des Werkjahrs für Abiturienten entstand im Kontext der Diskussion um die Überfüllung der Hochschulen und der zunehmenden Zahl arbeitsloser Akademiker. Sie wurde Ende 1931 vom Geschäftsführer des Deutschen Studentenwerkes, Reinhold Schairer, in die Öffentlichkeit gebracht, um die erwarteten ca. 30000 Studienbewerber zeitweise von den Hochschulen fernzuhalten. Seitens des Reichsinnenministeriums wurde in einer Vorlage vom 9. 12. 1932 ein Werkhalbjahr vorgeschlagen (BA R 43, Bd. 1458), das das Kabinett auf Druck des Reichsfinanzministers wegen der erforderlichen 4,5 Millionen RM ablehnte. Stattdessen befürwortete Finanzminister Krosigk eine verstärkte Heranziehung der Abiturienten im FAD. Schon im Januar 1933 war man sich über die Durchführung eines Werkhalbjahres auf freiwilliger Basis im Reichsarbeitsministerium einig. Nach dem Machtantritt der Nationalsozialisten wurde das Werkhalbjahr ab Sommer 1933 realisiert.
6) Zur Geschichte der Schlesischen Jungmannschaft vgl. Kapitel 6.2.
7) Nohl und Schelsky waren nicht die einzigen im Nachkriegsdeutschland, die am Gedanken des Jugendarbeitsdienstes festhielten. Hans Raupach interpretierte 1949 die Arbeitslager als Formen „genossenschaftlicher Selbsthilfe", an die angeknüpft werden müsse. Aber: „In dieser Zeit der deutschen Selbstkritik, die maßvolle Grenzen überschreitend, oft bis zur Selbsterniedrigung geht und damit auch die Möglichkeit verschüttet, an echte Werte der jüngsten Vergangenheit anzuknüpfen, erschien es angebracht, Stimmen des Auslandes aufzurufen, daß Lebensformen der deutschen Jugend weiterwirken, deren Spuren im eigenen Volke vom Sturm des Zusammenbruchs verweht worden sind." (Raupach, 1949, S. 90) In erster Linie aber war es die rechtsextreme Subkultur der fünfziger Jahre, die den Gedanken des Arbeitsdienstes tradiert hat und in der sich ehemalige RAD-Führer organisierten – etwa in dem „Bund der Notgemeinschaft ehemaliger RAD-Angehöriger". Auf parlamentarischer Ebene

forderte am 9. 2. 1950 der rechtsextreme DRP-Abgeordnete Richter im Deutschen Bundestag die Einführung einer Arbeitsdienstpflicht. Am 21. 7. 1950 unterbreitete Erich Mende (FDP) ein detailliertes Programm zur Einführung eines „Jugendnotdienstes“ und eines „freiwilligen Landdienstes“. Auch die Jugendorganisation des CDU-Koalitionspartners DP forderte in ihrem Grundsatzprogramm die Einführung eines FAD. Im übrigen jedoch taucht die Arbeitsdienstproblematik in den Parteiprogrammen der Nachkriegsjahre nicht mehr auf. Offensichtlich wirkte hier die Diskreditierung des Systems der Jugendzwangsarbeit im Dritten Reich noch nachhaltig fort.
Am konsequentesten wurde und wird der Arbeitsdienstgedanke nach 1945 in den politisch irrelevanten Traditionsgemeinschaften ehemaliger FAD- und RAD-Angehöriger gepflegt, die im „Bund der Notgemeinschaften ehemaliger berufsmäßiger Arbeitsdienstangehöriger und ihrer Hinterbliebenen (BNA) e. V.“ zusammengeschlossen sind. Zu den intern geführten Kontroversen zwischen RAD-Führern und Aktivisten der Arbeitslagerbewegung vgl. AdJb, Sammlung Auslandsarbeit, Land- und Arbeitsdienst (SALA), Brief (Ehrenthal an Kläbe v. 22. 1. 1973; zu den Umdeutungen Hierls nach 1945 vgl. Hierl an Croon: „Was war und was wollte der Reichsarbeitsdienst?“, BA, Nachlaß Hierl; Hierl, 1953; ders., 1954; ders. 1955.

8) Vgl. für viele der zeitgenössischen Untersuchungen Dehn, 1929 Staewen-Ordemann, 1933; literarisch eindrucksvoll die im Milieu der Heimerziehung und der „wilden Cliquen“ spielenden Romane Glaser, 1932; ders., 1953; Haffner, 1932; Ehrhardt, 1931.

9) Einen ersten knappen, aber instruktiven Einstieg in das Thema bieten Lessing/Liebel, 1980, S. 391 ff., wenngleich die Perspektive zu sehr auf die Arbeiten Peter Martin Lampels konzentriert ist.

Anmerkungen Kapitel 4.1.

1) Schlicker hat in seiner Studie zahlreiche bislang unbekannte Aktenbestände des Reichsarbeitsministeriums für die Zeit von 1918 bis 1931 sowie andere Quellen nichtstaatlicher Provenienz, eingelagert im Deutschen Zentralarchiv Potsdam (DZA), bearbeitet, auf die an dieser Stelle mehrfach zurückgegriffen werden wird.
2) Denkschrift DZA I, RAM Nr. 2797 Bl. 185ff., zit. n. Schlicker, 1968, S. 22ff.)
3) Aus der Vielfalt der Arbeitsdienstpropaganda sei hier exemplarisch verwiesen auf Föllmer, 1920; Malachowski, 1922; Aumann, 1924; Mahraun, 1924 (vgl. Kap. 4.2.). Den umfassendsten Überblick über die Arbeitsdienstpropaganda vor Einführung des FAD liefert Schlicker, 1968, S. 18ff.
4) In bemerkenswert distanzierter und sachlicher Form rekonstruiert Rosenberger die Argumente der Dienstpflichtbefürworter und ihrer Kritiker in der Zeitschrift der Arbeitgeberverbände (Rosenberger, 1930, S. 462ff.), um mit der Befürchtung Letzterer zu enden: „Erst ein deutscher Diktator würde voraussichtlich imstande sein, ein so gigantisches Werk voll zu erfassen und durchzuführen."

Anmerkungen Kapitel 4.2.

1) Gestützt auf Freikorpsangehörige und mit Unterstützung der Reichswehrführung begann Schmude Siedlungsvorhaben als Fürsorge-Bemühung für ehemalige Reichswehrangehörige. Im Sommer 1920 sollen 11 Siedlungen bestanden haben, die von der „Arbeitsgemeinschaft Baden e. V." geleitet wurden. Deutlich stehen Schmudes Pläne im Kontext der allgemeinen Fürsorgebemühungen der Reichswehr für ehemalige Angehörige. (vgl. auch Freising, 1937, S. 10ff). Zu Schmudes Siedlungsgesellschaft „Neu-Deutschland" vgl. Fuchs, 1957, S. 67ff.
2) Programm der „Arbeitswehr": BAR 77/139, S. 22; Wahlspruch der „Arbeitswehr. Verein für die Einführung der allgemeinen Arbeitsdienstpflicht" (ab 1921 der „Wirtschaftsdienstpflicht") lautete: „Der Spaten bringt uns die Rettung, nicht das Schwert."
3) Aumann: Wirtschaftsdienstpflicht, in: BAR 77/189, S. 37ff.; den erziehungspolitischen Kontext der Aumannschen Pläne dokumentiert der erste Satz der Beitrittserklärung zur „Arbeitswehr": „Ich bin davon überzeugt, daß die Erziehung unseres jungdeutschen Nachwuchses in Familie, Schule und Leben allein nicht genügt, um ihm über seine staatsbürgerlichen Pflichten in so weitem Umfange Aufklärung zu geben, daß er als stimmberechtigtes Mitglied der Volksgemeinschaft Rechte und Pflichten eines Staatsbürgers genügend auszuüben wüßte." BAR 77/139, S. 28.
4) Stadtarchiv Berlin-Borsig-Archiv, zit. n. Schlicker, 1968, S. 26, Anm. 66.
5) AdJb – Sammlung Auslandsarbeit, Land- und Arbeitsdienst (SALA).
6) Frankfurter Zeitung v. 6. 4. 1923.
7) AdJb-SALA, Flugblatt „Die Arbeitsdienstpflicht" v. 3. 1. 1924.
8) Zum DBfA allgemein vgl. BAR 36/1930 (Akten Deutscher Gemeindetag).
9) Alle Zitate aus: „Deutsche Monatsschrift für Arbeitsdienstpflicht", Heft 1/1924.
10) ebda.
11) ebda.; eine Zusammenfassung der Diskussion liefert Kruse, 1924, S. 334ff.
12) Schreiben des DBfA an den Deutschen Städtetag v. 1. 8. 1924, BAR 36/1930.
13) abgedruckt in Deuerlein, 1962, S. 641ff.
14) So der jungdeutsche RT-Abgeordnete Prof. Prütz auf einer Jungdo-Kundgebung im November 1930 in Berlin (Der Jungdeutsche, Nr. 267 v. 14. 11. 1930).
15) Die Aktivitäten des Jungdo schlossen auch sozialpolitisches Engagement ein. So lag die Hauptaufgabe der jungdeutschen Frauenarbeit im Bereich sozialer Arbeit und Hilfstätigkeit: „in den ‚Geusenküchen', deren größte in Kassel, Minden, Pirna und Oldenburg arbeiteten, in den Speisungen, Sachwertsammlungen, Holzeinschlägen für Bedürftige, Hilfsaktionen bei Unglücksfällen und Wetterkatastrophen." (Hornung, 1958, S. 110)

16) Hille (1933, S. 86) spricht dagegen von „800000 Menschen“.

17) Die NS-Geschichtsschreibung hat die an sich unbedeutende Denkschrift, die von Seeckt selbst nicht zur Kenntnis genommen wurde, zum Ausgangspunkt ihrer Darstellungen genommen (z. B. Hase, 1940; Erb, 1934; Gulkowski-Teichmann, 1937; Decker, 1935, S. 19; Petersen, 1938, S. 12). Differenzierter dagegen die historische Skizze von Hauenstein (1934), aber auch Theobald (1935, S. 11ff.); Tsay (1940, S. 9ff.); Flake (1935, S. 1ff.) und Iden (1936, S. 7ff).
Schulz verfolgt in seiner 1925 bei Max Sering und Eduard Spranger eingereichten Dissertation die Idee der Arbeitsdienstpflicht bis zu Morus und Campanella zurück (Schulz, 1925, S. 10ff).

18) Hierl, K.: Was war und was wollte der RAD? Text der öffentlichen Anhörung vor der Spruchkammer Ludwigshafen am 15. 8. 49; BA, Nachlaß Hierl; in diesem vom Druck der Distanzierung von den Gewaltverbrechen des Nationalsozialismus diktierten Text versteift Hierl sich darauf, der RAD hätte „ausgesprochen demokratische Züge“ gehabt. Seiner Grundidee nach, nämlich in erzieherischer Absicht die Klassenschranken zu überwinden und „freie Bahn dem Tüchtigen“ zu ermöglichen, sei er Bestandteil der Idee der „sozialen Demokratie“. „Der Geist, in dem der Reichsarbeitsdienst geführt wurde, der im Reichsarbeitsdienst gepflegt wurde, war alles Andere als der Geist einer Gewaltherrschaft. Einem solchen Geist wurde im Reichsarbeitsdienst nicht Vorschub geleistet, sondern entgegengewirkt.“ Auch an anderer Stelle (1953; 1955) unterschlug Hierl die wehrpolitischen Aspekte des RAD zugunsten seiner „erzieherischen“ Intentionen.

19) Mit Schreiben vom 5. 10. 1933 ernannte der Reichsarbeitsminister Stellrecht zum Arbeitsgauführer (BA R 77/77). Ab 1934 war Stellrecht tätig als „Beauftragter des Reichsjugendführers des Deutschen Reiches zur Jugendertüchtigung“. Charakteristisch für das NS-Erziehungsverständnis konnte Stellrecht 1944 schreiben, er habe „neun Jahre in Arbeitsdienst und Hitler-Jugend maßgebend in der nationalsozialistischen Erziehungsarbeit“ gestanden (Stellrecht, 1944, S. 5).

20) Vgl. hierzu Stellrecht, 1933, S. 12ff.; S. 93ff.; zu den technischen und organisatorischen Planungen S. 75ff., S. 116ff.

21) Vorsitzender des Vereins war der spätere Generalarbeitsführer des Arbeitsgaues VI Major a. D. Schroeder. Die Dachorganisation der diversen „Vereine zur Umschulung“ nannte sich 1932 „Reichsverband Deutscher Arbeitsdienstvereine“ und nahm durch Schroeder als Gast und Beobachter an den Sitzungen der am 6. 1. 1933 in Berlin gegründeten „Reichsarbeitsgemeinschaft der Dienstträgerverbände“, ein Zusammenschluß der wichtigsten FAD-Dienstträger, teil.

22) Auch in dieser primär propagandistischen Schrift äußert Stellrecht sich detailliert zu erziehungspolitischen Fragestellungen des Arbeitsdienstes. Danach bleibt wichtiges Erziehungsziel eine umfassende „kämpferische Haltung“, die im Gemeinschaftserlebnis des Lagers und der Arbeit ihre Wurzeln hat. Wenn dabei die Erziehung zum „neuen Menschen“, der Abbau der „stark liberal und rationalistisch eingestellten Schule und Hochschule“, die Annäherung junger Menschen „der verschiedensten Stände in der inneren Haltung“ an Volksgemeinschaft und „deutschen Boden“, betont werden, so bewegt sich Stellrecht, wenn er zudem das „preußisch-deutsche Lebensgefühl“ beschwört, völlig im Rahmen des erziehungspolitischen Feldes des Dritten Reiches (vgl. Scholtz, 1985). Aus nationalsozialistischer Sicht vgl. Decker, 1937; Kallsperger, 1939; Hische, 1935; Petersen, 1938. In komprimierter Form finden sich die nationalsozialistischen Erziehungsziele und -bereiche für den RAD bei Scheibe, 1942, S. 17ff. Vgl. auch Zeitschrift für Politik H 12/1934.

23) Eng verwandt mit Schöpkes „Landwerk“ war auch die sog. „Ostmärkische Landarbeiter- und Siedlerschule“ bei Frankfurt/O. Hier wurden Erwerbs- und Berufslose zur Landwirtschaftlichen Arbeit umgeschult und anschließend als Saisonarbeiter vermittelt. Nach Schlicker (1968, S. 103) wurde die Schule finanziell von der „Artamanen-Förderergesellschaft“ und dem „Reichsverband der deutschen land- und forstwirtschaftlichen Arbeitgeberverbände“ zeitweise unterstützt. Ihr eigentlicher Initiator war der ehemalige Offizier und Kapp-Putschist Martin Eisenbeck, Mitglied des Stahlhelm und seit Mai 1931 der NSDAP und der SA. Im Dritten Reich wurde Eisenbeck als Arbeitsgauführer Ostpreußen einer der wichtigsten

Mitarbeiter Hierls. Auf seine Initiative geht die Sammlung „FAD/RAD Ostpreußen" im Bundesarchiv Koblenz (ZSg 145) zurück.

Vgl. im besonderen den Aktennachlaß Eisenbecks, hrg. v. Arbeitsführer Kurt Soyka 1935-45, BA ZSg 145/8.

24) Die Verbindung von Arbeitslosigkeitsbekämpfung, Siedlung und imperialistischer Kolonialpolitik knüpfte im Zusammenhang mit seinem Plan der Entindustrialisierung auch der ehemalige kaiserliche Kolonialbeamter Rudolf Böhmer, den Hans Grimm in „Volk ohne Raum" als „seinen Bezirksamtmann" von der Lüderitz-Bucht beschrieben hat. Sein seit 1928 in mehreren Auflagen erschienenes Buch „Das Erbe der Enterbten" fand in der gesamten rechten Publizistik eine fast überschwengliche Resonanz. Entstädterung, Entindustrialisierung, Eroberung neuer Kolonien, Aufstellung eines Arbeitsheeres waren die zentralen Schlagworte seines aggressiv imperialistischen Programmes, das ihn ab 1931 zum beliebten Bezugsautor der reaktionären Arbeitsdienstpropaganda werden ließ. Böhmers wie auch Schöpkes Buch erschienen im Verlag des alldeutschen Verlegers und Stahlhelm-Mitglieds J. F. Lehmann (München).

Aus konservativer Sicht kritisch mit dem „gutgemeinten Dilettantismus" (S. 44) der Arbeitsdienstpflicht-Befürworter setzt sich der ehemalige Senatspräsident Gottfried Flügge (1929) auseinander. Aus erziehungspolitischer Perspektive prüft er die Argumente jener, die die Arbeitsdienstpflicht als Ersatz für die Wehrpflicht forderten und kommt auch zur Enttäuschung des Herausgebers der Schrift, dem NSDAP-Funktionär Dr. Werner Best, zu dem Schluß: „Jene herbe und harte Staatsgesinnung, die die Erziehung durch die Wehrmacht krönte, ist durch die Arbeitsdienstpflicht nicht zu erreichen. Es gibt keine körperliche Arbeit, die ihrer Art nach geeignet wäre, in diesem Stücke auch nur etwas ähnliches zu erziehen, wie es der Wehrpflicht möglich gewesen ist." (Flügge, 1929, S. 22) So kommt er mit Bedauern zu einer „völligen Ablehnung der Arbeitsdienstpflicht" (S. 47) und plädiert stattdessen unter Hinweis auf die Aktivitäten der Artamanen und des Landwerks für einen freiwilligen Arbeitsdienst und „die Wiedereinführung der Wehrpflicht als ein heiliges Recht Deutschlands" (ebda.).

25) Auf die eher skurilen Organisationen, die sich am Rande der Arbeitsdienstdiskussion plaziert hatten, sei hier nicht näher eingegangen. Zu ihnen zählen z. B. der am 10. 10. 1931 in Berlin von dem Volkswirt Dr. Paul Fischer gegründeten „Deutscher Arbeitsbund. Schutzverband gegen Arbeitslosigkeit und Verarmung", der den „Tag voller Freiheit" in der Abschaffung des Geldsystems kommen sah. (BA R 36/1936) Für die Schaffung geschlossener Wirtschaftsräume und die Einführung bargeldloser Zirkulation durch Einführung von „Buchgeld" trat auch der am 30. 3. 1931 in München von dem arbeitslosen Architekten Lorenz Mesch gegründete Verein „Zukunft – Verein zur Hebung des Arbeitswertes e. V." ein. Seine Agitation führte kurzzeitig in Münchner Bankkreisen zu Irritationen und Anfragen an staatliche Stellen (vgl. BA R 36/1932). Ähnlich phantastisch war der Finanzierungsvorschlag eines Arbeitsdienstjahres, den der Aufsichtsratsvorsitzende der Mannheimer Hansabank, Carl Bensel (1930) vorlegte und als „Programm zur nationalen Sammlung" preisen ließ. Bensels Grundidee war, die Arbeitsdienstpflicht mit einer allgemeinen Berufsarbeitsschule zu verknüpfen, die sich ihre Werkstätten selbst schafft.

26) Vgl. die verschiedenen Eingaben Faupels an Papen, BA R 43 I, Bd. 2086.

27) Über den ersten Vorsitzenden existieren unterschiedliche, quellenmäßig nicht entscheidbare Angaben: Gereke wird von Köhler (1967, S. 159f.), Hans Wendt dagegen von Hase (1940) genannt. Belegbar ist dagegen Gerekes Mitgliedschaft im Ehrenpräsidium des Bundes; Angaben zur Führungsschicht „Der Arbeitsdienst" 1. Jg. 1931, S. 17 sowie Schlicker, 1968, S. 262ff.. Stellvertreter Schmeidler wurde 1933 Leiter des Verwaltungs- und Wirtschaftsamtes in der Reichsleitung des Arbeitsdienstes.

28) Lübbert (1883-1963) war ab 1910 Syndikus im Diamantenbergbau Südwestafrikas und Vorsitzender der Lüderlitzer Minenkammer; ab 1926 war L. Generaldirektor der größten deutschen Privatbahngesellschaft, der „AG für Verkehrswesen" und Mitglied in zahlreichen Aufsichtsräten. Zeitweise gehörte er dem Bundesvorstand des Stahlhelm an. (Zu seiner dortigen Rolle vgl. Berghahn, 1966, S. 164, 226 und 240.) Nach Schlicker (1968, S. 264, Anm. 133) war L. auch als Berater Röhms tätig und wurde deshalb am 30. 6. 1934 kurzzeitig verhaftet.

29) Heinz Oskar Hauenstein leitete kurzfristig zusammen mit Hans Raupach die im September 1932 gegründete „Mittelstelle für Arbeitsdienst in Volkslagern" (Berlin), ohne aktiv in deren Geschäfte einzugreifen. Die Gründung der Mittelstelle ging auf eine Initiative des Deutschen Studentenwerk (Dresden) und dessen Vorstandsmitglied Dr. Sikorski zurück, das die Mittelstelle auch finanzierte. In einer Mitteilung Hans Raupachs vom Juli 1986 heißt es dazu: „Über die Motive HH (Heinz Hauenstein, PD.) in die MSt (Mittelstelle, P.D.) einzuführen hatte ich mit Dr. S. nicht gesprochen. HH war mit seinem ‚Schlageterbund' Träger von Diensten im offiziellen FAD an verschiedenen Stellen des Reiches. Ich nehme an (nachträglich), daß Vertreter von Industrieverbänden, die ihn seit dem Ruhrkampf finanziell unterstützten, beim StW (Studentenwerk, P.D.) für seine Einbeziehung plädiert hatten." Nach Mitteilung von H. Neumann (ABk) schied HH schon nach wenigen Tagen aus. Raupach wurde in der Mittelseite durch die beiden SJ-Mitglieder Rudolf Brée und Otto Matschoss unterstützt. (Brief Neumann v. 9. 6. 1986)

30) Zwei Aufsätze zur Arbeitsdienstpflicht erschienen schon 1920 (Nr. 20) und 1922 (Nr. 7) in der Bundeszeitung ohne größere Resonanz.

31) DZA I, Potsdam, Stahlhelm, Nr. 320, Bl. 17f., zit. n. Schlicker, 1968, S. 144.

32) Heinz (1933, S. 70) spricht dagegen von ca. 350 Lagern mit 15000 Teilnehmern. Schon unmittelbar nach der Einführung des FAD war der Stahlhelm im Herbst 1931 unter den Wehrverbänden führender Dienstträger: Stahlhelm (7), Jungdo (5), NSDAP (1), Reichsbanner (1) (Syrup, 1931, Sp. 1627).

33) Hier sind unmittelbare Einflüsse der Volkslagerpädagogik um Eugen Rosenstock und die Schlesische Jungmannschaft feststellbar. Denn Mitglieder des Jungstahlhelm hatten schon an den Lagern in Löwenberg zwischen 1928 und 1930 teilgenommen (Heinz, 1933, S. 33ff.). Dort waren die „Lebensberichte" ein entscheidendes Bildungselement gewesen (vgl. Kap. 6.3.). Zu den Erfahrungen von Jungstahlhelmern in sog. „Volkslagern" vgl. auch Heinz, 1933, S. 31ff.).

34) Das Buch erschien in der Schriftenreihe der im Kohlhammer-Verlag erscheinenden Monatszeitschrift „Arbeit und Gemeinschaft". Sie wurde vom Nürnberger Stadtrat Dr. Fischer herausgegeben und befaßte sich mit Fragen des Arbeitsdienstes, der Arbeitsbeschaffung und der Arbeitsmarktpolitik.

35) Zu diesen Methoden zählten u. a. die Einführung der Zeitkarte, ein individuelles Arbeitskontrollbuch, Veröffentlichung der Leistungssteigerung in den Werkstätten, aber auch Betriebssport sowie Angebote des außerdienstlichen „Gemeinschaftslebens" zur Stärkung des „Werksfamilien-Bewußtseins."

36) Ludwig Preller charakterisiert in seinem Standardwerk zur Sozialpolitik in der Weimarer Republik die Arbeit des DINTA u.a. mit dem Hinweis, „die betriebliche Atmosphäre sollte vom Klassenkampf ‚entgiftet' und zwischen Betrieb und Arbeiter eine Vertrauensbasis geschaffen werden, für die auch Werkszeitungen, Wohlfahrtseinrichtungen, Hausfrauenschulen u.ä. warben. Das Institut arbeitete mit einer Forschungsstelle für industrielle Schwerarbeit (Prof. Poppelreuter) zusammen und bildete zur Durchführung seiner Aufgaben ‚Einsatz- und Bereitschaftsingenieure' aus. Mit der organisierten Arbeiterschaft kam das Dinta naturgemäß schon bald in Konflikt, da seine vom betrieblichen Blickfeld orientierte Arbeiterpolitik im (wenn auch nie ausgesprochenen) Gegensatz zur kollektivwirtschaftlichen Einstellung der Gewerkschaften stand. Hiergegen wandten sich besonders die Freien Gewerkschaften aufs schärfste, wenn sie auch mit manchen Zielen der Förderung der Jungarbeiter übereinstimmten. Die Wendung Dr. Arnolds zur DAF sofort nach deren Entstehung bestätigte später die Befürchtungen der Gewerkschaften, daß die Industrie mit dem Dinta höchst eigennützige Ziele verfolgt hatte." (Preller, 1949, S. 132) Innerhalb der DAF übernahm Arnold das „Amt für Berufserziehung und Betriebsführung der Deutschen Arbeitsfront". Ihm unterstand auch die 1936 unter dem Soziologen Heinz Marr an der Universität Frankfurt gegründete „Gesellschaft für Sozialwissenschaft e. V.", die programmatisch auf empirische Regionalforschung ausgerichtet war. Zum DINTA vgl. auch Hinrichs, 1981.

37) Einzige Ausnahme bildete hier die bemerkenswerte Dissertation, die Kurt Joachim Fischer 1934 bei Arnold Bergsträsser einreichte. Sie hebt sich deutlich „in übertrieben wissenschaftlicher Objektivität" (S. 6) von den nationalsozialistischen Deutungen des FAD ab, u.a. mit

der doppeldeutigen Begründung: „Die Aufgabe dieser Arbeit schließt mit der Ernennung Adolf Hitlers zum Reichskanzler, am 30. Januar 1933. Die Arbeit will keine Kritik sein. Sie ist unangebracht, weil es der Bericht über Versuche ist. Kritik ergibt sich allein aus dem Ende dieses Arbeitsdienstes und dem Siege des Gedankens der nationalsozialistischen Arbeitsdienstpflicht." (Fischer, K., 1936, S. 11)

Anmerkungen Kapitel 4.3.

1) Für die Frühphase der Weimarer Republik vgl. Verhandlungen der Nationalversammlung, I. Wahlperiode 1919, Sachregister „Arbeitspflicht, Arbeitszwang", S. 5744f..
2) Verhandlungen der Nationalversammlung, I. Wahlperiode 1919, 65.. Sitzung, S. 1876ff..
3) Verhandlungen des Reichstags, I. Wahlperiode 1920, 14. Sitzung vom 30. 7. 1920, S. 428ff..
4) ebda.
5) ebda.
6) ebda.
7) Innerhalb der Zentrum-DDP-DVP-Koalitionsregierung Fehrenbach war besonders in der Zentrum-Fraktion der Plan einer Arbeitsdienstpflicht nicht durchsetzbar. Darauf spielte Schücking an, als er seinen Antrag im Oktober 1920 zurückzog. „Es freut mich, daß dieser Gedanke hier bei großen Parteien des Hauses Anklang gefunden hat. Da aber einige der Parteien, namentlich solche der Koalition, sich heute trotz grundsätzlicher Bedenken in dieser Frage nicht festlegen wollen, so genügt es mir, die Anregung gegeben zu haben, und ich ziehe den Antrag auf die Resolution zurück." (Verhandlungen des Reichstags, I. Wahlperiode 1920, 22. Sitzung vom 27. 10. 1920.
8) ebda. Zur positiven Haltung von Erzberger und Rathenau in der Arbeitsdienstfrage vgl. Dudek, 1985, S. 265.
9) Der Jungdeutsche, Nr. 47 v. 25. 2. 1927
10) Verhandlungen des Reichstags, Anlagen, Drucksache Nr. 2083, I. Wahlperiode 1924. Neben den erwähnten Ministern Scholz und Wirth, neben Erzberger und Rathenau sprach sich auch der Außenminister des Fehrenbach-Kabinetts Simons (parteilos) für die Arbeitsdienstpflicht aus (Levermann, 1928, S. 55f.).
11) Verhandlungen des Reichstags, Anlagen, Drucksache Nr. 1480, III. Wahlperiode 1926; als Antragsteller zeichneten u. a. Stöhr, Dr. Best, Feder, Dr. Frick, Ludendorff, v. Graefe, Strasser, Graf Reventlow.
12) Verhandlungen des Reichstags, Anlagen, Drucksache Nr. 468, IV. Wahlperiode 1928.
13) Der von „Drewitz, Feidel, Holzamer, Sachsenberg und Genossen" vom 18. 10. 1930 gezeichnete Entwurf greift auf Argumentationen von Schöpke, Wilhelm u. a. zurück; Verhandlungen des Reichstags, Anlagen, Drucksache Nr. 144, V. Wahlperiode, 1930.
14) Verhandlungen des Reichstages, Anlagen, Drucksache Nr. 445, V. Wahlperiode 1930.

Anmerkungen Kapitel 4.4.

1) Metallarbeiter-Jugend, 1924, S. 225
2) Metallarbeiter-Jugend, 1924, S. 172
3) Metallarbeiter-Jugend, 1924, S. 97
4) Metallarbeiter-Jugend, 1926, S. 255
5) Vgl. hier die „Aufklärungsbroschüre" des KJD (1924)
6) Zur politischen Ideengeschichte des Arbeitsdienstgedankens unter den analytischen Kategorien „Individualismus" und „Universalismus" und bezogen auf kapitalistische und sozialistische Gesellschaften vgl. die an der Handelshochschule Mannheim eingereichte Dissertation von Schiettinger (1932).
7) Die Rote Fahne, Nr. 83 v. 31. 7. 1924. „Die Arbeitsdienstpflicht wird nach der Eroberung

der Diktatur des Proletariats von der Arbeiterklasse verwirklicht werden." (Die Rote Fahne v. 25. 9. 1920)

8) Einladungsplakat, BA R 36/1930; zur Veranstaltung vgl. den Bericht in: Vorwärts, Nr. 260 v. 4. 7. 1924.

9) Neue Erziehung, H 7/1924 mit weiteren Überlegungen zur Arbeitsdienstpflicht. Zur „Gemeinschafts- und Arbeitserziehung" bekannte sich auch Oestreich, doch hat sein Konzept der Produktionsschule mit seinen volkskulturellen Implikationen und der Unterscheidung zwischen „kapitalistischer Produktion" und „pädagogischer Produktion" mit semantisch ähnlichen Zielentwürfen des Arbeitsdienstes nichts zu tun (vgl. Reintges, 1975, S. 37ff.).

10) Resolution des Politbüros des ZK der KPD vom 4. 6. 1930, in: Die Rote Fahne v. 15. 6. 1930.

11) Die Junge Garde Nr. 1/1930

12) Alle Zitate aus: „Aufruf an die werktätige Jugend Deutschlands zum Kampf gegen die Militarisierung und Faschisierung durch die Arbeitsdienstpflicht", in: Die Rote Fahne vom 17. 1. 1931.

13) „Arbeitsbeschaffungsforderungen des KJVD, in: Die Junge Garde vom 14. 6. 1931.

14) ebda.; dort auch das für den KJVD typische Agitationsmuster: Aufruf zur Schaffung von „Kampfausschüssen und Kampfkolonnen gegen Arbeitsdienstpflicht und Zwangsarbeit" ... „unter der Führung der Jungkommunisten" und als Alternative: „das leuchtende Beispiel der Sowjetunion, wo die Jugend keine Arbeitslosigkeit und keinen Lohnabbau kennt, wo keine Zwangsarbeit und Unterdrückung herrscht."

15) „Über die Bedeutung und Lehren des 6. Reichsjugendtages", in: Die Jugendinternationale, Heft 3/1931.

16) Jugend-Führer, Mitteilungen für die Leiter der Jugend-Abteilungen in den Gewerkschaften, hrg. v. Vorstand des ADGB, Februar 1931, S. 9-11.

17) Die Gilde „Soziale Arbeit" war ein Zusammenschluß von haupt- und ehrenamtlich in der sozialen Arbeit tätigen Frauen und Männern, die aus der Jugendbewegung stammten oder ihr nahestanden. Geschäftsführer war der Berliner Jugendpfleger Justus Ehrhardt. Bekannte Mitglieder der Gilde waren u. a. Curt Bondy, Helmut Tormin, August Verleger, Karl Wilker, Werner Kindt, Walter Herrmann, August Oswalt; vgl. auch Bondy, 1930 sowie Fünfzig Jahre (1975).

18) Rundbrief der Gilde „Soziale Arbeit" Nr. 20/1931, S. 144.

19) Zum Phänomen der „wilden Cliquen" aus zeitgenössischer sozialpädagogischer Sicht: Voß/Schön, 1930; Ehrhardt, 1930; Fournier, 1931. Neuerdings Lessing/Liebel, 1981, Peukert, 1984.

Anmerkungen Kapitel 5.1.

1) Zu der Gattung von Jugendforschung, die eine stark normative Problemwahrnehmung mit pädagogisch-moralischen Lösungsmustern verband zählen z. B. die Arbeiten von Heinrich Kautz (1926; 1929) und Günter Dehn (1929). Dagegen kommen in den Arbeiten von Dinse (1932) und Krolzig (1930) betroffene Jugendliche zur Selbstdarstellung ihrer Lebenssituation in der Großstadt.
2) Zur kritischen Würdigung des RJWG vgl. Hasenclever, 1978, S. 73ff. Mit der gesetzlichen Einführung der öffentlichen Jugendhilfe kommt es zu einem Professionalisierungsschub in der Ausbildung von Sozialarbeitern.
3) Zur Vorgeschichte und Struktur des AVAVG vgl. Preller, 1949, S. 363ff.
4) Über Erwerbslosenfreizeiten und Bildungsarbeit „an Erwerbslosen" mit Beispielen aus der Praxis der Pflichtarbeit berichtet aus der Sicht der Volksbildungsbewegung Keiser, 1928, S. 174ff.
5) Die nahe Verwandtschaft der Idee der Notstandsarbeiten zum FAD ergibt sich schon aus der Tatsache, daß die Verordnung zum FAD als neuer § 139a in das AVAVG integriert wurde. (Vgl. Kap. 7.1.). Neben den Notstands- und Pflichtarbeiten konnten Jugendliche nach § 92 AVAVG zur Fortbildung oder Umschulung verpflichtet werden. Eine Teilnahmeverweigerung zog einen vierwöchigen Unterstützungsentzug nach sich. (vgl. Herrnstadt, 1927, S. 12ff.)
6) Dagegen deutet aus pädagogischer Sicht Heiß (1929) den jugendlichen Radikalismus als Folge eines Generationskonfliktes, bedingt durch einen „besonders leidenschaftlichen und mit Reizbarkeit geladenen Gesamtzustand der Seele." (S. 382)
7) Die folgenden Bemerkungen zur Entwicklung der Arbeitslosigkeit sind wie bei allen anderen Arbeiten mit der methodischen Hypothek belastet, daß die Arbeitslosenstatistiken nicht das Ausmaß der verdeckten bzw. unsichtbaren Arbeitslosigkeit erfassen. Nicht alle Erwerbslosen waren gemeldet, nicht jeder Erwerbslose war ohne Erwerb durch Gelegenheitsarbeiten; Kurzarbeit brachte oft kaum mehr als die Unterstützungssätze. Nach Schätzungen des ADGB betrug das Heer der unsichtbar Arbeitslosen 1932 800000 bis 1 Million, das Institut für Konjunkturforschung schätzte die Zahl sogar auf ca. 2 Millionen, andere Schätzungen sprechen von 2,4 Millionen (Spliedt, 1932, S. 770). Die Reichsanstalt rechnete mit 10-15% unsichtbar Arbeitslosen. Es dürften hauptsächlich Frauen und Jugendliche gewesen sein, die im Verlauf der Krise nicht mehr vom Arbeitsamt erfaßt wurden und den Sockel der unsichtbaren Arbeitslosigkeit bildeten.
8) Die folgenden Daten sind entnommen Blaich, 1985; vgl. auch den Überblick zum gegenwärtigen Forschungsstand: dort S. 143ff.
9) Vgl. auch die Altersschichtung der 14-23jährigen bei Kutzner, 1932, S. 53f.
10) Den Organisierungsgrad der Jugendlichen unter 21 Jahren vom 31. 3. 1926 gibt Meves (1929, S. 157) wieder. Vgl. auch die von unseren Daten geringfügig abweichenden Angaben bei Paetel, 1963, S. 63.
11) Die Prozentwerte geben den Anteil der Jugendarbeitslosigkeit an der Gesamtarbeitslosigkeit in diesem Bezirk an.
12) Seitens des ADGB kritisierte deren Jugendsekretär Walter Maschke die Umlenkung auf bildungspolitische und sozialpädagogische Betreuungsmaßnahmen, da sie nicht die Notwendigkeit mindern, den Jugendlichen „durch Arbeitsbeschaffung und Freimachung von Arbeitsplätzen den Zugang zu normaler Erwerbsarbeit zu ermöglichen." (Maschke, 1932, S. 251)

Anmerkungen Kapitel 5.2.

1) Einen Überblick über das Engagement der Inneren Mission bei der Betreuung erwerbsloser Jugendlicher bieten die Berichte von Bertha Finck (1931), der Referentin für Wohlfahrts- und Jugenddienst im Zentral-Ausschuß der Inneren Mission.

2) Richtlinien zur Durchführung beruflicher Bildungsmaßnahmen für Arbeitslose v. 17. 9. 1930, § 1; Nachdruck: Finck, 1931, S. 82ff..
3) Vgl. hierzu die Lagerordnung für die verschiedenen Erwerbslosenlager der ev.-sozialen Schule v. 1. 3. 1932, BA R 77/1934.
4) Entsprechend kritisierte aus Sicht der Berufspädagogik Paul Ziertmann, den zahlreichen Maßnahmen fehle es an „Einheitlichkeit und Zielstrebigkeit" und forderte die Konzentration der beruflichen Bildungsmaßnahmen in der öffentlichen Berufsschule. (Ziertmann, 1931 b, S. 98)
5) Vgl. hierzu den Erfahrungsbericht von Ullrich, der 1929/30 vier Erwerbslosenfreizeiten der Volkshochschulen Sachsen, Dresden und Zwickau in Verbindung mit den örtlichen Arbeitsämtern leitete. (Ullrich, 1930, S. 115ff.)
6) In ähnlicher Weise beschrieb Kurt J. Fischer schon 1934 den Verhaltenstypus proletarischer Jugendlicher: „Die deutschen Landstraßen waren von Wandernden überfüllt – man schätzte sie im Frühjahr 1932 auf 1 1/2 Millionen, davon mindestens eine Million Jugendlicher –; die Kriminalität nahm zu, – durch sie wuchs die moralische Haltlosigkeit... Bei den Jugendlichen selbst suchte sich eine gewisse Unbekümmertheit den Ausweg, der in Gleichgültigkeit mündete, wenn er nicht zu den eben angezeigten Schäden führte. Diese Gleichgültigkeit bezog sich vor allem auf die eigene Zukunft, in der Gegenwart bezog sie sich auf den Staat, wenn sie sich nicht in den politischen Organisationen gesammelt hatten." (Fischer, K., 1934, S. 61f.)
7) Von der Praxis der Jugendämter, jugendliche Straftäter in FAD-Lager zu schicken, berichtet auch Abel (1935, S. 32)
8) Die in den Jahren 1932 bis 1934 verfaßte „jugendkundliche Untersuchung über Grundlagen und Grenzen sozialpädagogischer Betreuung der arbeitslosen Jugend" unterscheidet sich methodisch wie theoretisch erheblich von vergleichbaren Arbeiten nationalsozialistischen Zuschnitts. Abels Studie zu den psychischen und sozialen Auswirkungen der Jugendarbeitslosigkeit basiert auf der Beziehungssoziologie Leopold von Wieses und der Jugendpsychologie Eduard Sprangers und verarbeitet eine Fülle von Materialien, die im Sinne der Feldforschung gewonnen wurde. So hospitierte er mehrere Monate in einem Erwerbslosenkursus (15 Teilnehmer) und arbeitete insgesamt 11 Wochen in zwei FAD-Lagern als einfacher Arbeitsdienstwilliger. Während dieser Zeit fertigte er zahlreiche Beobachtungsnotizen und schloß seine Feldforschung jeweils mit einer Fragebogenaktion ab.
   Diese Feldforschung diente ihm zur „Schaffung einer Verstehensgrundlage" ebenso wie seine Beobachtungen in Wärmehallen, Spielsalons, die Verarbeitung des Tagesbuchs eines Jugendlichen, mit dem er in einem FAD-Lager zusammenlebte, Aufsätze von Jugendlichen zum Thema „Ich bin arbeitslos" und das Heranziehen anderer zeitgenössischer jugendlicher Studien.

Anmerkungen Kapitel 6.1.

1) Bundesmitteilungen – Rundbriefe der Bundesleitung des Alt-Wandervogel Deutsche Jungenschaft, Nr. 4, Dez. 1924, S. 20
In dem von den 20 Bünden veröffentlichten „Aufruf" hieß es: „Inland und Ausland rufen zu Unterstützungswerken für die deutsche Jugend auf. Nur wir, die Bünde der deutschen Jugendbewegung, verzichten bisher auf ein gemeinsames Handeln, obwohl Hunger und Erwerbslosigkeit bis tief in die Reihen unserer Mitglieder eingedrungen sind. Und doch sind wir selber mitschuldig an denen unter uns, die hungern und frieren, weil wir es versäumen, gemeinsam uns für sie einzusetzen und ihr Lebensrecht dem Staate und der Wirtschaft gegenüber zu vertreten. Darum rufen wir Euch, getrieben von unserer Verantwortung und Verpflichtung unserm Geschlechte gegenüber dazu auf, mit uns für ein *staatliches Arbeitspflichtgesetz für die deutsche Jugend* einzutreten... Jeder junge Deutsche im Alter von 18 bis 25 Jahren soll in Zukunft verpflichtet sein, ein Jahr im Kreise seiner gleichaltrigen Kameraden gemeinnützige Arbeit für das Volksganze zu leisten." (Original in: AdJb-Sammlung „Auslandsarbeit, Land- und Arbeitsdienst", im folgenden abgekürzt [AdJb-SALA])
2) Es folgen Vorschläge für Themen und Referenten; Quelle: s. Anm. 1
3) Erwähnt werden soll an dieser Stelle, daß Adolf Reichwein als Mitglied der Akademischen Freischar Marburg schon 1921 zusammen mit Studenten und Jungarbeitern in Bodenrod (Taunus) ein Lager durchführte, das bei gemeinsamer Arbeit dem gegenseitigen Kennenlernen über die sozialen Schranken hinweg dienen sollte. Vgl. Henderson, 1958, S. 49f.
4) Der Wandervogel-Zeitschrift des Bundes für Jugendwanderungen (Alt-Wandervogel), Heft 4-6/1923, S. 36)
5) Reinhold Schairer (Jg. 1889) war Mitglied im Alt-Wandervogel und bis 1933 Geschäftsführer des Deutschen Studentenwerkes. 1932 publizierte er ein viel beachtetes Buch über „Die akademische Berufsnot".
6) Zum Gesundheitszustand der Studentenschaft, untersucht am Beispiel der TBC-Fälle, vgl. Kater, 1975a, S. 52ff.
7) Vgl. Merkblatt der Studentenhilfe Frankfurt v. 14. 7. 1924; BAR 129/111
8) III. Bericht Schlesische Jungmannschaft v. 1. 10. 1925, S. 14f.; ABk
9) Eine ähnliche Position vertrat auf der Seite der Theorieproduzenten Rosenstock; vgl. Kap. 6.3.
10) III. Bericht..., a.a.O., S. 15; vgl. auch Götsch, 1927.
11) a.a.O., S. 16
12) a.a.O., S. 17
13) Vgl. auch den Bericht über das Lager in Dassel von Georg Götsch (1926, S. 99-113); Einladung Buskes v. 27. 3. 1926 mit Hinweisen auf die Finanzierung des Lagers durch die Arbeitsleistung der Teilnehmer, in: AdJb, A 2-21/1; zur Planung des Lagers den 4-seitigen Plan von Georg Götsch v. 23. 1. 1926 (ebda.). Das Papier spricht zwei zentrale Probleme der damaligen bündischen Studentenschaft an: die Generationsfrage und das Problem der Berufsfindung. Die Arbeitslager dienten zur „nötige(n) geistige(n) Grundlage" für die dem Jungenschaftsalter entwachsenen Jungmannschaften und die Vorträge während des Lagers hätten die Funktion, den „Blick auf Berufsziele und männliche Wirklichkeit" zu lenken.
14) III. Bericht..., a.a.O.; S. 17
15) Nicht frei von Selbstüberschätzung waren in diesem Punkte die Analysen der Aktivisten der SJ. Noch 1949 schrieb Raupach: „An der Schwelle des Jahres 1933 ergab sich folgendes Bild: Innerhalb der schier unübersehbaren Vielfalt der Arbeitsdienste bildeten die Arbeitslager der Jugendbewegung den Vortrupp, der vor allem über die Wahrung der ursprünglichen Ziele der Selbsterziehung und Selbstverwaltung wachte und gleichzeitig den Weg in ein soziales Neuland nach dem Arbeitsdienst vorfühlte. Über die eigentlich bündischen Lager hinaus setzten sich wesensverwandte Kräfte in den Arbeitsdienstorganisationen der Gewerkschaften, der großen konfessionellen Verbände und auch der vormilitärischen Verbände durch, die sich in einer Front der autonomen Bewegung gegenüber den Tendenzen der verbandsmäßigen und militaristischen Erstarrung befanden." (Raupach, 1949, S. 93) Eine solche Inter-

pretation hatte mit der Realität des FAD nur bedingt etwas zu tun. Denn die Vertreter des Volkslageransatzes befanden sich in einer deutlichen Minderheitenposition und die „Front der autonomen Bewegung“ fiel mit der Verordnung vom 28. 4. 1933 sang- und klanglos in sich zusammen. Denn mit ihr wurde dem Stahlhelm und der NSDAP das Monopol der Trägerschaft im Arbeitsdienst übertragen. (vgl. BAR 77/77) Aus nationalsozialistischer Sicht stellte Naumann in seiner Dissertation gar fest: „Ein Blick auf Sinn und Gestaltung der Arbeitslager innerhalb der Erwachsenenbildung wird... beweisen, daß anfangs nichts in den Arbeitslagern dieser Bewegung auf den Arbeitsdienst hinwies. Er wird aber auch zeigen, daß wertvolle Formen, nicht der Inhalt zur Übernahme in den Arbeitsdienst brauchbar waren.“ (Naumann, 1934, S. 94f.)

Anmerkungen Kapitel 6.2.

1) Die Deutsche Freischar (DF) war der größte Bund der bürgerlichen Jugendbewegung der Zwischenkriegszeit. Er entstand am 17./18. 4. 1926 durch Zusammenschluß des Alt-Wandervogels/Deutsche Jungenschaft, des Großdeutschen Pfadfinderbundes und des Wandervogels/Deutscher Jugendbund. Bundesführer wurde Hans Dehmel, der dem Bund 1927 auch den Namen gab. Seit Dezember 1927 fungierte das von Werner Kindt herausgegebene Wochenblatt „Der Zwiespruch“ als amtliches Mitteilungsorgan der DF; eine Monographie zur Geschichte der DF fehlt bis heute; zum Überblick vgl. Kindt, 1974, S. 1050 ff.
2) Greiff, 1985, S. 140 spricht von ca. 300 Mitgliedern. Beide Angaben beziehen sich jedoch auf unterschiedliche Zeiträume.
3) Zur sog. Grenzland- und Auslandsarbeit der bündischen Jugend vgl. Kindt, 1974, S. 1529ff. Während Kügler (ebda.) als ehemaliger Beteiligter die Auslandsbeziehungen als „vom Geist gleichberechtigter Partnerschaft getragen“ (S. 1532) sieht, kritisiert Schlicker diese als „besonderen Beitrag zur faschistischen Expansionsvorbereitung“ (1968, S. 113f.).
4) Vgl. hierzu die von ehemaligen SJ-Mitgliedern zusammengestellte affirmative „Freundesgabe für Hans Dehmel“ (Greiff u. a., 1970) Dagegen kritisch zur Rolle Dehmels als Bundesführer der Deutschen Freischar“, seiner großdeutsch-völkischen Ideologie und seines „oligarchischen“ Führungsstils Graul, 1985, S. 52ff..
5) Unklar bleibt, nach welchen Kriterien Greiff die Auswahl getroffen hat. Vermutlich handelt es sich um den aktivsten Kern der SJ, der auch nach 1945 dem Boberhaus-Kreis verbunden blieb.
6) Eugen Rosenstock (1888-1973), geb. als Sohn eines jüdischen Bankiers in Berlin, begann seine akademische Karriere als Rechtshistoriker; nach seiner Promotion 1910 in Heidelberg habilitierte er 1912 an der angesehenen Juristischen Fakultät der Universität Leipzig und wurde mit 23 Jahren der jüngste Privatdozent im Kaiserreich; nach Teilnahme am 1. Weltkrieg als Reserveoffizier zunächst Leiter der Werkszeitung der Daimler-Benz-Werke wird R. 1921 zum ersten Leiter der Frankfurter Akademie der Arbeit berufen. Nach tiefgreifenden Kontroversen mit dem übrigen Lehrpersonal scheidet er schon 1922 aus dieser Position aus und nimmt 1923 einen Ruf auf den Lehrstuhl für Rechtsgeschichte, Bürgerliches, Handels- und Arbeitsrecht an der Universität Breslau an. Seit dieser Zeit engagiert R. sich in der Erwachsenenbildung und arbeitet eng mit dem Hohenrodter Bund zusammen. In diesem Zusammenhang kommt es zu einer engen Kooperation mit der Schlesischen Jungmannschaft und der Arbeitslagerbewegung, die 1930 zerbricht (vgl. Kap. 6.5.) Seiner Strafversetzung an die Universität Frankfurt 1933 zuvorkommend, emigriert R. in die USA und übernimmt 1934 dort an der Harvard Universität eine Professur. Bleibt dort jedoch Außenseiter und wird an das Dartmouth College nach Vermont abgeschoben. Nach 1950 verschiedentlich Gastprofessuren in der Bundesrepublik (Göttingen, Münster, Köln, Heidelberg). Vgl. auch Rosenstock, 1968; sowie die biographische Skizze seines Schülers Kurt Ballerstedt (in: Rosenstock, 1958, S. 297ff.). Vgl. jüngst auch Faulenbach, 1982, S. 102ff., der primär die historischen Arbeiten des „genialen Außenseiters“ der Geschichtswissenschaften würdigt; allerdings sind seine Bemerkungen zu Rosenstocks Anteil an der Arbeitslagerbewegung wenig erhellend.

Begriffe wie Rosenstocksche-Lager oder Löwenberger-Lager sind mißverständliche Formulierungen Faulenbachs, die von den Aktivisten der Bewegung nicht gebraucht wurden und wohl auch dem Selbstverständnis der Vertreter der „Volkslager"-Konzeption widersprechen.

7) III. Bericht Schlesische Jungmannschaft vom 1. 10. 1925, ABk, S. 6ff. Dehmel zitiert hier die Pläne des Hohenrodter Bundes, Ostern 1926 in Schlesien ein neutrales Volkshochschulheim zu eröffnen. „Die Schüler sollen grundsätzlich aus den verschiedensten Arbeits- und Weltanschauungskreisen entnommen werden und das großdeutsche Element durch Hineinnehmen einiger auslandsdeutscher junger Menschen berücksichtigt werden." (S. 8) Indirekt räumt Dehmel hier ein, daß die pädagogische Konzeption der späteren Lager für Arbeiter, Bauern und Studenten bereits 1925 in Teilen der freien Volksbildung ernsthaft diskutiert wurde.
8) Brief H. Neumann an den Verf. v. 6. 5. 85, S. 1
9) Zahlreiche Beispiele finden sich bei Greiff, 1985, S. 27ff.
10) Offensichtlich liegt hier eine Verwechslung vor. Quellenmäßig belegen lassen sich nur zwei Abstimmungen zur Reichstagswahl 1928 und 1930. Sie basieren auf Umfragen, die die „Bündische Gesellschaft", die politische Gilde innerhalb der DF, durchführte. Zu den Abstimmungsergebnissen, die für 1930 jeweils 4% Anhänger von KPD und NSDAP aber 30% Voten für die Staatspartei ausweisen, vgl. Paetel, 1963, S. 146.
11) Zur Geschichte der Liquidierung des Boberhauses im Dritten Reich vgl. Greiff, 1985; einige Dokumente sind nachgedruckt in: Greiff, u. a., 1970.
12) In den Kriegsjahren diente das Boberhaus als Notunterkunft für lothringische Zwangsarbeiter und brannte nach der Besetzung Löwenbergs durch sowjetische Truppen bei Sprengungen einer benachbarten Chemie-Fabrik vollständig nieder.
13) Wenig befriedigend sind die späteren Erläuterungs- und Rechtfertigungsversuche aus Führungskreisen der DF. Dies gilt speziell für die 34 Seiten starke, unveröffentlichte Schrift „Deutsche Freischar und Großdeutscher Bund 1933" von Helmuth Kittel (AdJb, A 2-22/5). Kittel beschreibt in dem Papier, wie Verhandlungen der DF mit Vertretern der Reichswehr zur Garantierung ihrer Selbständigkeit scheiterten und deshalb eine „Anlehnung an die NSDAP" (S. 9) gesucht wurde. Angesichts der massiven Einschüchterungen, Verfolgungen von Kommunisten und Sozialdemokraten im Zusammenhang mit der Märzwahl 1933 wirkt die Ansicht zumindest befremdlich, der neu gewählte Reichstag sei in einem „normalen Wahlverfahren zustande gekommen, durfte also als legale und legitime Repräsentation des Volkes gelten." (S. 12) Die nach den Märzwahlen einsetzende Bewegung der „nationalen Revolution" hätte die DF „wahrgenommen. Sie hat sich durch sie in ihrem Bekenntnis zu der neuen Regierung bestätigt gefühlt, aber sie hat sich durch sie nicht legitimiert gewusst, sich selbst aufzugeben." (S. 13) Ähnlich verharmlosend argumentiert Rudolf Brée, Mitarbeiter Raupachs in der Mittelstelle für Arbeitsdienst in Volkslagern, wenn er schreibt: „Wenige Wochen nach Hitlers Regierungsantritt hatte kaum jemand (!) eine Vorstellung von dem Preis, der einst dafür zu zahlen sein würde..." (Brée, 1984, S. 103)
14) Brief an den Reichspräsidenten vom 21. 3. 1933, in: AdJb, A 2-22/2; zur Rechtfertigung vgl. Kittel, in: AdJb, A 2-22/5. Wenn Kittel schreibt, er hätte die Beitrittserklärung vom 8. 3. 33 nicht gebilligt (S. 9), so steht dies in gewissem Widerspruch zu seinem Schreiben an die „Gauführer der ehemaligen Deutschen Freischar" vom 9. 10. 1933, in dem es heißt: „Jeder Gedanke, jedes Gefühl und jede Handlung darf künftig nur noch dem einen Ziel dienen, die Hitlerjugend so zu gestalten, daß sie den Namen des Führers zu Recht trägt. Wir bringen dazu viel Können und Leidenschaft mit aus unseren stolzen Tradition. Sie gehören bedingungslos der Zukunft der Hitlerjugend. Der beste Weg Eures Einsatzes wird noch lange der sein, daß Ihr kleinere, übersehbare Einheiten führt, in denen Ihr persönliches Führertum zur Auswirkung bringen könnt. Ich selbst bin, getreu unserem alten alten Grundsatz, daß der Führer nichts verlangt, was er nicht selber tut, in die SA eingetreten." (zit. n. Paetel, 1963, S. 144f.)
15) Deutsche Freischar – Zeitung der Jungmannschaft und Jungenschaft im Großdeutschen Bund, 3. Jg., v. 14. 4. 1933
16) Karl O. Paetel war Mitglied der DF und ihrer politischen Gilde, zugleich Herausgeber der Zeitschrift „Die Kommenden". Wegen seiner scharfen Kritik an Hindenburg in dessen Hal-

tung zum Young-Plan (vgl. „Die Kommenden", 12. Folge v. 21. 3. 1930) wurde er am 30. 3. 1930 aus der DF auf Antrag von Georg Götsch ausgeschlossen. Seit dieser Zeit datiert eine tiefe Feindschaft zwischen Paetel und den Führern der DF, die auch nach 1945 unvermindert anhielt. Vgl. hierzu und zu den Versuchen der ehemaligen Freischar. Führer, das Erscheinen von Paetels Buch „Jugend in der Entscheidung" zu behindern, Nachlaß W. Kindt, AdJb, 163/196/200 – Briefwechsel mit Dehmel/Neumann/Raupach. Dort auch an vielen Stellen die pejorative Charakterisierung Paetels als „geisteskrank", „armer irrsinnniger Freund". Dort auch die Einschätzung, daß die DF-Führer „einen – wie sie bald merkten – falschen Weg, den des Unterwanderns der NSDAP, eingeschlagen hatten." (Neumann an Kindt v. 30. 11. 1962).

17) Raupachs Beitrag ist erschienen in dem von W. Vesper 1934 herausgegebenen Band: Deutsche Jugend. 30 Jahre Geschichte einer Bewegung. In bündischen Kreisen wird dieser Band interpretiert als eine letzte bündische Selbstdarstellung unter nationalsozialistischen Verhältnissen. Kindt versteigt sich sogar zu der Behauptung, „wir beschlossen, Schirach einen Streich zu spielen." Ob diese „erlaubte Kriegslist" allerdings als Zeichen antinazistischer Haltung gewertet werden kann, muß nach Lektüre der zum Teil von Gewaltphantasien und NS-Phraseologie (z. B. der Beitrag von Ruder) strotzenden Artikel bezweifelt werden. Auch der Hinweis Kindts, das Buch sei in einem holländischen Verlag erschienen (Kindt, 1967) unterschlägt, daß Verlagssitz Berlin war. Verständnisvoll auch Neumanns Interpretation: „Meines Erachtens mußte als Kriegslist, zur Tarnung also so getan werden, als ob ... schon immer. Die Gefahr, von Fernstehenden vielleicht nicht in allen Punkten verstanden zu werden, wurde sicher bewußt in Kauf genommen." (Neumann an Kindt v. 20. 1. 1962, Nachlaß Kindt/196)

Um das Verhalten der DF-Führer 1933, das nicht identisch ist mit dem Verhalten der Mehrheit der Mitglieder, endgültig zu beurteilen, muß berücksichtigt werden, daß sie in den sechziger Jahren bei der Bereitstellung von Dokumenten für Autoren taktisch verfahren sind. Vgl. Brief Neumann an Dehmel v. 11. 11. 1961 (ebda.). Hier ging es um Publikationen von Kneip und Raabe zur Geschichte der bündischen Jugend. Zur Genese und den Auswahlkriterien der von Kindt herausgegebenen dreibändigen Dokumentation zur Geschichte der Deutschen Jugendbewegung vgl. Nachlaß Kindt (Gesammelter Schriftenverkehr).

In der Diktion des „als ob schon immer" (Neumann) ist auch Raupachs methodischer Beitrag „Freizeitgestaltung im Arbeitsdienst" (1934b) verfaßt, der sematisch angepaßt, aber stellenweise doppeldeutig und eher distanziert beschreibend die Erziehung im Arbeitsdienst kommentiert und diesen als „Grundschule des nationalsozialistischen (!) Volkes" (S. 223) charakterisiert. Sein Leitfaden einer Lagerpädagogik für den Arbeitsdienst übernimmt andererseits aber auch Inhalte und Stilelemente der NS-Bewegung.

Anmerkungen Kapitel 6.3.

1) Zu Rosenstocks Bedeutung für die Weimarer Erwachsenenbildung im allgemeinen vgl. Jung, 1970.

2) Vgl. auch Axel Eggebrechts Rezension dieses „höllischen Berichtes" über das soziale Elend der zwanziger Jahre in: Voßische Zeitung vom 15. 11. 1931.

3) Horst von Einsiedel (1905-1948), Jurastudium in Breslau und Kiel, zählte zum engsten Studentenkreis Rosenstocks und war mit Helmuth von Moltke befreundet. Teilnahme am studentischen Arbeitslager 1926 in Dassel; Mitarbeit in der Löwenberger Arbeitsgemeinschaft und den Lagern für Arbeiter, Bauern und Studenten. Seit 1930 Mitglied der SPD und dort dem Kreis der religiösen Sozialisten nahestehend. Während der NS-Herrschaft Mitglied des Kreisauer Kreises. 1948 im Lager Sachsenhausen an Hungertod gestorben. Nähere Einzelheiten bei Roon, 1967, S. 88ff..

4) Bericht über die Begegnung in Löwenberg vom 27.-30. Oktober 1927, Manuskript S. 1, Nachlaß Artur von Machui.

5) Vgl. auch die Darstellung von Wittig (o. J) zur Geschichte des ersten Arbeitslagers 1928. Wittig (1879-1949) lehrte bis zu seiner Exkommunikation 1925/26 kath. Theologie an der Universität Breslau und war Herausgeber der Zeitschrift „Die Kreatur". Auszugsweise Kindt, 1974, S. 1524f..
6) Brief Georg Keil an den Verf. v. 14. 3. 1985
7) Es sei an dieser Stelle darauf verwiesen, daß die Denkmuster der Aktivisten der Jugendbewegung wie die Rosenstocks stark männlichkeitsorientiert waren. Für Volk-Bildung waren Frauen offensichtlich nicht nötig. So überrascht es nicht, in der 1840 Seiten starken Dokumentation zur Jugendbewegung 1920 bis 1933 (Kindt, 1974) kein eigenes Kapitel zur Bedeutung der Frauen zu finden. Lediglich das Sachregister vermerkt lapidar das Stichwort „Mädchenfrage": Unter den 258 vorgestellten Kurzbiographien sind nur 10 Frauen.
8) Frauen nahmen erstmals am dritten Arbeitslager 1930 im Boberhaus teil (Umbreit, 1932a, S. 113). In Priesemanns Darstellung fehlen die für die Lager 1928-1930 typischen Morgenvorlesungen Rosenstocks und anderer, da Rosenstock an den späteren Lagern nicht mehr mitwirkte. Vgl. Kap. 6.4.
9) Im Gegensatz zum Terminus Rosenstocksche Arbeitslager (vgl. Kap. 6.2. Anm. 6) läßt sich von einer Rosenstockschen Lagerpädagogik im Sinne eines von ihm vertretenen *pädagogischen Konzepts* sehr wohl sprechen. Unter dem Idealtyp Rosenstockscher Lagerpädagogik verstehen wir die *Konzeption,* die die Arbeitslager für Arbeit, Bauern und Studenten 1928 bis 1930 im Boberhaus leitete. Mit *Volkslagerbewegung* ist jener Teil der Arbeitslagerbewegung gemeint, der mit volksbildnerischen Intentionen geschlossene Lager mit sozial und politisch heterogener Teilnehmerschaft favorisierte.
10) Auch Rosenstock stand dem Parteiensystem der Weimarer Republik reserviert gegenüber. Da „Volk" für ihn das Movens der Geschichte war, sei es auch seine Aufgabe, die Fehler der Politiker zu korrigieren, um das zerstörte „Gleichgewicht zwischen Staat und Volkskraft" herzustellen. Das Volk „hat den Kriegsschluß erzwungen, als es um jeden deutschen Soldaten nur noch schade war. Es hat alle ideologischen Götzen entlarvt. Dies Volk hat Hindenburg gewählt, hat das Parlament 1930 in seine Schranken gewiesen, und 1931 hat es den Rückfall der deutschen Parteien in die Zeit vor Versailles verhindert. Die Nichtwähler, die Nichtparteiischen, die ruhende Menge – nicht die aufgeregte Masse – hat sich durchgesetzt." (Rosenstock/Trotha, 1931, S. 157) Zur Kritik an Rosenstocks Arbeitslagerkonzeption vgl. auch Paul Oestreichs Besprechung des Buches „Arbeitsdienst – Heeresdienst?" (1932, S. 498ff.)

   Über die Frage, ob und inwieweit die bürgerliche Jugendbewegung den Aufstieg der NSDAP zur Massenbewegung mitzuverantworten habe, ist über Jahrzehnte kontrovers gestritten worden. Einen wichtigen Bewertungsmaßstab bildete dabei stets die Demokratie-Akzeptanz der bündischen Jugend. Daß der Präfaschismus von alten Jugendbündlern vehement zurückgewiesen wurde, verwundert dabei nicht. Während Jovy (1984) und andere Autoren der Deutschen Freischar bescheinigten, sie sei der demokratischste Bund der Weimarer Republik gewesen und die Präfaschismus-These in toto zurückweisen (vgl. auch Seidelmann, 1975, S. 66ff.), kommt Kater (1977) zu einem wesentlich differenzierteren Schluß: Die Bünde seien überwiegend „antiliberal, antidemokratisch, antiparlamentarisch und daher strikt gegen den Staat von Weimar" gewesen." (S. 133) Daraus folge zwar nicht automatisch eine pronationalsozialistische Einstellung, aber die Bünde hätten im Frühjahr 1933 in einer Mischung aus Opportunismus und echter Überzeugung „ihr Möglichstes getan..., um sich bei den neuen Machthabern anzubiedern." (S. 163) Jedenfalls sei der Kontakt mit demokratischen Politikern – wie im Falle der Deutschen Freischar – noch kein Indiz für Demokratie-Akzeptanz. Beispielsweise charakterisierte Hans Dehmel 1932 die politische Position der SJ gegenüber Peter Martin Lampel: Es sei „die mittlere Linie, die bestimmt keine demokratische ist, (sie) ist die Volkslinie, und sie ist uns auch gemäß. Andere, die weiter nach links gerückt sind, sind dann ausgeschieden. Wir sind uns konsequent geblieben: Es ist dieselbe Linie, die uns damals freiwillig in den Grenzschutz einrücken ließ, und der gemäß wir nachher alle Verheißungen mit unserer freiwilligen Formationsauflösung beantwortet haben." (Lampel, 1932a, S. 261f.). Dagegen die Charakteristik Lampels durch Raupach: „Die Mitteilungen bei Lampel (ein Phantast) sind durchweg Unsinn." (Brief an den Verf. v. 31. 3. 1985)

Zum Verhältnis von Jugendbewegung und Nationalsozialismus vgl. auch die „Zwischenbilanz" von Mogge (1981).

11) So polemisierte auch Locator (i. e. Hans Richter) gegen das von Rosenstock/Trotha (1931) herausgegebene Buch. In ihm werde die Leistung der jungen Generation verharmlost und Rosenstock schmücke sich mit fremden Federn. „Das Arbeitslager als politisch-pädagogische Form ist von der jungen Generation erfunden worden." (Der Zwiespruch Bl. 2/1932, S. 18) In ähnlichem Tenor ist auch die Rezension von K. E. (Karl Erdmann ?) verfasst (Deutsche Freischar, H 8/1932, S. 236). Zum generationalen Aspekt, nämlich der Auffassung, der Arbeitsdienst sei eine „Lösung von der Jugend her" vgl. das Gespräch Raupachs mit Lampel, in: Lampel, 1932a, S. 8f.; vgl. auch Kap. 6.5.; aber auch Raupach, 1931.

12) Die Volksgruppe. Beiträge zum Schlesischen Volksbildungswerk, Heft 3/4, 1929, S. 57 (Nachlaß Artur von Machui).

Anmerkungen Kapitel 6.4.

1) 1929 sprachen zum Thema „Siedlung und Landwirtschaft verschiedene Vertreter der Siedlungsbewegung über konkrete Projekte. Unter den Referenten befand sich auch der Regierungsrat im preußischen Ministerium für Landwirtschaft. Domänen und Forsten, Dr. Karutz, sowie ein Vertreter des schlesischen Landesarbeitsamtes.
1930 referierte neben Professoren der Universität Breslau auch die Oberschulrätin und sozialdemokratische Landtagsabgeordnete Hildegard Wegscheider-Ziegler (Berlin).

2) „Diese Jugend nimmt sich das Recht – wie jede frühere mehr oder weniger – mit dem Idealismus, der ‚stümperhaft die Realitäten mißachtet', die Älteren durch naive Fragen in Verlegenheit zu bringen. Und umgekehrt: wenn in der Aussprache sachkundige, im Beruf bewährte Männer mit guten Gründen gegensätzliche Standpunkte verfechten, dann wird es den Jungen deutlich, daß mit dem bekannten ‚guten Willen' allein nichts getan ist, daß hart im Raume sich die Sachen stoßen, daß vielleicht der Landwirt, der Arbeiterführer, der Beamte, der Lehrer, ein jeder verordnet ist, gerade diese Stellung im Gebilde so und nicht anders zu vertreten." (Die Volksgruppe, Heft 3/4, 1929, S. 55)

3) Auf den engen personellen und inhaltlichen Zusammenhang zwischen der Löwenberger Arbeitsgemeinschaft, den Volkslagern und der Arbeit der Widerstandsgruppe des Kreisauer Kreises während des Dritten Reiches hat zuerst Roon (1967) aufmerksam gemacht. Die Kerngruppe des Kreisauer Kreises war unter den Teilnehmern der Volkslager: York von Wartenburg, Helmuth James von Moltke, Horst von Einsiedel, Carl Dietrich von Trotha, Adolf Reichwein, Hans Peters, Fritz Christiansen-Weniger. Theodor Steltzer arbeitete in der schleswig-holsteinischen Arbeitslagerbewegung an führender Stelle. (Zur konzeptionellen Affinität vgl. Roon, 1979, S. 156ff.).

4) Aus der Sicht der Nationalsozialisten kritisierte durchaus konsequent Hase, die Lager für Arbeiter, Bauern und Studenten „sind reichlich unvollkommen in Einrichtung und Leitung – von einem wirklichen Führer kann überhaupt noch nicht gesprochen werden –, sie sind eigentlich nur allerdings geistig sehr angeregte Debattierklubs zur Ausbildung der Einzelpersönlichkeit." (Hase, 1940, S. 23)

5) In sehr verklärter und geschönter Weise schildert Umbreit das Leben in den Lagern und ihr Selbstverwaltungsprinzip (Umbreit, 1932b). Wie stark das Lagerleben vom Habitus der bündischen Jugend geprägt war, zeigt sich u. a. im Alkohol- und Nikotinverbot und im asketischen Lebensstil, der dort gepflegt wurde.

6) Einzelne Stimmungsberichte sind abgedruckt in: Rosenstock/Trotha, 1931, S. 112ff..

7) Berichte der SAJ-Bezirke Mittel- und Niederschlesiens an den Hauptvorstand befinden sich in: ABI, N 280 (Kopie auch in ABk). Sie dienten als Informationsgrundlage für eine angestrebte Entscheidung des Hauptvorstandes zur Einstellung der SAJ gegenüber der Löwenberger Arbeitsgemeinschaft. Auf der SAJ-Vorstandssitzung vom 17. 4. 1930 wurde der Punkt jedoch vertagt und später nicht mehr aufgenommen. Der vermutlich von dem Sekretär und SAJ-Vorstandsmitglied des Bezirks Niederschlesien Fritz Skurnia verfaßte Bericht do-

kumentiert die kontroverse Position der SAJ gegenüber den „Volkslagern". Speziell in den Leitungsgremien stieß das Engagement von SAJ-Mitgliedern wie Skurnia weitgehend auf Ablehnung. So heißt es in dem Bericht: „Schon vor einem Jahr haben wir uns über die Beteiligung an den sogenannten Löwenberger Arbeitslagern unterhalten. Damals ist mir vom Genossen Ollenhauer gesagt worden, ich solle die Geschichte nicht wieder aufrühren, um kein böses Blut zu machen. Diesem Wunsch des Genossen Ollenhauer bin ich nachgekommen und die S. A. J. als Organisation hat es stets abgelehnt, sich irgendwie bei der Beschickung der Löwenberger Arbeitslager zu beteiligen oder festzulegen. Dessen ungeachtet haben Mitglieder der S. A. J. an diesen Arbeitslagern teilgenommen, ohne Schaden an Leib und Seele zu nehmen. Es ist uns im Gegenteil möglich gewesen, das letzte Arbeitslager (1929; P. D.) ganz entscheidend zu beeinflussen."

8) Die sexuelle Problematik wurde offen nur von zwei Autoren thematisiert. Walter Fabian warnte schon 1924 davor, die sexuelle Frage bei der Kasernierung Jugendlicher zu verdrängen (Fabian, 1924, S. 20). Wilhelm Reich kritisierte in seiner „Massenpsychologie des Faschismus" die Kasernierung Jugendlicher in Arbeitslagern als psychologische Grundvoraussetzung für eine asketische, sexualverneinende Erziehung hinter der Fassade von Kameradschaft, Ehre und freiwillige Disziplin. (Reich, 1933, S. 259ff.)

Anmerkungen Kapitel 6.5.

1) Vgl. hierzu andeutungsweise Bühler, 1975, S. 63; nach Keil ist die Sezession „wohl im wesentlichen auf Zweifel zurückzuführen ... die im charakterlichen Bereich liegen." (Brief Keil an den Verf. vom 11. 3. 85) Aus Sicht der SJ vgl. Neumann, 1977.

2) Denkschrift „Zur Lage des Boberhauses" in: ABk; die folgenden Zitate entstammen der Denkschrift.

3) Der Aufsatz ist eine vorzügliche geschriebene Kritik des Generationsdenkens. Dem „einaltrigen", d. h. nur auf die eigene Generation bezogenen Jugendführer wird der „mehraltrige" Lehrer entgegengestellt, dem „geistlosen" Führerkult die in der Lehre verkörperte historische Wahrheit. „Die Jugend ist keineswegs, weil sie astronomisch später kommt, auch Träger echter Zukunft. Sie ist zunächst geschichtslos und kann absinken in Zufallszeitalter. Sie kann die ‚Zukunft' verfehlen!" (Rosenstock, 1926, S. 61)

4) A. von Trotha, zit. n. Kindt, 1974, S. 1164; vgl. auch Brief Rosenstock an Machui v. 16. 7. 1930 (AERH).

5) Die Befürchtungen der Fünfergruppe waren damals keineswegs unberechtigt, denn innerhalb des GB und Jungnationalen Bundes gab es einen militant nationalistischen und antisemitischen Flügel, der am 14. 9. 30 zur Bildung eines „nationalistischen Blocks" in der DF aufrief. In seinem 6 Punkte umfassenden „Bekenntnis" heißt es u. a.: „Wir bekennen uns zum Kampf gegen die Feinde des deutschen Volkstums, wie Judentum und Marxismus, Internationalismus und Pazifismus. Wir bekennen uns zum Prinzip des verantwortlichen Führertums und der Gefolgschaft." (AdJb, A 2-22/2) Zwar löste von Trotha den Block mit Verfügung vom 26. 9. 30 wieder auf; seine Mitglieder wurden jedoch nicht – wie z. B. Kindt und Pohl wegen ihres Wahlaufrufes für die Staatspartei 1930 – aus dem Bund ausgeschlossen. Die Befürchtungen einer „Rechtsschwenkung" durch den Zusammenschluß wurden auch geteilt von Borinski (1930, S. 279f.).

6) Zur Situation des Boberhauses nach den Reichstagswahlen vom 14. 9. 1930 schreibt Raupach: „Der Rechtsruck der Reichstagswahlen vom September 1930 brachte dem Boberhaus aus Mitteln der großen Stützungsmaßnahmen für die preußischen Ostprovinzen (‚Osthilfe') Unterstützung durch Referenten der schlesischen Provinzialregierung, bei denen das als ‚systemtreu' nur unwillig tolerierte Boberhaus durch die bis zu ihnen vorgebrachten Angriffe von links gleichsam als national rehabilitiert erschien." (Kindt, 1974, S. 1436)

7) Brief Rosenstock an Kaufhold v. 6. 6. 1964, in: Archiv der Eugen Rosenstock-Huessy-Gesellschaft (AERH).

8) Den hohen Stellenwert, den die Unantastbarkeit des Führers innerhalb der SJ hatte, macht Raupach in einem nachträglichen Kommentar zu der Denkschrift vom Mai 1982 deutlich. „Der Tenor dieser kritischen Beurteilung (in der Denkschrift; P. D.) erscheint mir heute als zutreffend und hätte mich wohl auch damals ... überzeugt, wenn nicht die gegen H. Dehmel als Heimleiter gerichtete Spitze die Struktur der das Haus tragenden Gruppe betroffen hätte." (ABk)

9) Im Gegensatz zu der „jungen Generation" in der Arbeitslagerbewegung war Rosenstock gegenüber der Praxis des FAD wesentlich kritischer. Seinem Volk-Bildungskonzept angemessen wollte er den Arbeitsdienst dem noch fehlenden Reichskultusministerium unterstellt wissen, um ihn „von allem politischen und militärischen und ökonomischen Afterkult und von aller Unkultur" fernzuhalten (Rosenstock, 1932c).

10) Rosenstock selbst hielt auch nach dem Bruch noch Vorträge auf sog. Volkslagern, z. B. vor Teilnehmern des vom studentischen Amtes für Arbeitskolonnien in Baden organisierten Lagers in Lörrach im August 1931 (Studentenwerk, H 6/1931, S. 264).

Anmerkungen Kapitel 6.6.

1) Vgl. hier z. B. Gothe u. a. (1931), Gothe (1931a; 1931b) sowie die durch Gothe in der Zeitschrift „Neue Blätter für den Sozialismus" ausgelöste Kontroverse: Gothe, 1931c; 1931d) und die Repliken von Krüger H. (1931) und Hirche (1931). So sieht Heinz Krüger in Gothes Begründung des Arbeitslagergedankens „eine ungeheure Gefahr sozialistischer Einstellung: sie ist, wenn auch ungewollt, der erste Schritt zu der zumindest ideellen Anerkennung des Arbeitsdienstgedankens, der von unserer Seite auf jede Konsequenz hin total negiert werden sollte ... Denn in derartiger Bejahung des Arbeitslagergedankens, wie sie Gothe formuliert, werden wir Opfer einer bereits nicht mehr zu leugnenden Demagogie der bürgerlichen Arbeitsdienstpropagandisten." (Krüger, H., 1931, S. 300) Kurt Hirche reagiert auf Gothes emphatisches Plädoyer für die Volkslagerbewegung mit dem Fazit: „*Diese* heutige Arbeitslagerbewegung ist nicht Sache der Jugend! Sie ist Sache politischer Drahtzieher, die die Jugend nur für ihre Zwecke benutzen wollen! Soll die Arbeiterschaft und die Jugend die Rechnung derartiger Experimente bezahlen? Widerstand tut not!" (Hirche, 1931, S. 356) Gothe selbst antwortet in seiner Stellungnahme den Kritikern noch: „Wir lehnen nach wie vor die Arbeitsdienstpflicht wie den freiwilligen Arbeitsdienst ab. Die Notverordnung kann an dieser Tatsache nichts ändern, denn was sie fördern will, ist das gerade Gegenteil der Arbeitslager." (Gothe, 1931d, S. 577) Mit diesem Zugeständnis stand er auf Seiten der Volkslagerbewegung allerdings allein auf weiter Flur.

2) AdJb, SALA

3) Zur Person Theodor Steltzers vgl. Kap. 6.4. Anm. 3.

4) Bund der Freunde ... (Anm. 2), S. 3.

5) Studentenwerk, H 6/1931, S. 263.

6) Über politische Agitation und Störversuche oppositioneller Gruppen in den Lagern des Heimatwerkes berichtet Dölker, 1932.

7) Einen umfassenden Überblick über Neugründungen, Stellungnahmen, gesetzliche Veränderungen und Arbeitslagererfahrungen der Jahre 1931/32 bieten die Zeitschriften „Studentenwerk. Zeitschrift der studentischen Selbsthilfearbeit" und „Das junge Deutschland".
Das Engagement studentischer Selbsthilfeorganisationen für den Arbeitsdienst entsprach dabei auch der offiziellen Politik des „Deutschen Studententages", dessen 13. Vollversammlung im Juli 1930 in Breslau die sofortige Einführung eines Pflichtjahres für die 19jährigen männlichen Jugendlichen forderte. (Deutsche Zeitung Nr. 175a v. 29. 7. 1930)

8) In ähnlicher Diktion vgl. Nohl, 1932a; 1932b.

9) Schon im Mai 1930 hatte das Deutsche Studentenwerk zu einem Aufsatzwettbewerb zum Thema „Wo findet die deutsche Jugend neuen Lebensraum?" (Eschmann, 1932) aufgerufen, der nach Lösungen „der entscheidenden Zukunftsfragen der Nation" (S. VII) suchte. Den ersten Preis erhielt der Politikstudent und Siedler G. Küppers, der in der genossenschaftli-

chen Siedlung den Ausweg aus der Wirtschaftskrise und Akademikerarbeitslosigkeit sah. Wie wenig im übrigen auch hier der proklamierte Generationsbezug der Realität entsprach, macht die Liste der 35 Preisträger deutlich. Unter ihnen befanden sich nur 7 Studenten, dafür 8 Promovierte, 9 Diplom-Ingenieure und Volkswirte sowie Regierungsbeamte und Professoren. Zu den Preisträgern zählten u. a. Rudolf Böhmer und der Hamburger Kaufmann Roderich Schlubach, beides führende Repräsentanten des „Reichsbundes für Arbeitsdienst" (vgl. Kap. 4.2.) und P. Skawran, Leiter des Psychologischen Instituts der Universität Pretoria.

Anmerkungen Kapitel 7.1.

1) BAR 43I, Bd. 1447.
2) Als Experten nahmen an der Sitzung u. a. teil die Professoren Eduard Spranger und Theodor Brauer, der Vorsitzende der „Gesellschaft für soziale Reform" (vgl. auch Preller, 1949, S. 204f.), Gertrud Bäumer (Staatspartei), die später entschieden den FAD für Mädchen propagierte, der Dienstpflichtbefürworter Sachsenberg (Wirtschaftspartei), der stellvertretende ADGB-Vorsitzende und Reichstagsabgeordnete Peter Graßmann, die Präsidenten der Landesarbeitsämter von Niedersachsen und Südwestdeutschland, Link und Kälin, der Geschäftsführer des Reichsausschusses der Deutschen Jugendverbände Hermann Maaß (SAJ).
3) Vgl. im folgenden Köhler, 1967, S. 77ff., der die Niederschrift der Sitzung eines christlichen Gewerkschafters zitiert.
4) Vgl. Protokoll der Ministerbesprechung v. 27. 3. 1931, BAR 43I, Bd. 1449
5) H. Croon datiert in seinem, für den Archivar des RAD erstaunlich fehlerhaften, Beitrag das Treffen fälschlicherweise auf den 7. 5. (vgl. Croon, 1973, S. 70f.).
6) Das erste Teilgutachten der Kommission, das Ende März 1931 veröffentlicht wurde, behandelte die Fragen der Arbeitszeitverkürzung und das Problem des Doppelverdienertums. Das dritte Teilgutachten von Anfang Juni nahm Stellung zur unterstützenden Arbeitslosenhilfe und plädierte für den verstärkten Ausbau der Krisenfürsorge durch Verschärfung der individuellen Bedürftigkeitsprüfung. Nach ihrem Arbeitsauftrag durch das Reichsarbeitsministerium sollte die Kommission allerdings weniger Einzelvorschläge zur Änderung des AVAVG vorlegen, sondern grundsätzlich Strategien zur Überwindung der Arbeitslosigkeit durch Arbeitsbeschaffung und Wirtschaftsbelebung ausarbeiten. Diesen hochgesteckten Erwartungen wurde sie jedoch in keiner Weise gerecht.
7) Unisono kritisierten die Gewerkschaften die Gefahr des Lohndrucks und die Verknappung der ohnehin geringen Mittel für Notstandsarbeiten. „Der freiwillige Arbeitsdienst bleibt entweder eine auf unrentable und volkswirtschaftlich unwichtige Arbeiten beschränkte, für eine kleine Minderheit von erwerbslosen Jugendlichen bestimmte Einrichtung, oder aber er wird, auf breiterer Grundlage durchgeführt, zum Instrument des Lohndrucks, gegen den sich die Gewerkschaften mit großer Entschiedenheit wenden müssen." (Spliedt, 1931, S. 404)
8) Im folgenden wird die Rechtsgestalt des FAD und seine organisatorische Struktur nur knapp dargestellt, da dies in der einschlägigen Literatur zur Genüge geleistet wurde (vgl. etwa Köhler, 1967; Bartz/Mor, 1979; aus NS-Sicht Sattelmair, 1937 sowie Wersing, 1933). Eine Übersicht über die einschlägigen Erlasse und Verordnungen geben Engelhardt, 1932; Boening, 1933; Gräf, 1933 sowie zugeschnitten auf die FAD-Praxis Herrnstadt, 1932). Zur Rechtsstellung der Träger der Arbeit und der Träger des Dienstes vgl. Flake, 1935, S. 14ff., ähnlich Volmer, 1932.
9) Übersichten zur Entwicklung des FAD 1931/32 nach Ausmaß und Arten der Arbeiten landes- und reichsweit sowie nach den Trägern der Arbeit und des Dienstes – aufgeschlüsselt nach der Verteilung auf die 13 Landesarbeitsämter – finden sich u. a. bei Funcke, 1932b; Naumann, 1934, S. 130ff. und Syrup, 1932.
10) Schellenbergs bei Walter Norden und Emil Lederer eingereichte Dissertation beruht auf einer Erhebung des kommunalwissenschaftlichen Instituts über sämtliche (?) bis zum 15. 1. 1932 anerkannten FAD-Maßnahmen (n = 529), von denen über 89% (n = 471) genaueres Material erlangt werden konnte. Ausdrücklich weist Schellenberg jedoch darauf hin, daß die Ergebnisse der Erhebung auch für die zweite FAD-Phase eine „zuverlässige Erfahrungsquelle" bieten, da die „Struktur der Arbeiten eine Änderung nicht erfahren hat." (Schellenberg, 1932, S. 16)
11) Vgl. im folgenden auch „Der freiwillige Arbeitsdienst. Bericht über erste Erfahrungen im Bezirk des Landesarbeitsamts Niedersachsen", Januar 1932, BAR 77/1.
12) An anderer Stelle der Denkschrift wird die notwendige jugendpflegerische Betreuung bejaht, jedoch mit der Einschränkung, sie dürfe nicht dazu führen, „die praktische Arbeit zu verringern... Vorträge über Land und Leute, Lichtbildervorträge, Vermittlung guter Lektüre, Spaziergänge tragen dazu bei, daß die Arbeitsdienstwilligen sich in den Arbeitslagern hei-

misch fühlen. Es muß jedoch vermieden werden, die Betreuung zu überspannen. Die jungen Leute, die den ganzen Tag im Freien gearbeitet haben, werden an langen theoretischen Auseinandersetzungen nur noch geringes Interesse haben; sie sind abends müde und brauchen ausreichend Schlaf." (S. 15) Als erzieherisch positiv wird dagegen der „Milieuwechsel" für die Großstadtjugend, wenn sie in geschlossenen Lagern auf dem Land arbeitet, betont. Fast folgerichtig hebt denn auch die Denkschrift die Lager des Jungdeutschen Ordens (vgl. Kap. 4.2.) als besonders vorbildhaft hervor.

13) vgl. hierzu Funcke, 1932b, S. 362

Anmerkungen Kapitel 7.2.

1) Fachgruppe Bauindustrie des Reichsverbandes der Deutschen Industrie: Betrifft: Freiwilliger Arbeitsdienst, v. 20. 4. 1932, in: SALA, AdJb.
2) BAR 43I, Bd. 2045
3) So versuchte beispielsweise Hans Raupach den Reichsbanner-Führer Höltermann in einem persönlichen Gespräch zur Teilnahme des Reichsbanners am FAD zu gewinnen (Mitteilung H. Neumann v. 7. 9. 1985). Vgl. auch die Denkschrift „Vorschläge aus der jungen Generation zum freiwilligen Arbeitsdienst" (BAR 43I, Bd. 2085); zum politischen Kontext der Denkschrift vgl. Kap. 1 (Anm. 4)
4) Deutsche Freischar Nr. 7 v. 15. 6. 1932.
5) So schrieb Leopold Locator (i. e. Hans Richter) von der DF am 29. 5. 1932: „Wenn die heutige Regierung Hunderte von Millionen für die Sanierung privater Banken und Kreditgesellschaften ohne Zögern zur Verfügung gestellt hat, so ist es selbst den verantwortungsbewußten Führern der jungen Generation nicht mehr möglich, ihren Gefolgschaften das monatelange Zögern der Regierung verständlich zu machen. Es reicht nicht aus, wenn der Reichskanzler im Reichstage den Ausbau des FAD zwar verkündet, sonst aber die Ausführung dem üblichen Mechanismus der einzelnen Ressorts überläßt. Der Einbau der ausgesperrten Jugend in die Arbeits- und Lebenszusammenhänge des Volkes ist eine volkspolitische Notwendigkeit, deren Meisterung ebenso unerläßlich ist wie jene Bankenunterstützungsaktion, soll die Zukunft der Nation nicht zerstört werden." (Locator, 1932b, S. 193) In ähnlicher Diktion an gleicher Stelle auch Uhde, 1932.
6) Dies gilt in ähnlicher Weise auch für die Forderungen nach Einführung eines weiblichen FAD (vgl. Kap. 7.5.).
7) Zum Aufgabenfeld des Reichskommissars und seiner rechtlichen Stellung vgl. Grafenstein, 1934, S. 29ff., dessen Dissertation eine juristische Würdigung der VO vom 16. 7. 1932 vornimmt. Zur Neugestaltung aus der Sicht der Arbeitsverwaltung vgl. Jaerisch, 1932.
8) Vgl. die Berichte zum Heilsberger Lager, in: BAZSg 145/3.
9) Bericht Ralf Holtz, Einsatzleiter 1932/33: BAZSg 145/3; dort auch Bericht Walter Steinweg: „Erziehung und Unterricht im FAD 1932-1934 in Ostpreußen.
10) Schreiben vom 23. 12. 1932, BAR 36/1942.
11) Schreiben vom 16. 12. 1932 an den Deutschen Städtetag, BAR 36/1942
12) Das Junge Deutschland, H 12/1932, S. 415f.
13) Schreiben des Reichskommissars an den Deutschen Städtetag v. 24. 11. 1932, BAR 36/1940.
14) Die Struktur und Entwicklung des FAD im Bereich des LAA Sachsen untersucht detailliert Naumann, 1934, S. 150ff., der für diese Region nachweist, wie sehr die Häufigkeit bestimmter Dienstträger und das Verhältnis von offenen und geschlossenen Lagern abhängig war von den politischen Verhältnissen in den Städten und Gemeinden.
15) Allerdings ließ Art. 3 der VO v. 16. 7. 1932 die Einschaltung von Privatunternehmern in den Arbeitsdienst durchaus zu. Entsprechend heißt es in Volmers Kommentar: „Die Nutzbarmachung der großen Erfahrungen und Erkenntnisse des Unternehmertums ist auch im FAD nicht ausgeschlossen, wenn die Interessen und der Charakter des FAD gewahrt bleiben und die Einschaltung eines Unternehmers technisch und wirtschaftlich einen Vorteil darstellt." (Volmer, 1932, S. 33) Vgl. auch die VO v. 15. 10. 1932 in: RABl. I, 1932, S. 220-222.

16) Vermerk v. 5. 10. 1932, BAR 36/2013.
17) Zit. nach: Das Junge Deutschland, H 9/1932, S. 300.
18) So heißt es in der Darstellung eines Kyffhäuser-Arbeitslagers vom April 1932 in Greifenhagen: „Der Trupp ist einheitlich gekleidet, jeder trägt hohe schwarze Stiefel, graue Drillichjacke und Feldmütze mit Schern. Die Kleidung wird nach 12 Wochen Eigentum der Arbeitsfreiwilligen... Die Durchführung eines Lagerlebens ist nur unter Verhältnissen denkbar, die von Zucht und Ordnung bestimmt sind. Unter straffer Führung hat sich in diesem Lager in wenigen Tagen eine Arbeitsgemeinschaft im schönsten Sinne des Wortes herangebildet. ...Der Geist, der in diesem Lager herrscht, ist vaterländisch. Über dem Heim weht die Flagge des Kyffhäuserbundes..." (BAR 77/133). Dazu kommentierte die kommunistische „Volkswacht" Stettin: „Bis in die Nacht hinein wird mit Trommeln und Pfeifen die nächtliche Ruhe gestört... Alte Kamellen werden diesen jungen Leuten aufgewärmt. Wenn es zum Sportplatz oder Schießstand geht, werden alte, teils ziemlich gemeine Soldaten- und Militärlieder gesungen, die ja zu den Gewehren, die die Jünglinge umhängen haben, wenn sie durch die Stadt marschieren, besser passen, als unsere Volkslieder. Das Hissen der Kyffhäuserfahne wird als eine Herausforderung der Greifenhagener Bevölkerung betrachtet. Oder sollte das die neue Reichsfahne der jetzigen Regierung sein?" (ebda.)
19) Sitzung des Vorstandes des Deutschen Reichsausschusses für Leibesübungen v. 25. 2. 1933, BAR 36/2013.
20) Schreiben Neufville an den Dt. Gemeindetag v. 23. 8. 1932, BAR 36/2013)
21) Die Vorarbeiten zum Notwerk-Erlaß gehen auf entsprechende Überlegungen der Wehrmachtsabteilung des Reichswehrministerium vom Spätsommer 1932 zurück, die in einer umfassenden Denkschrift zur Jugendpolitik enthalten sind. BAR 43II, Bd. 519, Schreiben Schleicher an Papen v. 17. 10. 1932, hier: Anlage.
22) Hierzu zählten in der Regel neben dem Arbeitsamt und den Gemeinden Jugend- und Berufsverbände, Wohlfahrtsorganisationen, aber auch Pfarrer und Lehrer. Eine ähnliche Zusammensetzung weisen auch die freiwilligen Kameradschaften auf. Im Bezirk des Arbeitsamtes Niederlahnstein z. B. waren bis zum 9. 2. 1933 40 Kameradschaften gebildet, davon 16 von katholischen Jugendvereinen, 10 von Gemeinden, 4 von Zusammenschlüssen verschiedener Jugendverbände, 3 von Sportvereinen, 2 von evangelischen Jugendgruppen und 1 vom Stahlhelm. Vgl. HHStA, Abt. 479/88. Bis zum 8. 2. 1933 waren hier im Notwerk 968 männliche und 178 weibliche Teilnehmer registriert. Ebda.: Protokoll der Sitzung des Hauptausschusses für das Notwerk der deutschen Jugend v. 9. 2. 1933.
23) Zum Notwerk und FAD im Bereich Offenbach vgl. Offenbach-Nachrichten v. 18. 2. 1933; Pressesammlung zum Notwerk im Rhein-Main-Gebiet, HHStA, Abt. 479/92.
24) Das Junge Deutschland H 6/1933, S. 169.
25) Schreiben an den Deutschen Städtetag v. 4. 1. 1933, BAR 36/2031.
26) Schreiben an den Deutschen Städtetag v. 12. 1. 1933, BAR 36/2031.
27) Schreiben vom 26. 1. 1933, BAR 36/2031.
28) Schreiben an den Deutschen Städtetag v. 31. 12. 1932, BAR 36/2031.
29) Schreiben an den Präsidenten des LAA Hessen v. 14. 2. 1933, HHStA Abt. 479/88.
30) Walter Friedländer (1933, S. 391) schreibt für Ende Februar: „Die nicht organisierten, bisher nicht in die Hilfsaktionen einbezogenen Jugendlichen, haben sich keineswegs zum Notwerk gedrängt. So sind in Berlin von etwa 120000 arbeitslosen Jugendlichen unter 25 Jahren durch das Notwerk ungefähr 12000, also nur 10% erfaßt worden, von denen aber weit mehr als die Hälfte schon in den Gruppen der Sport- und Jugendverbände, den Kursen der Arbeitsämter und Berufsschulen, den Werkheimen der Jugendämter und im freiwilligen Arbeitsdienst zusammengerufen worden waren."
31) Schreiben OB Berlin an den Dt. Städtetag v. 3. 2. 1933, BAR 36/2031.
32) Schreiben an das LAA Hessen v. 20. 1. 1933. In einem weiteren Bericht v. 9. 2. 1933 heißt es: „Der im Aufruf erwartete Erfolg der Beteiligung von Arbeitgeberorganisationen in Bezug auf Bereitstellung von Räumlichkeiten, Materialien usw., ist hier nicht zu verzeichnen gewesen. Ausser der Firma Opel hat sich keine Firma zur kostenlosen Bereitstellung von Werkstätten und Handwerkszeugen erklärt... Erfreulich ist die Beteiligung der Lehrerschaft an den geistigen Bildungsmaßnahmen, vor allem auf dem Lande, zu verzeichnen." ...Die

Schwierigkeiten in den Städten sollen „durch Einflechtung von stellungslosen Junglehrern nach Möglichkeit gesteuert werden." (HHStA Abt. 479/90.

33) Vgl. hierzu die zahlreichen Antragsformulare und beigefügten Lehrpläne in: HHStA Abt. 479/88-91.

34) Neben Dehmel und Stratenwerth wurde auch Herbert Schmeidler in das Reichskommissariat berufen. Stratenwerth hatte sich in der Arbeitsdienstbewegung durch die Leitung eines 500 Mann starken Arbeitslagers einen Namen gemacht, das auf einem Truppenübungsplatz in der Senne ab Herbst 1931 mit Aufforstungsarbeiten beschäftigt war. Stratenwerth galt als ein Gegner der Dienstpflicht und verband den Arbeitsdienstgedanken mit weitgespannten Siedlungserwartungen (Stratenwerth, 1932, S. 11ff.).

35) Syrup wurde im Kabinett Schleicher Arbeitsminister. An der Gründung der Reichsarbeitsgemeinschaft der Dienstträgerverbände war er ebenfalls beteiligt. Angeschlossen waren der Arbeitsgemeinschaft: Katholisches Reichswerk für Arbeitsdienst, Evangelische Zentrale für Arbeitsdienst, Stahlhelm, Verein für Umschulung (NSDAP), Deutschnationaler Handlungsgehilfenverband, Jungdeutscher Orden, Deutsche Studentenschaft, Deutsche Turnerschaft, Studentenwerk, Technische Nothilfe, Sozialer Dienst, Reichsbund für Arbeitsdienst, Mittelstelle für Arbeitsdienst in Volkslagern.

36) Den Kontroversen zwischen der Stahlhelm-Führung und Hierl lagen unterschiedliche Einschätzungen über den Weg zur Arbeitsdienstpflicht zugrunde. Im Gegensatz zu Hierl wollte Seldte die Pluralität der Dienstträgerorganisationen weitgehend erhalten und den Arbeitsdienst stärker paramilitärisch ausrichten. Obwohl Hierl jeden Anschein vermeiden wollte, der RAD sei eine vormilitärische Institution, wurden mit der Dienstvorschrift Nr. 10 militärische Exerzierrituale nach dem Vorbild des Heeres vorgeschrieben. „Die vollständige Durchführung dieser Dienstvorschrift wurde allen Führern im Außendienst zur Pflicht gemacht, sie erlernten ihre Beherrschung im täglichen Dienstbetrieb und während der allgemeinen Unterführer- und Zugführerlehrgänge... Vorausgegangen waren dieser Entwicklung Differenzen im Stab Konstantin Hierls zwischen Lancelle und Surén. Lancelle war der Vertreter des absoluten Vorrangs eines straff geführten Ordnungsdienstes, Surén vertrat den Vorrang der Leibeserziehung für die körperliche und charakterliche Ertüchtigung. Lancelle konnte sich durchsetzen, Surén schied aus dem Arbeitsdienst aus..."(Bericht Böhmfeld, BZSg 145/3, IIe)

Major a.D. Hans Surén war zu dieser Zeit Leiter des Amtes für Leibeserziehung in der Reichsleitung des Deutschen Arbeitsdienstes. Zu seinen erziehungstheoretischen und leibeserzieherischen Vorstellungen im Sinne einer „Erziehung zur wahren Massendisziplin" vgl. Surén, 1934, S. 47ff.. Ähnliche Vorstellungen wie Surén propagierte 1921 schon der Generalsekretär des Deutschen Reichsausschusses für Leibesübungen Carl Diem, der in einem Arbeitsdienstjahr die Gelegenheit zu einer planmäßigen Körperschulung sah und der Überzeugung war, daß sich deren hygienischer und pädagogischer Vorteil in wirtschaftliche Werte umsetzen werde. (Diem, 1921, S. 85)

37) Schreiben v. 29. 4. 1933, BAR 77/77.

38) Der Zusatz „freiwillig" wurde nach dem 30. 1. 1933 fallengelassen. In einem Erlaß v. 15. 5. 1933 sprechen Hierl und Seldte sogar schon von der durch die „Regierung der nationalen Revolution geschaffene(n) Arbeitsdienstpflicht". zit. n. Das Junge Deutschland H 6/1933, S. 161.

39) „Denkschrift über die Verhältnisse im Arbeitsdienst", BAR 36/1915; die weiteren Zitate stammen aus der Denkschrift.

40) Vgl. dagegen die literarische Darstellung des Arbeitsdienstlebens bei Nebe (1934 im Georg Westermann-Verlag) mit den zahlreichen sexuellen Anspielungen, die Frauen die Rollen der Hure oder des „anständigen" Naturwesens vom Lande zuschreiben.

41) Schreiben des Bayerischen Gemeindetages v. 12. 4. 1934, BAR 36/1915.

42) Nach dem RAD-Gesetz wurden erstmals am 1. 10. 1935 200000 Jugendliche zum Arbeitsdienst zwangsverpflichtet.

43) Die Forderung nach einem „Werkjahr" für Abiturienten und einem „Freijahr" für Altakademiker wurde am 14. 12. 1932 vom Kabinett Schleicher noch abgelehnt. Vom 19. 4. 1933 bis 30. 9. 1933 organisierten Reichskommissar und Reichsinnenminister gemeinsam ein studen-

tisches Werkhalbjahr, an dem ca. 10000 Abiturienten teilnahmen. Nach den Richtlinien sollte das freiwillige Werkhalbjahr in geschlossenen Lagern durchgeführt und eine sechswöchige Teilnahme an den Geländesportkursen des Reichskuratoriums für Jugendertüchtigung einschließen. (Vgl. Das Junge Deutschland H 2/1933, S. 52f.) Am 16. 6. 1933 verkündete zudem Rust eine zehnwöchige Arbeitsdienstpflicht für Studenten der ersten vier Semester (Seipp, 1935, S. 23).

44) Personalakten von Arbeitsdienstführern befinden sich unvollständig im HHStA und zwar vom Arbeitsgau XXIV (Abt. 483/2960b), vom Gau XXV (Abt. 483/3093) und vom Arbeitsgau XXXI (Hessen) in Abt. 483/1998; 2917; 2918; 2933; 2960a; 3030; 2961.

45) Bericht Wittke, BAZSg 145/6 („Erinnerungen an meine AD-Zeit").

46) Bericht Raether, BAZSg 145/6 („Geburtsstunde des Ostpreußischen Arbeitsdienstes").

47) Zur Führerschulung und -ausbildung im RAD vgl. Tsay, 1940, S. 124ff..

48) Bericht Max Boldt, BAZSg 145/7 („Mein Weg zum AD").

49) Anfang Januar 1933 sollen es insgesamt 13000 Mann in 465 Lagern gewesen sein (Fischer, 1936, S. 156)

Anmerkungen Kapitel 7.3.

1) Denkschrift: „Vorschläge aus der jungen Generation zum Freiwilligen Arbeitsdienst, BAR 43I, Bd. 2085.

2) Erlaß zur Führerschulung v. 5. 9.1932, Nachdruck in: Das Junge Deutschland H 9/1932, S. 306ff.

3) Entsprechend dieser curricularen Vorgaben erstellten Dienstträger und im FAD engagierte Personen Handreichungen und Schulungsmaterialien, die das pädagogische Wissen um die Führung von Arbeitslagern in lehrplanartiger Form zusammenfassten und didaktisch aufbereiteten. Vgl. etwa den Leitfaden des Gießener Arbeitsamtsdirektors Herrmann Bues mit praxeologischen Anleitungen zu Fragen des Gruppenlebens, der Freizeitgestaltung, der Arbeitspsychologie und der Lagerverwaltung (Bues, 1933). Als Beispiel einer didaktisch und methodisch geleiteten Arbeit zur pädagogischen Gestaltung des Tagesablaufs, zur Freizeitgestaltung und zur Organisation von Feiern und Festen im Arbeitsdienst vgl. Raupach, 1934b, S. 224ff. Diese Typik der Produktion von pädagogischem Wissen erwies sich in der Praxis wegen ihrer Gebrauchswertorientierung als besonders hilfreich, weil sie das „Betriebswissen" der Führerschaft komplettierte und Lagerpraxis gestalten helfen konnte.

4) Vgl. BAR 77/133 (Sammlung Wrissenberg): Führerschule-Grensinghof. Heinz (1933, S. 45ff.) berichtet über die soziale Zusammensetzung der Führeranwärter, daß auffallend stark nationalsozialistische und sozialdemokratische Teilnehmer vertreten waren. „Die Sozialdemokraten haben sich an die kasernenexakte Hausordnung mit Stubendienst, Ordnungsstrafen, Revierreinigen ebenso zu gewöhnen wie die Nationalsozialisten daran, daß beim gemeinsamen Kartoffelschälen keine politischen Aufklärungsvorträge gehalten werden dürfen." (Heinz, 1933, S. 46.)

5) Nachdruck in: Das Junge Deutschland H 10/1932, S. 351f..

6) Die dem Pressechef der Reichsregierung unterstellte „Reichszentrale für Heimatdienst" belieferte ab Herbst 1932 die einzelnen Führerschulen mit didaktischen Materialien (Literatur, Bildreihen für Lichtbildervorträge) und stellte Referenten und Schulungsleiter zur Verfügung. Nach einer Mitteilung des Stahlhelm-Blattes „Der Arbeitsdienst. Verordnungsblatt..." (Nr. 1) vom 1. 11. 1932 soll darüber hinaus an der Universität Marburg ein Lehrstuhl für Arbeitsdienst eingerichtet und mit dem Privatdozenten Dr. Wiskemann besetzt worden sein. (Schlicker, 1968, S. 389, Anm. 191) Tatsächlich handelte es sich um einen Lehrauftrag für Fragen der Arbeitsbeschaffung, des Arbeitsdienstes und der Siedlung, den der Assistent und spätere Lehrstuhlvertreter von Walter Troeltsch am Staatswissenschaftlichen Seminar, Erwin Wiskemann, im WS 1932/33 erhielt. (Auerbach, 1979, S. 148)

7) Vgl. die Berichte Wittke (BAZSg 145/6) und Steinweg (BAZSg 145/3).

8) Zu den Einrichtungen der NS-Führerschulung vgl. auch die von Carl Schmitt geförderte Arbeit von Peter Hußmann (1935, S. 76ff.).
9) Schon im Dezember 1932 forderte die NSDAP, daß alle im FAD bewährten Führer, „von deren Wert der Wert der ganzen Einrichtung abhängt, durch Gewährung einer der Notlage unseres Volkes angepaßten, aber auskömmlichen Besoldung dem Arbeitsdienst erhalten bleiben. Die Möglichkeit, ein ausreichendes Auskommen im Arbeitsdienst zu finden, muß auch für verheiratete Führer geschaffen werden." (Völkischer Beobachter v. 5. 12.1932)

Anmerkungen Kapitel 7.4.

1) Die herrschende pädagogische Argumentationsfigur hat 1933 Heinz Beutler von der Schlesischen Jungmannschaft in der Zeitschrift „Die Erziehung" auf den Begriff gebracht: „Nach wie vor wird die Persönlichkeitsbildung das hohe Ziel der Pädagogik bleiben. Aber die junge Generation ist so an dialektisches Denken gewohnt, daß Persönlichkeitsbildung als isolierter Vorgang nahezu zu einer Denkunmöglichkeit wird. Am gesundesten und vielseitigsten wird die Persönlichkeit in einer Gruppe von Kameraden gebildet. Dadurch ist auch die Gewähr geboten, daß die Bildung auf die Gemeinschaft ausgerichtet wird. Das humanistische Bildungsideal bleibt erhalten, dafür garantiert die ganze Lebensweise der jungen Generation, aber der Grad der Verwirklichung wird von den Bedürfnissen der Gemeinschaft abhängig gemacht." (Beutler, 1933, S. 422; vgl. auch Kap. 5.1.)
2) Vgl. hierzu den Bericht von Erxleben (1932) über das Arbeitslager des Vereins „Kinderschutz und Jugendhilfe Frankfurt a. M." auf der Wegscheide, das eng an die Pädagogik der Volkslagerbewegung angelehnt war.
3) Laack bezog sich hier auf Angriffe der Presse, die Volksbildungsbewegung wolle den FAD majorisieren und den Reichskommissar durch einen ihr genehmen Mann (Bäuerle, Goerdeler) ersetzen. Gegen den Einfluß der politischen Parteien und Konfessionen setzte Laack auf die bildungspolitische Neutralität der „gestaltenden Volksbildung". (Laack, 1932c, S. 433)

Anmerkungen Kapitel 7.5.

1) Die Denkschrift ist nachgedruckt bei Bäumer, 1933 und Kallsperger, 1939; kritisch kommentiert von Büttner, 1932, die die Führung der Mädchengruppe „von gelernten sozialpädagogischen und hauswirtschaftlichen Kräften" fordert.
2) Ähnlich bestätigt Büttner (1932, S. 312): Als beste Form der Unterbringung habe sich „nicht das Lager, sondern das Heim herausgestellt, und zwar sowohl das Wohnheim als auch das ‚offene' oder Tagesheim."
3) Dabei betrug die Arbeitslosenrate der jungen Frauen unter 25 Jahren an der Gesamtzahl der Frauenarbeitslosigkeit 40%, während diese Zahl sich bei den Männern auf 25% belief.
4) Weitere Beispiele aus dem weiblichen FAD vor 1933 bei Marawske-Birkner, 1942, S. 210ff., Klose-Stiller, 1978.
5) Die Arbeitsdienstpflicht für 17- bis 25jährige junge Mädchen wurde durch eine Verordnung des Ministerrates für Reichsverteidigung am 4. 9. 1939 eingeführt. Befreit werden konnten voll Berufstätige, Mädchen, die in der beruflichen Ausbildung standen oder als helfende Familienangehörige in der Landwirtschaft benötigt wurden. Ab 29. 7. 1941 wurden die „Arbeitsmaiden" nach Beendigung des RAD für weitere 6 Monate zum Kriegshilfsdienst verpflichtet. (Scheibe, 1942, S. 38f.)

Anmerkungen Kapitel 8.1.

1) Zur innerparteilichen Kontroverse um Jugendfrage und Generationsproblem im Vorfeld des Leipziger Parteitages und zur parteiinternen Kritik an der SAJ vgl. Kloodt (1930) und die Repliken in „Das Freie Wort" H 24/1930 sowie Herklotz (1931) und Groß (1931) und die Beiträge der Zeitschrift „Neue Blätter für den Sozialismus" H 3/1931.
2) Zur parteiinternen Resonanz auf die Einbrüche der Volkslagerbewegung in die SAJ vgl. Kap. 6.6. Anm. 1.
3) In diesem Zusammenhang verweist Berlepsch auf das für die zeitgenössische Pädagogik wichtige „Massenproblem" und die Herausbildung sozialistischer Führungskräfte. Die äußere Organisation „hängt stark von der Größe der zu bewältigenden Masse ab. Große Massen werden sich immer irgendwelcher militärähnlicher Maßnahmen bedienen, ohne daß diese darum Ausdruck militärischen Geistes zu sein brauchen. Wichtiger ist es, daß der aus Proletariern formierte FAD von Vertrauensleuten des Proletariats geleitet wird, und daß er in sich, ungeachtet der notwendigen inneren Disziplin, lebendige demokratische Formen wahrt." (Berlepsch, 1932, S. 318)
4) Schreiben des Sozialen Dienstes Frankfurt an die angeschlossenen Verbände v. 6. 10. 1932, Dokument in: Neuland/Werner-Cordt, 1980, S. 101. Vgl. Satzung „Sozialer Dienst", BA R 36/1933.
5) Ähnliche Bemühungen wurden auch vom Sozialistischen Kulturbund und dem SAJ-Vorsitzenden Erich Ollenhauer forciert.
6) Neue Blätter für den Sozialismus, H 9/1932, S. 503.
7) 1931 hatte Maschke sich noch skeptisch gegenüber dem Projekt „FAD" geäußert und befürchtet, daß die Ergebnisse „in keinem Verhältnis stehen zu dem Umfang, den die Erörterung darüber in der Öffentlichkeit während der letzten Monate angenommen hatte." (Maschke, 1931, S. 408) Ähnlich revidierte auch der Allgemeine Turn- und Sportbund (ATSB) seine ursprüngliche Position. Hatte er noch am 31. 10. 1931 eine Entschließung angenommen, die den Arbeitsdienst als Maßnahme zur Faschisierung der Jugend bezeichnete, so ließ der ATSB einen Monat später durch seinen Sekretär verlautbaren, man sei zwar weiterhin gegen den FAD, da er aber nun Gesetz sei, wolle man sich nicht verschließen und eigene Arbeitslager gründen. (Internationaler Arbeitersport, H 5/1932, S. 133f.)
8) Nicht nur von Seiten der KPD wurde das Engagement im FAD scharf kritisiert. Auch die „Sozialistische Arbeiter Zeitung" der SAPD (Nr. 168 v. 29. 7. 1932) griff die SPD vehement an: „Zwangsarbeit ist es, für Bettlerpfennige, unter militärischer Bewachung, von Offizieren geführt, aus Gulaschkanonen gefüttert, produktive Arbeit zu leisten. Aber ADGB und SPD setzen sich für den Freiwilligen Arbeitsdienst ein, Reichsbanner und Sportler bilden selbst Arbeitslager. Die Sozialistische Arbeiterjugend hat ihren Mitgliedern die Teilnahme am Freiwilligen Arbeitsdienst freigestellt und erleichtert damit der Reaktion den Versuch, die proletarische Jugend für ihre kapitalistischen und militaristischen Ziele einzuspannen."
9) Die Idee eines „sozialistischen Arbeitsdienstes" relativiert sich jedoch schon durch die Tatsache, daß Reichsbanner und Sozialer Dienst ihre Unterkünfte mit Arbeitsdienstangehörigen rechtsextremer Verbände teilten. So berichtet der FAD-Lagerführer Haake (Wehrwolf) von einem Bremer Lager, in dem 28 Wehrwölfe, 45 Mitglieder des Deutsch-Nationalen Handlungsgehilfenverbandes, 12 Jungdo-Mitglieder mit 70 Reichsbanner-Angehörigen „Wand an Wand" wohnten. Nach anfänglicher Kritik und gegenseitigem Mißtrauen schien man sich zu arrangieren. „Die Tagesordnung, die bisher bei jeder Gruppe verschieden gewesen war, wurde für alle gemeinsam festgelegt und somit auch den Einzelnen Gelegenheit gegeben, sich in der Freizeit kennen zu lernen." (BA R 77/81, Bericht Haake)

Anmerkungen Kapitel 8.2.

1) So kritisiert Braunert SPD- und ADGB-Vorstand, die es versäumt hätten, auf die Einführung des FAD mit klaren Stellungnahmen zu reagieren. Die Arbeiterbewegung biete das Bild

„völliger Uneinheitlichkeit". (Braunert, 1931, S. 8) Ähnlich bemängelte Schwenk die abwartende Haltung der Arbeiterbewegung und fordert auf, „ihren Einfluß auf die Gestaltung des freiwilligen Arbeitsdienstes geltend zu machen." (Schwenk, 1931, S. 23)

2) Ähnliche Einwände wurden von gewerkschaftlicher Seite gegen die Auslegung des Begriffs der Gemeinschaftlichkeit erhoben. So fragte Pahl: „Wo bleibt der öffentliche Nutzen, wenn der Motorradclub des Städtchen Teterow einen Rennbahnparkplatz im FAD herstellt, wenn die Stadt Rostock durch den FAD eine Eisarena erhält, wenn ein Verein in Köln eine Radrennbahn im FAD baut?" (Pahl, 1932a, S. 716)

3) zit. n. Das Junge Deutschland H 10/1932, S. 340.

4) Im November 1932 waren ca. 16000 Arbeitsdienstwillige in den Lagern der christlichen Gewerkschaften beschäftigt. „Dabei ist zu bemerken, daß 70 bis 80% der Anmeldungen nicht berücksichtigt werden konnten." (Das Junge Deutschland H 1/1933, S. 25.)

Anmerkungen Kapitel 8.3.

1) BAR 77/81
2) Dagegen zeichnet Rasche ein Bild der Politik von KPD/KJVD, das durch Erfolge in der Erwerbslosenpolitik und durch Erfolge der Einheitsfronttaktik bestimmt ist.
3) Die Junge Garde v. 17. 6. 1931.
4) Die Junge Garde v. 13. 9. 1931.
5) Verhandlungen des Reichstags, Stenographische Berichte, VI. Wahlperiode 1932, Bd. 454, Antrag 44; ebenso Verhandlungen des Reichstags..., VII. Wahlperiode, 1932, Bd. 456, Antrag 259.
6) Vgl. hierzu die zahlreichen Belege bei Rasche, 1968, S. 130ff. Literarisch verarbeitet bei Stuebs (1946, S. 137ff.).
7) Unklar ist, worauf sich die Aktionen gegen Lohnkürzungen bezogen, da es bei FAD-Maßnahmen nur Unterstützungssätze gab, aber keine Löhne gezahlt wurden.
8) Zit. n. Rasche, 1968, S. 134.
9) Zit. n. Die Rote Fahne v. 19. 1. 1933.
10) Zit. n. Rasche, 1968, S. 143. Der Führer eines NSDAP-Lagers in Bremen berichtet über Auseinandersetzungen mit Arbeitern der „kommunistisch verseuchten Hüttenstraße", für die sich die Nationalsozialisten durch „mit Sand gefüllte Gummischläuche, Vorschlaghämmer und Spaten" wappneten. (BAR 77/81)

Anmerkungen Kapitel 9.1.

1) In der Praxis waren geschlossene Lager sehr häufig jedoch in Nähe der Städte und Dörfer angesiedelt und die einzelnen Dienstträgerverbände legten Wert auf Kontakte mit der ortsansässigen Bevölkerung, um das Bild des FAD als „vorbildliche Einrichtung“ zu unterstreichen.
2) Typisch für das in der Trivialliteratur kolportierte Deutungsmuster von Führertum und Kameradschaftsideologie ist folgende Szene bei Nebe (1934, S. 181): „Der Feldmeister tritt vor das Lager, sieht jedem Einzelnen ins verstaubte, verschwitzte Gesicht. Er weiß, daß sie zu ihm gehören, wie er zu ihnen. Sie sind seine Kameraden. Er schwört in ihre stolzen, kämpferischen Gesichter hinein, den Besten aus Deutschlands Jugend schwört er, seine Pflicht und noch mehr zu tun. Er wird ihr Führer sein.“
3) Von den Nationalsozialisten wurde damit ein weiteres Kriterium zur „Ausmerze“ geschaffen. Wer sich dieser Zwangskameradschaft nicht unterwarf, galt als „kameradschaftsfremd“. Dazu zählten jene, „denen die genannten allgemeinen Eigenschaften fehlen, und die etwas Sonderbares an sich haben.“ (Petersen, 1938, S. 53) Studenten, Abiturienten, berufliche und politische Aufsteiger waren in diesem Sinne besondere Adressaten der Umerziehung durch den Arbeitsdienst.
4) Vgl. hierzu die Schilderungen von Stratenwerth über Aufbau, Gestaltung und Alltag des Arbeitslagers Staumühle. Von Süden „tönt jetzt in den sinkenden Abend frischer Gesang. Bald übernimmt das Ohr den Gleichschritt einer marschierenden Kolonne. Und nun, Punkt fünf Uhr rücken sie ein, die draußen bei der Arbeit gewesen sind. Noch einmal fangen sich hell und schmetternd die Töne des Liedes zwischen den Baracken. Dann ertönt das Halt!, und eine Sekunde darauf, nämlich nach dem Wegtreten, ist das bis dahin so stille Lager erfüllt von brausendem Leben.“ (Stratenwerth, 1932, S. 37)
5) Allerdings muß darauf verwiesen werden, daß die meisten zeitgenössischen Alltagsschilderungen von Verbandsführern stammen und ein im Sinne der offiziellen Verbandsideologie verzerrtes Bild zeichnen. Vgl. hierzu auch die sechs Berichte aus verschiedenen FAD-Lagern bei Heinz, 1933, S. 85ff..
6) Vgl. hierzu Kap. 6 sowie den detaillierten Erinnerungsbericht von Klaus Stelling, der das FAD-Lager der Schlesischen Jungmannschaft in Pilchowitz leitete (Stelling, 1982).
7) Vgl. hierzu den Bericht über das Lager Altstorkow der ev. sozialen Schule Spandau. BAR 77/133.
8) Die ev. soziale Schule übergab im Mai 1933 ihre Lager dem Stahlhelm und der NSDAP. Schon mit Schreiben vom 31. 3. 1933 teilte der Landerführer Pommerns der Schule allen Arbeitsdienstlagern mit: „Durch das Wollen und die Tat der jetzigen Regierung hoffen wir auf eine Genugtuung unserer bisherigen Arbeit. Wir wollen dies freudig begrüßen und insofern sichtbar gestalten, daß in Zukunft neben unserem Zeichen der Bewegung die schwarz-weiß-rote Fahne (das Zeichen der alten Stärke und Einigkeit) gehißt wird ... Als äußeres Zeichen der Dankbarkeit wird in Zukunft neben unserem Wimpel das Hakenkreuz am Auto der Landesführung geführt.“ (BAR 77/134)
9) Anfang 1933 waren 18795 katholische Jugendliche an ca. 1000 Arbeitsmaßnahmen des „Katholischen Reichswerks für Arbeitsdienst“ beteiligt. (Degen, 1933, o. S.) Bis Juli 1932 hatte das Reichswerk 900 Maßnahmen mit insgesamt 26000 Jugendlichen durchgeführt. (Das Junge Deutschland, H 10/1932) Zur Position der Christlichen Pfadfinder zum FAD vgl. Das Junge Deutschland H 12/1932.
   Dem Reichswerk gehörten an der Katholische Jungmännerverband, der Katholische Gesellenverein, der Verband kath. kaufm. Vereinigungen Deutschlands und sein Jugendverband, der Katholische Jungfrauenverband und der Deutsche Caritasverband. (Wille und Werk, Nr. 28/1932)
10) Zur Funktion der paramilitärischen Ausbildung im RAD vgl. Petersen, 1938, S. 80ff.
11) In Bremen beispielsweise schufen die in der „Arbeitsgemeinschaft für Arbeitsdienst und Siedlung“ zusammengeschlossenen Dienstträgerverbände schon im September 1932 für die Dienstwilligen eine einheitliche Uniform und führten ein eigenes Arbeitsdienstabzeichen

ein. Auch die evangelischen Dienstträgerverbände hatten sich eine eigene Arbeitsdienstfahne zugelegt. (BAR 77/81)

12) Wie stark die von Raupach vorgelegte Analyse der Lagerpädagogik auf Erfahrungen aus der Volkslagerbewegung fußt, zeigt der Bericht von Kurt Hüttenrauch über das „Volkslager" Cismar (Ostholstein), abgedruckt in Heinz, 1933, S. 97ff.. Es ist allerdings zweifelhaft, ob sie noch die ursprüngliche Intention der Volkslagerbewegung 1928 bis 1930 erfaßt, nämlich: Das „Streben nach einer möglichst weitgehenden Identität von Erleben und Erkennen durch Schaffung eines inneren Zusammenhangs der Arbeitsmethoden mit den sachlichen Arbeitsaufgaben." (Keil, 1932b, S. 63)

Anmerkungen Kapitel 9.2.

1) Berichte über ähnliche Karrieren finden sich in BA ZSg 145/5 und ZSg 145/7 sowie BA R 77/81; vgl. auch die Lebenslaufberichte von RAD-Führern und Arbeitsdienstangehörigen der Gruppe 257 des Gaus XXV (Wiesbaden) in: HHStA Abt. 483/3093.
2) Der Gießener Arbeitsamtbezirk führte in Hessen und Hessen-Nassau die meisten FAD-Maßnahmen durch. Vom 30. 10. 1931 bis 30. 4. 1932 nahmen 2603 Arbeitsdienstwillige an 107 Maßnahmen teil (Gießener Anzeiger v. 30. 4. 1932), die das Arbeitsamt Gießen bewilligte.
3) Die Quellen sind: Selbstdarstellungen von Abiturienten, Materialien der Deutschen Studentenschaft und des NS-Studentenbundes, der Dienststellen des Arbeitsdienstes, Selbstdarstellungen von Arbeitsdienstangehörigen ohne Abitur und Bewertungen von Rektoren der deutschen Hochschulen über Kenntnisstand und Studienprobleme der AD-Angehörigen. Die letzte Quelle ist insofern von übergreifender Bedeutung, da sie ein Legitimationsproblem des Arbeitsdienstes anspricht, das seiner Leistungsfähigkeit. Im FAD bezieht das sich auf die Arbeitsleistung, hier auf den befürchteten Wissensverlust der Abiturienten.
4) Die basalen erziehungstheoretischen Grundbegriffe Seipps lauten: Zuchtziel, Zuchtvorgang, Zuchtzeit und Formung.

12. Quellen und Literaturhinweise

Die im Text verwendeten Statistiken, Protokolle, schriftliche Mitteilungen an den Autor und Periodika sind an dieser Stelle nicht mehr gesondert ausgewiesen. Bei namentlich gekennzeichneten Zeitschriftenbeiträgen findet sich der entsprechende Vermerk im Literaturverzeichnis. Bei namentlich nicht gezeichneten Beiträge wird im Text die jeweilige Fundstelle (z. B. Frankfurter Zeitung vom 1. 10. 1932) angegeben. Dissertationen zum Arbeitsdienst sind mit (diss.) gekennzeichnet.

Archive/Private Sammlungen/Nachlässe

Archiv des Boberhauskreises (ABk) (Kaiserslautern)
Archiv der deutschen Jugendbewegung (AdJb) (Witzenhausen)
Archiv der Eugen Rosenstock-Huessy-Gesellschaft (AERH) (Bielefeld)
Bundesarchiv Koblenz (BA)
Hessisches Hauptstaatsarchiv (HHStA) (Wiesbaden)
Private Sammlung Peter Dudek
Nachlaß Artur von Machui

Aufsätze und selbständige Publikationen vor 1945

Abel, Heinrich, 1935: Die Gestalt der männlichen arbeitslosen Jugend. Eine jugendkundliche Untersuchung über Grundlagen und Grenzen sozialpädagogischer Betreuung der arbeitslosen Jugend, (diss.) Köln

ADGB, 1932: Hilfe für die erwerbslose Jugend. Die Stellung der Gewerkschaften zum freiwilligen Arbeitsdienst, hrg. vom Bundesvorstand des Allgemeinen Deutschen Gewerkschaftsbundes, Berlin

Albrecht, Erna, 1932: Freiwilliger Arbeitsdienst für Mädchen bei Berufs- und Fachschulen, in: Arbeit und Beruf, Ausgabe A, H 21

Anhaltisches Staatsministerium (Hrg.), 1935: Der Anhaltische staatliche Arbeitsdienst 1932/33, Dessau

Arnold, Carl, 1932a: Arbeitsdienstpflicht, Düsseldorf

ders., 1932b: Um die Zukunft des Arbeitsdienstes, in: Soziale Praxis, H 39

Aumann, Josef, 1924: Wirtschaftsdienstpflicht, Berlin

Bäuerle, Theodor, 1932a: Erwachsenenbildung und Arbeitsdienst. Grundsätzliches und Tatsächliches, in: Freie Volksbildung H 7/8

ders., 1932b: Der Arbeitsdienstgedanke und seine Verwirklichung, in: Die Erziehung, S. 405ff.

Bäumer, Gertrud, 1933: Der Freiwillige Arbeitsdienst der Frauen. Grundlagen, Praxis und künftige Bedeutung, Leipzig

Bäumer, Peter, 1930: Das Deutsche Institut für technische Arbeitsschulung, München/Leipzig

Bamberger, Elisabeth, 1932: Der freiwillige Arbeitsdienst und die weibliche deutsche Jugend, in: Zentralblatt für Jugendrecht und Jugendwohlfahrt, Nr. 9, Dezember

Bargenhusen, Jan, 1932: Schippen tut not, in: Die Weltbühne, Nr. 24

Baugewerbsbund (Hrg.), 1932: Der freiwillige Arbeitsdienst – ein gefährlicher Notbehelf zu Lasten der Bauarbeiter, Berlin
Bensel, Carl, 1930: Arbeitsdienstjahr gegen Arbeitslosennot, Mannheim
Berlepsch, Hans von, 1932: Freiwilliger Arbeitsdienst, in: Neue Blätter für den Sozialismus, H 6
Beutler, Heinz, 1933: Die junge Generation und die pädagogische Aufgabe, in: Die Erziehung, S. 416ff.
ders., 1934: Der Pädagogische Dienst am Grenzschulheim Boberhaus in Löwenberg in Schlesien, in: Die Erziehung, S. 422ff.
Blättner, Fritz, 1931: Der Gegenstand der Erziehungswissenschaft, in. Die Erziehung, S. 287ff.
Bley, Kurt, 1932: Sozialistischer Ausbau des Freiwilligen Arbeitsdienstes, in: Neue Blätter für den Sozialismus, H 10
Böhmer, Rudolf, 1931: Das Erbe der Enterbten, München
Boening, Hans, 1933: ABC des Arbeitsdienstes, Berlin
Böttcher, Martin, 1932: Neue Hochschulkrawalle – das Ende der akademischen Freiheit?, in: Die Arbeit, H 7
Bohnstedt, Werner, 1932a: Freiwilliger Arbeitsdienst und Arbeitsbeschaffung, in: Soziale Praxis, H 49
ders., 1932b: Um die Gestaltung des Arbeitsdienstes, in: Soziale Praxis, H 20
Bondy, Curt, 1930: Gilde und Politik, in: Das Junge Deutschland, H 2
ders., 1933: Freiwilliger Arbeitsdienst oder Arbeitsdienstpflicht?, in: Die Erziehung, S. 392ff.
Borchardt, Ludwig, 1915: Allgemeine Dienstpflicht. Die natürliche Folge der allgemeinen Wehrpflicht, Berlin
Borinski, Fritz, 1930: Rechtsschwenkung und Ende des Wandervogels?, in: Neue Blätter für den Sozialismus, H 6
Bran, Fritz (Hrg.), 1933: Jungmannschaft im Arbeitsdienst. Bericht und Aufruf aus Baden, Karlsruhe
Brauer, Heinz, C.G., 1935: Der Arbeitsdienst in seiner historischen Entwicklung und gegenwärtigen rechtlichen Gestalt, (diss.) Hamburg
Braunert, Paul, 1931: Wie stehen die Gewerkschaften zum Freiwilligen Arbeitsdienst? Klar dagegen!, in: Das Freie Wort, H 40
Broecker, Bruno, 1932: Arbeit ohne Recht, in: Die Arbeit, H 3
Bues, Herrmann, 1932: Aus der Praxis des Freiwilligen Arbeitsdienstes, in: Arbeit und Beruf, Ausgabe A, H 14
ders., 1933: Deutscher Arbeitsdienst. Methode und Technik. Leitfaden für den Lagerleiter und Gruppenführer, Berlin
Büttner, Ruth, 1932: Der Freiwillige Arbeitsdienst für Mädchen, in: Arbeit und Beruf, Ausgabe A, H 20
dies., 1933: Kritische Bemerkungen zum Freiwilligen Arbeitsdienst, in: Arbeit und Beruf, Ausgabe A, H 14
Buske, Ernst, 1927: Das Bundeslager Hermannsburg, in: Die Gelbe Zeitung, S. 74ff.

Decker, Will, 1935: Die politische Aufgabe des Arbeitsdienstes. Schriften der Deutschen Hochschule für Politik, hrg. von Paul Meier-Beneckenstein, H 15
ders., 1937: Methoden der Erziehung im Deutschen Arbeitsdienst, in: Internationale Zeitschrift für Erziehung, H 4/5
Degen, R., 1933: Vom Freiwilligen Arbeitsdienst zur Arbeitsdienstpflicht, in: Jugendwohl, H 6
Dehn, Günther, 1929: Proletarische Jugend. Lebensgestaltung und Gedankenwelt der großstädtischen Proletarierjugend, Berlin
Diem, Carl, 1921: Zur Einführung der wirtschaftlichen Dienstpflicht, in: Norddeutsche Blätter, Nr. 6
Dingräve, Leopold (i.e. Ernst Wilhelm Eschmann), 1931: Wo steht die junge Generation?, Jena
Dinse, Robert, 1932: Das Freizeitleben der Großstadtjugend. 5000 Jungen und Mädchen berichten, Eberswalde-Berlin
Dölker, 1932: Grundlegendes zum Freiwilligen Arbeitsdienst Jugendlicher. Erfahrungen aus dem

württembergischen „Heimatwerk“, in: Zentralblatt für Jugendrecht und Jugendwohlfahrt, Nr. 1, April

Ehlers, Alfred, 1924: Arbeitsdienstpflicht und Gewerkschaften, in: Die Neue Erziehung, H 7
Ehlert, Margarete, 1932: Der freiwillige Arbeitsdienst der weiblichen Jugend, in: Reichsarbeitsblatt II, Nr. 33
Ehrhardt, Justus, 1930: Cliquenwesen und Jugendverwahrlosung, in: Zentralblatt für Jugendrecht und Jugendwohlfahrt, H 12, März
ders., 1931: Straßen ohne Ende, Berlin/Wien
Engelhardt, Victor, 1932: Die gesetzlichen und verordnungsmäßigen Ansatzpunkte für den sozialpädagogischen Ausbau des Freiwilligen Arbeitsdienstes, in: Freie Volksbildung, H 7/8
Erb, Herbert, 1934: Die Entwicklung des Arbeitsdienstes, Leipzig
Erxleben, Wolfgang, 1932: Arbeitslose im Arbeitslager, in: Die Erziehung, S. 445ff.
Eschmann, Ernst Wilhelm (Hrg.), 1932: Wo findet die deutsche Jugend neuen Lebensraum?, Berlin/Leipzig

Fabian, Walter, 1924: Arbeitsdienstpflicht?, Leipzig
Fabricius, Cajus (Pseud.), 1933: Von der Front des Arbeitsdienstes. Aufruf der Nation zur vaterländischen Arbeitsdienstpflicht, in: Der Zwiespruch Nr. 8
Finck, Bertha, 1931: Was können wir für unsere arbeitslose Jugend tun? Bilder aus der Arbeit der evangelischen Liebestätigkeit, Berlin
Fischer, Ernst, 1931: Die Krise der Jugend, Wien/Leipzig
Fischer, Kurt Joachim, 1936: Organisierte Arbeit als Staatsdienst, (diss.) Heidelberg
Flake, Karlfriedrich, 1935: Das Verwaltungsrecht des deutschen Arbeitsdienstes, (diss.), Bonn
Flitner, Wilhelm, 1927: Plan einer deutschen Schule für Volksforschung und Erwachsenenbildung, in: Die Deutsche Schule für Volksforschung und Erwachsenenbildung. Das erste Jahr, Stuttgart, S. 14ff.
ders., 1932: Das „Heimatwerk“ in Württemberg. Versuch einer Durchführung des Arbeitsdienstes für Erwerbslose, in Die Erziehung, S. 425ff.
ders., 1933: Die deutsche Erziehungslage nach dem 5. März 1933, in: Die Erziehung, S. 408ff.
ders., 1934: Die pädagogischen Arbeiten der Jugendbünde, in: Vesper, Will (Hrg.): Deutsche Jugend. 30 Jahre Geschichte einer Bewegung, Berlin, S. 201ff.
Flügge, Gottfried, 1929: Arbeitsdienstpflicht?, Berlin
Föllmer, Wilhelm, 1920: Wirtschaftliche Wehrpflicht, Berlin
Fournier, Christine, 1931: Ringvereine der Jugend, in: Die Weltbühne, H 3
Freising, Hans, 1937: Entstehung und Aufbau des Arbeitsdienstes im Deutschen Reich, (diss.), Rostock
Freyer, Hans, 1934: Von der Volksbildung zur politischen Schulung, in: Die Erziehung, S. 1ff.
Friedländer, Walter, 1933: Das Jugendnotwerk in der Praxis, in: Zentralblatt für Jugendrecht und Jugendwohlfahrt, Nr. 11/12, Februar/März
Funcke, Leo von, 1932a: Ein halbes Jahr Freiwilliger Arbeitsdienst, in: Reichsarbeitsblatt, II, Nr. 10
ders., 1932b: Ein Jahr Freiwilliger Arbeitsdienst, in: Reichsarbeitsblatt, II, Nr. 25
ders., 1932c: Klippen im freiwilligen Arbeitsdienst?, in: Soziale Praxis, H 45
ders., 1933: Handbuch für den Freiwilligen Arbeitsdienst, Berlin

Geiger, Theodor, 1932: Die soziale Schichtung des deutschen Volkes, Stuttgart
Gerstorff, K.L., 1932: Front gegen den Arbeitsdienst, in: Die Weltbühne, Nr. 25
Glaser, Georg, 1932: Schluckebier, Berlin (Neuauflage 1979)
Gleitze, Willi, 1930: Fürsorge- und arbeitsmarktpolitische Maßnahmen für erwerbslose Jugendliche, in: Mennicke, Carl (Hrsg.): erfahrungen der Jungen, Potsdam
Götsch, Georg, 1926: Bericht über das Arbeitslager der Jungmannschaft vom 8. bis 28. April 1926 in Dassel im Solling, in: Der weiße Ritter. Eine Führerzeitung, Lieferung 5/6
ders., 1927: Bericht über das Arbeitslager des Bundes der Wandervögel und Pfadfinder Ostern 1927, in: Das Junge Deutschland, H 7

Gothe, Richard, 1931 a: Bericht über ein Arbeitslager mit einem Nachwort: Volkshochschule und Arbeitslager, in: Freie Volksbildung, H 2
ders., 1931 b: Für Arbeiter, Bauern und Studenten. Wie es in einem Arbeitslager aussieht, in: Vossische Zeitung vom 18. 4.
ders., 1931 c: Arbeitslager und Arbeitsdienstpflicht, in: Neue Blätter für den Sozialismus, H 2
ders., 1931 d: Noch einmal „Arbeitslager und Arbeitsdienstpflicht“, in: Neue Blätter für den Sozialismus, H 12
Gothe, Richard/Reutern, Georg v./Rohr, Günter, 1931: Erstes norddeutsches Arbeitslager für Arbeiter, Bauern und Studenten in Isenhagen-Hankensbüttel vom 27. September bis 18. Oktober 1930, in: Schleswig-Holsteinische Wohlfahrtsblätter, Nr. 1
Grabert, Herbert, 1931: Das erste hessische Arbeitslager für Arbeiter, Bauern und Studenten, in: Der Zwiespruch, Bl. 46
Gräf, Erich, 1933: Das Dienen im freiwilligen Arbeitsdienst, (diss.), Leipzig
Gräsing, Fritz, 1930: Erziehungsarbeit am erwerbslosen Jugendlichen, in: Mennicke, Carl (Hrg.): Erfahrungen der Jungen, Potsdam
Grafenstein, Hermann v., 1934: Der freiwillige Arbeitsdienst als Vorstufe der Arbeitsdienstpflicht, (diss.), Würzburg
Grieser, Andreas, 1932: Rundfunkrede über den Freiwilligen Arbeitsdienst am 8. August 1932, in: Reichsarbeitsblatt, II, Nr. 24
Groß, Emil, 1931: Jugend in der Partei. Der Aufbruch der ganzen Arbeiterjugend, in: Das Freie Wort, H 10
Grube, Ernst, 1932: SOS Arbeitsdienst, Berlin
Grüber, H., 1932: Schwierigkeiten im freiwilligen Arbeitsdienst und die Versuche ihrer Überwindung, in: Arbeit und Beruf, Ausgabe A, Nr. 22
Gründel, Ernst Günther, 1932: Die Sendung der Jungen Generation. Versuch einer umfassenden Sinndeutung der Krise, München
Gulkowski-Teichmann, Johanna, 1937: Der Arbeitsdienst in Deutschland in seiner geschichtlichen Entwicklung und die Grundzüge der Arbeitsdienstpflicht, (diss.), Hamburg
Gutachten zur Arbeitslosenfrage, 1931: Erstattet von der Gutachterkommission zur Arbeitslosenfrage, Teil 2: Bekämpfung der Arbeitslosigkeit durch Arbeitsbeschaffung, Berlin

Haffner, Ernst, 1932: Jugend auf der Landstraße Berlin, Berlin
Hammelsbeck, Oskar, 1933: Was heißt „pädagogische Betreuung“ beim Freiwilligen Arbeitsdienst?, in: Die Erziehung, S. 172ff.
Hase, Günther, 1940: Der Werdegang des Arbeitsdienstes. Von der Erwerbslosenhilfe zum Reichsarbeitsdienst, Berlin
Hauenstein, Heinz, 1934: Die Entwicklung des Arbeitsdienstgedankens, in: Graefe, Bodo (Hrg.): Leitfaden für den Arbeitsdienst, Berlin
Heine, Fr., 1930: Die Jugendorganisation hat versagt, in: Das Freie Wort, H 24
Heinz, Friedrich Wilhelm, 1933: Kameraden der Arbeit. Deutsche Arbeitslager: Stand, Aufgabe und Zukunft, Berlin
Heiß, Robert, 1929: Der radikale junge Mensch, in: Die Erziehung, S. 381ff.
Herklotz, Emil, 1931: Die heutige Parteijugend, in: Das Freie Wort, H 3
Herrnstadt, Ernst, 1927: Die Lage der arbeitslosen Jugend in Deutschland, Berlin
ders., 1932: Die Vorschriften über den freiwilligen Arbeitsdienst. Textausgabe in Loseblattform, Berlin
Herwig, Renate, 1935: Gemeinschaft und Frauenarbeitsdienst, (diss.), Jena
Hierl, Konstantin, 1932: Sinn und Gestaltung der Arbeitsdienstpflicht, München
ders., 1934: Arbeitsdienst ist Dienst am Volke. Aus Reden und Schriften, zusammengestellt von Erich F. Berendt, Leipzig
Hille, Johann, 1933²: Mahraun, der Pionier des Arbeitsdienstes, Leipzig
Hirche, Kurt, 1931: Arbeitsdienstpflicht – Freiwilliger Arbeitsdienst, in: Neue Blätter für den Sozialismus, H 7
Hische, Wilhelm, 1935: Deutscher Arbeitsdienst als Erziehungsgemeinschaft, Berlin/Leipzig
Hußmann, Peter, 1935: Der Deutsche Arbeitsdienst. Eine staatsrechtliche Untersuchung über

Idee und Gestalt des Deutschen Arbeitsdienstes und seine Stellung in der Gesamtsstaatstruktur, (diss.), Berlin
Humann, Paul, 1934: Die wirtschaftliche Seite des Arbeitsdienstes, (diss.), Hamburg

Iden, Paul, 1936: Der Arbeitsdienst und seine Einflußmöglichkeiten auf die Landwirtschaft, (diss.), Berlin

Jaerisch, Gerhard, 1932: Die Neugestaltung des freiwilligen Arbeitsdienstes, in: Arbeit und Beruf, Ausgabe A, Nr. 17 und Nr. 19
Jahrbuch, 1933: Jahrbuch des Deutschen Lehrervereins, Berlin
Jülich, Herrmann, 1932: Der freiwillige Arbeitsdienst in der Großstadt. Grundsätzliches zur Frage des Arbeiten oder Dienen, Stuttgart

Kaliski, Julius, 1931: Die deutsche Not, in: Sozialistische Monatshefte, S. 630ff.
ders., 1932: Freiwilliger Arbeitsdienst, in: Sozialistische Monatshefte, S. 500ff.
Kallsperger, Anna, 1939: Nationalsozialistische Erziehung im Reichsarbeitsdienst für die weibliche Jugend, (diss.), Heidelberg
Kaufmann, Karl, 1932: Führer durch den FAD, München
Kautz, Heinrich, 1926: Im Schatten der Schlote. Versuch zur Seelenkunde der Industriejugend, Einsiedeln
ders., 1929: Industrie formt Menschen. Versuch einer Normierung der Industriepädagogik, Einsiedeln
Keil, Georg, 1932a: Vorschmarsch der Arbeitslagerbewegung, Berlin/Leipzig
ders., 1932b: Die junge Generation in der freien Volksbildung Schlesiens, in: Freie Volksbildung, H 2
Keiser, Günter, 1928: Bildungsarbeit an Erwerbslosen, in: Freie Volksbildung, H 3
KJVD, 1931: Arbeitsdienstpflicht. Faschistische Geisel für die werktätige Jugend, Berlin
Kloodt, Hans, 1930: Arbeiterjugend und Partei, in: Das Freie Wort, H 22
Klopfer, Bruno, 1931: Die jungen Arbeitslosen und der „freiwillige Arbeitsdienst", in: Soziale Praxis, H 28
Klumker, Christian J., 1933: Die inneren Schwierigkeiten des Arbeitsdienstes, in: Soziale Praxis, H 14
Kracauer, Siegfried, 1932: Über Arbeitslager, in: Frankfurter Zeitung v. 1. 10. 1932
Kraftmeier, Gert, 1934: Die wirtschaftliche Bedeutung einer Deutschen Arbeitsdienstpflicht, (diss.), Greifswald
Kretzschmann, Hermann, 1934: Unterricht und Erziehung im Deutschen Arbeitsdienst, Leipzig
Kretzschmann, Hermann/Edel, Fritz, 1936: Der Arbeitsdienst in Wort und Bild, Berlin
Krolzig, Günther, 1930: Der Jugendliche in der Großstadtfamilie. Auf Grund von Niederschriften Berliner Berufsschüler und -schülerinnen, Berlin
Krüger, Alfred, 1933: Die staatliche Führerschulung für den Arbeitsdienst, in: Die Erziehung, S. 514ff.
ders., 1935: Der deutsche Arbeitsdienst als Baustein des Dritten Reiches, Leipzig
ders., 1936: Wegweiser durch das Schrifttum über den deutschen Arbeitsdienst, in: Internationale Zeitschrift für Erziehung, S. 292ff.
Krüger, Heinz, 1931: Arbeitslager und Arbeitsdienstpflicht. Eine Entgegnung, in: Neue Blätter für den Sozialismus, H 6
Krueger-Allerheiligen, Wilhelm, 1924: Arbeitsdienstpflicht, Berlin
Kruse, Hans, 1924: Arbeitsdienstpflicht, in: Die Neue Erziehung, H 7
Künckele, Philipp, 1931: Das Generationsproblem in der sozialistischen Bewegung, in: Neue Blätter für den Sozialismus, H 10
Kutzner, Kurt, 1932: Jugend am Abgrund – Rettung durch Arbeitsdienstpflicht, Stuttgart

Laack, Fritz, 1932a: Arbeitsdienst und Siedlung, in: Freie Volksbildung, H 7/8
ders., 1932b: Pädagogische Osthilfe, in: Freie Volksbildung, H 9
ders., 1932c: Gefahren für den Arbeitsdienst?, in: Freie Volksbildung, H 11
Lamm, Albert, 1932: Betrogene Jugend. Aus einem Erwerbslosenheim, Berlin

Lampel, Peter Martin, 1932a: Packt an, Kameraden! Erkundungsfahrten in die Arbeitslager, Berlin
ders., 1932b: Alarm im Arbeitslager. Schauspiel in drei Akten, Leipzig
Lange, Helene, 1913: Das weibliche Dienstjahr, Berlin
Lehfeldt, Bernhard, 1931: Die Arbeitsdienstpflicht, in: Reichsarbeitsblatt, II, Nr. 1
Lemken, Lotte, 1931: Gegen den freiwilligen Arbeitsdienst, in: Arbeiterwohlfahrt, H 14
Lesser, Jonas, 1932: Von deutscher Jugend, Berlin
Levermann, Heinrich, 1928: Vom Hilfsdienstgesetz über die Technische Nothilfe zur Arbeitsdienstpflicht, (diss.), Erlangen
Lietz, Herrmann, 1918: Die drei ersten Deutschen Land-Erziehungsheime, Veckenstedt
Link, Hanna, 1932: Aufgaben des Pädagogen im Freiwilligen Arbeitsdienst, in: Soziale Praxis, H 33
Locator, Leopold (i. e. Hans Richter), 1932a: Bericht über die Arbeitslager-Schulungswoche im Grenzschulheim Boberhaus, in: Der Zwiespruch, Bl. 12
ders., 1932b: Arbeitsdienst rückt vor, in: Der Zwiespruch, Bl. 17
ders., 1932c: Tag des Arbeitsdienstes, in: Der Zwiespruch, Bl. 24
Locator-Adders, Lena (i. e. Hans Richter), 1932: Mädchen im Freiwilligen Arbeitsdienst, in: Der Zwiespruch, Bl. 15
Lotze, Heiner, 1924: Für die Arbeitsdienstpflicht, in: Die Neue Erziehung, H 7

Machui, Artur von, 1928: Aus unserer Gründungszeit, in: Die Volksgruppe. Beiträge zum Schlesischen Volksbildungswerk
ders., 1937: Wirtschaftliche Bilanz des deutschen Arbeitsdienstes, in: Internationale Zeitschrift für Erziehung, S. 288ff.
Mahraun, Arthur, 1924: Über die Einführung der allgemeinen gleichen Arbeitsdienstpflicht, Kassel
ders., 1932: Der große Plan. Der Weg aus dem Chaos von Staat und Wirtschaft, Berlin
Malachowski, Walther, 1922: Recht auf Arbeit und Arbeitsdienstpflicht, Jena
Marawske-Birkner, Lilli, 1942: Der weibliche Arbeitsdienst. Seine Vorgeschichte und seine gegenwärtige Gestalt, (diss.) Leipzig
Marquardt, Erwin, 1932: Recht ohne Arbeit? Freiwilliger Arbeitsdienst und Arbeitsdienstpflicht, in: Die Arbeit, H 6
Maschke, Walter, 1931: Freiwilliger Arbeitsdienst, in: Neue Blätter für den Sozialismus, H 8
Maßmann, Kurt, 1933: Wir Jugend! Ein Bekenntnisbuch der deutschen Nachkriegsgeneration, Berlin
Mertens, Adolf, 1937: Schulungslager und Lagererziehung, Dortmund
Meves, Bernhard, 1929: Die erwerbstätige Jugend. Eine statistische Untersuchung, Berlin/Leipzig
Müller-Brandenburg, Herrmann, 1937: Der Arbeitsdienst in der Welt: Ein Vergleich, in: Internationale Zeitschrift für Erziehung, S. 282ff.
Murner, Thomas, 1932: Kamerad Lampel, in: Die Weltbühne, Nr. 38

Naumann, Werner, 1934: Der deutsche Arbeitsdienst – Eine historisch-kritische Darstellung seiner Ideengeschichte und praktischen Verwirklichung, (diss.), Leipzig
Nebe, Klaus Herrmann, 1934: Schippen aufnehmen! Im Gleichschritt – marsch! Ein Roman vom Arbeitsdienst, Braunschweig
Nelissen-Haken, Bruno, 1924: Arbeitsdienstpflicht, in: Deutsche Arbeitgeber-Zeitung, Nr. 46
Niffka, Erwin, 1932: Neue Lebensführung durch den Arbeitsdienst, in: Arbeit und Beruf, Ausgabe A, H 20
Nohl, Herman, 1932a: Landbewegung, Osthilfe und die nationale Aufgabe der Pädagogik, in: Die Erziehung, S. 65ff.
ders., 1932b: Die pädagogische Osthilfe, in: Die Erziehung, S. 449ff.
Nolde, 1931: Maßnahmen zur Bekämpfung der Not der arbeitslosen Jugend, in: Arbeit und Beruf, Ausgabe A, Nr. 7

Oestreich, Paul, 1924: Dienstpflicht oder Dienstbereitschaft. Vergemeinerung oder Vergemeinschaftung? in: Die Neue Erziehung, H 7
ders., 1932: Arbeitsdienst als Religiosierung?, in: Die Neue Erziehung, H 7
Ollenhauer, Erich, 1932: Der FAD – neue Aufgaben der Arbeiterbildung, in: Sozialistische Bildung, H 8
Otto, Berthold, 1912: Die Reformation der Schule, Groß-Lichterfelde

Pahl, Walther, 1931a: Der Kampf um die Jugend. Zum sozialdemokratischen Parteitag in Leipzig, in: Sozialistische Monatshefte, S. 417ff.
ders., 1931b: Wo ist der zweite Mann?, in: Neue Blätter für den Sozialismus, H 3
ders., 1932a: Ergebnisse und Probleme des Freiwilligen Arbeitsdienstes, in: Die Arbeit, H 12
ders., 1932b: Arbeiterbewegung und Freiwilliger Arbeitsdienst, in: Sozialistische Monatshefte, S. 607ff.
ders., 1932c: Freiwilliger Arbeitsdienst, in: Neue Blätter für den Sozialismus, H 9
Petersen, Hellmut, 1938: Die Erziehung der deutschen Jungmannschaft im Reichsarbeitsdienst, Hamburg
Picht, Werner/Rosenstock, Eugen, 1926: Im Kampf um die Erwachsenenbildung 1912-1926, Leipzig
Preiser, Kurt, 1933: Das Notwerk der Deutschen Jugend im Rheinland. Die Erfahrungen der ersten 4 Wochen, in: Arbeit und Beruf, Ausgabe A, Nr. 4
Priesemann, Gerhard, 1932: Das Arbeitslager, ein Weg zur Volk-Bildung, in: Deutsche Rundschau, S. 112ff.
Puttkamer, Jesco von, 1933: Deutschlands Arbeitsdienst, Oldenburg

Radakovic, Mila, 1932: Arbeitsdienstpflicht, in: Hochland, Juni
Raupach, Hans, 1931: Arbeitslager, in: Der Zwiespruch, Bl. 23
ders., 1932: Arbeitsdienst in Bulgarien, Berlin/Leipzig
ders., 1934a: Junge Mannschaft im Arbeitsdienst, in: Vesper, Will (Hrg.): Deutsche Jugend. 30 Jahre Geschichte einer Bewegung, Berlin
ders., 1934b: Freizeitgestaltung im Arbeitsdienst, in: Graefe, Bodo (Hrg.): Leitfaden für den Arbeitsdienst, Berlin
Reich, Wilhelm, 1933: Massenpsychologie des Faschismus, Kopenhagen/Prag/Zürich
Richter, Kurt (Hrg.), 1933: Maßnahmen zur Betreuung der unorganisierten und erwerbslosen Jugend. Handbuch der Jugendpflege, Band 14, Berlin
Rogosaroff, Ivan, 1937: Der bulgarische Arbeitsdienst als Erziehungsmittel, in: Internationale Zeitschrift für Erziehung, S. 242ff.
Rosenberger, Herrmann, 1930: Für und wider den Gedanken einer deutschen Arbeitsdienstpflicht, in: Der Arbeitgeber, Nr. 16
Rosenstock, Eugen, 1920: Die Hochzeit des Kriegs und der Revolution, Würzburg
ders., 1924a: Andragogik, Berlin
ders., 1924²: Industrievolk, Frankfurt
ders., 1926: Lehrer oder Führer? Zur Polychronie des Menschen, in: Die Kreatur, H 1
ders., 1927: Hochschule und Arbeitslager. Zum Arbeitslager der ostelbischen Freischaren Ostern 1927, in: Schlesische Hochschulblätter, Nr. 2
ders., 1928: Das Arbeitslager für Jungarbeiter, Jungbauern und Jungakademiker in Loewenberg vom 14.-31. März 1928, in: Freie Volksbildung, H 3
ders., 1929: Dienstpflicht?, in: Deutsche Rundschau, April
ders., 1932a: Zur Strategie des Arbeitsdienstes, in: Freie Volksbildung, H 7/8
ders., 1932b: Arbeitsdienst – Heeresdienst?, Jena
ders., 1932c: Sklaverei oder Regeneration?, in: Tägliche Rundschau v. 22. 6. 1932
ders., 1932d: Der Arbeitsdienst als Erzieher, in: Jugendpflege, H 8
ders., 1933: Mannwerdung, in: Die Erziehung, S. 102ff.
Rosenstock, Eugen/Trotha, Carl Dietrich von, 1931: Das Arbeitslager. Berichte aus Schlesien von Arbeitern, Bauern, Studenten, Jena

Ruth, Karl, 1932: Der freiwillige Arbeitsdienst in neuer Form. Kritische Bemerkungen zur neuen Verordnung, in: Zentralblatt für Jugendrecht und Jugendwohlfahrt, H 7

Sack, Gerhard, 1934: Die Entwicklung des freiwilligen Arbeitsdienstes in der nationalen Revolution, (diss.), Leipzig
Sappock, Gerhard, 1932/33: Aus der Geschichte des Arbeitsdienstes. Eine Unterredung mit Prof. Dr. Eugen Rosenstock-Huessy, Breslau, in: Neues Studententum. Zeitschrift des Hochland-Verbandes, H 3/4
Sattelmair, Max, 1937: Die Rechtsstellung des Deutschen Arbeitsdienstes in entwicklungsgeschichtlicher Darstellung, (diss.), Augsburg
Schär, Alfred, 1924: Arbeitsdienstpflicht und Jugendbewegung, in: Die Neue Erziehung, H 7
Scheibe, Wolfgang, 1942: Aufgabe und Aufbau des Reichsarbeitsdienstes, Leipzig
Schellenberg, Ernst, 1932: Der Freiwillige Arbeitsdienst auf Grund seiner bisherigen Erfahrungen, (diss.), Berlin
Schie, Gerhard, 1932: Freiwilliger Arbeitsdienst als Mittel ländlicher Volksbildung in der Siedlung, in: Freie Volksbildung, H 10
Schiettinger, Friedrich Wilhelm, 1932: Die Arbeitsdienstpflicht – Versuch einer historisch-theoretischen Analyse, (diss.), Mannheim
Schindler-Wulff, A., 1931: Der freiwillige Arbeitsdienst, in: Arbeit und Beruf, Ausgabe A, Nr. 18
Schiöberg, Eberhard, 1932: Suckau. Arbeitsdienstlager der Schlesischen Jungmannschaft, in: Der Zwiespruch, Bl. 30
Schöpke, Karl, 1930: Deutsches Arbeitsdienstjahr statt Arbeitslosen-Wirrwarr!, München
Schomburg, Bruno, 1932: Pädagogische Zielsetzung beim freiwilligen Arbeitsdienst, in: Soziale Praxis, H 13
Schultz-Hencke, Harald, 1921: Die Überwindung der Parteien, Nachdruck in: Kindt, Werner (Hrg.): Grundschriften der deutschen Jugendbewegung, Düsseldorf/Köln, 1963, S. 351 ff.
Schulz, Ernst, 1925: Die Arbeitsdienstpflicht, (diss.), Berlin
Schulze-Moering, Georg, 1924: Gegen die Arbeitsdienstpflicht, in: Die Neue Erziehung, H 7
Schwartz, Hans, 1933: Kulturhilfe im Osten, in: Die Erziehung, S. 332 ff.
Schwechten, Werner, 1924: Arbeitsdienstpflicht, Gotha
Schwenk, 1931: Wie stehen die Gewerkschaften zum freiwilligen Arbeitsdienst?, in: Das Freie Wort, H 49
Seipp, Paul, 1935: Formung und Auslese im Reichsarbeitsdienst. Das Ergebnis des Diensthalbjahres 1934, (diss.), Gießen
Simon, Ellen, 1932: Freiwilliger Arbeitsdienst als sozialpädagogische Maßnahme für weibliche Jugendliche, in: Zentralblatt für Jugendrecht und Jugendwohlfahrt, Nr. 5, August
Spliedt, Franz, 1931: Die Gutachten der Brauns-Kommission, in: Die Arbeit, H 5
ders., 1932: Der Arbeitsmarkt und Umfang der Arbeitslosigkeit, in: Die Arbeit, H 12
Spranger, Eduard, 1930: Wohlfahrtsethik und Opferethik in den Weltentscheidungen der Gegenwart, in: Die Erziehung, S. 385 ff.
ders., 1933: März 1933, in: Die Erziehung, S. 401 ff.
Staewen-Ordemann, Gertrud, 1933: Menschen der Unordnung. Die proletarische Wirklichkeit im Arbeitsschicksal der ungelernten Großstadtjugend, Berlin (Reprint, Münster, 1986)
Steinitz, Martha, 1924: Arbeitsdienstpflicht, in: Die Neue Erziehung, H 7
Stellrecht, Helmut, 1933: Der Deutsche Arbeitsdienst. Aufgaben, Organisation, Aufbau, Berlin
ders., 1934: Arbeitsdienst und Nationalsozialismus, Berlin
ders., 1944: Neue Erziehung, Berlin
Steltzer, Theodor, 1932: Siedlung, Freiwilliger Arbeitsdienst und Volksbildung, in: Die Erziehung, S. 509 ff.
Stölzl, E., 1932: Entwicklungsmöglichkeiten des Freiwilligen Arbeitsdienstes, in: Studentenwerk, H 5
Stratenwerth, Georg, 1932: Eine Bresche – Der Arbeitsdienst als Ausweg für Deutschlands Jugend aus einem Dasein ohne Hoffnung und Ziel, Bethel

Surén, Hans 1934: Volkserziehung im Dritten Reich. Manneszucht und Charakterbildung, Stuttgart

Syrup, Friedrich, 1931: Die ersten Erfahrungen mit dem freiwilligen Arbeitsdienst, in: Soziale Praxis, H 49

ders., 1932: Der freiwillige Arbeitsdienst für die männliche deutsche Jugend, in: Reichsarbeitsblatt, II, Nr. 27

ders., 1936, Wehrpflicht und Arbeitseinsatz der Jugend, in: Das Junge Deutschland, H 9

Theobald, Kurt, 1935: Einrichtung und Rechtsgestaltung des Arbeitsdienstes, (diss.), Würzburg

Tormin, Helmut, 1932: Die Zukunft des freiwilligen Arbeitsdienstes, in: Arbeit und Beruf, Ausgabe A, Nr. 10

Trotzdendorff, Hans (i.e. Heinz Beutler), 1933: Front der jungen Generation, in: Der Zwiespruch, H 3

Tsay, Jeh-Sheng, 1940: Der Reichsarbeitsdienst. Geschichte, Aufgabe, Organisation und Verwaltung des deutschen Arbeitsdienstes einschließlich des Arbeitsdienstes für die weibliche Jugend, (diss.), Berlin

Uhde, Friedrich, 1932: Wann endlich handelt die Regierung? Stimmen zum freiwilligen Arbeitsdienst, in: Der Zwiespruch, Bl. 15

Ullrich, Karl, 1930: Bildungsarbeit an Erwerbslosen, in: Freie Volksbildung, H 2

Umbreit, Hans, 1932 a: Arbeitslager für Arbeiter, Bauern und Studenten, in: Das Junge Deutschland, H 4

ders., 1932 b: Was ist ein Arbeitslager für Arbeiter, Bauern und Studenten? Ein grundsätzliches Gespräch, in: Die Lesestunde, H 5

Volmer, Hans, 1932: Leitfaden für den Freiwilligen Arbeitsdienst, Stuttgart

Voß, Otto/Schön, Herbert, 1930: Die Cliquen jugendlicher Verwahrloster als pädagogisches Problem, in: Mennicke, Carl (Hrg.): Erfahrungen der Jungen, Potsdam

Webler, Heinrich, 1933: Vom Weg der deutschen Jugendbewegung bis zum Arbeitsdienst. Eine Anwort an Professor Klumker, in: Soziale Praxis, H 19

Weiland, Ruth, 1933: Die Kinder der Arbeitslosen, Berlin

Weitsch, Eduard, 1932: Die Werkarbeit des Freiwilligen Arbeitsdienstes vom Heim aus gesehen, in: Freie Volksbildung, H 7/8

Wende, 1932: Die Neuregelung des Freiwilligen Arbeitsdienstes, in: Reichsarbeitsblatt, II, Nr. 22

Weniger, Erich, 1927: Erste Akademie der Deutschen Schule für Volksforschung und Erwachsenenbildung, in: Neuwerk. Ein Dienst am Werdenden, IX. Jg.

Wersing, Kurt, H.W., 1933: Das Arbeitsdienstverhältnis, (diss.), Berlin

Wiedwald, Rudolf, 1931: Zur Betreuung der arbeitslosen Jugend, in: Reichsarbeitsblatt, II, Nr.

ders., 1933: Das Notwerk der Deutschen Jugend, in: Zentralblatt für Jugendrecht und Jugendwohlfahrt, Nr. 10, Januar

Wilhelm, Theodor, 1934: Deutschland, wie es wirklich ist. Ein Wort an das Ausland, Berlin

Wilhelm, Walter, 1925: Die allgemeine Arbeitspflicht im Dienste des Verkehrs, Dresden

ders., 1931: Volk im Dienst. Wesen und Wirkung der allgemeinen Arbeitsdienstpflicht. Ein deutscher Siebenjahr-Plan, Leipzig

Wittig, Josef, o.J. (1928): Es werde Volk! Versuch einer ersten Geschichte des Löwenberger Arbeitslagers im Frühjahr 1928, o.O.

Woldt, Richard, 1932: Führertum und Führerauslese im Freiwilligen Arbeitsdienst, in: Arbeit und Beruf, Ausgabe A, Nr. 16

Ziertmann, Paul, 1931 a: Zur Frage der Verlängerung der Schulpflicht, in: Arbeit und Beruf, Ausgabe A, Nr. 5

ders., 1931 b: Über die Beschulung und Betreuung der erwerbslosen Jugend, in: Arbeit und Beruf, Ausgabe A, Nr. 7

Aufsätze und selbständige Publikationen nach 1945

Adorno, Theodor, W., 1971: Individuum und Organisation, in: ders.: Kritik. Kleine Schriften zur Gesellschaft, Frankfurt (Orginaldruck, in: Neumark, Fritz, (Hrg.): Individuum und Organisation, Darmstadt 1954)

Auerbach, Inge, 1979: Catalogus professorum academiae Marburgensis: die akademischen Lehrer der Philipps-Universität Marburg, Band 2: Von 1911 bis 1971, Marburg

Artam, 1974: 50 Jahre Artamanen, Rothenfels

Bajohr, Stefan, 1980: Weiblicher Arbeitsdienst im „Dritten Reich". Ein Konflikt zwischen Ideologie und Ökonomie, in: Vierteljahreshefte für Zeitgeschichte, H 3

Ballerstedt, Kurt, 1958: Leben und Werk Eugen Rosenstock-Huessys, in: Rosenstock, Eugen: Das Geheimnis der Universität, Stuttgart S. 297-305

Bartz, Joachim/Mor, Dagmar, 1976: Auf dem Weg zur Jugendarbeitslosigkeit – Maßnahmen gegen die Jugendarbeitslosigkeit 1925-1925, in: Die Deutsche Berufs- und Fachschule, H 7

dies., 1979: Der Weg in die Jugendzwangsarbeit. Maßnahmen gegen die Jugendarbeitslosigkeit zwischen 1925 und 1935, in: Lenhardt, Gero (Hrg.): Der hilflose Sozialstaat. Jugendarbeitslosigkeit und Politik, Frankfurt

Beckmann, Michael, 1979: Theorie der sozialen Bewegung, München

Bennecke, Heinrich, 1968: Wirtschaftliche Depression und politischer Radikalismus. Die Lehre von Weimar, München/Wien

Benz, Wolfgang, 1968: Vom freiwilligen Arbeitsdienst zur Arbeitsdienstpflicht, in: Vierteljahreshefte für Zeitgeschichte, H 4

Berghahn, Volker, 1966: Der Stahlhelm. Bund der Frontsoldaten 1918-1935, Düsseldorf

Blaich, Fritz, 1985: Der Schwarze Freitag, Inflation und Wirtschaftskrise, München

Blankertz, Herwig, 1982: Die Geschichte der Pädagogik. Von der Aufklärung bis zur Gegenwart, Wetzlar

Brée, Rudolf, 1984: Die Bünde im Jahr 1933. Aufforderung zum Sammeln von Dokumenten und Interpretationen, in: Jahrbuch des Archivs der deutschen Jugendbewegung, Band 14

Brödel, Rainer, 1984: Volksbildung und Erwerbslosigkeit in der Weimarer Republik, in: Ebert, Gerhard/Pflüger, Albert (Hrg.): Arbeitslosigkeit und berufliche Bildung, (Pädagogische Arbeitsstelle Deutscher Volkshochschulverband), Bonn

ders., 1985: Grundorientierung der Erwerbslosenbildung in der freien Volksbildung der Weimarer Republik, in: Schlutz, Erhard (Hrg.): Krise der Arbeitsgesellschaft – Zukunft der Weiterbildung, Frankfurt

Bühler, Karl, 1975: Arbeitsdienst als Erziehungsaufgabe in den frühen Theorien der zwanziger Jahre, in: Jahrbuch des Archivs der deutschen Jugendbewegung, Band 7

ders., 1978: Die pädagogische Problematik des Freiwilligen Arbeitsdienstes, (diss.), Aachen

Croon, Helmuth, 1973: Jugendbewegung und Arbeitsdienst, in: Jahrbuch des Archivs der deutschen Jugendbewegung, Band 5

Deuerlein, Ernst, 1962: Der Hitlerputsch, Stuttgart

Domansky, Elisabeth/Heinemann, Ulrich, 1984: Jugend als Generationserfahrung. Das Beispiel der Weimarer Republik, in: Sozialwissenschaftliche Informationen für Unterricht und Studium (SOWI), H 1

Dräger, Horst, 1984: Historiegraphie und Geschichte der Erwachsenenbildung, in: Enzyklopädie Erziehungswissenschaft, Band 11, Stuttgart

Dudek, Peter, 1985: Freiwilliger Arbeitsdienst und Arbeitslager. Jugendliche in der Weimarer Republik zwischen pädagogischer Theorie und Sozialdisziplinierung, in: Neue Praxis, H 4

ders., 1987: Rolle der „jungen Generation" und ihr Bedeutungswandel in der NS-Ideologie, in: Bildung und Erziehung, H 2

Dudek, Peter/Jaschke, Hans-Gerd, 1984: Entstehung und Enwicklung des Rechsextremismus in der Bundesrepublik, Band 1, Opladen

Eyferth, Hans, 1983: Sozialarbeit und Politik in Deutschland 1919-1945, in: Neue Praxis, H 2

Falter, Jürgen, u. a., 1983: Arbeitslosigkeit und Nationalsozialismus. Eine empirische Analyse des Beitrags der Massenerwerbslosigkeit zu den Wahlerfolgen der NSDAP 1932 und 1933, in: Kölner Zeitschrift für Soziologie und Sozialpsychologie; S. 525 ff.

Faulenbach, Bernd, 1982: Eugen Rosenstock-Huessy, in: Wehler, Hans Ulrich (Hrg.): Deutsche Historiker IX, Göttingen

Feidel-Mertz, Hildegard, 1977: „Ein Stück gemeinsames Leben". Bemerkungen zur Arbeitslagerbewegung in der Weimarer Republik, in: Bergmann, Klaus/Frank, Günter (Hrg.): Bildungsarbeit mit Erwachsenen, Reinbek

Finck, Hans-Jürgen, 1977: Der Begriff der „Deutschen Bewegung" und seine Bedeutung für die Pädagogik Herman Nohls, Frankfurt

Flitner, Wilhelm/Kudritzki, Gerhard, 1961: Die deutsche Reformpädagogik, Band 1, Düsseldorf

Fuchs, Manfred, 1957: Probleme des Wirtschaftsstils von Lebensgemeinschaften, (diss.) Göttingen

Fünfzig Jahre, 1975: 50 Jahre Gilde Soziale Arbeit 1925-1975, (brosch.), Flörsheim

Giesecke, Herrmann, 1981: Vom Wandervogel bis zur Hitlerjugend. Jugendarbeit zwischen Politik und Pädagogik, München

Glaser, Georg, 1953: Geheimnis und Gewalt. Ein Bericht, Stuttgart/Hamburg (Neuauflage Reinbek, 1983)

Graul, Hans, 1985: Der Jungenschafter ohne Fortune. Eberhard Köbel (tusk), erlebt und biographisch bearbeitet von seinem Wiener Gefährten, Frankfurt

Greiff, Walter, 1985: Das Boberhaus in Löwenberg/Schlesien, 1933-1937. Selbstbehauptung einer nonkonformen Gruppe, Sigmaringen (im Text zit. n. unv. Manuskript [AdJb])

Greiff, Walter/Jentsch, Rudolf/Richter, Hans (Hrg.), 1970: Gespräch und Aktion in Gruppe und Gesellschaft 1919-1969, Frankfurt

Hackewitz, Waltraut von, 1966: Das Gesellschaftskonzept in der Theorie der „Pädagogischen Bewegung". Ein ideologiekritischer Versuch am Werke Herman Nohls, Berlin

Hasenclever, Christa, 1978: Jugendhilfe und Jugendgesetzgebung seit 1900, Göttingen

Heberle, Rudolf, 1951: Social Movements, New York

ders., 1967: Hauptprobleme der politischen Soziologie, Stuttgart

Henderson, James, 1958: Adolf Reichwein. Eine politisch-pädagogische Biographie, Stuttgart

Henningsen, Jürgen, 1958: Der Hohenrodter Bund – Erwachsenenbildung in der Weimarer Zeit, Heidelberg

ders., 1959: Zur Theorie der Volksbildung. Historisch-kritische Studien zur Weimarer Zeit, Berlin

Herrmann, Gertrud, 1956: Die sozialpädagogische Bewegung der zwanziger Jahre, Weinheim/Basel

Heuß, Theodor, 1965: Erinnerungen 1905-1933, Frankfurt

Hierl, Konstantin, 1949: Was war und was wollte der RAD? (Nachlaß Hierl Nr. 11, Bundesarchiv)

ders., 1953: Idee und Gestaltung eines Jugendarbeitsdienstes, in: Nation Europa H 10

ders., 1954: Im Dienste für Deutschland 1918-1945, Heidelberg

ders., 1955: Hohe Schule der Volkskameradschaft und feste Klammer europäischer Völkerverbundenheit, gedrucktes Redemanuskript, Private Sammlung Peter Dudek

Hinrichs, Peter, 1981: Um die Seele des Arbeiters. Arbeitspsychologie, Industrie- und Betriebssoziologie in Deutschland, Köln

Hoffmann, Volker, 1980: Lehrer-Arbeiter-Arbeitsdienst. Eine Untersuchung der Arbeitsdienstpropaganda unter (Jung)lehrern in der Endphase der Weimarer Republik und ihrer Stellung im faschistischen Arbeitsdienst, in: Informationen zur erziehungs- und bildungshistorischen Forschung, Nr. 14

Horney, Walter u. a. (Hg.), 1970: Pädagogisches Lexikon, Band 1, Gütersloh

Hornstein, Walter, 1984: Neue soziale Bewegung und Pädagogik, in: Zeitschrift für Pädagogik, H 2

Hornung, Klaus, 1958: Der Jungdeutsche Orden, Düsseldorf

Jarausch, Konrad, 1984: Deutsche Studenten von 1800-1970, Frankfurt
Jones, Larry Eugene, 1977: Sammlung oder Zersplitterung? Die Bestrebungen zur Bildung einer neuen Mittelpartei in der Endphase der Weimarer Republik 1930-1933, in: Vierteljahreshefte für Zeitgeschichte, H 3
Jovy, Michael, 1984: Jugendbewegung und Nationalsozialismus, Münster
Jung, Ulrich, 1970: Eugen Rosenstocks Beitrag zur deutschen Erwachsenenbildung, Frankfurt

Kater, Michael, 1971: Die Artamanen – Völkische Jugend in der Weimarer Republik, in: Historische Zeitschrift, S. 577ff.
ders., 1975a: Studentenschaft und Rechtsradikalismus in Deutschland 1918-1933, Hamburg
ders., 1975b: The Work Student. A Socio-Economic Phenomenon of Early Weimar Germany, in: Journal of Contemporary History, S. 71ff.
ders., 1977: Bürgerliche Jugendbewegung und Hitler-Jugend in Deutschland, in: Archiv für Sozialgeschichte, S. 127ff.
ders., 1985: Generation als Entwicklungsfaktor der NS-Bewegung, in: Geschichte und Gesellschaft, H 2
Keil, Georg, 1978: Gelebte, Koexistenz im Boberhaus. Erfahrungen und Modelle der Zusammenarbeit junger Generation, in: Jahrbuch des Archivs der deutschen Jugendbewegung, Band 10
Keil, Magdalena, 1972: Mädchenarbeitslager Loos, in: Der Boberhauskreis, Rundbrief Nr. 15
Kindt, Werner, 1967: Heitere Geschichte aus dem Dritten Reich, in: m 1 Blätter für Jugendbildung, April
ders. (Hrg.), 1974: Die deutsche Jugendbewegung 1920-1933. Die bündische Zeit, Düsseldorf
Kneib, Rudolf, 1974: Jugend der Weimarer Zeit – Handbuch der Jugendverbände 1918-1938, Frankfurt
Köhler, Henning, 1967: Arbeitsdienst in Deutschland. Pläne und Verwirklichungsformen bis zur Einführung der Arbeitsdienstpflicht 1935, (diss.), Berlin
ders., 1969: Arbeitsbeschaffung, Siedlung und Reparationen in der Schlußphase der Regierung Brüning, in: Vierteljahreshefte für Zeitgeschichte, H 3
Krause-Vilmar, Dietfried, 1984: Das Lager als Lebensform des Nationalsozialismus. Anmerkungen und Fragen, in: Pädagogische Rundschau, H 1
Kuczynski, Jürgen, 1982: Geschichte des Alltags des Deutschen Volkes, Band 5, Köln

Laack, Fritz, 1984: Das Zwischenspiel freier Volksbildung. Hohenrodter Bund und Deutsche Schule für Volksforschung und Erwachsenenbildung in der Weimarer Epoche, Bad Heilbrunn
Landwehr, Rolf, 1983: Funktionswandel der Fürsorge vom Ersten Weltkrieg bis zur Weimarer Republik, in: Landwehr/Rolf/Baron, Rüdeger (Hg.): Geschichte der Sozialarbeit. Hauptlinien ihrer Entwicklung im 19. und 20. Jahrhundert, Weinheim/Basel
Laqueur, Walter, 1962: Die deutsche Jugendbewegung. Eine historische Studie, Köln
Lenin, W.I., 1972: Die drohende Katastrophe und wie man sie bekämpfen soll, in: Gesammelte Werke, Band 25, Berlin (DDR)
Lessing, Hellmut/Liebel, Manfred, 1980: Jungen vor dem Faschismus. Proletarische Jugendcliquen und Arbeitsdienst am Ende der Weimarer Republik, in: Beck, Johannes u. a. (Hg.): Terror und Hoffnung in Deutschland 1933-1945, Reinbek
dies., 1981: Wilde Cliquen. Szenen einer anderen Jugendbewegung, Bensheim

Martiny, Martin, 1977: Die Entstehung und politische Bedeutung der „Neuen Blätter für den Sozialismus" und ihres Freundeskreises, in: Vierteljahreshefte für Zeitgeschichte, S. 373ff.
Miller-Kipp, Gisela, 1980: Erziehung durch den Reichsarbeitsdienst für die weibliche Jugend (RADwJ). Ein Beitrag zur Aufklärung nationalsozialistischer Erziehungsideologie, in: Heinemann, Manfred (Hrg.): Erziehung und Schulung im Dritten Reich, Band II, Stuttgart
Mogge, Winfried, 1981: „Der gespannte Bogen". Jugendbewegung und Nationalsozialismus. Eine Zwischenbilanz, in: Jahrbuch des Archivs der deutschen Jugendbewegung, Band 13
Mollenhauer, Klaus, 1972: Bewertung und Kontrolle abweichenden Verhaltens – Aporien bürgerlich-liberaler Pädagogik, in: Hoffmann, Dietrich/Tütken, Hans (Hg.): Realistische Erziehungswissenschaft. Beiträge zu einer Konzeption, Hannover

Mommsen, Hans, 1985: Generationskonflikt und Jugendrevolte in der Weimarer Republik, in: Koebner, Thomas/Janz, Rolf-Peter/Trommler, Frank (Hg.): „Mit uns zieht die neue Zeit". Der Mythos Jugend, Frankfurt
Münch, Paul (Hrg.), 1984: Ordnung, Fleiß und Sparsamkeit. Text und Dokumente zur Entstehung der „bürgerlichen Tugenden", München
Münder, Johannes/Birk, Ulrich-Arthur, 1983: Sozialhilfe und Arbeitslosigkeit. Möglichkeiten der Ämter – Gegenwehr der Betroffenen, Neuwied

Neuland, Franz/Cordt, Albrecht, 1980: Die junge Garde. Arbeiterjugendbewegung in Frankfurt am Main 1904-1945, Gießen
Neumann, Helmut, 1977: Vom Grenzschulheim Boberhaus der Schlesischen Jungmannschaft. Ein Beitrag zur Geschichte der Jugendbewegung und Erwachsenenbildung, in: Jahrbuch des Archivs der deutschen Jugendbewegung, Band 9
ders., 1978: Arbeitsdienst in Bulgarien. Vor 50 Jahren: Auslandsarbeit der Schlesischen Jungmannschaft, in: Jahrbuch des Archivs der deutschen Jugendbewegung, Band 10
Neumann, Helmut/Dehmel, Hans, 1963: Die Schlesische Jungmannschaft (1922-1937) und ihre Wohnheime, in: Neue Sammlung H 5
Neuner, Ingrid, 1980: Der Bund Entschiedener Schulreformer 1919-1933, Bad Heilbrunn
Nohl, Herman, 1949a: Pädagogik aus dreißig Jahren, Frankfurt
ders., 1949b: Die pädagogische Bewegung in Deutschland und ihre Theorie, Frankfurt (3. erw. Auflage)
ders., 1954: Schuld und Aufgabe der Pädagogik, in: Die Sammlung, S. 446ff.

Oelkers, Jürgen/Adl-Amini, Bijan (Hg.), 1981: Pädagogik, Bildung und Wissenschaft. Zur Grundlegung der geisteswissenschaftlichen Pädagogik, Bern/Stuttgart
Olenhusen, Irmtraut Götz v., 1980: Die Krise der jungen Generation und der Aufstieg des Nationalsozialismus, in: Jahrbuch des Archivs der deutschen Jugendbewegung, Band 12

Paetel, Karl Otto, 1963[2]: Jugend in der Entscheidung, Bad Godesberg
Park, Robert, E., 1967: On Social Control and Collective Behavior. Selected Papers, Chicago/London
Peukert, Detlev, 1981: Arbeitslager und Jugend-KZ: die „Behandlung Gemeinschaftsfremder" im Dritten Reich, in: Peukert, Detlev/Reulecke, Jürgen (Hg.): Die Reihen fast geschlossen, Wuppertal
ders., 1984: Die „Halbstarken". Protestverhalten von Arbeiterjugendlichen zwischen Wilhelminischem Kaiserreich und Ära Adenauer, in: Zeitschrift für Pädagogik, H 4
ders., 1986: Grenzen der Sozialdisziplinierung. Aufstieg und Krise der deutschen Jugendfürsorge 1878 bis 1932, Köln
Picht, Werner, 1950: Das Schicksal der Volksbildungsbewegung in Deutschland, Braunschweig (Original 1936)
Pongratz, Ludwig (Hrg.), 1982: Pädagogik in Selbstdarstellungen, Band 4, Hamburg
Preller, Ludwig, 1949: Sozialpolitik in der Weimarer Republik, Stuttgart

Raabe, Felix, 1961: Die bündische Jugend. Ein Beitrag zur Geschichte der Weimarer Republik, Stuttgart
Raasch, Rudolf, 1984: Deutsche Jugendbewegung und deutsche Gegenwart, (Deutsches Institut für internationale pädagogische Forschung), Frankfurt
Rammstedt, Otthein, 1978: Soziale Bewegung, Frankfurt
Rang, Adalbert, 1986: Reaktionen auf den Nationalsozialismus in der Zeitschrift „Die Erziehung" im Frühjahr 1933, in: Otto, Hans-Uwe/Sünker, Heinz (Hg.): Soziale Arbeit und Faschismus, Bielefeld
Rasche, Edith, 1968: Die Entwicklung des Freiwilligen Arbeitsdienstes in den Jahren der Weltwirtschaftskrise und der Kampf des Kommunistischen Jugendverbandes Deutschlands gegen den FAD 1930-1933, (diss.), Dresden
Raupach, Hans, 1949: Soziale Selbsthilfe freier Jugendgruppen, in: Jahrbuch der Jugendarbeit, München

ders., 1956: Arbeitsdienst, in: Handwörterbuch der Sozialwissenschaften, hrg. v. E. v. Beckerath u. a., Stuttgart/Tübingen/Göttingen

Reinisch, Holger, 1985: Arbeitserziehung in der Arbeitsmarktkrise. Das Beispiel des „Freiwilligen Arbeitsdienstes“ Ende der Weimarer Republik, in: Zeitschrift für Berufs- und Wirtschaftspädagogik, H 3

Reingtens, Bernhard, 1975: Paul Oestreich und der Bund Entschiedener Schulreformer, Rheinstetten

Röhrs, Herrmann, 1982[2]: Die Reformpädagogik. Ursprung und Verlauf in Europa, Hannover

Rohe, Karl, 1966: Das Reichsbanner Schwarz Rot Gold, Düsseldorf

Roon Ger von, 1967: Neuordnung im Widerstand. Der Kreisauer Kreis innerhalb der deutschen Widerstandsbewegung, München

ders., 1979: Widerstand im Dritten Reich, München

Rosenberg, Alwiß, 1977: Bäuerliche Siedlungsarbeit des Bundes Artam. Ein agrarpolitischer Versuch bündischer Jugend, in: Jahrbuch des Archivs der deutschen Jugendbewegung, Band 9

Rosenstock, Eugen, 1958: Das Geheimnis der Universität. Wider den Zerfall von Zeitsinn und Sprachkraft, Stuttgart

ders., 1968: Ja und Nein. Autobiographische Fragmente, Heidelberg

Schairer, Reinhold, 1970: Werkstudent – woher wohin?, in: Greiff, Walter u. a. (Hg.): Gespräch und Aktion in Gruppe und Gesellschaft 1919-1969, Frankfurt

Scheibe, Wolfgang, 1984[9]: Die reformpädagogische Bewegung. Eine einführende Darstellung, Weinheim/Basel

Schelsky, Helmut, 1950: Für und wider den Arbeitsdienst, in: Gewerkschaftliche Monatshefte, H 8

Schiess, Gertrud, 1973: Die Diskussion um die Autonomie der Pädagogik, Weinheim

Schlicker, Wolfgang, 1968: „Freiwilliger Arbeitsdienst“ und Arbeitsdienstpflicht 1919-1933. Die Rolle der militaristischen und faschistischen Kräfte in den Arbeitsdienstbestrebungen der Weimarer Republik, (diss.), Potsdam

ders., 1970: Die Artamanenbewegung – eine Frühform des Arbeitsdienstes und Kaderzelle des Faschismus auf dem Lande, in: Zeitschrift für Geschichtswissenschaft, H 1

ders., 1971: Arbeitsdienstbestrebungen des deutschen Monopolkapitals in der Weimarer Republik, in: Jahrbuch für Wirtschaftsgeschichte, Teil III

Schneider, Michael, 1975: Das Arbeitsbeschaffungsprogramm des ADGB. Zur gewerkschaftlichen Politik in der Endphase der Weimarer Republik, Bonn-Bad Godesberg

Schönfeldt, Sybil, 1978: Sonderappell, Wien

dies., 1985: Ich war Arbeitsmaid, in: DIE ZEIT Nr. 39 v. 20. 9.1985

Scholtz, Harald, 1985: Erziehung und Unterricht unterm Hakenkreuz, Göttingen

Schulze, Theodor, 1979: „Der Sinn des Lebens liegt im Leben selbst...“. Ein neugieriger Rückblick auf die geisteswissenschaftliche Pädagogik zum 100. Geburtstag von Herman Nohl, in: Neue Sammlung, H 6

Schulze-Boysen, Harro, 1983: Gegner von heute – Kampfgenossen von morgen, Koblenz (Original 1932, Berlin)

Schwenk, Reinhold, 1967: Geistige und materielle Grundlagen der Entstehung des Führerkorps im Arbeitsdienst und seine Gleichschaltung und Neuformung nach 1933, (diss.) Düsseldorf

Seidelmann, Karl, 1975: War die Jugendbewegung präfaschistisch?, in: Jahrbuch des Archivs der deutschen Jugendbewegung, Band 7

Smelser, Neil, 1972: Theorie des kollektiven Verhaltens, Köln

Spranger, Eduard, 1962: Das Gesetz der ungewollten Nebenwirkungen in der Erziehung, Heidelberg

Stambolis, Barbara, 1982: Der Mythos der jungen Generation. Ein Beitrag zur politischen Kultur der Weimarer Republik, (unveröffentl. Diss.), Bochum

Stelling, Klaus, 1982: Persönliche Erinnerungen an den Freiwilligen Arbeitsdienst in Pilchowitz (unveröffentl. MS, ABk), o. O.

Stelling, Wiebke, 1985: „Wo ihr seid, soll die Sonne scheinen.“ Dokumentation über Leben und Wirken im Reichsarbeitsdienst für die weibliche Jugend, Leithe

dies., 1986: Wider die Diffamierung der Mädchengeneration 1933-1945, in: Nation Europa, H 3

Stenbock-Fermor, Alexander, 1980: Deutschland von unten. Reisen durch die proletarische Provinz, Luzern/Frankfurt (Original 1930)
Stuebs, Albin, 1946: Romantisches Vorspiel, Lauf bei Nürnberg

Tenorth, Heinz Elmar, 1985: Zur deutschen Bildungsgeschichte 1918-1945. Probleme, Analysen und politisch-pädagogische Perspektiven, Köln/Wien
ders., 1986: Erziehungswissenschaft oder Unpädagogik? Zur Erforschung der wissenschaftlichen Pädagogik des nationalsozialistischen Deutschland (unv. MS, im Erscheinen, in. Zeitschrift f. Pädagogik)
Trommler, Frank, 1985: Mission ohne Ziel. Über den Kult der Jugend im modernen Deutschland, in: Koebner, Thomas/Janz, Rolf-Peter/Trommler, Frank (Hg.): „Mit uns zieht die neue Zeit". Der Mythos Jugend, Frankfurt

Uellenberg, Wolfgang, 1981: Die Auseinandersetzungen sozialdemokratischer Jugendorganisationen mit dem Nationalsozialismus, Bonn

Vierhaus, Rudolf, 1967: Auswirkungen der Krise um 1930 in Deutschland. Beiträge zu einer historisch-psychologischen Analyse, in: Conze, Werner/Raupach, Hans (Hg.): Die Staats- und Wirtschaftskrise des deutschen Reiches, Stuttgart
Vogelsang, Thilo, 1966: Zur Entwicklung des Arbeitsdienstes, in: Gutachten des Instituts für Zeitgeschichte, Band II, Stuttgart

Wacker, Ali, 1977^2: Arbeitslosigkeit. Soziale und psychische Voraussetzungen und Folgen, Frankfurt
Weniger, Erich, 1952: Die Eigenständigkeit der Erziehung in Theorie und Praxis, Weinheim
Wilhelm, Theodor, 1960^2: Pädagogik der Gegenwart, Stuttgart
Wohl, Robert, 1979: The Generation of 1914, Cambridge/Mass.

Zwerschke, Manfred, 1963: Jugendverbände und Sozialpolitik, München

13. Personenregister